Le discours vivant

Le fil rouge

Section 1   Psychanalyse

dirigée par   Christian David
Michel de M'Uzan
Serge Viderman

DU MÊME AUTEUR

Aux Presses Universitaires de France : *Le complexe de castration* (« Que sais-je ? », n° 2531).

Aux Editions de Minuit : *Un œil en trop : le complexe d'Œdipe dans la tragédie.* — *L'enfant de Ça. Pour introduire la psychose blanche* (en collaboration avec J.-L. Donnat). — *Narcissisme de vie. Narcissisme de mort.*

Aux Editions Balland : *Hamlet et Hamlet. Une interprétation psychanalytique de la représentation.*

Aux Editions Gallimard : *La folie privée. Psychanalyse des cas limites.*

Aux Editions Les Belles Lettres : « Le langage dans la psychanalyse », in *Langages.* — *La déliaison.*

Aux Editions Flammarion : *Révélations de l'inachèvement. Léonard de Vinci.*

André Green

Le discours vivant

La conception
psychanalytique
de l'affect

Presses Universitaires de France

If music be the food of love, play on,
Give me excess of it ; that surfeiting,
The appetite may sicken, and so die...
That strain again ! it had a dying fall :
O, it came o'er my ear like the sweet sound
That breathes upon a bank of violets ;
Stealing and giving odour... Enough, no more !
'Tis not so sweet now as it was before.
O spirit of love, how quick and fresh art thou,
That, not withstanding thy capacity
Receveith as the sea, nought enters there,
Of what validity and pitch soe'er,
But falls into abatement and low price,
Even in a minute... so full of shapes is fancy
That it alone is high fantastical.

> *Twelfth night or What you will.*
> (I, I. — v. 1-15.)

ISBN 2 13 045046 6
ISSN 0768-5459

Dépôt légal — 1re édition : 1973, mai
2e édition : 1992, août

© Presses Universitaires de France, 1973
108, boulevard Saint-Germain, 75006 Paris

Avant-propos

> X *(10 ans)*. — Papa, l'analyse, qu'est-ce que c'est ? Qu'est-ce que tu fais avec tes malades ?
>
> Y *(son frère, 11 ans 1/2)*. — L'analyse c'est... l'analyse. Comme toi à l'école tu fais l'analyse logique, l'analyse grammaticale, eh bien, Papa il fait la même chose avec ses malades.
>
> X *(péremptoire et un peu indigné)*. — Non, Monsieur ! Les hommes ne sont pas des mots !
>
> *(Conversation entre les fils d'un psychanalyste en présence de leur père.)*

Ce livre était, à l'origine, un rapport. En 1970 j'ai présenté devant le Congrès des Psychanalystes de Langues romanes à Paris un rapport sur un thème que j'avais proposé de mettre en discussion : L'affect. Ce travail avait pris les dimensions d'un livre et fut, de l'avis de beaucoup, considéré comme tel. Aussi renaît-il aujourd'hui sous cette forme, permettant à un public plus élargi d'en prendre connaissance.

Pourtant un rapport n'est pas un livre. Je veux dire par là que si le projet de départ avait été d'écrire un livre, celui-ci n'aurait pas eu la même composition. D'où la nature un peu particulière de ce texte, qui appelle quelques explications sur son origine, son but, sa forme, sa destination.

En 1953, J. Lacan et quelques autres collègues quittèrent la Société psychanalytique de Paris pour des raisons que nous n'avons pas à envisager ici. Or cette même année, Lacan devait présenter au Congrès des Langues romanes un rapport, connu aujourd'hui sous la dénomination de Discours de Rome, *inti-*

tulé Fonction et champ de la parole et du langage en psychanalyse[1].

Les conceptions de Lacan ont connu une fortune croissante, marquée par certains moments. Le Colloque de Bonneval sur L'inconscient, organisé par H. Ey[2] en 1960, fut sans aucun doute dominé par la contribution lacanienne, directe et indirecte, malgré la critique que Lacan a pu faire ultérieurement du texte qui était inspiré par sa pensée.

Si grande que fût l'attraction qu'exerçait sur moi la théorie de Lacan, et si éloquentes que fussent sa défense et son illustration par son auteur, déjà à cette date il m'apparut à l'évidence que le projet lacanien n'était pas acceptable sans de sérieuses réserves. Le point de départ qui se donnait pour but le « retour à Freud » ou plus précisément « la découverte de Freud par Lacan » (Lacan) donnait naissance à une élaboration dont le point d'arrivée évoquait davantage l'idée d'une couverture de Freud pour Lacan. Est-ce Lacan qui découvrait l'œuvre de Freud, ou l'œuvre de Freud amputée au moins d'une moitié de sa substance qui servait de passeport à Lacan ? Cette dernière interprétation me parut la plus vraie. Parti à la recherche de cette moitié manquante, je n'eus pas de peine à découvrir que la théorie lacanienne était fondée sur une exclusion, un « oubli » de l'affect. Ceci pour rester sur le seul plan de la théorie, sans même se référer aux enseignements de la pratique qui suffisent amplement à le rappeler.

Depuis cette date, ma réflexion s'est donné pour objet l'examen de ce problème. Divers travaux publiés depuis 1960 en témoignent, qu'ils aient été inspirés ou non par les conceptions de Lacan. Je n'ignore pas que je dois beaucoup à Lacan mais je dois aussi beaucoup aux collègues qui ont été plus critiques que moi à l'égard du lacanisme et dont les réflexions m'ont aidé à établir mon jugement.

Cependant cet aspect conjoncturel est loin de résumer l'intérêt du thème.

---

1. Ce travail a été publié en 1956 dans le vol. I de *La psychanalyse* (Presses Universitaires de France) et repris dans les *Ecrits* (p. 237-322) en 1966. Il a connu un large succès et a même été traduit en anglais et longuement commenté par A. WILDEN dans un ouvrage intitulé *The language of the self*, The John's Hopkins Press, 1968.
2. *L'inconscient*, Desclée de Brouwer, 1966.

Les psychanalystes du monde entier — restés en dehors de la controverse en question pour la plupart — déplorent jusqu'à aujourd'hui l'absence d'une théorie psychanalytique de l'affect satisfaisante, malgré les nombreux travaux consacrés à ce sujet. Ainsi donc s'offrait l'occasion à la fois de recentrer le problème pour nos collègues de France et du même coup tenter de proposer une théorie psychanalytique de l'affect dans une visée plus générale. Le texte que l'on va lire est le fruit de cette double tentative.

Pour remplir ce programme, j'ai conçu mon travail de la façon suivante. D'abord établir un dossier. Les deux premiers chapitres répondent à ce projet. Le premier constitue une étude analytique de l'affect dans l'œuvre de Freud, étude que j'ai voulue minutieuse pour bien cadrer la discussion. Le second fait un compte rendu des principales contributions de la littérature analytique après Freud pour comprendre l'évolution des idées du mouvement psychanalytique. Ce chapitre m'a paru nécessaire pour appréhender la façon dont se pose le problème aujourd'hui plus de trente ans après la mort de Freud. Voilà pour les textes.

Après un examen de la place de l'affect dans les structures cliniques et de la façon dont celui-ci se manifeste dans l'expérience psychanalytique (chap. III et IV), j'ai consacré la partie terminale de l'ouvrage à des hypothèses théoriques personnelles (chap. V et VI). Je suis loin de croire que je suis parvenu à fournir la théorie psychanalytique de l'affect qui nous fait défaut, mais j'espère avoir contribué à fournir une théorie possible qui nous mette sur la voie de la solution du problème.

Toutefois, j'ai poussé mes hypothèses théoriques un peu plus loin dans un travail que l'on trouvera ici en Postface. Originellement destiné à présenter mon rapport au Congrès avant la discussion de celui-ci, ce texte fut moins un résumé introductif qu'une prolongation de ma réflexion, où je cédais davantage à la tentation spéculative, sacrifiant ainsi à la « sorcière métapsychologie » (Freud).

Le texte que je publie ici est, à peu de choses près, celui de 1970. Je n'y ai apporté que des modifications de détail pour en améliorer la forme et faciliter la lecture. J'ai inclus certaines références nouvelles parues depuis 1970 en rapport direct avec le sujet. Par contre j'ai rajouté en annexe le résumé et l'analyse des contributions de mes collègues qui ont participé au Congrès de 1970. Nées de la lecture entière du rapport, elles ne pouvaient figurer en une quelconque partie de celui-ci.

La question de l'affect est loin de se limiter à un débat strictement interne à la psychanalyse. Elle se pose également hors du champ psychanalytique. Il appartient à chaque discipline de l'aborder selon ses exigences propres. Tout en espérant que la lecture de mon travail pourra aider les chercheurs des autres disciplines, j'ai tenu à rester dans les limites de notre terrain : la psychanalyse.

« Mesdames, Messieurs, vous ne serez guère surpris d'apprendre que j'ai à vous faire part de certaines nouveautés sur notre conception de l'angoisse et sur les pulsions fondamentales de la vie psychique ; vous ne serez pas non plus étonnés d'apprendre qu'aucune de ces nouveautés ne peut prétendre à une solution définitive de ces problèmes encore non résolus. J'ai des raisons particulières pour utiliser ici le mot « conception ». Ce sont là les problèmes les plus difficiles qui se posent à nous, mais leur difficulté ne réside pas dans l'insuffisance de nos observations ; à vrai dire, à travers les énigmes se présentent à nous les phénomènes les plus communs et les plus familiers. La difficulté ne consiste pas non plus dans la nature abstruse des spéculations auxquelles ils donnent naissance ; les considérations spéculatives ont peu de part en la matière. Mais c'est vraiment une question de conceptions, c'est-à-dire d'introduction des idées abstraites justes dont l'application apportera ordre et clarté au matériel brut de l'observation. »

S. Freud,
XXXIIe Conférence (1932),
S.E., XXII, 81.

Introduction

DÉLIMITATION DE L'ÉTUDE

On conviendra sans peine qu'une étude exhaustive des problèmes posés par l'affect dans le champ de la théorie et de la pratique psychanalytiques est impossible. Il est donc nécessaire de préciser les limites dans lesquelles se tiendra notre travail.

Au point de vue théorique, une telle étude soulève deux difficultés. La première tient à la place de l'affect dans l'œuvre de Freud. En effet, on ne peut assigner à l'affect une localisation particulière dans l'ensemble des travaux de Freud. Celui-ci ne lui a consacré aucun ouvrage spécifiquement. Il faut donc nous résoudre à suivre le développement de la notion d'affect au fil de cette œuvre. Le problème de l'affect dépend, au cours des différents états de la théorie, des lignes directrices de celle-ci : première et deuxième topique, avatars de la théorie des pulsions, etc. Parfois les remaniements théoriques impliquent une modification du statut de l'affect, parfois une différence d'appréciation de sa valeur fonctionnelle expliquera un changement dans la théorie. Ainsi en est-il, par exemple, de la conception de l'angoisse naissant de la libido refoulée qui conduira à la réévaluation de la théorie du refoulement lorsque Freud soutiendra que celui-ci est mis en œuvre du fait de l'angoisse.

La deuxième difficulté sera rencontrée au niveau du devenir de la théorie freudienne chez les successeurs de Freud. La modification du cadre théorique chez Hartmann, Melanie Klein, Winnicott, Bouvet ou Lacan impliquera une conception différente de l'affect. On pourra dire aussi qu'une appréhension différente du problème de l'affect orientera une modification du cadre théorique dans lequel il sera situé. Le problème de l'affect est en relation dialectique avec la théorie, l'un renvoyant à l'autre nécessairement.

Ces difficultés de la théorie sont directement en rapport avec la pratique. Il est, en effet, plus que probable que le modèle théorique où l'affect prend place est issu chez Freud d'une clinique psychanalytique étroitement centrée sur le champ des névroses — plus particulièrement des névroses classiques, des psychonévroses de transfert. La contribution de Freud sur les psychoses ou sur les autres aspects cliniques reste dans les limites d'indications générales, qui n'en sont pas moins précieuses. Mais depuis Freud la clinique psychanalytique s'est, on le sait, considérablement étendue : névroses de caractère, structures psychosomatiques, états limites entrent dans le champ d'action de la psychanalyse post-freudienne et mettent le psychanalyste devant des affects dont la métapsychologie a été négligée par Freud. Il est probable que Freud a tenu d'abord à s'assurer de ce qu'il lui était possible d'avancer, sinon avec certitude, du moins d'une façon ferme, d'où une limitation volontaire de la théorie.

Nous nous trouvons ici devant le problème suivant : ou bien traiter ces affects non observables dans la clinique des névroses classiques par le modèle théorique freudien, avec le sentiment d'une possible inadéquation de ce modèle, ou bien modifier le cadre théorique de la psychanalyse à la lumière des connaissances issues de ces aspects cliniques nouveaux en créant un nouveau modèle théorique qui, peut-être, ne sera plus adapté aux névroses classiques et risquera d'infléchir l'ensemble de la théorie et de la pratique psychanalytiques. C'est ce qui s'est produit dans les faits dans l'évolution de la pensée psychanalytique. Aussi l'examen des théories psychanalytiques freudiennes et post-freudiennes sera forcément critique. Critique de Freud par ses successeurs et critique des successeurs de Freud par l'interprétation de sa pensée.

Ces réflexions nous conduisent à mieux préciser la position centrale qui nous guidera. La clinique et la théorie psychanalytiques nous obligent à inclure dans la catégorie de l'affect une foule d'états appartenant à la gamme plaisir-déplaisir. On peut se demander si une conception unitaire peut en rendre compte. Autrement dit, si une seule conception est apte à nous donner les clefs théoriques de l'angoisse (en ses différents aspects), de la douleur, du deuil, questions sans cesse débattues par Freud. Sans parler de la dépersonnalisation, des affects sous-tendant la crainte d'anéantissement et l'aphanisis, qui nous font toucher la limite de ce qu'il est possible de dire sur l'affect.

La plupart des auteurs modernes s'accordent pour souligner que nous avons affaire le plus souvent en clinique psychanalytique à des affects complexes, des affects fusionnés ou, pour reprendre l'expression de Freud, des constructions d'affects. Entrer dans le détail de chaque construction d'affect est une tâche au-delà des limites de cette étude. Malgré toutes les considérations qui semblent rendre tout effort de clarification fort difficile, il nous faudra cependant nous résoudre à accepter les limites de notre investigation théorique. C'est-à-dire à tenter de cerner les problèmes les plus généraux de l'affect, laissant de côté l'examen détaillé de tel ou tel affect particulier. Quitte à donner les indications structurales relatives aux diverses catégories d'affects. La richesse et la diversité de la vie affective en sortiront sans doute appauvries ; notre seul espoir est qu'il se dégage de cette réduction un peu de clarté pour guider notre compréhension des phénomènes spécifiques au champ psychanalytique.

C'est ici qu'il nous faut apporter une importante précision. La vie affective peut être étudiée, et elle l'a été, selon des découpages très divers de l'observation animale à la spéculation philosophique. Nous avons sans doute beaucoup à apprendre de l'observation éthologique, des données de la physiologie expérimentale, de l'ethnologie et de l'anthropologie structurale, de la psychologie de l'enfant ou de la psychosociologie ; la réflexion des philosophes couronnerait cette masse d'informations scientifiques. Nous nous verrons contraints d'y renoncer cependant. Ayant dû restreindre les limites de notre étude en nous bornant aux problèmes les plus généraux de l'affect, nous ne saurions sacrifier le champ de notre expérience pour lui préférer l'examen de données établies hors de notre cadre de référence.

Il importe en effet de se souvenir que l'épistémologie moderne a montré que la spécificité de l'objet de connaissance dépend étroitement des conditions de découpage de cet objet dans le champ exploré. Le découpage de l'affect, notre objet d'étude, est solidaire des conditions dans lesquelles il nous apparaît : l'expérience du transfert dans l'analyse. De là, il faut le dire, une certaine ambiguïté des travaux psychanalytiques sur l'affect. Si la plupart d'entre eux prennent pour point de départ l'affect dans le transfert, la construction d'une théorie de l'affect échappe rarement à la tentation d'y inclure des faits extérieurs à l'expérience psychanalytique. Ceci est sans doute inévitable. La visée reconstructrice de la psychanalyse ne s'attache pas seulement à la construction du passé de l'analysant, mais à la construction la plus générale de la « personnalité psychique », selon l'expression de Freud. A ce titre, la théorie psychanalytique s'efforcera non seulement de préciser la structure des affects non actualisés par le transfert, mais aussi de formuler des hypothèses sur des affects qui demeurent hors de la portée de l'expérience psychanalytique, qu'ils soient relégués dans un passé inatteignable ou qu'ils appartiennent à des couches difficilement abordables de la psyché. On voit ici le défi que représente toute étude de l'affect. L'univers de l'affect nous est communicable tant que les représentations de chose et les représentations de mot forment avec lui un complexe psychique intelligible. Mais le sentiment général est que l'affect se donne parfois dans sa brutalité — je veux dire à l'état brut — sans qu'une représentation lui soit liée. La communication affective fait partie de l'expérience analytique la plus générale. Mais nous nous mouvons ici dans des parages peu sûrs. L' « empathie », si nécessaire à l'analyste, peut bientôt devenir la proie facile des affects projetés de l'analyste sur son patient et l'au-delà du dicible, de l'intelligible, du représentable peut prendre volontiers une tournure mystique où la vérité scientifique risque de sombrer.

A la limite, la question qui se pose ruine par avance toute démarche de connaissance. Peut-on parler de l'affect ? Ce qu'on en dit ne concerne-t-il pas la périphérie du phénomène, les ondes de propagation les plus éloignées de son centre, qui nous demeure en fait inconnu ? La même question se pose au sujet de l'inconscient. Se laisser fasciner par cette énigme, si obérante soit-elle, impliquerait le renoncement à la psychanalyse.

TERMINOLOGIE ET SÉMANTIQUE

Le vocabulaire philosophique de Lalande ne comporte pas le terme affect, mais seulement *affecter, affectif, affection, affectivité*. Il ressort de ces diverses définitions que toutes relèvent de la sphère de la *sensibilité*. Les « affects », qu'ils soient produits du dehors ou nés du dedans, appartiennent à ce domaine contrasté des états de plaisir ou de douleur. Ceux-ci en constituent, en quelque sorte, les matrices psychiques. A la catégorie de l'affect s'oppose celle de la représentation, comme la sensibilité s'oppose à l'intellect (cependant des controverses s'élèvent autour de la *mémoire affective*, « reviviscence à titre de simples souvenirs de sentiments éprouvés autrefois »). Si on reconnaît à l'affect la provocation par une cause extérieure, on admet qu'il existe une tendance intérieure vers tel ou tel développement affectif. Enfin, la gamme affective suppose une échelle d'états plus ou moins violents, plus ou moins critiques, plus ou moins accompagnés de manifestations physiologiques.

Ces quelques remarques nous indiquent que le vocabulaire philosophique retrouve les mêmes données que la problématique psychanalytique :

— l'opposition affect-représentation ;
— les affects originaires : plaisir-douleur[1] ;
— l'affect comme mémoire ;
— la genèse de l'affect par combinaison d'un effet extérieur et d'un mouvement intérieur ;
— la solidarité des affects violents et de l'organisation corporelle.

A l'article « Sensibilité », Lalande fait remarquer l'extrême équivoque des sens de ce mot.

La langue française désigne d'un homonyme le *sens*, la *sensibilité* et la *signification*. Cette racine commune se prolonge dans deux directions : la première affective, la seconde intellectuelle. La première est connotée par la dimension

---

1. Il nous semble cependant qu'il vaut mieux utiliser deux couples : celui des extrêmes jouissance-douleur, celui des moyens plaisir-déplaisir. La chaîne serait alors : jouissance-plaisir-déplaisir-douleur.

sensitive, la seconde par la dimension représentative. Il paraît clair que la première sphère est solidaire d'opérations peu différenciées, plus ou moins immédiates, plus ou moins primaires, et que la seconde est celle d'opérations plus différenciées, médiatisées et secondarisées. Cependant, il serait abusivement schématique de considérer que seule la sphère intellectuelle est susceptible de différenciations et que la sphère affective est vouée à une « primitivité » de nature. La secondarité porte aussi bien sur la sphère intellectuelle que sur la sphère affective, ce que la littérature psychanalytique désigne par les termes d'affects primaires et affects secondaires ou complexes. Sans nous prononcer sur les liens des premiers aux seconds et sur les modalités qui permettent de passer des uns aux autres, la coexistence des uns et des autres, reflet de la coexistence entre processus primaires et secondaires, va de pair avec des modes de travail « intellectuel » correspondants, également coexistants dans l'appareil psychique.

La lecture des articles cités en référence au *Vocabulaire* de Lalande ne nous apporte pas de clarification décisive, mais elle nous renseigne de façon instructive sur les catégories de pensée qui ont déterminé l'horizon conceptuel de Freud. Si l'œuvre de Freud eut pour résultat de bousculer quelque peu ces catégories, elle en est restée nécessairement dépendante. C'est à ce titre qu'on a pu dire que malgré sa portée révolutionnaire, cette œuvre demeure dans la métaphysique occidentale. Sans que nous puissions prétendre le moins du monde en être sortis, on peut comprendre les contributions psychanalytiques post-freudiennes les plus récentes comme une tentative — ni délibérée, ni réfléchie, mais obéissant à une exigence spontanée — pour faire éclater les limites de ce cadre. Ainsi nous devrons réfléchir ultérieurement, en prenant cette remarque comme fil conducteur, lorsque nous verrons certains auteurs abandonner cette distinction de la représentation et de l'affect, de l'intelligible et du sensible, de la signification et de la sensibilité.

Le terme affect est un terme spécifiquement psychanalytique en français. Il ne figure ni dans le Littré, ni dans le

Robert[1]. Par contre, il est utilisé dans la langue allemande. Ainsi son importation dans la langue française est due à Freud. Celui-ci emploie tantôt *Affekt*, tantôt *Empfindung*, tantôt *Gefühl*. Classiquement *Affekt* est traduit par affect, *Empfindung* par sensation et *Gefühl* par sentiment. Mais les divers sens se recouvrent et la traduction pose des problèmes embarrassants comme le note Strachey dans son introduction à la *Standard Edition*[2]. Ainsi, pour ne parler que de l'anglais, *Empfindung* renvoie à la fois à sensation et émotion dans certains passages. De même *Gefühl* ne peut valablement toujours être traduit par sentiment et appelle le terme émotion. Freud, dans « Obsessions et phobies », article qu'il écrivit en français en 1895, traduit *Affekt* par *état émotif*, expression qui rejoint le vocabulaire psychiatrique en cours à l'époque. De même retrouvons-nous plus tard des travaux traitant des émotions au lieu des affects, dans la littérature anglo-saxonne. Souvent les auteurs discutent de la terminologie à employer et des distinctions à faire.

Dans ce domaine où la nuance est fondamentale, il est important de préciser l'emploi qu'on fera des termes. En l'absence du terme affect, la tradition psychologique française distingue généralement dans la vie affective l'émotion, état aigu et transitoire, le sentiment, état plus atténué et plus durable, et la passion, violente, profonde et durable. Si émotion paraît avoir conservé un sens stable, comme sentiment, le mot passion par contre avait une signification plus générale et générique, les passions recouvrant l'ensemble des phénomènes de la vie affective. Ainsi l'employait-on au XVIIe et même jusqu'au XIXe siècle.

Mais si affect ne figure pas dans les grands dictionnaires, *affectif* désigne, si l'on passe sur le sens désuet (qui marque l'affection), ce qui a rapport à la sensibilité, au plaisir, à la douleur, aux émotions (Robert). Par contre, le verbe *affecter* condense une pluralité de significations bien intéressante.

---

1. Sauf dans le petit Robert, où sa datation est récente : 1951. Définition : état affectif élémentaire. (Cette omission est corrigée dans le Supplément paru en 1970, qui en donne l'origine germanique : *Affekt* et française : XVIe : « état, disposition ».)
2. *The complete psychological works of Sigmund Freud* dite *Standard Edition* que nous désignerons désormais par les initiales S.E., I, XXIII.

Dans un premier sens (issu de l'ancien français), il ne s'agit de rien d'autre que d'appliquer à un certain usage. Dans un second sens, affecter veut dire (d'après une origine latine qui requiert notre attention) : chercher à atteindre, ambitionner, d'où feindre. Plus généralement : avoir des dispositions à prendre telle ou telle forme. Ici on peut remarquer déjà la dimension plastique de l'affect et le rôle qu'y jouent la tromperie, l'ostentation, l'artifice (aux deux sens du mot : ruse et absence de naturel). Dans un troisième sens, assez opposé au premier, il s'agit d'exercer une action, de causer une impression sur l'organisme. Alors que le sens précédent suppose une disposition où le sujet se moule dans un modèle pour jouer le sentiment, le dernier sens cité implique un mode actif où il s'agit de modifier, de transformer un état (généralement pour une action nuisible) qui touche à la sensibilité.

Il est frappant, à ne considérer que ces banales définitions du dictionnaire, de constater une péjoration de l'affect (hormis le premier sens qui ne concerne pas la vie affective). Cette première incursion dans le domaine du verbe qui supporte le substantif nous confronte avec le désir envisagé sous l'angle de la feinte, de la dissimulation, de l'insincérité, de la contrefaçon ou de l'intimidation. Les sens neutres : émouvoir, impressionner, toucher, sont en minorité. L'affect, même dans le dictionnaire, n'a pas bonne presse, l'évolution de la langue reflétant l'évolution de la culture face à l'affect.

Nous avons fait état des questions de vocabulaire qui rendent malaisées les traductions entre *Affekt*, *Empfindung*, *Gefühl* dans la langue allemande. Ces difficultés sont redoublées dans le vocabulaire psychanalytique. L'affect est lié à la notion de quantité d'énergie pulsionnelle dans l'expression *quantum d'affect (Affektbetrag)*. Ce dernier terme désigne l'aspect proprement économique du phénomène, tandis que l'affect renvoie à la qualité subjective. Cette relation entre qualité subjective et quantité d'énergie pulsionnelle (qualité et quantité) a amené souvent une confusion entre quantum d'affect et énergie d'investissement. Au reste, dans un article écrit en français, « Quelques considérations pour une étude comparative des paralysies motrices organiques et hystériques » (1893), Freud traduit *Affektbetrag* par « valeur affective ». Par un relâchement du langage psychanalytique, on dit synonymement d'une activité qu'elle est « chargée d'affect » et qu'elle est « investie ». Laplanche et Pontalis dans leur *Vocabulaire* donnent pour l'énergie d'investissement la définition suivante : « Substrat énergétique postulé comme facteur quantitatif des opérations de l'appareil psychique », sans aucun commentaire. Ainsi, énergie d'investissement se rapporte à une quantité d'énergie en jeu dans une opération, tandis que quantum d'affect ne désigne que l'aspect quantitatif énergétique lié à l'aspect subjectif qualitatif qui « qualifie » pour ainsi dire l'affect. Donc, si tout affect renvoie à l'aspect quantitatif d'énergie pulsionnelle qui lui correspond, toute quantité d'énergie n'est pas forcément en rapport avec un affect.

Un autre terme qui fait problème dans la discussion sémantique est celui de *motion pulsionnelle.* On sait que c'est là un point épineux qui divise exégètes et traducteurs de Freud. Pour certains (Marthe Robert), la différence entre *Trieb* (pulsion) et *Triebregung* est négligeable. Les deux termes en allemand sont synonymes et il n'est ni nécessaire ni légitime d'introduire un terme différent dans la traduction. Pour d'autres (Laplanche et Pontalis), tout en admettant que la différence entre les deux termes est mince et que Freud emploie souvent l'un pour l'autre, une distinction est nécessaire. Ils proposent de traduire *Triebregung* par motion pulsionnelle[1]. Par motion pulsionnelle, ils désignent la pulsion sous son aspect dynamique. Ils entendent par là donner le terme approprié pour la pulsion en acte, la pulsion agissant sous l'effet d'une stimulation interne, déterminée au niveau biologique. Nous ajouterons à leur suite que la motion pulsionnelle ne serait pas sans rapport avec l'énergie d'investissement. Elle représenterait le corrélat dynamique de ce qu'est l'énergie d'investissement au niveau économique. Mais ceci dans un sens plus restreint puisqu'il ne s'agit pas de l'aspect quantitatif et énergétique de toutes les opérations de l'appareil psychique, mais seulement de celles attachées à la pulsion. Laplanche et Pontalis, tout en relevant l'appartenance du terme motion à la série motif, mobile, motivation,

---

1. Cf. LAPLANCHE et PONTALIS, *loc. cit.*, art. « Motion pulsionnelle ».

qui tous font intervenir la notion de mouvement[1], refusent la traduction d' « émoi pulsionnel », trop étroitement lié à l'affect. Cependant, nous devons souligner ici la relation entre motion, émotion et émoi[2]. La notion d'affect a toujours été liée par Freud à la décharge, c'est-à-dire à un processus en acte et en mouvement. On peut donc dire que motion est une qualification générale de la pulsion dont l'affect indique une direction particulière (mouvement vers l'intérieur du corps).

Freud parlera à propos des pulsions à but inhibé des sentiments de tendresse, d'amitié, etc. De même en traitant de l'Œdipe, il parlera de « choix d'objet tendre dirigé vers la mère », d' « attitude féminine tendre envers le père ». Il est clair qu'il fait ici allusion à ce que dans la langue française on nomme des sentiments — qu'on ne saurait confondre avec les états de plaisir (et de déplaisir) qui sont les prototypes de l'affect. La même remarque vaut pour la douleur ou le deuil, états qui sont indéniablement des processus affectifs mais qui appellent la distinction avec les affects d'angoisse dans la théorie psychanalytique, comme Freud prend le soin de le faire dans *Inhibition, symptôme, angoisse.*

Pour clarifier les choses, nous désignerons donc par affect un terme catégoriel groupant tous les aspects subjectifs qualificatifs de la vie émotionnelle au sens large, comprenant toutes les nuances que la langue allemande *(Empfindung, Gefühl)* ou la langue française (émotion, sentiment, passion, etc.) rencontrent sous ce chef. *Affect sera donc à comprendre essentiellement comme un terme métapsychologique plus que descriptif.* Car, il faut y insister, la conception psychanalytique de l'affect se distingue de toute autre approche des phénomènes qu'elle théorise sous ce terme, neurobiologique, psychologique, sociologique ou philosophique. Employé au sens descriptif, le terme affect pourra être échangé contre un autre plus adéquat, plus proche de la réalité qu'il désigne. Mais toutes ces variantes nous renverront à la catégorie de l'affect.

---

1. Ce que semble vouloir viser également Strachey qui, embarrassé lui aussi par la traduction de *Triebregung*, choisit en définitive de lui affecter un terme particulier, *instinctual impulse.*

2. Encore que Littré propose des étymologies opposées : « Emoi viendrait de *es* et de l'ancien haut-allemand *magan* être fort », c'est-à-dire perdre toute force, tandis que émotion dérive directement de mouvoir.

QUESTIONS DE MÉTHODE

La citation de Freud que nous avons placée en exergue de ce travail nous indique que la solution des difficultés que l'on rencontre devant l'examen du problème de l'affect dépend beaucoup des conceptions qui auront pour but d'ordonner les données recueillies par l'analyse. Une référence directe à la pratique psychanalytique aurait sans doute été souhaitable sans préjugé, sans préconception. Mais nous savons qu'un tel vœu est mythique. Le sol du savoir analytique repose sur la théorie de Freud qui, d'un même coup, découvrit la praxis et la théorie de la psychanalyse. Un travail critique permanent fut entrepris par Freud lui-même, ses disciples et ses successeurs pour tenter de cerner plus étroitement les faits et amener les remaniements, nous en convenons, inévitables à la lumière des connaissances acquises par la pratique. Inversement, des faits nouveaux ne furent intelligibles que grâce aux remaniements théoriques.

Notre démarche sera *historique et structurale* dans une perspective *critique*. Ceci veut dire que l'attitude critique se portera sur la diachronie de la notion chez Freud aussi bien que chez ses successeurs et sur la synchronie ressaisie dans le champ actuel de la psychanalyse dans ses deux versants pratique et théorique. Mais cette méthode critique reste dans le cadre d'une critique interne à la psychanalyse qui doit elle-même poser ses propres questions, y proposer ses propres réponses, en connaissance de cause.

PREMIÈRE PARTIE

L'affect à travers les textes psychanalytiques

CHAPITRE PREMIER

L'affect dans l'œuvre de Freud

Dans ce chapitre analytique, nous retraçons le parcours des idées de Freud sur l'affect. Plusieurs phases peuvent être distinguées :
— des *Etudes sur l'hystérie* (1893-1895) à *L'interprétation des rêves* (1900) ;
— de *L'interprétation des rêves* à la *Métapsychologie* (1915) ;
— de la *Métapsychologie* à l'article sur « Le fétichisme » (1927), prolongé par celui sur « Le clivage du Moi dans le processus défensif » (1939).

Après 1927, les mentions sur l'affect sont de peu de poids[1]. Le texte majeur sur l'affect après la deuxième topique est *Inhibition, symptôme, angoisse*. Nous avons pensé qu'il était logique de regrouper les différentes conceptions de Freud sur l'angoisse de 1894 à 1932, en les séparant des autres textes.

1. A l'exception des articles où Freud fait l'historique de la psychanalyse et le bilan de ses découvertes.

Evolution de la conception de l'affect

I. DE LA DÉCOUVERTE DE LA PSYCHANALYSE A « L'INTERPRÉTATION DES RÊVES »

1 | Les « Etudes sur l'hystérie » (1893-1895)

L'histoire de l'affect, comme celle de la psychanalyse, est étroitement liée à l'hystérie. Mais dès avant la parution de la communication préliminaire, Freud, dans l'article sur l'hystérie pour l'*Encyclopédie de Villaret* en 1892, introduit la notion de *modifications de la distribution des quantités d'excitation* dans le système nerveux. Nous avons affaire ici plus à l'énergie d'investissement qu'au quantum d'affect spécifié comme tel, mais celui-ci y est inclus comme le montre la citation :

« *A côté des symptômes physiques de l'hystérie, un certain nombre de désordres psychiques peuvent s'observer... Ce sont des changements dans le passage et dans l'association des idées, inhibitions de l'activité de la volonté, augmentation et suppression des sentiments, etc., qu'on peut résumer en changement dans la distribution normale sur le système nerveux de quantités stables d'excitation* »[1].

A cette hypothèse, Freud attache plus de prix qu'à la description du tempérament hystérique qui fait défaut chez bien des patients. Contre une conception caractérologique, il prend parti pour une conception économique : celle d'un surplus d'excitation dans le système nerveux

---

1. S.E., I, 49.

« *qui se manifeste ici comme un inhibiteur, là comme un facteur d'irritation et est déplacé dans le système nerveux avec une grande liberté* ».

C'est le destin de cette quantité d'excitation qui va jouer un grand rôle dans la conception de l'affect coincé, telle qu'elle est exposée dans les *Etudes sur l'hystérie*. Déjà Freud en 1893[1], dans un article traitant de « Quelques considérations pour une étude comparative des paralysies motrices organiques et hystériques », introduisait l'expression quantum d'affect[2] pour exprimer la solidarité entre un contenu associatif et son corrélat affectif.

« *Chaque événement, chaque impression psychique est pourvu d'un certain quota d'affect* (Affektbetrag) *dont le Moi se débarrasse ou par le moyen d'une réaction motrice ou par une activité psychique associative.* »

Déjà dans ce texte est indiqué le mécanisme pathogène : l'empêchement à l'abréaction des accrétions de stimuli. Car ce qui opère dans l'état psychique normal, la tendance à maintenir la somme d'excitation constante par les moyens les plus appropriés en l'étalant associativement ou en la déchargeant[3], n'est pas possible dans l'hystérie. Paradoxalement pourtant, Freud affirme dans ce même texte qui servit d'ébauche à la *Communication préliminaire*, que l'affect peut être l'objet d'un clivage : une impression, lors de l'affect même minime et sans valeur pathogène, peut ultérieurement devenir traumatique. Il y a là le germe de la conception de la symbolisation.

---

1. La même année, FREUD publie *Un cas de traitement par l'hypnose* où il aborde déjà la question de l'affect sous l'angle de l'affect d'attente.
2. Ce texte écrit en 1888 ne fut publié qu'en 1893. Notons d'ailleurs que le terme allemand *Affektbetrag* était traduit par lui, dans cet article écrit en français, « valeur affective ». Le terme valeur doit être pris ici non seulement au sens de l'expression globale « valeur affective », mais dans son sens propre, valeur exprimant à la fois une notion quantitative et qualitative. Il est donc en un certain sens plus complet que quantum d'affect qui ne donne que le sens quantitatif. Cf. à ce sujet l'article « Quantum d'affect » du *Vocabulaire de psychanalyse* de LAPLANCHE et PONTALIS. Il n'est pas impossible que l'expression « valeur affective » soit due à l'influence de Breuer, Strachey faisant remarquer que Breuer aurait probablement écrit *Affektwert* (valeur affective littéralement) au lieu d'*Affektbetrag*.
3. Conception que FREUD défend bien avant l'*Esquisse*. Voir *Esquisse pour la communication préliminaire* (1892), *S.E.*, I, 153.

Dans la *Communication préliminaire* (1893), Breuer et Freud développent complètement la conception de l'*affect coincé*. Celle-ci est directement liée à la théorie traumatique. Soit un événement traumatique, le souvenir ne peut en être liquidé en certains cas, c'est pourquoi il importe de savoir « si l'événement déclenchant a ou non provoqué une réaction énergique »[1] grâce à laquelle la décharge d'affects a pu se produire « depuis les larmes jusqu'à l'acte de vengeance ». Dans les cas où cette décharge n'intervient pas, l'affect reste attaché au souvenir, du fait de sa non-liquidation. Donc les représentations pathogènes n'ont pas subi l'usure normale par abréaction ou reproduction, avec circulation non entravée des associations. Cependant, par la psychothérapie, un équivalent de la décharge par l'acte peut se produire, grâce au langage qui en permet l'abréaction. Le langage relie associativement le souvenir et l'événement, comme il relie la charge coincée d'affect aux représentations. Ici il faut suivre Freud attentivement. La verbalisation n'est pas dans ce contexte une opération seulement intellectuelle.

« *L'être humain trouve dans le langage un équivalent de l'acte, équivalent grâce auquel l'affect peut être abréagi de la même façon* »[2].

Le langage ne fait pas que permettre à la charge de se débloquer et d'être vécue, il est en lui-même acte et décharge par les mots. Le procédé utilisé permet à l'affect de *se déverser verbalement*; en outre, il transforme cette charge affective et amène la représentation pathogène à se modifier par voie associative en l'attirant dans le conscient normal[3]. On a fait un sort à la phrase de Freud « l'hystérique souffre de réminiscences », mais on n'a pas assez souligné le rôle qu'y joue l'affect, au destin duquel sont liés la réminiscence et le succès de la cure. Car il ne suffit pas de se souvenir pour guérir, on le sait bien aujourd'hui, mais Freud le savait déjà dans la communication préliminaire.

« *A notre grande surprise, nous découvrîmes en effet que chacun des symptômes hystériques disparaissait immédiatement*

---

1. *Etudes sur l'hystérie*, p. 5.
2. *Loc. cit.*, p. 5.
3. *Loc. cit.*, p. 12.

et sans retour quand on réussissait à mettre en pleine lumière le souvenir de l'incident déclenchant, à éveiller l'affect lié à ce dernier et quand, ensuite, le malade décrivait ce qui lui était arrivé de façon fort détaillée et en donnant à son émotion une expression verbale. Un souvenir dénué de charge affective est presque totalement inefficace »[1].

Il est du reste vain de décider de la prévalence de l'affect ou de la représentation. Chacun appelle l'autre sans qu'il soit possible d'en décider :

« *Il existait toute une série de sensations et de représentations parallèles. C'était tantôt la sensation qui suggérait l'idée, tantôt l'idée qui par symbolisation avait créé la sensation, et il arrivait souvent qu'on se demandât lequel de ces deux éléments était l'élément primaire...* »[2].

Donc, si la psychothérapie de l'hystérie indique que les deux éléments s'induisent mutuellement, cela montre la nécessité de leur coprésence dans le traitement visant à la solution du cas.

Ainsi en un réseau indissociable se nouent le trauma, son souvenir et les représentations pathogènes qui en dérivent, l'affect non déchargé, la verbalisation accompagnée d'émotion. On ne saurait dans cette conjoncture privilégier le souvenir ou la représentation pathogène sur l'affect, puisque la réapparition de l'affect est la condition du succès de la méthode. De même, le langage ne saurait être tiré du côté des représentations, il est lui-même mode de décharge, équivalent de l'acte.

On sait que Breuer et Freud se sont séparés sur la question de l'état hypnoïde[3]. Pour Breuer, l'état hypnoïde, suivant

---

1. *Loc. cit.*, p. 4. FREUD reprend la même affirmation dans la première des *Cinq leçons sur la psychanalyse* (1909). Cf. *S.E.*, XI, 18. « D'un côté, on découvre qu'aucun résultat n'était obtenu par le ressouvenir d'une scène en présence du médecin, si pour quelque raison le ressouvenir s'effectuait sans aucune production d'affect. Ainsi, c'était ce qui était arrivé à ces affects, qui pouvaient être considérés comme des quantités déplaçables, qui fut considéré comme le facteur décisif à la fois pour l'installation de la maladie et sa guérison. » Notons qu'ici s'ajoute la notion du transfert. La notion de défense est étroitement liée à l'affect. Dans le chapitre des *Etudes sur l'hystérie* traitant de la psychothérapie de l'hystérie, publié en 1895, la défense a pour objet la lutte contre l'apparition « d'affects de honte, de remords, de souffrance » (p. 216).
2. *Etudes sur l'hystérie*, p. 144.
3. Cf. sur cette question l'article du *Vocabulaire* de LAPLANCHE et PONTALIS.

sur ce point P. J. Moebius, serait un état auto-hypnoïde, auto-induit, sous l'influence d'une rêverie diurne et de l'apparition d'un affect. Un certain vide de la conscience se produit au cours duquel une représentation se manifeste sans aucune résistance. Cet état hypnoïde coupe un groupe de représentations, qui bientôt se lie à d'autres groupes de représentations formées au cours d'autres états hypnoïdes et constitue un clivage, une *spaltung* avec le reste de la psyché, par arrêt de la circulation des associations. Pour Breuer, cet état hypnoïde est la condition de l'hystérie[1]. Freud qui, dans les *Etudes*, se range provisoirement à cette idée, l'abandonnera plus tard comme superflue. Ce qu'il en conservera est l'idée d'un groupe psychique particulier isolé du restant de la vie psychique dont il fera le noyau de l'inconscient. Si l'opinion de Breuer nous paraît aujourd'hui irrecevable, il faut néanmoins reconnaître que sa conception préfigure ce que Freud ne découvrira que quelques années plus tard : le rôle du fantasme et sa conjonction[2] avec l'affect, puisque ceux-ci déclenchent l'état hypnoïde. Par là se découvre une solution de rechange à l'abandon de la théorie traumatique, sans que pour autant doive être éliminée la conception de l'affect coincé, car le fantasme peut à lui seul activer les contenus de l'inconscient — quand il n'en est pas le résultat — et augmenter ainsi la charge de l'affect, qu'il tente de lier d'autre part par sa constitution.

Entre la *Communication préliminaire* (1893) et la publication des *Etudes sur l'hystérie* (1895), Freud publie en janvier 1894 son article sur les « Psychonévroses de défense ». Il y précise mieux qu'il ne l'a jamais fait jusque-là la notion de quantum d'affect.

---

1. On notera à cet égard la parenté des conceptions de Breuer et de H. Ey pour qui l'existence d'une dissolution préalable est la condition explicative de l'émergence de l'inconscient.
2. Nous passons sous silence ici la discussion du déclenchement de l'état hypnoïde sous la seule influence de l'état de rêverie ou de l'émotion. On pourra comparer utilement la conception de Breuer sur le « vide de la conscience » accompagnant l'état hypnoïde et la conception de Freud sur les « absences » hystériques lorsque au cours des *Cinq leçons sur la psychanalyse* est relatée en 1909 la période de la collaboration entre Breuer et Freud (cf. *S.E.*, XI, p. 12-13). Il est clair que pour Freud cette absence est le produit du désir et non sa condition. Voir encore sur le terme d'*absence* la note d'août 1938 (*S.E.*, XXIII, 300).

« *Dans les fonctions psychiques, il y a lieu de différencier quelque chose (quantum d'affect, somme d'excitation) qui possède toutes les propriétés d'une quantité — même si nous ne sommes pas à même de la mesurer — quelque chose qui peut être augmenté, diminué, déplacé, déchargé et s'étale sur les traces mnésiques des représentations un peu comme une charge à la surface des corps* »[1].

Freud distingue donc :

1) La quantité mesurable en droit sinon en fait ;
2) La variation de cette quantité ;
3) Le mouvement lié à cette quantité ;
4) La décharge.

La même année, dans une communication à Fliess (Lettre n° 18 du 21-5-1894), cette conception se complète par l'idée d'un destin de l'affect différent selon les entités cliniques.

« *Je connais trois mécanismes :* 1° *Celui de la conversion des affects (hystérie de conversion) ;* 2° *Celui du déplacement de l'affect (obsessions) ;* 3° *Celui de la transformation de l'affect (névrose d'angoisse et mélancolie)* »[2].

Ainsi aux conceptions précédentes se joint pour la première fois l'idée de la *transformation* au sens large. Transformation qui cesse d'être l'apanage de l'hystérie, mais se révèle à l'œuvre dans d'autres psychonévroses. Transformation où s'illustre l'affect par rapport aux représentations et dont le destin n'est pas toujours forcément celui de la conversion.

Au reste, en cette année, les explorations cliniques de Freud sont très avancées. Le *Manuscrit E* (non daté, mais

---

1. S.E., III, 60, trad. LAPLANCHE et PONTALIS citée dans le *Vocabulaire de Psychanalyse*, article « Quantum d'affect ».
2. S.E., I, 188, trad. LAPLANCHE et PONTALIS, *loc. cit.*, article « Affect ». On retrouvera dans la suite de la correspondance avec Fliess le retour de ce thème de la transformation des affects. Ainsi dans le *Manuscrit H* du 24-1-1895 sur « La paranoïa », il dresse un tableau comparatif pour l'hystérie, la névrose obsessionnelle, la confusion hallucinatoire, la paranoïa et la psychose hallucinatoire, distinguées selon les catégories de l'affect, du contenu idéique, de l'hallucination et du résultat de la défense (S.E., I, p. 211-212). Un an après, dans le *Manuscrit K* sur « Les psychonévroses de défense » du 1-1-1896, il décrit celles-ci dans des déviations pathologiques d'états affectifs normaux, de *conflit* (hystérie), d'*autoreproches* (névrose obsessionnelle), de *mortification* (paranoïa), de *deuil* (confusion hallucinatoire aiguë) (S.E., 5, 220).

qu'on situe aux environs de juin 1894) traitant de l'origine de l'angoisse et l'article « S'il est justifié de séparer de la neurasthénie un certain complexe de symptômes sous le nom de névrose d'angoisse » (1895) montrent qu'à ce moment l'idée de transformation entre les diverses formes de l'énergie physique, sexuelle et psychique domine sa pensée. Nous ne nous y arrêterons pas davantage, en nous réservant d'y revenir lorsque nous aborderons plus loin et à part la question de l'angoisse.

Il nous semble d'ailleurs que si Freud a été tellement sensible dès le départ à cette notion de quantité mouvante, qui va dominer toute l'*Esquisse*, ce n'est pas seulement à cause de ses préjugés physicalistes. Nous ne serions pas loin de supposer que la notion de quantité mouvante dérive de l'observation des transformations observables dans le discours des premiers sujets auxquels Freud applique sa méthode psychothérapique.

Nous allons retrouver cette notion de transformation dans la partie des *Etudes sur l'hystérie* écrite en 1895. Dans la conversion d'abord, bien entendu. Quand l'affect a dû se décharger par un réflexe non point normal, mais « anormal », c'est ce réflexe anormal à partir duquel la conversion se produira. Donc, double transformation : du réflexe normal au réflexe anormal et de celui-ci en sa conversion. Mais si l'affect est tellement voué à ce destin de la transformation par la conversion, c'est que son origine est liée, selon Freud, à la transformation. L'affect est lui-même, en quelque sorte, le produit d'une « conversion à l'envers » comme en témoigne le texte qui suit :

« *Toutes ces innervations, toutes ces sensations font partie de « l'expression des mouvements émotionnels » comme l'a souligné Darwin. Consistant primitivement en actes adéquats bien motivés, ces mouvements à notre époque se trouvent généralement si affaiblis que leur expression verbale nous apparaît comme une traduction imagée, mais il semble que tout cela a eu jadis un sens littéral. Peut-être même a-t-on tort de dire qu'elle crée de pareilles sensations par symbolisation ; peut-être n'a-t-elle nullement pris le langage usuel pour modèle mais a-t-elle puisé à la même source que lui* »[1].

1. *Etudes*, p. 145.

La conversion hystérique serait donc un retour aux sources de l'affect. Mais ceci importe moins que la remarque de Freud sur la symbolisation. Ainsi, si ce que dit Lacan est vrai, à savoir que l'hystérique parle avec sa chair, il nous semble encore plus vrai de dire que l'hystérique s'asservit au langage de la chair en puisant à une source dont l'un et l'autre dérivent. Le discours de l'hystérique ne prendrait donc pas le modèle de langage pour parler, mais le langage comme le symptôme plongent leurs racines dans un fonds qui leur est commun.

2 | *Le « Manuscrit G » (1895)*

Avant de commencer l'examen de l'*Esquisse*, nous aimerions attirer l'attention sur le *Manuscrit G sur la Mélancolie* daté du 7-1-1895. Pour deux raisons : la première est qu'il traite d'un sujet qui touche de très près au problème de l'affect, la deuxième est qu'il comporte un schéma qui doit constituer une théorisation — peut-être la plus poussée jusque-là — qui nous paraît marquer un tournant.

Après avoir tracé deux axes, l'un vertical constituant la limite du Moi, séparant ce dernier du monde extérieur, l'autre horizontal constituant la limite somato-psychique et séparant dans sa moitié inférieure le soma et dans sa moitié supérieure la psyché, Freud y met en place des éléments et un circuit.

Les éléments sont :

— dans le monde extérieur, un objet ;
— dans le cadran répondant, hors du Moi et dans le soma une figure dite : objet sexuel en position favorable ;
— dans le cadran répondant à la partie somatique du Moi, un organe terminal, une source somatique et un centre spinal ;
— dans le cadran répondant à la partie psychique du Moi, un assemblage d'éléments dit groupe psychique sexuel.

Le circuit est le suivant :

Soit donc un objet (Δ) dans le monde extérieur. Par suite d'une réaction, il pénètre dans le corps du sujet. Freud le

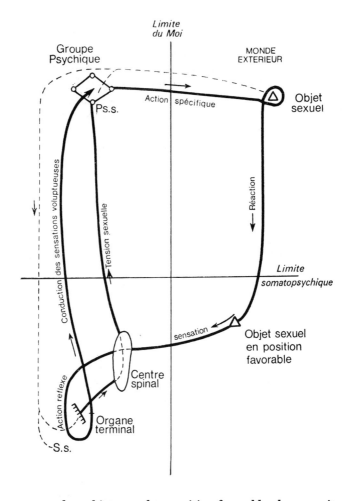

nomme alors objet sexuel en position favorable ; la poursuite du circuit pénétrant dans la partie somatique du moi provoque une sensation. Le circuit, après avoir effectué une boucle autour de l'organe terminal où a lieu une action réflexe, se poursuit vers la partie psychique du Moi, en voie de conduction des sensations voluptueuses, qui se termine dans le groupe psychique sexuel en l'investissant (G.Ps.s.). Mais depuis l'organe terminal deux autres voies parallèles se constituent : l'une partant de l'organe terminal (après passage par le centre spinal) est celle de la tension sexuelle qui se termine dans le réseau du groupe psychique sexuel ; l'autre, plus complexe, chemine aux côtés des précédentes, relie le Ps.s. à l'objet sexuel[1] et à l'organe terminal contribuant à la réponse de l'action réflexe à ce niveau, conjoignant ses effets en ce point aux influences exercées de sa relation avec la source somatique sexuelle. Enfin, du groupe psychique sexuel part une voie vers l'objet qui est celle de l'action spécifique visant à la possession de l'objet et à la décharge énergétique.

Ce schéma concerne la sexualité féminine. Quelles que soient ses obscurités, l'important est pour nous d'y relever l'existence des trois voies sexuelles.

La première, dite de *tension sexuelle*, est purement organique et sexuelle. La deuxième est porteuse d'une certaine gamme affective, *voie de conduction des sensations voluptueuses* (plaisir), et se termine au sein du groupe psychique sexuel. Cette voie est psychique et sexuelle, car elle fait partie du circuit qui englobe l'objet et contourne l'organe terminal sans en être issue. Enfin, la troisième voie est la plus intéressante. L'action des éducateurs a pour résultat d'échanger les stimuli somatiques sexuels en stimuli psychiques qui vont influencer le groupe psychique sexuel, mais font porter leur action au-delà sur l'objet[2]. Cette voie privée par l'éducation de son apport énergétique de sexualité directe et crue sollicite en contrepartie, de la part de l'objet, par une attitude de séduction et d'attraction, l'appoint nécessaire pour que la décharge de l'acte spécifique puisse intervenir. Elle est donc porteuse d'une autre gamme affective : dégoût envers la sexualité, et, par inhibition de but, séduction et attraction.

---

1. Cette voie, du fait de l'inhibition éducative de la sexualité, va au-devant de l'objet chercher des provisions énergétiques pour stimuler l'éveil sexuel (activité de séduction) ou l'inhiber, exerçant son rôle dans l'action réflexe. Elle chemine donc, semble-t-il, dans les deux sens.

2. Nous devons relever à cet égard une différence entre l'interprétation de Strachey et la nôtre. Strachey ne connaît que le groupe psychique sexuel (Ps.s. sur le manuscrit) et ignore l'existence d'un groupe psychique. Pour nous, il faut distinguer le groupe psychique du précédent en tant qu'il résulte de l'éducation et de la transformation des stimuli somatiques sexuels en stimuli psychiques qui changent la sexualité en dégoût. Il y a là une première intuition du refoulement. Nous laissons de côté pour l'instant la distinction entre refoulement et répression, pour n'insister que sur la différence entre les trois voies et les deux groupes.

Ainsi l'objet sexuel de l'Autre fonctionne comme source de suppléance à l'extinction énergétique due à l'éducation (refoulement). La tension est donc maintenue à un bas niveau et la libido est privée de la force nécessaire à l'accomplissement par le sujet lui-même de l'acte spécifique. Néanmoins, celui-ci s'accomplit par la voie de l'Autre. Mais que l'objet soit perdu et c'est tout le système qui s'en trouve déséquilibré, car cette perte objectale entraîne par voie de conséquence une perte énergétique libidinale.

Freud construisit ce schéma pour expliquer les relations de la frigidité et de la mélancolie, car, dès 1895, il découvre déjà que « l'affect qui correspond à la mélancolie est celui de deuil, c'est-à-dire le regret amer de l'objet perdu. Il pourrait donc s'agir d'une perte, d'une perte dans le domaine des besoins pulsionnels »[1].

La situation de l'affect dans ce schéma est donc multiple. A l'état normal, il est réparti entre la voie de conduction des sensations voluptueuses (plaisir) et la voie des sensations sexuelles somatiques modifiées par l'éducation (dégoût, défense). A l'état pathologique, il est la conséquence de la perte objectale et énergétique (deuil).

Ce qui nous paraît important est la distinction entre les voies organiques, qui le restent, celles qui sont psychosexuelles et celles qui se transforment par éducation (refoulement). L'affect appartient aux deux dernières et est de nature psychique et psychosexuelle.

Cette hétérogénéité des composantes de la libido et cette variation de leur destin nous paraissent devoir être soulignées pour comprendre les relations entre l'affect et les sphères corporelle et psychique. L'ordre de l'affect n'est pas celui de la tension physique sexuelle quoiqu'il s'étaye sur elle. Nous retrouvons ici l'importance de la notion d'étayage mise en lumière par Laplanche et Pontalis. Mais il dépend également des forces psychiques qui barrent l'expression immédiate de la pulsion où se retrouve le rôle de la défense, qui a pour effet d'inverser l'affect de plaisir en dégoût. L'affect est donc bien entre soma et psyché, comme entre l'enclume et le marteau.

---

1. S.E., I, 200.

Enfin, ce schéma nous paraît préfigurer le modèle de la pulsion avec sa source (sexuelle somatique), son objet (dans le monde extérieur), sa poussée (ici divisée en ses composantes), son but (l'action spécifique) et pour finir, son circuit.

3 | L' « *Esquisse pour une psychologie scientifique* » *(1895)*

L'intérêt de l'*Esquisse* pour une étude de l'affect passe de beaucoup les références directes qui sont faites à cette notion. Elles sont déjà en elles-mêmes fort instructives. Mais pour qui veut se donner la peine de pénétrer dans ce maquis inextricable (et comportant plus d'une contradiction insoluble), le résultat de l'investigation paye largement la peine. Et que l'on ne tire pas argument de l'opposition de Freud à sa publication. Il y a là un gigantesque effort de ressaisissement théorique et le fondement de la plupart des hypothèses futures que Freud exploitera en les étalant sur plus de vingt ans, débitant en petite monnaie ce coup joué en une fois. Relations de la quantité à la qualité, distinction de l'énergie libre et énergie liée, hypothèse économique, premiers modèles de l'expérience de satisfaction et de l'expérience de la douleur, ébauche du Moi et rapport du Moi et de l'objet, rôle de la symbolisation, définition du processus primaire, théorie de la pensée et de ses relations au langage et à la conscience où se manifeste le rôle perturbant de l'affect, tous ces fondements métapsychologiques ont l'immense avantage d'être l'objet d'une articulation. Articulation lâche sans conteste, où il y a du jeu en plus d'un point, mais articulation primordiale.

Nous grouperons sous trois rubriques la contribution de l'*Esquisse* au problème de l'affect :

A – L'affect dans l'expérience de satisfaction, de la douleur et les états de désir ;
B – Le rôle du Moi dans l'inhibition et la maîtrise des affects ;
C – Les troubles de la pensée provoqués par les affects.

A – EXPÉRIENCE DE LA SATISFACTION, DE LA DOULEUR ET ÉTATS DE SOUHAIT

Avant d'en venir aux expériences de la satisfaction, de la douleur et aux états de souhait, il est important de se souvenir que la notion de quantité et le principe d'inertie (tendance de l'appareil psychique à l'abaissement des tensions au niveau zéro) sont des présupposés fondamentaux. L'aspiration à la décharge est première, la rétention d'une certaine quantité est nécessitée par les lois de la vie.

a) *Expérience de la satisfaction*. — Dans l'expérience de satisfaction, premier modèle du désir, l'augmentation de la tension intense provoquée par le besoin commande une modification interne de cet état de choses. En premier lieu intervient une tentative de décharge interne et externe, par des manifestations émotives et des cris. Mais cette décharge est inopérante, car la situation nécessite une modification externe pour que la modification interne se produise : l'action spécifique susceptible d'apaiser le besoin par la satisfaction (apportée par l'objet extérieur). « De cette façon cette voie de décharge acquiert une fonction secondaire de la plus haute importance, celle de la *communication*, et l'impuissance originelle de l'être humain est la source première de tous les motifs moraux »[1]. On ne saurait trop insister sur cette liaison première entre la décharge par l'émotivité et la motricité et la fonction de communication dont sera issu le langage. Mieux encore, la satisfaction sera désormais mise en relation avec l'image de l'objet qui y a pourvu et l'image motrice du mouvement réflexe qui a permis la décharge. Nouvelle mise en relation entre la perception de l'objet et la décharge interne (par sa trace dans l'image motrice). Image motrice et affect sont donc liés. Ainsi l'affect est lié d'une part à la fonction de communication, donc du langage, d'autre part à l'expérience corporelle par l'image motrice de la décharge.

Par la suite, pour empêcher que la réaction produite par un investissement trop intense (hallucinatoire) de l'objet

---

1. *S.E.*, I, 318.

absent ne conduise à la déception renouvelée par impossibilité de distinguer entre hallucination d'objet et perception d'objet, une inhibition venue du Moi contrôle cet investissement et donne un critère de la présence réelle de l'objet dans la perception.

b) *Expérience de la douleur*. — La douleur est liée à l'irruption de grandes quantités d'excitation dans l'appareil psychique ayant pénétré par une solution de continuité produite par effraction dans le système de protection. L'irruption de cette quantité excessive provoque une élévation d'intensité du niveau de l'investissement, une tendance à la décharge pour supprimer cette quantité en excès et un investissement de l'image de l'objet qui a provoqué la douleur, avec frayage entre ces deux derniers. Il faut cependant ajouter que cette quantité externe qui fait effraction s'accompagne d'une qualité particulière. Lors d'un nouvel investissement de l'image mnésique de l'objet hostile, il se produit un état analogue mais atténué[1]. Ce qui se produit alors n'est pas de la douleur, mais *quelque chose de semblable à la douleur (le déplaisir)*, et l'investissement est alors déchargé (en vertu du frayage ci-dessus) dans l'intérieur du corps. Ici Freud fait intervenir

---

1. LAPLANCHE et PONTALIS, à l'article « Défense » de leur *Vocabulaire*, discutent de cette expérience de la douleur. Il leur semble contradictoire avec l'hypothèse d'un appareil neuronique tendant à la diminution et l'élimination des tensions, qu'il soit procédé par répétitions à l'investissement hallucinatoire de l'image mnésique de l'objet hostile qui constitue une augmentation de l'investissement en réveillant le souvenir de l'expérience de la douleur. Mais on peut supposer que l'investissement de l'image mnésique de l'objet hostile est réveillé lors d'une expérience de besoin non satisfait trop prolongée, comme réveil de l'expérience de la douleur. On peut aussi imaginer qu'étant donné le frayage établi entre cette image et la tendance à la décharge, un tel investissement joue le rôle d'un signal aidant à la provocation de cette décharge, seul moyen de liquider la quantitée accumulée en excès en l'absence de toute satisfaction après un temps prolongé. On ne voit pas comment une telle quantité pourrait se liquider. Mais, s'il est exact que Freud est, sur ce point, moins explicite et plus obscur, on ne peut pas ne pas penser que, dans un contexte théorique kleinien, cet objet hostile est un précurseur du mauvais objet. Au reste, il faut faire remarquer que dans le paragraphe suivant l'état de souhait (investissement hallucinatoire de l'objet de la satisfaction) comporte une élévation de Q_η dans le système psychique, par sommation. Cette élévation de quantité n'est pas contraire à l'hypothèse de l'appareil neuronique dans la mesure où cette élévation de quantité a pour but d'apporter (par un simulacre, il est vrai) l'apaisement de la tension.

une catégorie spéciale de neurones, les neurones sécrétoires, équivalents pour la décharge interne des neurones moteurs pour la décharge externe. Ultérieurement les traces de l'expérience de la douleur entraînent des investissements de plus en plus faibles de l'image mnésique de l'objet hostile, c'est-à-dire jouant de plus en plus le rôle de signaux, déclenchant des opérations défensives de plus en plus importantes.

Nous nous sommes ici arrêtés sur l'expérience de la douleur parce qu'elle renvoie au modèle de l'affect de façon plus explicite que l'expérience de la satisfaction. Car, s'il est vrai que celle-ci s'accompagne d'affect (décharge par l'émotivité et la motricité), les traces de l'expérience de la douleur font explicitement référence à une décharge interne et sécrétoire[1]. Or Freud a toujours soutenu, comme on le verra par la suite, que l'affect était le produit d'une telle décharge *interne et sécrétoire*. Le modèle de l'affect est plus souvent invoqué lors des expériences de déplaisir, de douleur, d'angoisse que pour les états de plaisir.

c) *Etats de souhait.* — Les traces des expériences de douleur et de satisfaction sont des affects et des états de souhait (désir). Il ne faut pas comprendre par là que les deux coexistent en chaque expérience, mais que l'état de souhait (désir) est lié à l'expérience de satisfaction et l'affect à l'expérience de la douleur (en tant que traces). Le désir comme l'affect ont en commun une élévation de tension, mais par des mécanismes différents. Dans le premier cas, celle-ci est produite par sommation conduisant à l'investissement hallucinatoire de l'objet (la future réalisation hallucinatoire du désir), tandis que dans le deuxième celle-ci est produite par brusque décharge.

Ainsi peut-on dire, au sens large, que le désir est affect dans la mesure où il comporte un état affectif au sens du langage courant. Mais en fait seule la décharge interne, endogène et sécrétoire liée à l'image mnésique de l'objet hostile mérite ce nom[2]. Il s'y ajoute ici une dimension de violence dans la

---

1. Les stimuli endogènes sont assimilés à des produits chimiques, *S.E.*, I, 320.
2. C'est probablement pour surmonter cette discordance que Laplanche et Pontalis proposent une thèse qui souligne le caractère traumatique de *toute* manifestation pulsionnelle préalablement à la satisfaction ou l'insatisfaction qui y font suite.

réaction et de participation corporelle intense qui lui confère cette spécificité. Il faut encore souligner que l'affect est produit au cours de la répétition de l'expérience organique de la douleur. C'est cette qualité reproductive qui lui confère sa dimension proprement psychique. En outre, on doit remarquer combien est soulignée l'étroitesse des liens entre l'affect et la défense qu'il mobilise. Celle-ci vise à un entraînement de plus en plus poussé de l'appareil psychique devant l'évocation de l'affect, en tant que signal mobilisé par les investissements de plus en plus discrets de l'image mnésique de l'objet hostile.

B – LE ROLE DU MOI DANS L'INHIBITION ET LA MAITRISE DES AFFECTS

La répétition des images mnésiques investies d'affect leur fait perdre progressivement leur qualité affective. Le temps, la répétition ne sont pour rien dans leur domination. Ceux-ci auraient plutôt tendance à la renforcer. Qu'il s'agisse de l'investissement hallucinatoire de l'état de souhait ou de la facilitation à la décharge de déplaisir de l'investissement de l'expérience de la douleur, seule une action de liaison venue du Moi peut y parer.

« *Il est plausible de supposer que cette capacité à halluciner aussi bien que la capacité à être investi d'affect sont des indices de ce que l'investissement du Moi n'a pu encore acquérir d'influence sur les souvenirs, que les voies premières de la décharge et que le processus primaire sont prédominants en lui* »[1].

Deux grandes directions de l'activité du Moi sont ainsi tracées : relations à la réalité (inhibition de la capacité à halluciner pour permettre la distinction entre hallucination et perception), activité défensive (prévention de la décharge contre le déplaisir par la constitution d'une défense et du refoulement).

---

1. *S.E.*, I, 381. Il faut remarquer que les deux circonstances par lesquelles le processus primaire est interrompu pour des raisons quantitatives sont l'expérience de la douleur (Q exogène) et l'affect (Q endogène, déchargée par facilitation) (*S.E.*, I, 335).

C — LES TROUBLES DE LA PENSÉE PROVOQUÉS PAR DES AFFECTS

Deux conditions sont déterminantes, selon Freud, pour perturber un processus psychique normal : que la décharge sexuelle soit liée à un souvenir plutôt qu'à une expérience et que cette décharge ait eu lieu trop précocement, prématurément. Lorsque existe une sommation entre les causes, on assiste à une production d'affect. Nous retrouvons les idées exprimées dans les *Etudes*.

Toute production d'affect gêne le cours normal de la pensée par oubli des associations, baisse du pouvoir de sélection et de logique et par utilisation de voies abandonnées, en particulier celles qui conduisent à la décharge.

« *En conclusion le processus affectif se rapproche du processus primaire non inhibé* »[1].

Ici est reprise l'idée de ce qu'on pourrait appeler l'étayage entre l'idée (ou la représentation) et l'affect : la décharge d'affect intense à partir de l'idée déclenchante. Le rôle du Moi sera d'éviter les processus affectifs ultérieurs et de réduire la facilitation des frayages anciens vers la décharge, celle-ci étant perturbatrice dans les activités de pensée par l'intensité des quantités qu'elle mobilise. Le Moi inhibe donc le processus primaire à l'aide de la fonction d'attention qui l'éveille aux signaux et lui permet de mettre en œuvre une défense.

« *A l'origine, un investissement perceptif, héritier d'une expérience de douleur, déchargea du déplaisir ; l'investissement fut intensifié par la Q_η déchargée et continua de tenter de se décharger le long des voies de passage qui furent en partie préfrayées. Après qu'un Moi investi se fut formé,* « *l'attention* » *aux investissements perceptifs se développa de la façon que l'on sait et l'attention suivit le passage de la quantité de perception avec les investissements latéraux. Par ce moyen, la décharge de déplaisir fut quantitativement restreinte et son commencement fut précisément un signal pour le Moi de remettre en œuvre une défense normale ; ceci empêcha les expériences neuves de*

---

1. *S.E.*, I, 357. Cette affirmation est contradictoire avec celle de *S.E.*, I, 335, où l'affect est considéré comme une cause d'interruption du processus primaire. Sans doute faut-il faire intervenir des questions de seuil et d'intensité pour les concilier.

douleur avec leur facilitation de se développer sans entrave. Néanmoins, plus forte était la décharge de déplaisir, plus difficile était la tâche pour le Moi qui, par ses investissements latéraux, ne peut après tout que fournir un contrepoids à la Q_η jusqu'à une certaine limite et est ainsi voué à permettre à un passage primaire *de se produire. En outre, plus grande est la quantité qui tente d'effectuer un passage, plus difficile est pour le Moi l'activité de pensée, qui, comme tout tend à le montrer, consiste dans le déplacement expérimental de petites Q_η »*[1].

La perturbation intervient également lorsqu'à la place de la perception surgit un souvenir. Les nombreux exemples des *Etudes* sont ici relayés par le cas d'Emma, le célèbre *proton pseudos*, qui fournit une illustration de ce qui précède et mériterait à lui seul toute une étude.

*Quantité et qualité dans l'*Esquisse. — Le problème de l'affect est si étroitement lié aux relations entre la quantité (quantum d'affect) et la qualité (aspect subjectif) qu'il faut considérer ce point avant de quitter l'*Esquisse*.

Cet essai est dominé par la tentative de solution de leur opposition en essayant de ramener, autant que faire se peut, les problèmes qualitatifs aux vicissitudes de la quantité[2]. Le but avoué de l'*Esquisse* est de considérer les processus psychiques comme des états quantitativement déterminés de particules matérielles. La prise en considération de la qualité y est subordonnée. Mais qu'est cette mystérieuse Q[3] ? Q existe sous deux formes. D'une part, elle existe à l'état dynamique, flux ou courant passant d'un neurone à l'autre *entre* les investissements. Q est donc ce qui distingue l'activité du repos et est soumise aux lois générales du mouvement.

---

[1]. S.E., I, 358. Ce passage qui résume l'ensemble des affirmations sur l'expérience de la douleur, montre la relativité du fonctionnement du dispositif eu égard à la quantité. Passé un certain seuil, la décharge est inéluctable, outrepassant les capacités du Moi. La conséquence en est la perturbation pathogène de la pensée.

[2]. Cette position sera maintenue plus tard. Dans *Pulsion et destin de pulsions* ; on retrouve l'idée selon laquelle il n'existe pas de différences qualitatives entre les diverses pulsions : « Il nous suffit plutôt d'admettre simplement que les pulsions sont toutes semblables qualitativement et doivent leur effet uniquement aux quantités d'excitation qu'elles portent et peut-être aussi à certaines fonctions de cette quantité », *Métapsychologie*, trad. LAPLANCHE et PONTALIS, p. 20, éd. Gallimard.

[3]. Voir sur cette question l'Appendix C de STRACHEY à l'*Esquisse*, S.E., I, auquel nous sommes redevables pour la rédaction de ce passage.

D'autre part, elle existe à l'état statique lorsqu'elle charge les neurones d'une certaine fraction d'elle-même : c'est l'investissement[1]. Quant à la nature de Q, elle n'est pas précisée et demeure énigmatique, car nulle part Freud n'a dit qu'il s'agit d'une énergie psychique. Il paraît plus probable qu'elle est une énergie indifférenciée investissant plusieurs systèmes dont le système ψ.

Les propriétés de Q dérivent de l'hypothèse posée par Freud en 1894 dans son article sur les « Psychonévroses de défense »[2]. Face à la quantité, Freud se débat beaucoup plus malaisément avec le problème de la qualité.

Freud se trouve contraint, en cours de rédaction de l'*Esquisse*, d'envisager, à côté du système φ (des quantités exogènes et physiques) et ψ (des quantités internes et psychiques), un troisième système ω chargé spécifiquement de la qualité. Il est lié à la perception — les neurones ω sont excités durant la perception ; la décharge de cette excitation donne la qualité à la conscience. Mais la qualité n'apparaît que là où les Q auront été préalablement réduites[3]. On assiste alors à la transformation d'une quantité externe en qualité (φ en ω). La réceptivité acquise d'un tel système exige une perméabilité complète et une absence d'orientation ou de modification par l'excitation. L'état conscient représente le côté subjectif des processus physiques. La preuve la plus nette de l'essai de réduction de la qualité à la quantité peut être relevée dans l'affirmation de Freud selon laquelle la tendance à l'évitement de déplaisir tend à se confondre avec la tendance primaire à l'inertie, ce qui implique pour lui une communication entre ω et ψ[4].

Les indices de qualité surviennent uniquement lors des perceptions. Il s'agit alors d'obtenir une perception du passage de la Q_η[5].

---

1. Il est clair que les différents états de Q suggèrent déjà les formulations ultérieures concernant l'énergie libre et l'énergie liée, les processus primaires et secondaires, et que sa relation est étroite avec le futur point de vue économique.
2. *S.E.*, III, 60.
3. On retrouve ici le précurseur du pare-excitations.
4. Il faut rappeler que ψ reçoit à la fois les investissements transformés de φ et les investissements des voies de « conduction endogène » : perception et représentation.
5. La question de la qualité est beaucoup plus confuse que celle de la

« *Si une décharge était liée au passage de la* Q_η *(en plus de la simple circulation) ainsi comme tout mouvement, elle (la décharge) fournirait un renseignement sur le mouvement. Après tout, les indices de qualité eux-mêmes ne sont que des renseignements de décharge (de quel type, nous l'apprendrons plus tard)* »[1].

Cette remarque est importante pour l'affect, bien qu'il n'en soit pas question ici. Car Freud insistera beaucoup, dans les définitions qu'il donnera, sur le sentiment d'une modification donnant l'impression d'un mouvement interne. Cette conscience d'un mouvement dirigé vers le corps, qui comporte une décharge, est accompagnée de la qualité spécifique de l'affect[2]. L'attention ne se porte donc pas uniquement sur les indices de qualité appartenant aux propriétés externes de l'objet, mais sur la perception du processus interne de passage d'une Q_η.

Dans tout cela, il n'est pas fait allusion au système ω. Il est donc impossible de dire si c'est lui qui fournit cette perception du mouvement qui traduit le passage de la Q lors de la décharge qu'il entraîne. Mais ce qui est sûr, c'est que Freud va réduire considérablement son rôle.

Sitôt l'*Esquisse* achevée et communiquée à Fliess, Freud écrit à ce dernier pour faire un rectificatif qui, à vrai dire, impliquerait une réinterprétation totale du texte. Il y précise que le système ω, loin de transmettre la qualité des perceptions issues de φ, ne transfère ni quantité, ni qualité mais

---

quantité dans l'*Esquisse*, ce qui n'est pas peu dire. Il faut en effet distinguer :
— la qualité liée à la perception externe ;
— la qualité liée à la représentation : investissement hallucinatoire de l'objet ;
— la qualité liée à l'affect ;
— la qualité liée aux processus, cf. plus loin.

Il faut encore distinguer les *indices de qualité* et la *conscience* de qualité. Les premiers sont facteurs de leurre en ce qu'ils peuvent amener à confondre les objets de la satisfaction et ceux qui leur sont analogues.

1. *S.E.*, I, 364.
2. On peut rappeler que dans l'épreuve de satisfaction se produit une innervation de l'image motrice des mouvements exécutés par le corps, qui aident à la conscience du corps. « On peut dire que la perception d'un objet correspond à l'objet nucléaire plus une image motrice. » « Tout en percevant ω, on imite soi-même les mouvements, c'est-à-dire que l'on innerve sa propre image motrice au point de reproduire réellement le mouvement » (p. 350 de l'édition française).

se borne à exciter, c'est-à-dire qu'il indique la voie à suivre. Il s'ensuit une conséquence importante : puisque ω ne transmet pas de qualité à ψ, les processus inconscients resteront inconscients. Ils n'acquerront qu'une « conscience secondaire et artificielle en se liant à des processus de décharge et de perception (associations verbales) »[1].

Ainsi Freud cherche-t-il à s'affranchir de l'aspect qualitatif des phénomènes psychiques. Cette insistance, sinon cette obstination, peut s'expliquer par deux raisons. La première est à relier à son ambition scientifique de décrire les processus psychiques avec l'objectivité des sciences naturelles, donc de réduire la part du subjectif au strict minimum. La deuxième est de désolidariser activité psychique et activité consciente, celle-ci impliquant forcément l'intervention de la qualité subjective.

Il faudra attendre 1924 *(Le problème économique du masochisme)* pour voir Freud mettre en question la relation quantitative-qualitative du principe de plaisir-déplaisir. Jusque-là le déplaisir était mis en relation avec la tension (c'est-à-dire l'augmentation d'une quantité psychique d'excitation interne) et le plaisir avec la détente. A ce moment, Freud est obligé d'admettre l'indépendance relative de la quantité et de la qualité.

Distinguer le rôle de la qualité de celui de la quantité laisse cependant certaines énigmes en suspens, tel le phénomène de l'inversion de la qualité (transformation du plaisir en déplaisir par refoulement). Et l'on ne saurait nier le facteur économique dans l'évaluation du retour du refoulé, ou des formations de compromis, des symptômes, etc.

En somme, si l'on ne peut en droit réduire la qualité à la quantité, on ne peut prétendre à une indépendance totale de l'une par rapport à l'autre.

Notons cependant que la qualité est presque toujours liée chez Freud à un processus de décharge par un surinvestissement ou par atteinte d'un seuil qui outrepasse les possibilités de contention.

Ainsi les processus de pensée acquièrent-ils la qualité de la conscience par les associations verbales qui concrétisent,

---

1. Lettre n° 39, *S.E.*, I, 389.

par la voie du langage, les relations abstraites. Le langage transforme les processus de pensée en perceptions. Quant à l'affect, la conscience qui lui est attachée est contemporaine de la décharge qu'il entraîne dans le corps. En deçà de ce seuil, l'affect peut passer inaperçu pour la conscience. Nous voilà donc aux deux extrêmes de l'appareil psychique dans l'inconscience de la pensée et l'inconscience du corps ; dans leur entre-deux, la représentation de mot et l'affect présentent à la conscience ce qui se passe hors de son champ ; dans leur entre-deux se tient, comme au cœur de l'inconscient, le complexe formé par la représentation de chose et son quantum d'affect.

4 | « *L'interprétation des rêves* »
   (1899-1900)

On reconnaît à *L'interprétation des rêves* d'être l'œuvre de Freud par laquelle celui-ci manifeste le plus clairement la « coupure épistémologique »[1] de sa pensée par rapport à ses attaches antérieures. Ayant dépassé les tâtonnements cliniques du début de sa pratique du traitement des psychonévroses, en ayant terminé avec les compromis théoriques imposés par sa collaboration avec Breuer, guéri de sa fascination de Charcot, tournant le dos à son passé de biologiste de l'école de Brücke, dont l'*Esquisse*, adressée à cet autre biologiste qu'était Fliess, est le testament, Freud n'est plus que Freud. Mais *L'interprétation des rêves* résume et dépasse les essais antérieurs et se présente comme le fruit d'une théorie cohérente et aboutie. D'où l'intérêt, dans ce monumental ensemble, de situer maintenant la place de l'affect.

Mais un autre intérêt s'offre à nous à confronter l'affect au rêve : celui de nous permettre de voir à quel traitement celui-ci sera soumis sur cette autre scène de l'inconscient.

---

1. Là-dessus cf. notre travail : De l'esquisse à l'Interprétation des rêves : coupure et clôture, *Nouvelle Revue de Psychanalyse*, Gallimard, 1972, n° 5, p. 155-180.

A – AFFECT ET CONTENU REPRÉSENTATIF DANS LE RÊVE ET LES PSYCHONÉVROSES

On sait quel parti on a tiré des formulations de Freud sur l'inconscient (et surtout à partir des investigations faites sur la voie royale qui y mène) pour défendre une théorie structurale. Celle-ci, s'appuyant sur le travail qui touche aux représentations, se fonde sur le repérage des grands axes formalisateurs du langage. Des affects dans le rêve, titre pourtant d'un sous-chapitre de ce chapitre sur le travail du rêve, il n'est pas question dans ces théorisations. Et pourtant Freud y écrit : « C'est bien plus par son fond affectif que par son contenu représentatif que le rêve s'impose à nous comme expérience psychologique »[1]. Impossible de rejeter au réveil l'affect du rêve dans l'absurde, comme on est tenté de le faire pour les contenus. Le rêve nous fait assister à une étrange discordance entre le contenu représentatif et l'état affectif qui lui correspondrait à l'état de veille. Un examen des rapports entre contenu manifeste et contenu latent nous oblige à donner raison à l'affect :

« *L'analyse nous apprend, en effet, que les contenus représentatifs ont subi des déplacements et des substitutions, tandis que les affects n'ont pas changé* »[2].

Dans le rêve comme dans les psychonévroses, les déguisements, les déformations portent sur les contenus représentatifs. La censure qui s'exerce sur ceux-ci bute contre les affects « qui forment la partie résistante qui seule peut nous indiquer comment il faut compléter l'ensemble ». Mais si certaines ressemblances les unissent, comme on peut le constater, quelques différences les séparent du point de vue de l'affect. Dans les psychonévroses « l'affect a toujours raison »[3] dans la discordance qui l'unit à un contenu. Il ne trompe pas comme les contenus. Mais il se peut, à l'inverse de ce qui se passe pour le rêve, que tout en conservant sa qualité, il

---

1. *L'interprétation des rêves*, trad. MEYERSON revue par D. BERGER, Presses Universitaires de France, 1967, chap. VI, § VIII, p. 392.
2. *Loc. cit.*, p. 392, souligné par FREUD.
3. *Loc. cit.*, p. 393.

puisse être intensifié « par déplacement de l'attention névrotique ». Dans le rêve au contraire, la conservation de la qualité s'accompagne d'une diminution, d'une inhibition affective. C'est ce que montrent les diverses transformations dans le rêve.

B – LES RÊVES SOUS LA DOMINATION D'UN AFFECT

Avant d'en venir aux transformations de l'affect dans le rêve, il nous faut considérer les cas où le rêveur est sous l'emprise d'un état affectif qui détermine le rêve. Cet état affectif peut être de deux sources, psychologique ou organique. Dans le premier cas, il trouve sa racine dans les pensées de la veille, dans le second dans un état somatique. Dans le premier cas, le contenu représentatif de ces pensées induira l'état affectif, dans le second, le contenu représentatif sera induit par l'état affectif, lui-même rattaché à l'état organique. Nous retrouvons ici cette situation mitoyenne de l'état affectif : produit actif de la cause psychologique, reflet passif de la cause organique. Mais sur la scène du rêve cette origine bicéphale perd toute spécificité pour se subordonner à l'accomplissement du désir. Le rêve ne peut emprunter sa force pulsionnelle qu'au désir. Même s'il s'agit d'affects pénibles, ceux-ci ne viennent que réveiller de vigoureux désirs appelés à s'accomplir dans le rêve[1].

Ces considérations touchent au problème du cauchemar, rêve affectif par excellence, rêve chargé d'angoisse, qui déborde le problème du rêve[2] mais touche à la psychologie des névroses. La primauté de l'accomplissement du désir (et ce désir peut être un désir de châtiment) domine le rêve. En tout état de cause, il ne s'agit pas d'affects à l'état brut, mais d'affects liés aux contenus représentatifs dans la perspective de l'accomplissement du désir et soumis au travail du rêve.

---

1. Cette observation cadre mal avec le rôle de la censure dans le rêve, qui devrait plutôt, devant de tels affects, agir de façon plus forte sur cet accomplissement, tout au moins par les déguisements qu'elle lui imposerait.
2. On tend aujourd'hui à distinguer radicalement le cauchemar du rêve dont la métapsychologie et la neurophysiologie nous indiquent qu'il faut voir en lui un échec de la fonction onirique.

C - TRANSFORMATIONS DES AFFECTS DANS LE RÊVE

a) *Disparition des affects dans le rêve.* — Un contenu représentatif peut être totalement privé de l'affect qui lui correspond à l'état de veille. Une représentation angoissante s'accompagne d'indifférence.

b) *Transfert de l'affect loin de son représentant dans une autre partie du rêve.*

c) *Appauvrissement de l'affect des pensées du rêve dans le rêve.* — Quand un affect est présent dans le rêve, on le trouve dans les pensées du rêve ; mais l'inverse n'est pas vrai. Le rêve opère donc un travail *réducteur* sur l'affect. Ceci est le cas type de la *répression des affects* dans le rêve, que nous examinerons plus loin. On pourrait suggérer une comparaison entre cette réduction des affects et la condensation des pensées du rêve dont le rêve est le résultat. Freud l'appelle aussi compression.

d) *Transformation d'un affect en son contraire.* — Résultat de la censure, comme si le mécanisme précédent ne suffisait pas. Des sentiments interdits sont remplacés par leur opposé (hostilité|amitié). Des rêves de désir se transforment en rêves de châtiments (rêves hypocrites). Freud signale que cette transformation peut ne pas opérer au sein du rêve lui-même, mais être déjà trouvée toute prête dans les pensées de la veille.

e) *Renforcement de l'affect du rêve par rapport à l'affect des pensées du rêve, des affects permis suppléant l'expression d'affects interdits.* — Quand un affect dans le rêve paraît correspondre à l'affect des pensées du rêve, il ne faut pas conclure à son expression comme telle dans le rêve. En ce cas, un concours est prêté à l'affect du rêve par des affects non interdits masquant les affects interdits, souvent en rapport avec des contenus interdits.

Cet ensemble de transformations : suppression, déplacement, soustraction (appauvrissement), renversement et renforcement par une autre source affective, appelle des remarques. Apparemment, il y a contradiction entre l'hypothèse de l'état inchangé de l'affect et ces transformations. En fait, l'affect, dit Freud, est inchangé dans sa qualité mais diminué, inhibé. Cette affirmation cadre bien avec certaines des transformations comme la suppression, la soustraction, qui paraissent être les conséquences directes d'un amoindrissement quantitatif. Mais comment l'appliquer au renforcement de l'affect par une seconde source de même nature ou encore le déplacement et la transformation en son contraire, qui sont des mécanismes qu'on voit agir sur les contenus représentatifs et dont la valeur de déguisement n'est pas moindre. Rigoureusement parlant, l'hypothèse de Freud ne résiste pas à l'examen. Mais ce qu'il faut avoir en vue, c'est le but de tous ces mécanismes. Si certains procédés sont utilisés qui dépassent la simple réduction, c'est que celle-ci est insuffisante. On n'est pas assez protégé en atténuant des sentiments hostiles si l'on mesure les termes de son langage dans leur expression, alors qu'un geste ou une attitude peuvent trahir le sentiment camouflé ; il faut donc détourner l'affect sur un autre représentant ou, mieux, contrefaire son opposé. En tout cas le but est d'obtenir la *répression de l'affect*, ce à quoi vise la censure dans le rêve.

Ce que Freud veut dire est que, malgré la présence de mécanismes semblables pour les contenus représentatifs et l'affect, il n'est pas possible pour les affects de se morceler en un petit nombre d'éléments comme les contenus représentatifs et de constituer de nouvelles totalités, entièrement déformées par rapport à l'enchaînement des pensées du rêve, assemblées en un groupement incompréhensible et à première vue inintelligible. L'affect résiste à un tel morcellement, c'est pourquoi le plus souvent il est l'élément qu'il ne faut pas quitter du regard dans l'analyse du rêve. Pour interpréter le rêve, il convient de lui restituer sa force originaire et de la restituer à sa place exacte. Opération conjecturale, mais guère plus que la reconstitution du puzzle associatif. L'affect est le guide le plus sûr. Ainsi la censure comporte deux effets : la déformation portant sur les contenus représentatifs et l'inhibition portant sur les affects. On opposera donc *refoulement des contenus* et *répression des affects*.

D — THÉORIE DE LA RÉPRESSION DES AFFECTS

La répression apparaît donc comme le destin particulier de l'affect dans l'inconscient. Freud défend l'idée que le déclenchement de l'affect est un processus orienté vers l'intérieur du corps. A ce titre, il correspond pour le corps à ce que sont les décharges motrices pour le monde extérieur. Ces dernières étant supprimées au cours du sommeil, une semblable paralysie atteindrait les décharges vers l'intérieur du corps et les impulsions affectives qui se produiraient en cours de formation du rêve seraient faibles par elles-mêmes.

D'après cette première idée, la répression des affects ne serait pas le résultat du travail du rêve, mais la conséquence du sommeil. Mais, comme toujours chez Freud, cette hypothèse organique est corrigée parce que trop simple. Au niveau proprement psychique, tout rêve est un compromis de forces psychiques opposées (désir et censure). En outre, dans l'inconscient toute pensée est liée à son contraire, la contradiction n'y existant pas. La répression des affects devient une conséquence de l'inhibition qu'exercent les contraires les uns sur les autres et de l'action de la censure sur les impulsions.

« *L'inhibition affective serait alors le second effet de la censure, dont la déformation était le premier* »[1].

On pourrait alors penser qu'il y a lieu d'opposer absolument refoulement et répression. Certains interprètes de Freud recommandent de le faire[2]. Pourtant, l'examen des textes ne permet pas de le soutenir, les formulations de Freud étant à ce sujet insuffisamment précises.

Poursuivant son ébauche théorique sur l'affect, esquissée dans le chapitre sur « Le travail du rêve », le chapitre VII sur « La psychologie des processus du rêve », la formule en termes métapsychologiques. La répression a pour but d'empêcher le développement d'états affectifs qui primitivement provoquaient du plaisir, mais, du fait du refoulement, déclenchent du déplaisir. La répression « s'exerce sur le contenu représentatif de l'inconscient parce que c'est de là que pour-

---

1. *Loc. cit.*, p. 399.
2. Voir Laplanche et Pontalis, *loc. cit.*, art. « Répression ».

rait se dégager le déplaisir »[1]. Ainsi l'affect est réprimé à travers son contenu. Corrélativement, on peut rapprocher cette formulation d'une autre un peu plus loin :

« *L'accomplissement de ces désirs provoque un sentiment non de plaisir mais de déplaisir, et c'est précisément cette transformation d'affects qui est l'essence de ce que nous avons appelé* « *refoulement* » »[2].

Ainsi n'est-il pas possible d'opposer absolument répression et refoulement.

C'est en tout cas par l'intermédiaire du préconscient que se produit cette répression inhibitrice. Celle-ci empêche le contenu représentatif de l'inconscient d'envoyer des impulsions déclenchantes de l'effet moteur sécrétoire qu'accompagne la production d'affect. Cependant la baisse de l'investissement préconscient entraîne la possibilité pour les excitations inconscientes libérées de déclencher ces affects. Ce qui se produit dans le rêve et rend compte des rêves d'angoisse. C'est donc cela qui motive la répression directe des affects dans le rêve, puisque la diminution des effets du PCs rend leur répression indirecte (par la voie du contenu représentatif) défaillante.

Nous avons vu qu'il était difficile d'appliquer exclusivement le refoulement au contenu, tandis que la répression ne concernerait que l'affect. Au reste, Freud s'en explique dans une note du chapitre VII :

« *J'ai négligé de dire quelle différence je faisais entre les mots* « *réprimé* » (unterdrückt) *et* « *refoulé* » (verdrängt). *Le lecteur aura compris que le dernier accentue davantage le caractère inconscient* »[3].

On voit qu'il ne saurait s'agir en aucun cas d'une différence de nature dans les mécanismes, mais seulement de degré. Nous retrouvons ici toute la discussion précédente. Des mécanismes de travail du rêve portant sur les contenus représentatifs des désirs refoulés peuvent être à l'œuvre dans les affects du rêve, pour en parfaire la répression. Celle-ci ne saurait

---

1. FREUD, *loc. cit.*, p. 494.
2. *Loc. cit.*, p. 513, souligné par FREUD.
3. *Loc. cit.*, chap. VII, § V, p. 515.

s'entendre comme un processus seulement quantitatif, puisqu'il lui faut recourir à des déformations et des travestissements pour parachever la réduction affective. La répression peut porter sur des contenus représentatifs (préconscients il est vrai), mais l'essence du refoulement est constituée par une *transformation* d'affects.

Tout s'est passé comme si on avait voulu pousser trop loin, plus loin que Freud, certaines de ses hypothèses. L'idée de l'*indépendance relative* du représentant et de l'affect a incité à proposer une *opposition absolue*, qui a voulu lier contenu représentatif, refoulement inconscient dans une conception étroitement structuraliste d'une part, et affect, répression, conscient et préconscient d'autre part. Or si Freud soutient bien une distinction de destin (dans les psychonévroses) entre le représentant et l'affect, jamais cette opposition n'a été si tranchée. Nous ouvrons là une discussion qui n'est pas close et qui se poursuivra avec l'examen de la *Métapsychologie*.

II. L'ÉTAPE DE LA « MÉTAPSYCHOLOGIE »

1 | *Entre « L'interprétation des rêves » et la « Métapsychologie » (1900-1915)*

De 1900 à 1915, la question de l'affect restera en souffrance dans l'œuvre de Freud, les divers travaux n'y ajoutant que des points de détail.

Les *Trois essais sur la théorie de la sexualité* (1905) y font peu allusion. Le rôle d'activation de l'affect sur la sexualité y est souligné. Tous les processus affectifs « y compris le sentiment d'épouvante » retentissent sur la sexualité[1]. Et l'inverse ; l'affect et la sexualité s'appellent et se renforcent mutuellement.

Enfin, il est fait allusion à ces affects négatifs qui consti-

---

1. *Trois essais sur la théorie de la sexualité*, p. 102, trad. LAPLANCHE et PONTALIS, éd. Gallimard.

tuent des digues psychiques contre la sexualité, tel le dégoût auquel Freud reviendra toujours comme exemple de renversement de l'affect en son contraire[1].

Dans l'analyse de *Dora* en 1901, il relie le dégoût à l'excitation sexuelle, l'interversion de l'affect intervenant entre les deux.

« *Elucider le mécanisme de cette* interversion de l'affect *reste une des tâches les plus importantes et en même temps la plus difficile de la psychologie des névroses* »[2].

Au reste, cette idée de renversement peut être rapprochée d'un autre trait de la vie pulsionnelle : les paires contrastées.

C'est en effet dans les analyses du *Petit Hans* et de *L'homme aux rats* qu'on assiste au développement de cette idée qui ne sera pleinement exploitée que dans la *Métapsychologie*. « La vie affective de l'homme est faite en général de telles paires contrastées. Bien plus, s'il en était autrement, il n'y aurait peut-être pas de refoulement et pas de névrose »[3]. Ainsi le mécanisme du refoulement qui procède au renversement de l'affect paraît présupposer l'existence d'une structure double de l'affect. Il n'y a de renversement en son contraire que parce que la paire contrastée est donnée d'emblée. Certes il s'agit ici davantage des relations entre l'amour et la haine ou des oppositions sadisme-masochisme, voyeurisme-exhibitionnisme. Mais il faut bien que le refoulement puisse s'appuyer sur l'élément d'un couple pour refouler l'autre ; la transformation qualitative est liée à une dualité qualitative d'origine que Freud rattachera à l'ambivalence.

Cette ambivalence se révèle dans toute son ampleur chez *L'homme aux rats* où Freud note que les conflits affectifs de son patient sont « soudés par couples »[4]. Cette structure conflictuelle dans la névrose obsessionnelle est l'objet d'une « séparation précoce des contraires » et d'une annulation de l'un par l'autre[5]. La névrose nous montre aussi l'autre grand

1. *Loc. cit.*, p. 49. Voir aussi Lettre à Fliess, n° 75, du 14-11-1897, *S.E.*, I, 271, n. 1.
2. *Dora*, *S.E.*, VII, 28.
3. *S.E.*, X, 113.
4. *S.E.*, X, 239.
5. L'ambivalence est également soulignée dans les deux dernières des *Cinq psychanalyses*. Freud rappelle la relation de Schreber à son Dieu,

mécanisme de l'affect, la séparation du représentant et de l'affect et la substitution d'un représentant significatif, congruent avec l'affect, par un représentant insignifiant. À première vue, c'est l'affect qui paraît disproportionné, mais Freud le rappelle encore : c'est l'affect qui est justifié et qui commande la recherche du représentant adéquat. Le rôle de l'affect dans la névrose obsessionnelle est extrêmement étendu, puisque celui-ci réinvestit la pensée qui s'en était libérée. La tentative de maîtrise de l'affect par le Moi cognitif et la pensée entraîne secondairement, dans la névrose obsessionnelle, un retour de l'affect. Celui-ci va alors se porter sur l'activité de maîtrise qui a maîtrisé l'affect. Il en va de même dans la paranoïa, où l'on observe un retour de la sexualité sur les liens sociaux par une sexualisation secondaire de ceux-ci, après qu'ils ont été désexualisés.

En résumé, on peut dire qu'au cours de cette période, Freud retrouve les deux grands mécanismes qu'il a observés dans les psychonévroses et dans le rêve : déplacement et renversement en son contraire. La principale nouveauté introduite est la notion de paires contrastées et son corollaire l'ambivalence. Celle-ci peut contribuer à éclairer le renversement en son contraire. Enfin la notion d'une réaffectivation de processus désaffectés montre l'importance du retour de l'affect, qui ne porte pas seulement sur le matériel en rapport avec le retour du refoulé, mais sur les processus psychiques les plus élaborés (pensée cognitive, rapports sociaux).

2 | *La « Métapsychologie » (1915)*

La *Métapsychologie*[1] est la pièce maîtresse de toute discussion sur l'affect. Mais elle n'est pas seule, et l'on aurait

montrant « le plus étrange mélange de critique blasphématoire et d'insoumission rebelle d'une part et de dévotion révérencieuse de l'autre » (S.E., XII, 51). Enfin *L'homme aux loups* est la proie d'une même duplicité : le cérémonial du coucher au cours duquel les icônes sont pieusement baisées s'accordait « très mal ou peut-être très bien » avec le souvenir que ce rituel était accompagné de pensées blasphématoires qu'il attribuait à l'inspiration du diable (S.E., XVII, 16-17).

1. Nous bornerons notre étude de l'affect aux articles sur « Le refoulement » et « L'inconscient ».

grand tort de limiter le débat à ce qu'elle contient à ce sujet, en ignorant ce qui l'a précédée, et surtout ce qui l'a suivie.

A – LE REFOULEMENT

Une première remarque : l'affect n'apparaît dans la *Métapsychologie* qu'à l'article sur « Le refoulement », et jamais dans l'article sur « Les pulsions et leur destin », pas plus que le terme représentant d'ailleurs. Tout se passe comme si Freud avait laissé entendre qu'avant l'effet du refoulement, l'affect en tant que tel ne pouvait être individualisé au niveau du fonctionnement pulsionnel où représentant et affect sont confondus. Et pourtant l'effet de refoulement, son essence dit Freud, est bien une transformation d'affect (plaisir en déplaisir) et l'effet de la pulsion est bien celui d'une production d'affect. Tout ce que l'on peut affirmer est que le refoulement met particulièrement en lumière la scission du représentant et de l'affect et permet de considérer ce dernier à l'état isolé.

Le refoulement originaire porte sur le représentant psychique de la pulsion qui « se voit refuser la prise en charge dans le conscient ». Ce refus porte sur l'affect de déplaisir qui s'ensuivrait. On peut en conclure que le refoulement opère ainsi une inhibition affective indirecte par la voie du représentant[1]. Voici donc ce qu'on pourrait appeler le paradoxe du refoulement. Le refoulement opère pour empêcher l'apparition du déplaisir, mais le déplaisir lui-même est l'effet du refoulement qui a transformé le plaisir en déplaisir. Corrélativement la suspension temporaire du refoulement permet de faire apparaître du plaisir là où il y aurait production de déplaisir (mot d'esprit).

Le refoulement du représentant est loin de représenter la totalité de l'opération. Les variations de la quantité d'investissement énergétique jouent un rôle capital sur les rejetons refoulés, sur leur maintien à l'état refoulé et sur la tolérance dont ils sont l'objet pour la conscience ou leur admission en son sein.

---

1. Ce qui n'est pas sans rappeler la thèse de la répression des affects exposée dans *L'interprétation des rêves*.

« *Il est d'expérience quotidienne qu'un tel rejeton demeure non refoulé aussi longtemps qu'il représente une petite énergie, bien que son contenu soit propre à provoquer un conflit avec ce qui domine dans la conscience. Mais le facteur quantitatif se montre décisif pour le conflit ; dès que la représentation choquante en son fonds se renforce au-delà d'un certain degré, le conflit devient actuel et c'est précisément l'activation qui entraîne le refoulement.* »

Voilà donc un second mécanisme de nature économique, qui complète le premier qu'on pourrait appeler de nature sémantique. Les deux s'étayent l'un l'autre et s'équivalent : rapprochement de l'inconscient (de son noyau actif) et accroissement de l'investissement énergétique produisent le même résultat, comme l'éloignement de l'inconscient ou la déformation vont avec la diminution de l'investissement. C'est ce qui contraint Freud à faire intervenir une distinction.

« *Jusqu'à présent nous avons traité du refoulement d'un représentant pulsionnel, en comprenant par cette dernière expression une représentation ou un groupe de représentations investies d'un quantum déterminé d'énergie psychique (libido, intérêt). L'observation clinique nous oblige maintenant à décomposer ce que nous avons conçu jusqu'alors comme un tout ; elle nous montre en effet qu'il faut considérer, à côté de la représentation, quelque chose d'autre qui représente la pulsion et que ce quelque chose d'autre subit un destin de refoulement qui peut être tout à fait différent de celui de la représentation. Pour désigner cet autre élément du représentant psychique, le nom de* quantum d'affect *est admis ; il correspond à la pulsion, en tant qu'elle s'est détachée de la représentation et trouve une expression conforme à sa quantité dans des processus qui sont ressentis sous forme d'affects* »[1].

Nous devons nous arrêter sur cette importante citation. Quand Freud affirme qu'il lui faut maintenant décomposer ce qu'il a conçu « jusqu'alors comme un tout » sous l'expression de représentant pulsionnel (lequel comprend une représentation ou un groupe de représentations investies d'un quantum déterminé d'énergie psychique), il faut réinterpréter tout le texte antérieur. Cette modification doit remonter,

---

1. « Refoulement » dans *Métapsychologie*, p. 54-55, trad. J. LAPLANCHE et J.-B. PONTALIS, Gallimard.

selon nous, jusqu'à la conception du refoulement originaire. Il ne nous semble pas soutenable alors d'affirmer que c'est le seul représentant psychique (représentant-représentation) de la pulsion qui se voit refuser la prise en charge dans le conscient, *mais le représentant psychique doté de son quantum déterminé d'énergie psychique.* Ce quantum n'est pas — c'est le cas de le dire — quantité négligeable, devant le matériau noble de la représentation. Freud dit de lui qu'il est « quelque chose d'autre qui *représente* la pulsion », donc à un niveau de même dignité. Et si Freud spécifie qu'il est cet autre élément du représentant psychique de la pulsion, c'est que ce dernier se dissocie ensuite en représentant-représentation et affect, que logiquement il faudrait nommer *représentant-affect.*

La différence de destin entre représentant et affect nous montre que le représentant s'éloigne ou disparaît de la conscience, tandis que le destin de l'affect a trois issues :

1º Répression de la pulsion (et non plus de l'affect seulement), il ne reste plus trace d'elle ;
2º Expression d'un affect qualitativement défini ;
3º *Transposition* des énergies psychiques des *pulsions* en *affects* et tout particulièrement en *angoisse.*

On a conclu de ce texte à une spécificité de l'action du refoulement sur les représentations, en considérant que l'affect était l'objet de la répression. Combien différente est la connaissance que nous apprend la suite du texte :

« *Le motif et la finalité du refoulement, on s'en souvient, ne sont rien d'autre que l'évitement du déplaisir. Il en résulte que le destin du quantum d'affect appartenant au représentant est de loin plus important que celui de la représentation : c'est lui qui décide du jugement que nous portons sur le refoulement. Si un refoulement ne réussit pas à empêcher la naissance ou de sentiments de déplaisir ou d'angoisse, nous pouvons dire qu'il a échoué même s'il a atteint son but en ce qui concerne l'élément de représentation* »[1].

Ceci nous indique que non seulement il nous faut prendre en considération cet « autre chose » qui accompagne la représentation, mais que c'est de son destin que dépend le succès

---

1. *Loc. cit.*, p. 56-57.

de l'opération. Car le but du refoulement est précisément cette inhibition totale de l'affect de déplaisir. Tout se passe comme si, comme dans le rêve, à côté de la voie indirecte d'inhibition affective par l'action sur les représentants susceptibles d'éveiller l'affect indésirable, une autre voie directe s'exerçait par l'intermédiaire du refoulement (qu'on l'appelle ou non répression importe peu) sur l'affect. Certes, la question nécessite un examen complémentaire du fait des relations entre refoulé et inconscient et, par voie de conséquence, entre inconscient et affect. Mais quant à l'action du refoulement sur l'affect, l'examen de ce qui précède montre assez qu'on ne saurait sous-estimer son importance en faisant de la répression un succédané mineur du refoulement.

B – L'INCONSCIENT

Après avoir posé le problème de la pluralité des significations du terme d'inconscient et dégagé celle qui s'accorde avec le point de vue topique, c'est-à-dire de l'inconscient comme système[1], Freud retourne au problème de l'affect dans le chapitre intitulé « Les sentiments inconscients ». Il faut ici lire Freud avec toute la rigueur nécessaire pour le suivre dans toutes les nuances de sa pensée.

Y a-t-il *« des motions pulsionnelles, des sentiments, des sensations inconscientes, ou bien dans leur cas de telles alliances de mots sont-elles démunies de sens ? »*[2].

Une question préalable doit être d'abord posée : pourquoi poser une telle question ? Freud vient de défendre longuement contre les objections des psychologues et des philosophes la légitimité de l'inconscient et de dissoudre la solidarité traditionnelle entre le psychique et le conscient. Il y affirme l'existence de pensées inconscientes, de processus psychiques

---

1. Ceci ne justifie pas, selon nous, une interprétation de l'inconscient au sens étroitement structural. Tout le chapitre IV, « Topique et dynamique du refoulement », ne cesse de prendre en considération le destin de l'investissement énergétique. Le titre du chapitre en devient paradoxal, puisque c'est précisément à cet endroit que Freud introduit le point de vue économique et substitue à l'hypothèse topique l'hypothèse fonctionnelle (économique).
2. *Loc. cit.*, p. 82.

inconscients et même d'un système inconscient, argumentant et contre-argumentant ses contradicteurs. Peut-il pousser une telle hypothèse jusqu'à l'absurde : l'existence d'affects inconscients ? Peut-être lui faudra-t-il céder sur ce point.

En fait, la question posée comporte un amalgame entre ce qui ne saurait être inconscient (pas plus que conscient) et ce qui fait problème. En effet, l'opposition conscient-inconscient ne s'applique pas à la pulsion, concept carrefour entre le somatique et le psychique.

« *Une pulsion ne peut jamais devenir objet de la conscience, seule le peut la représentation qui la représente. Mais dans l'inconscient aussi la pulsion ne peut être représentée que par la représentation.* »

Ici s'arrêtent, en général, les citations qui affirment que l'inconscient est surtout le lieu des représentations de la pulsion. Pourtant, il y a lieu de s'étonner : Freud n'a-t-il pas assez souligné au chapitre précédent le rôle du facteur quantitatif de l'affect ? L'affect n'est-il pas le mode privilégié, pour la pulsion, de se faire représenter ? La suite du texte nous montre qu'il s'agit ici d'une négligence de sa plume.

« *Si la pulsion n'était pas attachée à une représentation, ou n'apparaissait pas sous forme d'état d'affect, nous ne pourrions rien savoir d'elle* »[1].

Donc la motion pulsionnelle, la pulsion ne peut devenir directement objet de la conscience : la représentation, l'affect sont les médiateurs nécessaires qui nous la rendent conscient. La remarque que nous venons de faire concernant l'affect justifie sa distinction d'avec la motion pulsionnelle, eu égard à sa possibilité d'être inconscient. A première vue, cela semble impossible : il est de l'essence d'un sentiment d'être perçu, donc d'être connu de la conscience. Et pourtant viennent sous la plume du psychanalyste tout naturellement les expressions d'amour, de haine, de rage inconscientes et même la curieuse expression « conscience de culpabilité inconsciente ».

Freud va alors considérer les cas de méconnaissance de

---

1. *Loc. cit.*, p. 82.

l'affect, par le détachement du représentant qui lui est affecté et substitution d'un autre représentant à sa place, cause de cette méconnaissance. C'est le cas le plus fréquemment rencontré, on le sait, dans la névrose obsessionnelle. En fait, quand on parle d'affects ou de sentiments inconscients, on pense surtout au destin du facteur quantitatif de la motion pulsionnelle. Et il rappelle ici les trois destins de ce facteur (maintenu tel quel, transformation en angoisse, répression). Le cas de la répression nous oblige encore à y revenir. Une fois de plus, nous constatons que les rapports du refoulement et de la répression sont ambigus. Freud affirmait en tête de l'article que l'essence du refoulement ne consistait pas à supprimer, à anéantir une représentation représentant la pulsion, mais à l'empêcher de devenir consciente. Voilà ce qu'il affirme maintenant :

« *Nous savons aussi que la répression du développement de l'affect est le but spécifique du refoulement et que le travail de celui-ci reste inachevé tant que le but spécifique n'est pas atteint* »[1].

Ainsi, le refoulement épargne l'existence de la représentation, pourvu qu'elle reste inconsciente (absente, latente, rendue méconnaissable par les déformations et les associations, etc.) ; par contre, il vise à supprimer le facteur quantitatif, l'investissement énergétique qui doit être, autant que possible, anéanti. Au sens économique, c'est l'affect qui doit être rendu inconscient, au sens topique et systématique, c'est la représentation. Le moyen par lequel le refoulement opère sur l'affect est la répression, bien que le refoulement accentue le caractère inconscient (au sens topique). Ainsi la répression apparaît comme un des procédés à la disposition du refoulement pour maintenir ce qui doit l'être, éloigné de la conscience. L'affect réprimé est rendu inconscient ; la répression est *le but spécifique* du refoulement.

« *Dans tous les cas où le refoulement réussit à inhiber le développement de l'affect, nous appelons « inconscients » les affects que nous rétablissons en redressant le travail du refoulement* »[2].

---

1. *Loc. cit.*, p. 84.
2. *Loc. cit.*, p. 84.

La différence de traitement que nous signalions entre la représentation et l'affect se trouve prolongée par la différence d'état dans l'inconscient : le représentant demeure comme une formation complète dans l'ICs, tandis que l'affect réprimé ne subsiste qu'à l'état de rudiment, sans possibilité de développement. Strictement parlant, il n'y a pas « d'affect inconscient comme il y a des représentations inconscientes »[1]. Ce qui ne veut pas dire qu'il n'y a pas d'affects inconscients, *mais que l'inconscient ne se donne pas de la même façon pour l'affect et la représentation*. Encore que Freud admette qu'il puisse exister dans l'ICs des formations d'affects. Différence de nature ou de degré ? C'est ici affaire d'interprétation ; si l'on veut mettre l'accent sur les possibilités de structuration, étendues pour la représentation, restreintes pour l'affect, on parlera d'une différence de nature. Si l'on a en vue le but de l'inconscient, on se bornera à ne voir qu'une différence de degré entre le caractère rudimentaire de l'affect dans l'inconscient et la méconnaissance des représentations refoulées. Nous retrouvons ici les problèmes de *L'interprétation des rêves*. La cause de toutes ces différences, Freud la donne immédiatement après dans le texte.

« *Toute la différence vient de ce que les représentations sont des investissements — fondés sur des traces mnésiques — tandis que les affects et sentiments correspondent à des processus de décharge dont les manifestations finales sont perçues comme des sensations* »[2].

Ainsi représentations et affect sont reliés à des systèmes différents. La représentation, au système de la mémoire (de la trace), de la rétention, de la modification de l'investissement, de la concaténation, de l'absence, de la virtualité, etc., l'affect, au système de la qualité, de la décharge, de l'épuisement dans la non-conservation, de la résistance à la déformation et à l'association, du refus ou de l'impossibilité à se nouer dans la liaison, de la présence, de la manifestation, etc. Mais l'opposition ne peut être poussée trop loin ou trop absolument : l'investissement de la trace ne comporte-t-il pas une décharge (pas seulement dans l'*Esquisse*, mais aussi

1. *Ibid.*
2. *Loc. cit.*, p. 84.

dans *L'interprétation des rêves*) et l'affect n'est-il pas donné par Freud (avant et après la *Métapsychologie*) comme le produit d'une certaine mémoire organique ? En vérité, le problème tient presque tout entier, dans la mesure d'un facteur quantitatif : dans l'affect celui-ci est immaîtrisable, exigeant la décharge, rebelle et impropre à tout traitement, tandis qu'il est réductible, maniable, apte à se lier et se combiner dans la trace mnésique. Une fois de plus se retrouve l'opposition entre un processus mettant en jeu une combinatoire et une force qui y résiste et se manifeste en se déchargeant dans l'immédiat, quand elle n'est pas bâillonnée par la répression.

Il ne nous semble pas cependant que Freud se fasse entièrement justice quand il postule la réduction à l'état de rudiment pour le maintien de l'affect dans l'inconscient. Lorsque l'Homme aux rats bondit à l'évocation du supplice des rats, dans le cabinet de Freud, celui-ci peut alors voir se peindre sur son visage l'horreur d'une jouissance « par lui ignorée ». Peut-on vraiment dire que l'affect ici dans l'inconscient existait à l'état de rudiment, lorsqu'on le voit se développer avec une telle force ? L'homme aux rats éprouvait-il cette jouissance à l'état conscient, tout en s'efforçant de l'ignorer ? Toute intervention de Freud sur une telle jouissance aurait-elle eu le moindre effet, hors celui d'une dénégation farouche ? Il nous paraît curieux que Freud n'ait pas ici pris en considération le problème, peut-être le plus obscur mais aussi le plus révélateur, des relations entre l'affect et l'inconscient : la transformation de l'affect en son contraire. Certes, il y est fait implicitement allusion avec la transformation en angoisse. Mais Freud n'en dit rien. Car on ne peut se borner à expliquer cette transformation par une simple substitution de représentation, il faut rendre compte du changement de signe de l'affect comme condition du maintien de l'affect à l'état inconscient.

Si le refoulement a réussi à inhiber la transposition de la motion pulsionnelle en affect, il s'ensuit que son action s'exerce sur l'admission à la conscience, le développement de l'affect et l'accès à la motilité. En ce qui concerne ces deux dernières activités, on peut dire que le refoulement s'oppose au développement du mouvement aussi bien vers le monde extérieur que vers le corps¹. Nous avons rappelé que l'affect s'opposait au système de la représentation et de la mémoire (traces mnésiques). Nous constatons maintenant qu'il entre également en opposition avec le système de l'acte. Mais tandis que le contrôle du conscient sur la motilité est solidement établi, sur l'affectivité il est beaucoup plus vulnérable. *Cs et ICs se disputent le primat de l'affectivité.* L'admission de l'affect à la conscience doit le plus souvent être subordonnée à sa liaison avec un représentant qui prend la place du représentant auquel celui-ci était lié à l'origine. Mais une transmission directe est possible lorsque l'affect est transformé en angoisse. Nous reviendrons plus loin sur le cas de l'angoisse. Notons seulement que Freud est bien obligé d'admettre un cas limite : celui d'un quantum d'énergie affective faisant irruption de l'inconscient dans la conscience. En ce cas l'affect originaire, celui qui a donné lieu à la transformation en angoisse, était bien inconscient.

Ici se clôt le chapitre sur « Les sentiments inconscients ». Mais Freud n'en a pas fini ni dans ce texte, ni ailleurs, avec le problème. Dans l'exposé des chapitres suivants, l'étroitesse des liens entre représentations et affect est soulignée. La représentation est largement tributaire des variations quantitatives de l'investissement dans la formation du symptôme : retrait de l'investissement préconscient, conservation de l'investissement inconscient ou substitution à l'investissement préconscient d'un investissement inconscient, transformation d'affect en angoisse par détachement de l'investissement préconscient et expression directe de l'inconscient, rôle de contre-investissement de la formation substitutive, variations de l'excitation pulsionnelle de l'intérieur par renforcement d'une motion, etc. De même, la définition des propriétés particulières du système ICs confirme cette indissoluble unité.

« *Le noyau de l'ICs est constitué par des représentants de la pulsion qui veulent décharger leur investissement, donc par des motions de désir* »².

---

1. Rappelons avec Freud, à cet endroit, sa définition de l'affectivité : « L'affectivité se manifeste essentiellement en décharge motrice (sécrétoire, vaso-motrice) destinée à transformer de façon interne le corps propre, sans rapport avec le monde extérieur ; la motilité en actions destinées à transformer le monde extérieur. »
2. *Loc. cit.*, p. 97.

III. DU « MOI ET LE ÇA »
A LA FIN
DE L'ŒUVRE FREUDIENNE

1 | « *Le Moi et le Ça* » *(1923)*

Les problèmes laissés en suspens en 1915 sont repris en 1923 dans *Le Moi et le Ça*, au chapitre II de l'ouvrage.

La réflexion de Freud démarre à partir de la constatation de l'existence d'un inconscient non refoulé, d'un inconscient qu'il ne suffira pas de réactiver pour le rendre conscient. Mais que signifie « rendre conscient » ? La conscience est une propriété de l'appareil psychique, plus précisément de sa surface externe, qui est la première à être influencée par le monde extérieur. En outre, par sa surface interne, l'appareil psychique reçoit les impressions internes. Ainsi les perceptions reçues du dehors (sensorialité et sensibilité) ou du dedans (sensations, émotions) sont conscientes dès le départ. Perception (externe ou interne) et conscience sont liées.

Depuis l'*Esquisse*, depuis, en tout cas, *L'interprétation des rêves*[1], Freud soutient que les processus de pensée sont des actes d'investissement qui travaillent selon des modalités très éloignées des perceptions. Ils sont dépourvus de conscience et donc de qualité. Les processus de pensée sont des déplacements de petites quantités d'énergie mentale qui se produisent, tandis que celle-ci progresse vers l'action. Il existe cependant une différence fondamentale entre une idée inconsciente et une idée préconsciente. L'ICs s'enlève sur un matériau qui nous demeure inconnu, tandis que le PCs est mis en connexion avec les représentations de mots. Or les représentations de mots proviennent de la perception sensorielle (comme les représentations de choses). Les représen-

---

1. Qui ne date pas, comme on l'affirme à tort, de la deuxième topique. Déjà dans la *Métapsychologie*, FREUD, ayant déjà l'intuition de ses développements, écrit en tête de l'article sur « L'inconscient » : « Tout refoulé demeure nécessairement inconscient, mais nous tenons à poser d'entrée que le refoulé ne recouvre pas tout l'inconscient. L'inconscient a une extension plus large ; le refoulé est une partie de l'inconscient », *loc. cit.*, p. 66. Il n'est donc pas légitime de faire coïncider le refoulé et l'inconscient, même en 1915.

tations de mots sont des résidus mnésiques, des traces qui peuvent redevenir conscientes à nouveau, car seul quelque chose qui a été autrefois conscient peut le devenir. Le langage a conféré aux processus de pensée la conscience (et notamment la conscience des relations), la qualité et en même temps la possibilité, par la réduction à l'état de trace, de la mémoire. La conséquence en est que

« quoi que ce soit naissant de l'intérieur (sauf les sentiments), qui veut devenir conscient doit essayer de se transformer en perception externe ; ceci devient possible par le moyen des traces mnésiques »[1].

On peut maintenant apporter une réponse à la question : que signifie devenir conscient, en lui substituant une autre formule : que signifie devenir préconscient ? C'est mettre en connexion les représentations de chose avec les représentations de mot, en fournissant des liens intermédiaires entre eux par le travail de l'analyse. Sauf les sentiments. Car ce qui semble être résolu pour les perceptions externes ne vaut pas pour les perceptions internes.

« Les perceptions internes rapportent les sensations de processus qui prennent naissance dans les couches les plus différentes et certainement aussi les plus profondes de l'appareil psychique. On sait très peu de chose sur ces sensations et ces sentiments ; celles qui appartiennent aux séries plaisir-déplaisir peuvent encore être considérées comme les meilleurs exemples d'entre elles. Elles sont plus primaires, plus élémentaires que les perceptions naissant au-dehors et elles peuvent s'extérioriser même quand la conscience est obscurcie. J'ai exprimé ailleurs (Au-delà du principe de plaisir) *mon opinion sur leur plus grande importance économique et les raisons métapsychologiques de ceci. Ces sensations sont multiloculaires, comme les perceptions externes ; elles peuvent provenir de différents endroits simultanément et peuvent ainsi posséder des qualités différentes ou opposées... Appelons ce qui devient conscient en tant que plaisir ou déplaisir un « quelque chose »*[2] *de quantitatif et de qualitatif dans le cours des événements psychiques ; la question est de savoir si ce quelque chose peut devenir conscient là où il se trouve ou s'il doit d'abord être transmis au système Pcpt »*[3].

1. Le Moi et le Ça, S.E., XIX, 20.
2. *Andere* dans le texte original, qui n'est pas sans rapport avec « autre ».
3. *Loc. cit.*, p. 21-23.

Ce mystérieux « quelque chose » agit comme une impulsion refoulée ; celle-ci peut exercer une force propulsive sans que le Moi soit à même de noter la compulsion. Elle ne devient consciente qu'en cas de résistance suivie d'une levée de cette résistance. Il semble donc vrai au premier abord que la transmission au système Pcpt soit nécessaire.

Mais « si la voie est barrée, ils (les sensations et les sentiments) ne se manifestent pas comme sensations, bien que le « quelque chose » qui leur correspond dans le cours de l'excitation soit le même que si c'était le cas. Nous en venons donc à parler de façon condensée, et pas tout à fait correcte, de « sentiments inconscients », en conservant une analogie avec les idées inconscientes, qui n'est pas aussi justifiée. En réalité, la différence est que, tandis qu'avec les idées ICs des liens de connexion doivent être créés avant qu'ils ne puissent être amenés dans le Cs, pour les sentiments qui sont eux-mêmes transmis directement, ceci ne se produit pas. En d'autres termes, la distinction entre Cs et PCs n'a pas de sens là où les affects sont en cause, le PCs tombe et les sentiments sont conscients ou inconscients. Même quand ils sont attachés aux représentations de mots, le fait pour eux de devenir conscients n'est pas dû à cette circonstance, ils le font directement »[1].

Il découle de ces citations :

— que l'impropriété du terme inconscient, en ce qui concerne les affects, tient à l'analogie avec les idées inconscientes, dont le statut dans l'inconscient n'est pas le même, par les connexions que celles-ci établissent, entre elles et avec les représentations de mots ;

— qu'on peut bel et bien parler d'affects inconscients, ceux-ci l'étant par une modalité qui leur est propre ;

— que les liens de l'inconscient et du langage valent surtout pour les idées inconscientes, mais que l'affect semble court-circuiter ces relations ;

— que l'affect médiatisé par le langage, quand c'est le cas, implique une relation avec lui, qui n'est pas assimilable à la relation de l'idée inconsciente au langage, laquelle est la condition de son devenir conscient. L'affect verbalisé

---

1. *Loc. cit.*, p. 22-23.

n'est pas lié au langage comme l'idée. Corollairement, la valeur de la verbalisation ne peut être identique dans les deux cas.

Désormais nous ne pourrons éviter dans la discussion générale de l'affect l'abord d'un problème nouveau : celui des relations de l'affect et du langage, qui était sous-jacent à la problématique des relations entre représentations et affects.

Cette évolution de la pensée de Freud nous paraît faire un pas de plus dans la prise en considération de l'affect, évolution concomitante avec la substitution de la deuxième topique à la première, et le remplacement de l'inconscient par le Ça[1]. Il n'est pas fait ici allusion au caractère de rudiment de l'affect dans l'inconscient, et la progression de la pensée de Freud semble se faire dans le sens d'une accentuation de la part non représentative de l'inconscient.

Ce nouvel examen de la question par Freud fait beaucoup avancer le problème. Le pas fait ici est solidaire de l'abandon de l'inconscient comme système. Tant que Freud liait le problème de l'affect à l'inconscient comme système, il avait surtout en vue la question des idées (représentations, contenus) inconscientes. Certes, l'ancienne idée inconsciente ne pouvait être envisagée sans sa connotation énergétique, son investissement tendant à la décharge. Contraint à dépouiller ces idées de toute qualité, puisqu'elles étaient inconscientes, Freud, en se débarrassant de la qualité, devait du même coup se montrer réservé quant à l'existence d'affects inconscients.

Ce qui nous est montré, dans ce deuxième chapitre du *Moi et du Ça*, est qu'il existe différentes manières d'être inconscient. La dissociation entre refoulé et inconscient (cas de la résistance inconsciente) amène aussi à distinguer, au sein de la partie refoulée de l'inconscient, divers états inconscients et, par voie de conséquence, diverses façons d'accéder à la conscience. En fait, l'état inconscient et l'accession à la conscience dépendent essentiellement du matériau inconscient en cause. Les représentations inconscientes parviennent à la conscience par leur connexion avec les représentations de mots. Le surinvestissement de la trace mné-

---

1. Bien qu'en contrepartie une fraction du Moi et du Surmoi soit aussi inconsciente.

sique redonne à la représentation quelque chose de son statut perceptif originaire.

Toutes différentes sont les perceptions internes : celles-ci sont, dit Freud, « plus primaires, plus élémentaires » que les perceptions externes. Une conscience aiguë ou lucide ne leur est pas nécessaire pour être ressenties. Ces perceptions se manifestent comme une force conductrice, sans que le Moi soit à même de noter leur action. Elles vont parvenir à la conscience en court-circuitant le préconscient. Leur lien avec le langage, lorsqu'il existe, est, à la limite, contingent.

Ainsi donc, exister à l'état inconscient et devenir conscient — c'est-à-dire passer par le système perceptif — sont différents pour le contenu et l'affect. Le premier se doit de passer par le langage, le second peut fort bien court-circuiter ce dernier.

L'affect peut se laisser dire par le langage, son essence est en dehors de lui. Ce qui le caractérise est précisément cette voie directe qui relie l'inconscient au conscient. On peut sans doute penser, sans forcer les faits, que Freud voit dans les affects (surtout ceux reliés aux états de plaisir-déplaisir) la part la plus archaïque de l'homme : celle que le langage peut accompagner[1], mais qui suit son chemin indépendamment de lui.

C'est ici le moment de souligner un malentendu possible. Le sens de la position de Freud n'est pas d'opposer l'intellect et les passions, ce qui ôterait toute originalité à sa démarche, mais de montrer comment l'affect ne s'appréhende pas en dehors d'une structure (les deux topiques), d'un conflit (opposition d'affects contraires), d'une économie (rapports quantitatifs et de transformation), comment surtout les états affectifs sont soumis à un principe : le principe de plaisir-déplaisir, lié aux processus primaires, comme le principe de réalité est lié aux processus secondaires.

Le Moi et le Ça aborde par un autre versant le problème de l'affect. Nous voulons parler de la place qu'occupe celui-ci dans le complexe d'Œdipe et sa dissolution.

---

1. Et sans doute structurer pour une part. Mais dans quelle limite ?

Le moment de l'Œdipe est marqué par une distribution des affects entre les personnes qui constituent le triangle œdipien : tendresse pour le parent du sexe opposé à celui du sujet, hostilité pour le parent du même sexe. Freud ajoute à cette division de l'Œdipe positif celle de l'Œdipe négatif qui coexiste avec le précédent et où les affects s'inversent. Ainsi un réseau, une structure, est formé, chaque personne étant affectée de sentiments de tendresse et d'hostilité. En chaque individu demeurent à l'état conscient des vestiges appartenant à l'un ou l'autre des deux bouts de la chaîne, le reste ayant succombé au refoulement. La bipolarité affective ne cesse donc jamais de jouer, malgré l' « affectation » de l'un des deux termes qui la constituent à un personnage parental. D'où la règle analytique d'analyser l'ensemble des aspects du réseau œdipien, dans ses aspects positifs et négatifs. L'Œdipe se donne donc comme une structure où l'on peut repérer derrière les formations d'affects un jeu complet. Chaque affect appelle son complément envers la même imago parentale ainsi qu'envers l'autre. La tendresse du petit garçon envers la mère appelle l'hostilité à l'égard du père et conjointement engendre l'hostilité envers la mère qui appelle à son tour la tendresse pour le père. On comprend aisément que le sujet se perde dans ces chassés-croisés d'affect. Il n'y a pas de solution au tragique de l'Œdipe, en dehors de l'identification au parent de même sexe, qui implique l'abandon des liens affectifs envers lui et leur remplacement par cet autre type de liens qu'est l'identification. La menace de castration (inévitable quelle que soit la forme de l'Œdipe, positive ou négative, à laquelle le sujet s'est fixé) pousse vers cette solution dictée par le Surmoi. La transformation de la libido d'objet en libido narcissique qui accompagne l'identification est aussi le moteur essentiel de la sublimation. Mais ce triomphe du Surmoi, plus apparent que réel, est payé d'un prix très élevé : la destruction du complexe d'Œdipe.

En ce cas, on ne peut même plus dire que celui-ci est refoulé, il est dissous, détruit, enterré. C'est-à-dire que ce qui succombera, bien souvent à jamais, ce sont les affects originaires de l'Œdipe. Le travail analytique pourra exhumer la tendresse ou l'hostilité, mais le plus souvent la passion, amoureuse et sexuelle, haineuse et meurtrière, restera à jamais enfouie[1]. On comprend mieux pourquoi Freud insiste dans ses travaux antérieurs sur le fait que la fin dernière du refoulement est la neutralisation affective. La cure analytique est suivie de peu d'effet quand l'expérience du transfert ne permet qu'une construction théorique de l'Œdipe du sujet, sans que l'analyste ait été aimé et haï, avec l'intensité affective originaire. L'inverse est aussi vrai, un transfert exclusivement affectif interdira toute élaboration intellectuelle, indispensable à la prise de conscience.

L'Œdipe comme le transfert ne peuvent être compris que comme l'ensemble des effets conjonctifs et disjonctifs de la force et du sens qui structurent le sujet dans sa relation à ses géniteurs et à leurs substituts.

Dans *Le Moi et le Ça*, Freud rappelait que le Moi était surtout le représentant du monde extérieur, de la réalité, tandis que le Surmoi, au contraire, était le représentant du monde intérieur du Ça. D'où la difficulté de parler des relations entre l'affect et le Surmoi, sans redire ce qui a déjà été dit des relations entre l'affect et le Ça. La clinique nous montre de façon claire comment les affects du Surmoi sont semblables à ceux du Ça : les attaques du Surmoi, assaillant le Moi par surprise, débordant ses moyens de défense, réclament une satisfaction impérieuse par la punition avec la même intensité et la même brutalité que les exigences pulsionnelles issues du Ça. Freud ne parle-t-il pas dans la mélancolie d'une pure culture de pulsions de mort dans le champ du Surmoi ? En outre, dans *Le problème économique du masochisme*, Freud fait observer que le masochisme resexualise la morale, ce qui implique que par le masochisme moral sont retrouvés les liens qui relient le Ça et le Surmoi. Rendre raison au Surmoi et satisfaire le Ça par le même désir, cela fait d'une pierre deux coups.

N'allons pas croire cependant que l'action du Surmoi ne se fait jamais sentir que dans la réprobation, la sanction punitive. Le fameux « sentiment inconscient de culpabilité » que Freud préférera remplacer par le « besoin de punition » soulevait toutes les questions relatives à l'affect inconscient.

---

1. Parfois réussira-t-on à ressusciter pleinement l'un des termes du couple, mais jamais les deux à la fois.

Freud va beaucoup plus loin encore puisque l'angoisse du Surmoi est rapportée à la perte de l'amour du Surmoi et que le suicide apparaît comme l'acte de désespoir causé par « l'abandon des puissances protectrices du destin », ce qu'on appellerait plus modernement aujourd'hui : « le détournement catégorique du Dieu » (Hölderlin).

Sur quoi repose l' « alliance » entre le Moi et le Surmoi, c'est-à-dire quelles sont les conditions auxquelles le Moi doit souscrire pour pouvoir bénéficier de l'amour du Surmoi ? La demande du Surmoi est la négativation de la demande du Ça, soit le renoncement à l'exigence de satisfaction pulsionnelle. C'est à ce prix qu'est accordée la protection sollicitée.

Cette satisfaction accordée au Surmoi conduit à une désexualisation des investissements et au remplacement des investissements d'objet par des identifications. La conséquence de ces transformations est l'idéalisation de l'objet du désir et l'idéalisation du désirant lui-même. On peut en ce cas parler d'une transformation des affects sous l'influence du Surmoi, en relation avec l'objet, en affects narcissiques. Le triomphe sur les pulsions, le renoncement à la jouissance sexuelle ou l'affranchissement de la dépendance à l'objet amènent un retour des investissements sur le Moi qui s'aime de tout l'amour dont il prive l'objet et jouit de lui-même à l'infini. Mégalomanie.

Cette désaffection objectale, cette affectation narcissique que nous venons de décrire dans sa forme la plus extrême, dans son aliénation, elle est en germe chez tout sujet.

Le renoncement commence très tôt dans la relation à l'objet. Renoncement à l'aspiration fusionnelle, pour sauver l'intégrité narcissique du sujet et de l'objet hors de l'accomplissement de leur séparation. Renoncement à disposer à tout moment de la mère comme d'un prolongement du Moi, pour satisfaire le principe de plaisir-déplaisir. Renoncement à une jouissance intégrale par l'exercice sans frein des pulsions érotiques et destructrices, qui sollicite l'intervention de mécanismes internes à la pulsion (inhibition de but) et externes à celles-ci (refoulement) conduisant à l'inversion de l'affect (plaisir devenu déplaisir). Renoncement à la libre disposition du corps propre (la jouissance donnée par le pénis, le sentiment de propriété des fèces, l'incorporation totale du sein doivent céder). Renoncement à l'accomplissement des souhaits œdipiens (inceste et parricide), etc.

Tous ces renoncements sont imposés par la réalité externe et par une censure interne dans laquelle on a voulu voir une expression des précurseurs du Surmoi. Il semble que l'on doive admettre avec la notion d'un conflit quasi originaire que tout ce qui vient contrarier l'expression des affects en liaison avec un type de pulsion prend une signification interdictrice, bien que cet effet puisse n'être dû qu'à l'opposition de pulsions antagonistes. Le rejet du mauvais à l'extérieur, cette aliénation idéalisante, ne résiste pas longtemps à l'expérience[1]. Dès lors, cet extérieur doit s'intérioriser et s'exclure à la fois par l'opération du refoulement. La haine pour l'objet peut apparaître comme un précurseur du Surmoi interdisant son amour. L'amour pour l'objet peut apparaître comme un précurseur du Surmoi interdisant la haine. On comprend mieux alors la profonde complicité originaire entre le Ça et le Surmoi, puisque les oppositions entre pulsions antagonistes préfigurent les tentatives ultérieures de neutralisation des pulsions du Ça pour donner satisfaction à une instance spéciale à laquelle il faudra, pour se faire aimer d'elle, obéir au doigt, à l'œil, à la voix. Face à l'impuissance du Moi, aux puissances infernales du Ça, le Surmoi apparaîtra à la fois comme cruel, assoiffé de sang et pourtant sublime et céleste. Ainsi le Surmoi est cette instance qui joue un double jeu. Son action peut aussi bien satisfaire les pulsions du Ça que les anéantir en trouvant refuge dans l'omnipotence narcissique idéalisante ayant réussi une neutralisation tératologique. On retrouve ici les effets d'une réduction des tensions au niveau zéro, qui serait obtenue non par la décharge totale, mais par une répression totale, conduisant à accomplir les tâches relevant du principe du Nirvâna.

La discussion générale sur les relations de l'affect et de l'inconscient s'arrête avec *Le Moi et le Ça*. Il nous faut cependant considérer un ensemble de travaux tous postérieurs à

---

1. Cf. notre travail, La projection : de l'identification projective au projet, *Revue fr. de Psychanalyse*, 1971, *35*, p. 939-960.

la deuxième topique où Freud reviendra sur le problème de la qualité, et sur le rôle du clivage dans l'affect, en abordant d'autres questions. Nous ne pensons pas forcer la pensée de Freud en affirmant que l'affect, dans la partie terminale de son œuvre, prend un relief qui rappelle sa place des premiers temps, un moment éclipsée par la première topique. Ou du moins par l'interprétation intellectualiste qu'on a voulu en donner pour reléguer l'affect à un statut de second rang.

2 | « *Le problème économique du masochisme* » *(1924)*

Quelques années après *Au-delà...*, Freud apporte un remaniement décisif à la théorie des affects. Il dissocie à ce moment les états de plaisir et de déplaisir des facteurs économiques de détente et de tension,

« *Bien qu'à l'évidence ils ont beaucoup à faire avec ce facteur.* »

Mais enfin, le vieux rêve d'une réduction totale de la qualité à la quantité doit être abandonné. Le facteur qualitatif est un mystère : les explications que Freud propose sans trop s'avancer sont bien pauvres : rythme, séquences temporelles des modifications, élévation et chute des stimuli sont loin de restituer la réalité subjective des affects.

Dans la mesure où principe du Nirvâna et principe de plaisir doivent être distingués, comme Freud le recommande, on peut penser qu'au premier revient la tâche de la réduction purement quantitative jusqu'au niveau zéro, tandis qu'au second revient la tâche de l'évitement qualitatif du déplaisir et de la recherche du plaisir. Ainsi le principe de Nirvâna serait au service des pulsions de mort, tandis que le principe de plaisir serait au service de la libido. Mais dans la mesure où Freud soutient que le principe de plaisir est l'héritier du principe de Nirvâna, ce dernier ayant subi une mutation chez les êtres vivants, il faut, sous la dénomination de principe de plaisir, comprendre à la fois l'ancien principe de Nirvâna et le nouveau principe de plaisir. Ce qui justifie que le principe de plaisir ne puisse aboutir à la décharge absolue et complète, faute de se mettre entièrement au service de la pulsion de mort, mais qu'il doive se contenter du niveau le plus bas possible, ce qui, dans une certaine mesure, va de pair avec la qualité de plaisir. La recherche d'un accroissement du plaisir n'est admissible pour l'appareil psychique que dans certaines limites d'intensité et de temps.

Le principe de réalité, dont le détour, la différence[1], est la fonction essentielle, modifiera le principe de plaisir par la capacité à tolérer de plus grandes tensions sans se désorganiser et à n'autoriser que des décharges infinitésimales pour l'exploration du monde extérieur et le fonctionnement de la pensée. Il faut ici noter que cette inhibition à la décharge et cette fragmentation énergétique doivent s'affranchir parallèlement de la référence principale au plaisir et, changeant de but, s'efforcer d'établir les conditions de possibilité des objets, indépendamment de leur valeur plaisante ou déplaisante.

Ainsi l'affect est toujours en position intermédiaire. Il est pris entre son anéantissement (réduction à zéro) par la décharge et son nécessaire dépassement (inhibition à la décharge, affranchissement de la qualité agréable ou désagréable nécessaire au fonctionnement de la pensée). L'affect est entre les deux morts d'en deçà et d'au-delà de la vie. L'affect est entre la mort biologique et la mort psychique qu'est le travail de la pensée. Pris dans la dualité plaisir-déplaisir, le vivre de l'affect est toujours sollicité par son contraire et son double, menace ou espoir selon les cas. Sa réalité apparaît ainsi bien fragile, bien évanescente, bien menacée. Cependant, la férule sous laquelle il est tenu par ces deux morts se brise périodiquement. Alors sourd un jaillissement bouleversant dont il est le plus souvent difficile de dire si ce sont des forces de vie ou des forces de destruction qui se manifestent ainsi.

---

1. Déjà installée dans l'écart entre Nirvâna et plaisir, mais révélée à elle-même par l'ajournement à la décharge du principe de réalité.

3 | « *La négation* » *(1925)*

L'affect est à peine mentionné dans cet article capital. Mais une lecture attentive révèle qu'il y occupe une place plus importante qu'on ne le croirait.

Ce que la négation nous apprend dans l'expérience analytique est que, grâce à elle, le refoulé peut parvenir à la conscience, tout au moins son contenu idéique. Le travail analytique peut même venir à bout de la négation elle-même, en amenant l'analysant à une pleine acceptation intellectuelle du refoulé ; et cependant le processus du refoulement n'est pas levé pour autant. Qu'y manque-t-il donc, sinon l'affect attaché à l'idée, apparemment admise ? Tout se passe alors comme si l'analysant se comportait dans l'analyse comme le fétichiste à l'égard de la castration.

Le travail de la pensée, dit Freud, à l'aide du symbole de la négation s'affranchit des restrictions du refoulement. Il suffit d'un changement de signe du plus par le moins pour que le contenu refoulé et perdu soit récupéré[1]. Par ce changement de signe, le sujet se délivre de l'affect. L'obsessionnel, orfèvre en la matière, accepte même de rétablir le signe originaire ; il consentira à remplacer le moins par le plus, mais l'affect restera absent. Une comparaison s'impose ici avec l'hystérique. Chez celui-ci, on le sait, l'affect refoulé refait surface sous une forme inversée. Le désir se fait dégoût, comme le plaisir déplaisir. Ainsi l'équivalent de la négation dans les processus intellectuels se retrouve-t-il dans l'inversion des affects. Cependant, une différence sensible sépare les deux registres. L'affranchissement des restrictions du refoulement se fait au prix d'une simple négation et admet l'idée refoulée dans le conscient pour les processus intellectuels, tandis que le déplaisir nécessite un contre-investissement énergétiquement plus dispendieux. En outre, l'activité de pensée se trouve ainsi entravée par la poussée d'affect refoulé.

---

1. « Non ce n'est pas ma mère » dit le rêveur en se demandant qui peut bien être le personnage apparu dans son rêve.

Ainsi les rapports entre le refoulé (idée et affect) et le conscient peuvent se comprendre selon divers destins :

1) Le refoulé (idée plus affect) reste entièrement refoulé ;
2) Le refoulé (idée) parvient à la conscience sous forme de négation ;
3) Le refoulé (idée) parvient à la conscience sous forme d'acceptation intellectuelle ;
4) Le refoulé (affect) parvient à la conscience sous forme directe ou inversée.

Les cas 2 et 3 ne lèvent pas le refoulement.

5) Le refoulé (idée) parvient à la conscience avec affect : levée du refoulement.

Freud ne reprend-il pas ici les premières observations des *Etudes sur l'hystérie* où il affirme que le souvenir verbalisé sans affect reste sans conséquence sur le processus morbide ? Ainsi, seul le complexe idéo-affectif reconstitué par remémoration ou interprétation peut lever le refoulement. Mais il faut insister sur le fait qu'il s'agit d'une levée partielle entraînant par réaction un renforcement des contre-investissements. La levée totale du refoulement est impossible, du fait du refoulement originaire, qui est du reste le motif le plus puissant de la sublimation. Le travail analytique est celui de la construction du réseau des refoulements partiels (ou secondaires) susceptible de fournir l'hypothèse du refoulement primaire, dont la communication chez l'analysant produit un complexe idéo-affectif en relation avec lui.

Si le travail des processus intellectuels est de s'affranchir de l'affect, au prix de la négation, en ce qui concerne la réalité psychique, toute analyse basée sur la combinatoire des idées, même en y reconnaissant le jeu des négations, peut aboutir à une théorie de l'inconscient de l'analysant, parfaitement vraisemblable et même véridique, sans aucune levée du refoulement. Le référent de l'analyse ne peut alors être que l'affect. Plus précisément l'affect de déplaisir — qui seul est indicatif du refoulé. C'est pourquoi les cures vécues dans une relation mutuellement bienheureuse ne peuvent prétendre à l'analyse de l'inconscient, mais à un processus d'orthopédie affective. Ce n'est que lorsque l'analyse de ce qui relève chez Freud du jugement d'attribution selon la dichotomie bon-mauvais sera suffisamment poussée que la réintégration du rejeté audehors, du « craché », du refoulé permettra une vue complète de la réalité psychique qui donnera alors au jugement d'existence la possibilité d'opérer selon la dichotomie subjectif-objectif. En ce qui concerne les théories psychanalytiques, il serait intéressant de les évaluer non seulement selon leur cohérence logique, puisque leur objectivité n'est pas vérifiable, mais sur le plan de leur retentissement affectif : à savoir, quel affect de plaisir donnent-elles, quel affect de déplaisir épargnent-elles ?

4 | « *Le fétichisme* » *(1927)*

Analysant la structure du fétichisme, Freud est amené à poser une distinction qui apporte des éclaircissements sur les rapports entre les différentes variétés du refoulement ainsi que sur le matériau sur lequel s'exerce leur action.

Pendant longtemps, on a pu croire que seules les représentations étaient *refoulées*, tandis que l'affect était seulement *réprimé*. La nuance était difficile à saisir entre ces deux termes. Disons seulement que la répression était une inhibition de l'expression de l'affect, tandis que le refoulement allait de pair avec l'effacement de la représentation et sa subsistance sous forme de trace mnésique. Avec l'analyse du fétichisme, Freud, par un de ces renversements qu'on trouve parfois dans son œuvre, va soutenir que le refoulement est le mécanisme qui vise l'affect.

« *Si nous voulions différencier plus nettement le destin de l'idée en tant qu'il est distinct de celui de l'affect et réserver le mot du* Verdrängung *(refoulement) à l'affect, alors le terme allemand approprié pour le destin de l'idée serait* Verleügnung *(désaveu)* »[1].

Voilà qui peut être considéré comme le point final sur les relations entre affect et refoulement. Non seulement l'affect est refoulé, mais c'est sur lui, spécifiquement, que porte le

---

1. *S.E.*, XXI, 153. Désaveu est parfois traduit par *déni*.

refoulement, tandis que la représentation tombe sous le coup du désaveu.

L'affect qui accompagne la vision des organes génitaux maternels doit subir le refoulement. La perception du manque de pénis n'est angoissante que dans la mesure où le fantasme de la castration se trouve ainsi authentifié. Par cette authentification, c'est l'acte de la castration qui est évoqué. C'est-à-dire la menace portant sur l'intégrité corporelle à son point le plus sensible : la perte du pénis « signifiant de la jouissance ». Ainsi d'une part, dans la réalité externe et le monde extérieur, deux ordres de faits sont reliés : *la perception et l'acte*. D'autre part, dans la réalité interne (psychique) et le monde intérieur, la *représentation et l'affect* sont l'objet d'une rencontre que le fantasme scelle. Dès lors, la défense a pour but de les scinder : refoulement de l'affect, désaveu de la représentation. A ce clivage entre affect et représentation va correspondre le clivage entre réalité externe et réalité interne — faisant coexister deux versions également admises. Oui, la castration existe — les femmes n'ont pas de pénis ; je n'en ai cure. Non, la castration n'existe pas : à la place du pénis manquant, tout objet contigu au sexe féminin ou tout autre évocateur de sa similitude avec le pénis en tiendra lieu ; le fétiche est et n'est pas le sexe qu'il représente. L'affect est soumis au même clivage ; la représentation d'un sexe châtré évoque dans l'inconscient une angoisse, une horreur intenses, la perception du sexe féminin laisse le sujet indifférent, inaltéré par un fait connu de toujours : hommes et femmes sont différents anatomiquement.

La situation de l'affect s'éclaire : il peut être éveillé soit par la perception externe (évocation d'un danger issu d'une action dans le réel), soit par la représentation (évocation d'un fantasme construit dans la psyché). De même, toute insatisfaction venant de l'objet augmente la tension interne et provoque soit la représentation de l'objet manquant, soit l'essai d'une réalisation hallucinatoire du désir (satisfaction hallucinée). Ici encore, notons le rôle d'éveil du manque. L'effet de l'affect sera concomitant de la tension croissante et de la décharge. Celle-ci s'orientera vers le corps (réactions physiologiques), et secondairement vers le monde extérieur (mouvements d'agitation motrice).

Ainsi l'affect est au carrefour de divers ordres de données qui accompagnent son apparition, son développement, sa disparition.

A son apparition président :
— dans le monde extérieur : la perception évocatrice de l'acte ;
— dans le monde intérieur : le désir et la représentation de l'objet ou de la satisfaction.

A son développement répondent :
— dans le monde extérieur : le mouvement d'agitation motrice, appel à l'objet ;
— dans le monde intérieur : le fantasme, le corps viscéral.

A la disparition qui suit l'épuisement de la décharge et la satisfaction :
— dans le monde extérieur : le repos moteur faisant suite à l'expérience de la satisfaction ou l'évitement des conditions perceptives évocatrices du danger inhérent à l'acte ;
— dans le monde intérieur : la qualité du plaisir, suivie du silence représentatif et affectif.

Ce schéma ne prend en considération que l'issue favorable. Dans le cas contraire :
— dans le monde extérieur : l'agitation conduira à l'épuisement et la chute dans la torpeur ou l'abandon au danger externe ;
— dans le monde intérieur : au vécu de catastrophe, de désespoir et d'impuissance qui conduit à l'abandon au danger interne : abandon, dit Freud, par les puissances du destin.

Entre ces deux situations extrêmes peuvent jouer, dans certaines limites, des mécanismes de défense plus ou moins massifs, plus ou moins coûteux, plus ou moins efficaces, sur lesquels nous aurons à revenir, depuis le contre-investissement externe et interne, sous ses formes les plus radicales, portant sur la réalité externe et interne, jusqu'aux mécanismes les plus subtils, aux effets partiels, transitoires, réversibles, offrant toute la gamme des possibilités de la symbolisation, parant aux conséquences de la perturbation économique.

5 | « *Le clivage du Moi
dans le processus de défense* » *(1939)*

La construction métapsychologique de Freud de 1927 est reprise, on le sait, douze ans après, dans cet article terminal. Deux traits marquent ce retour : premièrement l'hésitation de Freud quant à l'ancienneté et la banalité ou la nouveauté et l'originalité de cette découverte, secondement son application à la psychose.

L'interrogation de Freud sur la valeur de sa découverte n'est pas simple effet de rhétorique. La question qu'il se pose pourrait être la suivante : « Avancerai-je ici d'un pas décisif, ou ne répéterai-je pas ce que j'ai, depuis toujours déjà, avancé ? » Question qui laissera cet article inachevé et non publié de son vivant. Cette question est fondée et elle est vraie dans sa contradiction, comme est vrai le clivage du Moi. Car, en effet, Freud ne fait que répéter ce qu'il a dit dès le début dans les lettres à Fliess (manuscrit K) : il l'a toujours su. Mais en revanche, il ne l'a jamais formulé sous cette forme — « il n'y a jamais pensé ».

Cet article nous paraît dire le dernier mot sur l'affect, bien que le terme n'y soit pas mentionné. Ce que Freud nous montre est l'irréductible clivage qui affecte le Moi. Cette instance est l'instance essentielle du conflit : d'une part son rôle est de reconnaître les exigences de la réalité et d'y obéir par le renoncement pulsionnel, d'autre part ses fonctions se doivent de donner satisfaction au principe de plaisir-déplaisir, c'est-à-dire d'éviter le déplaisir (rappel de la sanction qui s'ensuit en cas d'obstination à la recherche du plaisir) et de trouver un moyen qui permette la poursuite du plaisir par une expérience de satisfaction. On comprend mieux alors l'hétérogénéité structurale du Moi.

Les fonctions principales du Moi peuvent s'énoncer ainsi :
— la préservation de l'autoconservation ;
— la reconnaissance de la réalité externe ;
— les mécanismes de défense dont les rôles multiples sont :
   a) le désaveu de la réalité pénible ;
   b) la lutte contre les exigences pulsionnelles dangereuses ;

c) la recherche de compromis entre les effets des deux autres instances et la réalité ;
— l'investissement narcissique ;
— l'identification ;
— la désexualisation ;
— la liaison de l'énergie libre et la maîtrise des affects.

Cette multiplicité des tâches explique en partie les contradictions qu'on peut relever dans les différentes conceptions du Moi. Les unes insistent sur son rôle adaptatif, d'autres sur son travail défensif, d'autres encore sur ses fonctions transactionnelles, tandis qu'à l'opposé on souligne la captation imaginaire et le leurre dont il est prisonnier ; enfin, on peut encore voir en lui l'agent essentiel du destin de pulsions qu'est la sublimation par l'identification et la désexualisation.

Ce que nous montre à l'évidence ce dernier travail de Freud est la coexistence, au sein du Moi, de fonctionnements contradictoires. C'est-à-dire qu'au niveau de cette instance, si prégnants que puissent être l'épreuve de la réalité et le principe du même nom, le principe de plaisir-déplaisir est encore assez puissant pour désavouer l'épreuve de réalité et construire une néo-réalité plus ou moins extensive : du fétiche comme substitut du pénis, au délire comme surgeon de l'inconscient, venu boucher le trou d'une réalité refoulée.

Nous rencontrons ici la deuxième préoccupation de Freud : l'application de sa découverte au champ de la psychose. Notre interprétation nous conduit à penser que Freud oppose implicitement deux problématiques. La première, celle du fétichiste, est le résultat de l'angoisse de castration à laquelle la défense répond par l'avènement du fétiche. La seconde, celle du délirant, est le résultat de l'angoisse de morcellement, à laquelle la défense répond par la néo-réalité du délire. On serait tenté de dire qu'en ce dernier cas c'est le Moi qui se châtre, pour ne pas se morceler. Le clivage peut donc porter sur la différence des sexes, ou sur l'identité narcissique. Le refoulement peut aller du rejet radical (forclusion) à la (dé)négation.

Il faut aller plus loin que Freud dans sa conclusion. La problématique du fétichisme est un paradigme qu'on peut voir s'illustrer dans la totalité du champ psychanalytique.

Son extension à la psychose est loin de couvrir toutes ses applications. Depuis Winnicott, on sait que les liens les plus étroits unissent la structure de l'objet transitionnel et le fétiche. Au reste, au fétichisme comme perversion on oppose à bon droit l'existence de comportements fétichistes dans un grand nombre de structures cliniques, « normalité » comprise. En outre, le fétiche se retrouve dans des domaines éloignés de la psychanalyse[1]. Autant dire que la constitution de l'objet fétiche, si on peut l'observer avec une particulière clarté chez certains individus, nous paraît soutenir la constitution même de l'objet psychique. Qu'est-ce à dire, sinon que l'objet psychique ne se détache jamais de son lien d'origine et de sa fonction essentielle : il est prélevé comme part du corps de la mère (objet partiel) et voué à la jouissance.

Le renoncement à la jouissance du corps de la mère (soit directement, soit indirectement par la masturbation) est prononcé, sous peine de castration au nom du père (Lacan). La position du sujet face à ce décret édicté par l'Autre est d'y reconnaître cette loi en même temps qu'il découvre le moyen de la tourner. Le corps de la mère y fait retour par l'affect. Celui-ci, toujours double, rappelle dans sa dualité la satisfaction recherchée sous forme de plaisir et sa prohibition sous forme de déplaisir.

Evolution de la conception de l'angoisse (1893-1932)

Bien que nous nous soyons promis de n'entrer dans le détail d'aucun affect particulier, pour ne traiter que des problèmes les plus généraux de l'affect, nous ferons ici exception pour l'angoisse dans la mesure où, à travers cet exemple, on peut suivre les avatars de la pensée freudienne sur l'affect.

---

[1]. Voir « Objets du fétichisme », *Nouvelle Revue de Psychanalyse*, Gallimard, 1970, n° 2.

On peut distinguer trois périodes essentielles dans les conceptions sur l'angoisse :
I. De 1893 à 1895 : autour de la névrose d'angoisse et de ses relations avec la vie sexuelle.
II. De 1909 à 1917 : rapports entre l'angoisse et la libido refoulée.
III. De 1926 à 1932 : rapports de l'angoisse avec l'appareil psychique.

Nous n'en donnerons ici que les grandes lignes.

I. PREMIÈRE PÉRIODE : AUTOUR DE LA NÉVROSE D'ANGOISSE (1893-1895)

Ce premier groupe de travaux peut être délimité par les manuscrits adressés à Fliess (B[1], E[2], F, J) ainsi que les premiers travaux sur les phobies[3]. Mais c'est surtout l'article fondamental sur la névrose d'angoisse et la réponse aux critiques qu'il a soulevées qui contiennent l'essentiel de la position de Freud à ce moment (1895)[4].

L'idée principale de ces premières approches est que la source de l'angoisse doit être recherchée non dans la sphère psychique, mais dans la sphère physique. La production d'angoisse dépend d'un mécanisme comportant des *transformations quantitatives et qualitatives*. A l'origine, on trouve une accumulation de *tension physique sexuelle*. Cette tension physique sexuelle, passé un certain seuil, ne peut se transformer en affect par élaboration psychique. Freud distingue en effet à cette période des composantes différentes à la vie sexuelle : composante physique, composante psychosexuelle et sans doute, mais ceci prête à controverse, une composante psychique. Dans la sexualité normale, la tension physique

1. *S.E.*, I, 182.
2. *S.E.*, I, 190.
3. *S.E.*, III, 81.
4. *S.E.*, III, 90.

sexuelle atteignant un certain seuil « en tire parti psychiquement », c'est-à-dire se met en rapport avec certains contenus idéatifs qui mettent en œuvre l'action spécifique permettant la décharge par la satisfaction. Le modèle de cet exemple de réactions est exposé dans le manuscrit G sur la mélancolie (cf. *supra*, p. 33), qu'on peut considérer comme un précurseur du modèle de la pulsion. La tension physique sexuelle a donc une valeur d'éveil pour la libido psychique qui conduit celle-ci à l'indispensable expérience de satisfaction.

Ce montage peut subir certains dérèglements (par développement insuffisant ou déclin de la vie psychosexuelle, par *défense* excessive ou par « aliénation » entre sexualité physique et psychique), en ce cas la tension sexuelle est transformée en angoisse. Le mécanisme en cause n'est pas uniquement constitué par une accumulation quantitative de tension, comme on le dit d'ordinaire, il s'y ajoute une modification qualitative : au lieu de se transformer en (ou de s'appuyer sur) une tension psychosexuelle, la tension physique sexuelle se transforme en angoisse. Il s'agit donc d'un mécanisme symétrique et inverse de celui de la conversion hystérique. La névrose d'angoisse est la contrepartie somatique de l'hystérie.

Si, dans la conversion, on assiste à un saut du psychique sexuel dans le somatique, dans la névrose d'angoisse ce saut se produirait du physique sexuel dans le somatique. Les différences cependant sont importantes : le saut dans le somatique dans l'hystérie conserve les capacités de symbolisation du psychique sexuel ; la conversion hystérique continue à appartenir au symbolique. Le saut du physique sexuel dans le somatique que réalise l'angoisse n'a plus d'attaches avec la symbolisation. On peut donc parler en ce cas d'une *perturbation économique et symbolique déqualifiante*.

La cause principale de la formation de l'angoisse réside, selon Freud, dans le fait qu'un *affect sexuel ne peut être formé, la tension physique ne peut se lier psychiquement*. L'angoisse apparaît comme un substitut de la *représentation manquante*, substitut somatique, comme l'indiquent la phénoménologie et la symptomatologie de l'angoisse. Car les manifestations physiques de l'angoisse ne peuvent être contingentes, elles dominent le tableau. Il se produit ici une inversion des rapports qui existent à l'état normal dans le coït. Tandis qu'en ce dernier cas la voie principale de décharge est psychosexuelle et la voie secondaire somatique (dypsnée, accélération cardiaque, etc.), dans l'angoisse la *voie secondaire de décharge devient la principale*[1]. L'article sur la névrose d'angoisse de 1895, chef-d'œuvre d'observation clinique, marque avec insistance la différence entre la névrose d'angoisse et la phobie. La névrose d'angoisse ne naît pas d'une idée refoulée, elle ne relève pas, pour Freud, d'une analyse psychologique ; si certains contenus idéatifs peuvent s'y rencontrer, c'est à titre d'ajouts secondaires, d'emprunts étrangers au contenu de l'angoisse. La substitution d'une idée à une autre est primitive dans la phobie, secondaire dans la névrose d'angoisse. Il est clair que tous les mécanismes tendant à l'accumulation quantitative aggravent la situation : facteurs prédisposants, sommations, renforcements, se combinent. Mais le trouble essentiel réside dans l'impossibilité pour l'excitation somatique d'être *élaborée psychiquement*. L'excitation somatique est détournée vers d'autres voies que la voie psychique. Les symptômes de la névrose d'angoisse sont des substituts de l'action spécifique (le coït) qui devrait suivre normalement l'excitation sexuelle.

Ces affirmations radicales sont quelque peu tempérées chez Freud par la possibilité de névroses mixtes, mais l'essentiel de la thèse demeure : celui d'une distinction de nature entre la névrose d'angoisse, névrose actuelle et les psychonévroses, névroses de transfert de la libido psychosexuelle.

Il est clair que les premières thèses de Freud sur l'angoisse ne peuvent être maintenues telles quelles. Mais il serait erroné de croire que Freud y renonça totalement. Nous en retrouverons des échos dans les phases ultérieures : notamment dans la persistance de la thèse de l'impossibilité d'une élaboration psychique d'une tension énergétique, c'est-à-dire, en fin de compte, de sa liaison avec des contenus représentatifs. Quoi qu'il en soit, on ne peut pas aujourd'hui ne pas évoquer à travers cette première théorie de l'angoisse les conceptions psychosomatiques de l'école française. Certes, il ne s'agit plus ici de l'angoisse, mais la dégradation d'une

---

1. Notons ici l'inversion du modèle de l'*Esquisse* sur l'utilisation de la voie de décharge aux fins de communication.

tension physique sexuelle ou son détournement vers des voies de décharge somatiques (internes) est au premier plan des idées modernes sur les structures psychosomatiques.

II. DEUXIÈME PÉRIODE : ANGOISSE ET LIBIDO REFOULÉE (1909-1917)

Les premières théories de l'angoisse traitaient du rapport de l'angoisse au corps, la deuxième période va s'attacher au rapport de l'angoisse à la libido refoulée. Le *Petit Hans* (1909), l'article sur *La psychanalyse sauvage* (1910), la *Métapsychologie* (1915), la *XXV*e *Conférence d'introduction à la Psychanalyse* (1917) et *L'homme aux loups* (1918) en portent les marques. L'accent se déplace ici sur la dominance du conflit psychique. La recherche est centrée sur les relations entre l'affect et le représentant-représentation de la pulsion. L'attention de Freud se porte sur le destin et la transformation des affects.

Au fur et à mesure que Freud progresse dans l'étude de la sexualité infantile et dans celle des névroses, il prend conscience de l'importance de l'angoisse dans ses rapports avec le refoulement. Si l'angoisse répond à une aspiration libidinale refoulée, elle n'est pas cette aspiration elle-même ; le refoulement est cause de sa transformation en angoisse. Or, le refoulement est inséparable d'une situation de danger. D'où l'intérêt qu'il y a à approfondir la nature et l'origine du danger pour en saisir les conséquences. L'hypothèse mécaniste de la névrose d'angoisse se révèle insuffisante. Freud fait jouer tous les ressorts de la découverte du danger de castration. La distinction nosographique qui avait abouti à la séparation de l'angoisse qui se manifeste dans la névrose d'angoisse et l'angoisse telle qu'elle apparaît dans la phobie se poursuit ici avec une opposition nouvelle : *l'angoisse devant un danger réel et l'angoisse névrotique.*

L'angoisse devant un danger réel est sous la dépendance des pulsions d'autoconservation, elle est la conséquence de l'interprétation des signes de danger menaçant l'intégrité physique de l'individu. L'angoisse névrotique est tout autre : rien apparemment ne la justifie sous l'angle de l'autoconservation. La menace vient d'ailleurs.

Tout signe de danger induit un état d'alerte : éveil sensoriel et tension motrice mobilisent les capacités de réponse à ce danger par le combat ou la fuite selon les circonstances. Les réactions au danger sont utiles et nécessaires, puisqu'elles préparent le sujet à la riposte. Mais l'angoisse, elle, n'est d'aucune utilité, puisqu'elle a un effet désorganisateur, perturbant la conduite à tenir devant le danger. L'angoisse a donc un effet contraire au but recherché : la préparation à la réponse devant la menace du danger. L'absence de préparation est nuisible : les névroses traumatiques le montrent, qui témoignent de l'effet de surprise qui saisit le sujet et le prend au dépourvu. L'impréparation au danger favorise l'effraction dans le Moi et la quantité d'excitation immaîtrisable. L'homme se défend contre l'effroi par l'angoisse.

L'angoisse pathologique se manifeste essentiellement sous deux formes : une *angoisse flottante*, prête à s'attacher à n'importe quelle représentation, comme le montre l'attente anxieuse de la névrose d'angoisse, et une *angoisse circonscrite liée à un danger*. On peut résumer cette opposition en disant que dans le premier cas le danger est partout, la sécurité nulle part, dans le deuxième le danger est localisé, la sécurité partout ailleurs. Cette comparaison nous permet de retrouver deux états de l'angoisse : l'angoisse où toute manœuvre d'évitement est impuissante du fait de l'investissement du Moi par l'affect, et l'angoisse maîtrisée dans une certaine mesure par l'évitement de la situation angoissante, mécanisme de défense mis en œuvre par le Moi.

Freud maintient donc l'opposition de la première période. L'angoisse flottante est toujours interprétée comme une inhibition à la décharge. La cause peut en être attribuée soit à un avatar des vicissitudes de la pulsion (insuffisance des mécanismes de déplacement, d'inhibition de but, de désexualisation, de sublimation en somme), soit à une accentuation des facteurs quantitatifs acquis (puberté, ménopause). On retrouve donc dans l'angoisse flottante le défaut d'élaboration psychique postulé dès 1895 et le rôle aggravant des facteurs quantitatifs. La conclusion reste la même : l'entrave de la libido donne naissance à des processus qui sont tous et uniquement de nature somatique.

Dans les psychonévroses il en va tout autrement, les symptômes (hystérie, phobie, obsession) sont produits pour empêcher l'apparition de l'angoisse. L'épargne en déplaisir peut être efficace dans la conversion, modérément efficace dans la phobie, et inefficace dans la névrose obsessionnelle. Mais en tous ces cas le rapport à la symbolisation est conservé. L'hystérique continue à symboliser à travers son corps, le phobique et l'obsessionnel symbolisent par d'autres productions psychiques.

Deux mécanismes différents s'opposent :

— l'inhibition à la décharge entraînant une déflection vers le corps (une décharge corporelle) sans élaboration psychique vraie, mais pouvant se couvrir d'une superstructure psychique plaquée. Ici le refoulement n'est pas vraiment en jeu, seule opère une contention inefficace sans production symbolique corporelle ou psychique ;
— l'inhibition à la décharge entraîne une transformation par mise en œuvre combinée des destins de pulsions et de mécanismes de défense du Moi. Le résultat du travail de refoulement aboutit à des productions symboliques corporelles ou psychiques. Ici le refoulement joue à plein dans ses fonctions de contre-investissement et de désinvestissement. Le refoulé récent subit l'attraction du refoulé préexistant. A cette occasion un clivage peut s'opérer entre l'affect et le représentant-représentation de la pulsion. Le démantèlement des groupes de représentations peut aboutir à des recombinaisons, des permutations. Quant à l'affect, il peut subir diverses transformations quantitatives (répression) ou qualitatives dont l'angoisse est l'expression majeure. Freud ajoutera que *cette transformation de l'état affectif constitue de beaucoup la part la plus importante du processus du refoulement.* Cependant Freud a toujours maintenu, au fil de son œuvre, la thèse selon laquelle la signification de l'affect était liée à une fonction de mémoire. L'affect évoque la répétition d'un événement important et significatif. Où

chercher cet événement ? Avant Rank, Freud soutient l'hypothèse d'une angoisse primordiale : celle qui accompagne la naissance. Mais peut-on appeler l'expérience traumatique de la naissance angoisse ? L'observation de l'enfant indique que l'angoisse proprement dite apparaît plus tard (angoisse devant les étrangers, devant les situations nouvelles, devant des objets inconnus), comme le montrera plus complètement Spitz (angoisse du 8e mois). En tout état de cause, l'angoisse apparaît lorsque la présence de la mère et son influence sécurisante font défaut.

En fin de compte, Freud conclut que l'angoisse infantile n'a presque rien de commun avec l'angoisse devant un danger réel. Par contre, elle se rapproche beaucoup de l'angoisse névrotique des adultes. Comme celle-ci, elle naît d'une libido inemployée — nous dirons inaffectée. Le défaut d'un objet sur lequel la libido puisse s'investir est remplacé par un autre objet extérieur ou par une situation.

Le progrès réalisé au cours de cette deuxième période de la théorie de l'angoisse est considérable. L'opposition entre les deux formes d'angoisse reçoit des explications métapsychologiques plus satisfaisantes. Si peu de chose est ajouté à la conception de l'angoisse telle qu'elle apparaît dans les névroses actuelles, un progrès a été accompli en ce qui concerne la conception de l'angoisse dans les psychonévroses. Un certain nombre de points restent à élucider en ce qui concerne la nature du danger à redouter, qui n'est pas le même aux différentes étapes du développement. On peut dire, en outre, que la théorie de l'angoisse reste, encore ici, plus économique que symbolique. L'angoisse y apparaît comme conséquence et non, comme Freud le soutiendra plus tard, comme cause du refoulement. L'articulation entre les deux formes d'angoisse est encore à venir.

Avant de quitter cette deuxième période de la théorie de l'angoisse, notons l'intérêt de Freud pour certains affects reliés à l'angoisse : ainsi les formes mineures de la dépersonnalisation, le déjà vu, le « voile » de l'homme aux loups, l'inquiétante étrangeté en témoignant. La nécessité d'une différenciation entre angoisse, peur, effroi se complète par une différenciation plus tranchée entre angoisse et deuil *(Deuil et mélancolie)*.

III. TROISIÈME PÉRIODE :
L'ANGOISSE
ET L'APPAREIL PSYCHIQUE
(1926-1932)

Beaucoup d'analystes voient en *Inhibition, symptôme et angoisse* le chef-d'œuvre de la pensée freudienne en matière de clinique psychanalytique. Nous y verrons la dernière mise au point de Freud sur la théorie de l'affect. Beaucoup de données antérieures y sont rappelées, nous nous attacherons surtout à ce que l'ouvrage apporte de nouveau sur l'affect. Freud en donne l'essentiel dans la *XXXII*e *Conférence*. Le rapport de F. Pasche sur « L'angoisse et la théorie des instincts » au Congrès des Langues romanes (1953) nous dispensera de revenir sur les détails :

« *Il est parfaitement inutile, même si cette pensée m'est désagréable, de nier que j'ai plus d'une fois soutenu la thèse que par le refoulement le représentant pulsionnel se voyait déformé, déplacé, etc., tandis que la libido était transformée en angoisse...* »[1].

Cette autocritique signe le changement, nous verrons qu'elle n'est que relative.

Tous les psychanalystes savent qu'à dater de 1926 Freud modifie des positions antérieures. Il soutient à cette date une série de propositions que nous rappelons :

1. *L'angoisse a son siège dans le Moi. Seul le Moi peut éprouver de l'angoisse.*

    La source de cette angoisse peut se trouver dans le monde extérieur (angoisse devant un danger réel), dans le Ça (angoisse névrotique), dans le Surmoi (angoisse de conscience).

2. *Ce n'est pas le refoulement qui produit l'angoisse, mais l'angoisse qui produit le refoulement.*

---

1. *Inhibition, symptôme, angoisse*, p. 28, trad. M. TORT, Presses Universitaires de France. Notons que Freud emploie ici synonymement affect et libido.

La menace interne (l'aspiration libidinale ou agressive) déclenche de l'angoisse (danger de castration par exemple) qui met en œuvre le refoulement (renoncement à l'objet du désir et à son but). L'angoisse a donc *un rôle anticipateur* devant une menace (la perte de la mère, ou la vision du sexe de la mère).

3. *L'angoisse est le rappel par le Moi, en fonction d'une exigence pulsionnelle nouvelle, d'une situation de danger ancienne.*

D'où la nécessité de réprimer, de refouler, d'éteindre l'exigence pulsionnelle. Le Moi devance la satisfaction demandée et jugée dangereuse (il en désinvestit la représentation et libère du déplaisir).

4. *Le signal de déplaisir (l'angoisse) suscite de la part du Moi une réaction passive ou active.*

Dans le premier cas, l'angoisse se développe et envahit le sujet. Dans le second, des contre-investissements s'installent (formation d'un symptôme ou d'un trait de caractère). La mise en œuvre de mécanismes de défense du Moi a pour but de *lier* psychiquement ce qui a été refoulé.

5. *L'énergie de l'exigence pulsionnelle peut subir divers destins.*

En effet, ou bien celle-ci, non dominée par les défenses du Moi, conserve sa charge malgré les défenses et continue incessamment à faire pression, ou bien elle succombe et peut être détruite (exemple de la dissolution du complexe d'Œdipe). En certains cas, la répression s'installe (ainsi que le montre la névrose obsessionnelle) comme conséquence du conflit et comme mode de défense.

6. *Le Moi dans son rapport de conjonction et de disjonction avec le Ça est, d'une part, sous la dépendance de celui-ci mais, d'autre part, se révèle moins impuissant qu'il n'y paraît puisqu'il est apte à mettre en œuvre le refoulement par déclenchement du signal d'alarme.*

Il est donc tout aussi inexact de prétendre que le Moi est souverain, comme le fait la psychologie académique, que de soutenir qu'il est totalement impotent, comme le soutiennent certaines thèses opposées à visée philosophique.

7. *L'angoisse névrotique est causée par l'apparition dans le psychisme d'un état de grande tension ressentie comme déplaisir, dont la libération par la décharge est impossible.*

Une réunification des divers aspects de l'angoisse est tentée ici — l'angoisse de castration relève de la menace de la perte de l'objet partiel, le pénis, dont l'effet serait de rendre impossible toute réunion avec la mère ; l'angoisse de la perte d'objet relève de la menace de la perte de l'objet total. L'angoisse de castration implique l'abandon de la jouissance du pénis pour conserver l'intégrité narcissique (sacrifice de la fonction pour conserver l'organe). L'angoisse de la perte d'objet implique l'abandon du désir pour conserver l'objet (sacrifice de l'autonomie pour conserver la mère).

8. *L'évolution libidinale implique que le danger encouru n'est pas le même aux différentes étapes du développement.*

Le danger d'abandon psychique coïncide avec l'éveil du moi, le danger de perdre l'objet (ou l'amour de l'objet) avec la dépendance infantile, le danger de castration avec la phase phallique, la peur du Surmoi avec la période de latence. Mais cette succession génétique ne relativise pas la castration en raison des structurations après coup. Le point de vue génétique ne prévaut pas sur le point de vue structural du fait du « *colossal investissement narcissique du pénis* ». L'objet de l'angoisse est cependant toujours lié à un facteur traumatique (interne) qu'il est impossible de surmonter selon les normes du principe de plaisir-déplaisir. L'affect d'angoisse reste donc lié à l'impossibilité de liquidation d'une tension. La dimension quantitative reste inéluctable : l'affect est le résultat d'une quantité d'excitation *non liable, non déchargeable*.

9. *L'angoisse est dépendante du double dispositif du refoulement originaire et après coup.*

Les refoulements secondaires se déclenchent en fonction du rappel d'une situation ancienne de danger. Le refoulement originaire est sous la dépendance des trop grandes exigences libidinales dont le jeune enfant ne peut supporter la tension désorganisante. L'angoisse peut donc être dans le premier cas un signal d'alarme, dans le second l'expression d'une situation traumatique.

10. *Les deux aspects de l'angoisse, signal d'alarme ou expression d'une situation traumatique, répondent au rôle joué par les instances.*

Dans le cas de l'angoisse automatique-traumatique, il est supposé que l'angoisse est due à une manifestation directe du Ça, envahissant et débordant les possibilités défensives du Moi, induisant un état de panique, d'impuissance, de désespoir. Dans le cas de l'angoisse signal d'alarme, l'angoisse est une manifestation du Moi qui l'utilise pour commander la mise en œuvre des opérations défensives contre les pulsions émanées du Ça ou leurs représentants. Dans le premier cas, le Moi ne peut que subir l'angoisse, et ses possibilités de réponse étant paralysées, toute élaboration psychique se traduit par un échec complet des défenses. Dans le deuxième, les mécanismes de défense du Moi, si imparfaits soient-ils, témoignent d'une activité symbolique fonctionnant sans dommage majeur, d'une façon analogue à la pensée.

Nous disons activité symbolique et non, comme c'est devenu l'usage dans la littérature psychanalytique (principalement anglo-saxonne), activité de signalisation. Nous nous en expliquerons. Précisons seulement que nous préférons ici symbole à signal, car, nous l'avons vu, il n'existe pas de relation biunivoque entre l'angoisse et le danger redouté ; du fait des divers recoupements de l'angoisse, celle-ci renvoie à une polysémie de la situation dangereuse, les dangers redoutés se renvoyant mutuellement l'un à l'autre et formant ensemble un réseau symbolique.

L'opposition entre angoisse automatique et angoisse signal doit cependant faire l'objet d'une articulation qui permette de comprendre le passage de l'une à l'autre. La perception externe en serait pour Freud le pivot.

« *Avec l'expérience qu'un objet extérieur, perceptible est susceptible de mettre fin à la situation dangereuse qui évoque celle de la naissance, le contenu du danger se déplace de la situation économique à ce qui en est la condition déterminante : la perte de l'objet. L'absence de la mère est désormais le danger à l'occa-*

sion duquel le nourrisson donne le signal d'angoisse avant même que la situation économique redoutée ne soit instaurée. Cette transformation a la valeur d'un premier et important progrès dans les dispositions prises en vue d'assurer l'autoconservation ; elle implique en même temps le passage d'une angoisse produite comme manifestation chaque fois nouvelle, involontairement, automatiquement à sa reproduction intentionnelle comme signal de danger »[1].

Freud souligne donc l'importance de la fonction *perceptive* dans sa fonction anticipatrice, par opposition à la situation où l'enfant ne peut qu'enregistrer après coup l'absence de la mère par ses effets : la tension libidinale excessive désorganisante. Cette « externalisation » qui oblige l'enfant à trouver au-dehors les signes annonciateurs d'un état de danger du dedans est en soi un signe qui témoigne d'un transfert d'activité du Ça au Moi. Transfert de l'activité économique vers une activité symbolique qui s'achèvera dans le langage. L'insistance de Freud sur le rôle de la perte de la mère comme condition déterminante de l'angoisse l'amène, dans les appendices de l'ouvrage, aux remarques les plus pénétrantes sur les relations entre angoisse et attente, entre angoisse, douleur et deuil.

L'*Hilflosigkeit*, cette détresse psychique de l'enfant, est l'angoisse la plus redoutable, la plus redoutée, celle dont il faut prévenir le retour à tout prix. La fonction anticipatrice ne se développe que sous les effets de cet aiguillon. Car ce n'est pas seulement le défaut d'appui qui est angoissant, mais le caractère désorganisant des tensions libidinales pour lesquelles aucune satisfaction n'est possible en dehors de la mère. La menace ici porte sur les premières matrices d'organisation du Moi, dont les constructions précaires résistent mal à l'inondation libidinale, d'autant que la tension érotique liée à l'insatisfaction se double de la tension agressive en relation avec la frustration.

A cet égard, les liens doivent être précisés entre angoisse, douleur et deuil de l'objet. Freud soutient que la douleur est la réaction propre à la perte de l'objet, tandis que l'angoisse est la réaction au danger que comporte cette perte,

---

1. *Loc. cit.*, chap. VIII, p. 62.

et par suite d'un déplacement, la réaction au danger de la perte elle-même. Ainsi la perte de l'objet engendre la douleur par irruption d'une quantité immaîtrisable dans le Moi qui provoque l'angoisse de détresse *(Hilflosigkeit)*. Pour prévenir douleur et angoisse de détresse, l'angoisse signal devance la catastrophe et somme le Moi de procéder aux opérations défensives susceptibles de tenter de maîtriser la menace désorganisante. Or l'angoisse signal a pour caractéristique de se présenter dans une succession, une chaîne comportant des représentations de la pulsion et du danger encouru, représentations préconscientes dérivées de la représentation inconsciente maintenue par le refoulement originaire.

Que nous apprend tout ce développement concernant l'affect ? Il prolonge avec une cohérence remarquable depuis 1895 la question de l'affect par rapport à l'inconscient. L'affect peut prendre naissance directement dans le Ça et passe directement dans le Moi en y faisant effraction à la manière d'une force qui brise la barrière du pare-excitation, et c'est l'angoisse automatique, non maîtrisée, non réduite, non enchaînée par le Moi, équivalente d'une douleur psychique. En ce cas, le préconscient, les traces mnésiques verbales sont court-circuités et la parole est réduite au silence. Ici le Ça parle son langage propre : celui de l'affect non verbalisable et le Moi est sous le coup d'une sidération qui le rend impuissant, en détresse *(Hilflosigkeit)*. Ailleurs, l'affect active certaines réactions du Moi qui peut filtrer les énergies pulsionnelles issues du Ça et n'autorise qu'à une quantité modérée d'entre elles l'entrée dans le Moi. En ce cas, c'est l'angoisse signal d'alarme ; l'affect passant par le préconscient arrive au Moi avec son corrélat de représentations et de traces mnésiques. Ici le Moi lieu de l'angoisse est aussi un lieu de travail sur l'affect. La *mise en chaîne* peut alors s'efforcer, en faisant appel à toutes les ressources de l'activité défensive, d'aborder, à l'aide des représentations et du langage, la signification du danger redouté, revécu dans l'expérience de transfert. En remontant le cours des représentations, l'analysant peut revivre et repenser la signification de l'angoisse par la prise de conscience. Prise de conscience qui est *prise par la conscience* opérant par saisies partielles, tout au long de l'expérience transférentielle, prenant possession des fragments du Ça jusque-là coupés du Moi. Le rôle du Moi peut paraître surestimé ici. Et cependant Freud dit à ce sujet :

« *Le Moi est une organisation, il est fondé sur la libre circulation et la possibilité, pour toutes les parties qui le composent, d'une influence réciproque ; son énergie désexualisée révèle encore son origine dans l'aspiration à la liaison et à l'unification et cette compulsion à la synthèse va en augmentant à mesure que le Moi se développe et devient plus fort* »[1].

Ainsi tout dépend de l'organisation du Moi face à la puissance désorganisante du Ça. Mais sur un plan plus fondamental, tout dépend d'Eros, de la force de liaison qui peut, au niveau du Ça, faire prévaloir la tendance unificatrice des pulsions de vie sur la tendance désorganisatrice des pulsions de destruction. A l'inverse, l'organisation du Moi dépend de sa différenciation du Ça, c'est-à-dire de leur relative séparation ; celle-ci est sous la dépendance des facteurs de disjonction qui sont un des aspects des pulsions de destruction.

Nous retrouvons ici l'importance du facteur économique. Une tendance trop marquée à la conjonction dissout la séparation entre les instances et menace le Moi d'une fusion totale avec le Ça. Une tendance trop marquée à la disjonction scinde totalement le Moi du Ça et ne permet plus aucune appropriation des fragments du Ça par le Moi. Là où le Ça était ne peut plus advenir le Moi.

Si tentant que puisse être le désir de donner à l'affect une primauté dans tous ces processus, nous devons souligner son lien nécessaire à la représentation. C'est en amenant les représentations adéquates refoulées que le travail de l'affect sera possible, autrement dit que la progression du processus analytique sera effective. De la même façon, c'est par la maîtrise des affects les plus désorganisants que les fixations les plus aliénantes peuvent se surmonter pour permettre la poursuite du développement de la libido et du Moi.

Ces points étant admis, on peut concevoir que l'analysabilité dépend étroitement des rapports structuraux entre le Ça et le Moi dans les diverses organisations pathologiques. Nous retrouvons ici l'intérêt d'une nosographie psychanalytique et d'une clinique différentielle des transferts obser-

---

1. *Loc. cit.*, p. 14.

vables dans l'expérience psychanalytique qui permette les distinctions structurales entre les névroses de transfert, indications classiques de la psychanalyse, et les structures dont l'analyse a été tentée depuis Freud : névroses de caractère, états limites, états dépressifs, maladies psychosomatiques, perversions, etc., dont l'analyse pose les problèmes débattus dans la littérature psychanalytique contemporaine[1].

Conclusion

Quelle conclusion tirer de ce bilan partiel des travaux traitant directement ou indirectement de l'affect ?
L'affect dans la conception psychanalytique ne se comprend que par l'intermédiaire du modèle théorique de la pulsion. Celle-ci, bien qu'inconnaissable, en est la référence. L'affect est une des deux composantes de la représentation psychique de la pulsion. Il désigne dans cette représentation la part énergétique, dotée d'une quantité et d'une qualité, jointe au représentant-représentation, mais pouvant s'en dissocier dans l'inconscient. L'affect est une quantité mouvante, accompagné d'une tonalité subjective. C'est par la décharge qu'il devient conscient, ou par la résistance à la tension croissante qui le caractérise, suivie de la levée de cette résistance. Cette décharge est orientée vers l'intérieur, vers le corps en majeure partie. Parti du corps, il revient au corps.
Le lien qui le lie à la représentation est celui d'un appel réciproque : la représentation éveille l'affect, l'affect mobilisé est en quête de représentation. De part et d'autre s'adjoignent d'autres relations ; du côté de la représentation, par la perception annonciatrice d'un danger ou porteuse d'un message

1. Après Freud, la littérature psychanalytique contemporaine a tenté une unification de la théorie de l'angoisse. L. RANGELL dans un long travail rapporte les différentes hypothèses qui ont été soutenues dans ce but dans un article récent : A further attempt to resolve the problem of anxiety, *Journal of the American Psychoanalytic Association*, 1968, *16*, 371-404.

érotique ou sécurisant ; du côté de l'affect par l'acte, corrélat dans le monde extérieur d'un mouvement de décharge visant à modifier les conditions qui y règnent. Le complexe représentation-affect développe chacun de ses termes dans des directions opposées : la représentation se déploie dans les sens divergents du fantasme au langage, l'affect s'étale de ses formes les plus brutes à ses états les plus nuancés. Ces divers destins dépendent du travail sur l'affect, effectué par la maîtrise du Moi. En dehors des mécanismes de défense bien connus, il faut relever tout spécialement les répressions, forme extrême du refoulement, comme tâche ultime de celui-ci. Mais mieux encore, c'est l'activité de liaison de l'énergie libidinale qui assure la mise en chaîne d'une énergie affective flottante.

Si une vue génétique simplifiée permet de concevoir l'évolution libidinale dans le sens d'une maturation affective progressive caractérisée par la maîtrise des affects, cette conception contraste non seulement avec la notion d'intemporalité de l'inconscient, mais avec la situation structurale des affects, à savoir leur soumission à la souveraineté du principe de plaisir-déplaisir. Leur place prééminente dans les processus primaires s'est encore accrue depuis que l'inconscient cesse de jouer dans l'œuvre de Freud le rôle d'un système et qu'il est remplacé par le Ça, où sont accentués, par rapport à la première topique, le point de vue économique et le rôle de la tendance de la pulsion à la décharge.

Si le statut inconscient des représentations refoulées a toujours été plus clairement aperçu par Freud que celui des affects, il n'est cependant pas cohérent d'affirmer que les affects sont nécessairement conscients. Après examen approfondi, on est obligé de postuler des affects du Ça, résultat d'une transformation brute et violente de la libido déchargée qui pénètre par effraction dans le Moi, avant que l'élaboration ait pu jouer à son niveau, et des affects du Moi, affects sur lesquels ont pu jouer les organisations du Moi (liaison, maîtrise, désexualisation, etc.). Dans le premier cas, l'affect se manifeste essentiellement par un *effet économique*, dans le deuxième cas par un *effet de symbolisation* (affect-signal). Ainsi d'une part peut-on dire que la signification des affects est inséparable de la force de travail qu'ils représentent et du travail effectué sur cette force même, dans une perspective économique et d'autre part que la fonction symbolique qu'ils peuvent assurer n'est compatible qu'au sein d'une organisation caractérisée par la combinaison de quantités d'énergies réduites et liées par un niveau d'investissement stable et constant.

On pourrait résumer la situation en soutenant que le *Moi est pris entre l'angoisse d'un « en trop » et l'angoisse d'un « en moins »*. L'opposition entre l'économique et le symbolique est susceptible d'un retournement : *l'économie est symbolique, le symbolique est économie.*

La difficulté essentielle d'une théorie psychanalytique des affects est de substituer subrepticement un point de vue phénoménologique au point de vue métapsychologique. Cette difficulté s'accroît si l'on prétend rendre compte de toutes les nuances qualitatives de la vie affective et de tous les degrés quantitatifs de celle-ci. La fermeté de la théorisation exige qu'une focalisation soit repérée et maintenue contre toutes les tentations de diversion. Ce foyer de l'affect ne saurait être ailleurs que dans l'affect sexuel et agressif. C'est uniquement à ce prix que la théorie psychanalytique conservera sa spécificité, en insistant sur le rôle organisateur de ces affects pour l'inconscient et la différenciation structurale des instances. C'est en partant de ce nœud que les fils qui le constituent pourront mener à des voies qui en partent ou qui y aboutissent. C'est peut-être pour n'avoir pas toujours reconnu cette exigence conceptuelle que la littérature post-freudienne a eu tendance à dissoudre cette spécificité en situant la vie affective dans le contexte d'une théorie génétique de la personnalité où l'héritage freudien a paru s'enliser.

CHAPITRE II

Vue d'ensemble de la littérature psychanalytique après Freud

Quand on considère les travaux des psychanalystes de la première génération, on ne peut qu'être frappé du caractère solitaire de la réflexion de Freud sur l'affect. C'est en vain qu'on chercherait dans les écrits de Ferenczi ou d'Abraham, pour ne citer que les plus importants, un reflet des préoccupations de Freud sur le statut de l'affect et de la représentation par rapport à l'inconscient par exemple. Il semble que déjà chez Ferenczi l'on puisse noter une utilisation extensive de la notion d'affect, que la clinique psychanalytique contemporaine a entérinée. Qu'est devenu l'affect dans la littérature psychanalytique moderne ?

Dans cette vue d'ensemble des travaux psychanalytiques postfreudiens consacrés à l'affect, nous présenterons les plus marquants auxquels s'attachent tout particulièrement certains noms : M. Brierley, D. Rapaport, E. Jacobson, M. Schur et enfin ceux de l'école de M. Klein où W. Bion occupe une place éminente. Tous ces noms appartiennent au mouvement anglo-saxon. Si les auteurs de langue française donnent dans leurs travaux une place importante à l'affect, peu d'entre eux se sont souciés de le nommer explicitement. M. Bouvet et J. Mallet font exception à cette règle, ainsi que de manière tout à fait opposée J. Lacan.

I. BIBLIOGRAPHIE ANALYTIQUE
DES PRINCIPAUX TRAVAUX
ANGLO-SAXONS SUR L'AFFECT

La plupart des auteurs prennent pour point de départ de leurs travaux sur l'affect, Freud excepté, un article de Jones (1929) : « Crainte, culpabilité, haine ». L'idée essentielle de ce travail semble inspirée par les conceptions de M. Klein sur les affects primaires[1]. Jones va montrer que dans l'étude de ces trois affects : la crainte (ou la peur), la culpabilité et la haine, on peut déceler une fonction défensive par la mobilisation d'un affect contre l'autre ; ainsi la crainte camoufle la culpabilité comme la haine peut servir de paravent contre elle ou encore la haine dissimuler la crainte. L'originalité de Jones consiste à montrer que les choses ne s'arrêtent pas là. Plus profondément, l'affect qui servait de défense contre un affect plus inconscient se retrouve *sous* l'affect inconscient. Ainsi la crainte à son tour se retrouve encore sous la culpabilité à laquelle elle servira de défense, de même que la haine sera retrouvée *sous* la culpabilité ou la crainte. En somme, l'affect conscient est en communication avec l'affect *le plus inconscient* du même type que lui, ces deux affects étant médiatisés par un autre affect inconscient, mais non le plus inconscient. Cependant l'affect conscient et l'affect le plus inconscient ne se relient pas au même contexte. La crainte superficielle et la crainte la plus profondément enfouie sont différentes. La première est une angoisse rationalisée, la seconde une angoisse archaïque, évoquant des dangers majeurs de nature traumatique. On retrouve ici les deux faces de l'angoisse : signal ou trauma. L'*Urangst* est responsable de ce mécanisme primitif que Jones décrit sous le nom d'*aphanisis* : « Il signifie une annihilation totale de la capacité à toute satisfaction sexuelle directe ou indirecte... ce terme est destiné à représenter une description intellectuelle de notre

---

1. Bien que Melanie Klein ait plus ou moins directement influencé nombre d'auteurs dont nous allons parler, on ne trouve pas dans ses écrits de conception spécifique de l'affect.

part, *d'un état de choses qui n'avait à l'origine aucune contrepartie idéative quelconque dans l'esprit de l'enfant, consciemment ou inconsciemment* » (souligné par moi). Ce concept d'*aphanisis* nous montre un autre aspect de l'affect primaire et de la réaction défensive qu'il entraîne : *un blocage massif sans contexte idéatif avec annihilation des affects de plaisir*[1]. L'*aphanisis* est l'une des réponses possibles devant l'*Urangst*, l'autre étant la tentative de traiter les excitations internes par la décharge qui aboutit à l'extinction de l'excitation.

Après Jones, Glover (1939) et Brierley (1937-1949) ont continué à étudier les affects primaires — leurs articles sont étroitement liés par une profonde unité de pensée, marquée ici encore par la référence implicite à Melanie Klein.

Une inspiration commune amène les auteurs à mettre en question l'importance, à leurs yeux exagérée, accordée à l'élément idéique et représentatif de la pulsion. Ils contestent tous deux la définition de l'affect donnée par Freud qui ne prend en considération que l'aspect de décharge et proposent de distinguer entre *affects de tension* et *affects de décharge*. Glover insiste sur le fait que nous avons affaire le plus souvent à des affects fusionnés (Freud dit des constructions ou des formations d'affects). L'ambivalence le montre clairement. En outre, il souligne le fait qu'il y a une grande difficulté à faire la différence entre expérience affective et sensations corporelles. Ici, il faut faire intervenir, pour comprendre la position de Glover dont l'influence sera considérable, sa conception des *nuclei* du Moi, issue de sensations corporelles primitives. Seule l'évolution progressive permettra la fusion de ces *nuclei* — et des expériences qui s'y rapportent — donnant naissance au sentiment de l'unité du Moi sur lequel Federn avait déjà insisté. Il faut aussi faire la part de l'in-

---

[1]. Fenichel (1941) a, après Jones, insisté sur le blocage massif des affects dans un travail où il examine les relations du Moi aux affects. Ra pprochant affect et trauma, il analyse les divers procédés défensifs dont le Moi usa pour parvenir à la maîtrise des affects. On peut rapprocher la position de Fenichel de celle de Laplanche et Pontalis qui soulignent la valeur traumatique de l'excitation pulsionnelle pour le Moi. Cette conception déplace l'accent du traumatisme comme événement extérieur, vers le traumatisme comme effet d'une mobilisation pulsionnelle. Le trauma venu de l'extérieur jouerait alors ce rôle de provocation de l'excitation pulsionnelle, intrusion de la sexualité adulte dans la sexualité infantile.

fluence des conceptions d'Abraham, dont Glover a été l'élève, sur cette théorie.

Cependant, la surcharge des énergies sadomasochiques primitives contrecarre cette évolution. Les *affects d'éclatement, d'explosion, de désintégration* que l'on observe en clinique psychanalytique dans les états les plus divers en témoignent. La variété des contextes dans lesquels ils peuvent apparaître (structures aussi bien œdipiennes que préœdipiennes) amène Glover à conclure que « le sentiment psychique d'éclatement est une tension affective typique et très précoce qui, dans le cours du développement, peut se fixer en différentes formes (canalisées par association avec les systèmes fantasmatiques) selon les expériences et les contenus inconscients de périodes de développement différentes ». Autant dire que dans l'appréciation de l'inconscient, l'élément représentatif connote une expérience affective qui est, elle, révélatrice du fonctionnement pulsionnel, le système fantasmatique « habillant » l'affect d'un revêtement intelligible, mais peut-être trompeur.

La contribution de M. Brierley (1937-1949) complète les hypothèses de Glover. Cet auteur relève le changement de perspectives depuis Freud. Dans la métapsychologie freudienne, le conflit oppose les idées et les charges affectives. Après Freud, on parle d'*investissement d'objets plutôt que de charges affectives d'idées*. Ceci, pour autant, n'éclaire pas toujours les relations entre pulsions et affects. L'affect doit être considéré comme le « dérivé de la pulsion »[1] le plus direct. Dans la mesure où les affects peuvent être considérés aussi bien comme des effets de tension ou de décharge — reflet d'une position afférente ou efférente sur l'arc pulsionnel — il convient plutôt de les situer au sommet de cet arc. L'affect,

---

1. Il n'existe pas de traduction satisfaisante pour l'expression anglaise *drive derivative*. Le verbe anglais *to derive* signifie : tirer son origine de, devoir à, tenir de, etc. ; relevons également sa signification hédonique : prendre (du plaisir) à quelque chose et économique : revenu provenant d'un placement. Plus simplement provenir, émaner de *(Harrap)*. On n'oubliera pas le sens mathématique de dérivée d'une fonction « limite vers laquelle tend le rapport de l'accroissement d'une fonction à l'accroissement de la variable lorsque celle-ci tend vers zéro », qu'on peut rapprocher de celui de dérivé chimique « substance préparée en partant d'une autre substance et qui conserve en général la structure de la première ». Enfin, dérivé indique une modification de trajectoire sous certaines influences (Robert). Rappelons que Lacan a proposé de traduire *Trieb* par dérive.

en effet, comme le soutient Fenichel peut être dû soit à un excès soudain de stimuli internes, soit à l'effet d'une accumulation de tensions non déchargées qui se déchargent sous l'influence d'un stimulus minime. Ces considérations quantitatives ne peuvent cependant pas venir à bout de l'aspect qualitatif. Chaque motion a sa qualité et son seuil propres. Le destin des affects est de subir la maîtrise, le « domptage » du Moi (Fenichel) ; ils sont donc liés à l'évolution du Moi et aux pouvoirs que celui-ci acquiert par son unification progressive. Les expériences affectives ne sont pas séparables des relations s'établissant entre le Moi et les objets. A ce titre, il faut rappeler le rôle de l'identification primaire qui intervient avant la différenciation entre le Moi et l'objet : l'investissement précède la différenciation et la discrimination cognitive. Cette formulation rappelle celle que Lebovici propose : l'objet est investi avant d'être perçu. Brierley dit : « L'enfant doit sentir le sein avant de commencer à le percevoir et il doit éprouver les sensations du suçage du sein avant de connaître sa propre bouche »[1]. Ainsi connaissance et investissement de soi, ainsi que connaissance et investissement de l'objet iront de pair. La constitution des affects primaires est donc liée à leurs *objets-porteurs*. Les mécanismes d'introjection et de projection sont essentiellement des méthodes de maîtrise des émotions fantasmées comme modes de relations concrètes avec les objets. D'où l'importance du contraste entre bons et mauvais objets.

Freud liait la naissance de l'objet à son absence, c'est-à-dire à l'expérience de l'insatisfaction. L'objet est connu dans la haine. Il attribuait à cet affect un rôle fondamental dans l'établissement du principe de réalité. Brierley ajoute qu'une telle expérience est aussi la matrice d'un « foyer constant pour la formation du mauvais objet ». Suivant sur ce point Melanie Klein et J. Rivière, elle relie la formation du Je avec celle de l'objet total. Mais il ne faut pas s'abuser sur le pouvoir de l'intégration qui n'est jamais acquise définitivement. *Personne n'achève l'intégration de son Moi.*

---

1. On voit que ce qui est en jeu dans cette modification d'approche est moins une prévalence relative de l'affect sur la représentation qu'un dépassement de leur opposition dans la notion d'investissement d'objet.

Cette plongée vers les affects primaires pousse M. Brierley à parler, si l'on nous permet ce néologisme, de pré-affects : c'est-à-dire d'inclinations affectives, de dispositions à vivre certains affects, de tendances somme toute. Certains affects sont inaccessibles à la conscience, car les précurseurs d'affects primaires n'ont jamais été conscients et sont ainsi isolés au cœur de l'inconscient. On conçoit que cette théorisation tende à faire perdre à l'inconscient sa valeur sémantique de « lieu de représentations » et mette l'accent sur une affectivité sans corrélat représentatif, qui est pour elle l'enjeu du transfert. « Le langage affectif est plus vieux que la parole. » Avec l'affect, nous avons affaire non seulement aux objets archaïques mais au système primitif du Moi : « Non seulement aux tensions des motions d'objet, mais aussi aux tensions intra et inter-moïques. » L'interprétation des affects dans le transfert permet la réintégration du Moi partiel primitif au Moi principal.

On ne saurait mieux résumer la position de M. Brierley qu'en citant les qualités qui sont pour elle nécessaires à la pratique psychanalytique : *combinaison d'un insight intelligent et d'une compréhension affective*. Cette exigence élevée pourrait décourager plus d'un à l'exercice de la psychanalyse.

Cette première phase des travaux sur l'affect issus de l'école anglaise montre l'influence des travaux de Melanie Klein. Peu importe que Melanie Klein ou ses suiveurs aient peu écrit sur l'affect. Peu importe que l'affect en tant que tel disparaisse chez elle derrière le fantasme. Ce qui est à relever est le tournant opéré ici dans la conception de l'inconscient et la réévaluation du rapport entre la représentation et l'affect. Cette orientation se poursuivra chez des auteurs qui se dégageront de l'influence kleinienne, comme Winnicott qui envisagera le développement affectif primaire (1945) selon des paramètres voisins. Sans doute appartiendra-t-il à Winnicott de relever de façon éclatante le rôle de l'environnement maternel[1]. En tout état de cause, le connaître et l'éprouver ouvriront les chemins de la relation à l'être de l'analysé (M. Khan, 1969). Une part de plus en plus grande sera attribuée à la communication de l'expérience intérieure

---

1. Tout comme dans les travaux de Michael Balint.

du patient. Cette attitude impliquera une mise en surveillance de l'interprétation. L'imagination primaire (antérieure à l'imagination secondaire de la symbolisation) sera la capacité essentielle de l'analyste, qui permettra d'entrer en relation avec l'être de l'analysé.

Dans la clinique et la théorie psychanalytiques modernes, nul auteur plus que Winnicott n'aura davantage mis en lumière le rôle de l'affect. Sa démarche de pensée combine très heureusement les exigences d'un sens du concret et de l'observation avec les intuitions de l'imagination créatrice. Son œuvre vise la restitution des états affectifs primaires — bien antérieurs selon cet auteur à tout ce que décrit Melanie Klein — constitués par les alternances d'états de désintégration et d'intégration partielle du *self*. L'originalité de Winnicott est d'avoir su montrer qu'un concept tel que « *le bébé* » n'existe pas et qu'il faut y inclure la mère dans le couple indissoluble qu'ils forment. *C'est dire qu'aucun discours sur l'affect ne peut être tenu qui ne fasse intervenir les affects de la mère*, sa tolérance aux besoins régressifs de l'enfant jusqu'à l'état de chaos informel, condition d'établissement d'un noyau de continuité affective vivante. Les travaux de Winnicott s'inscrivent dans la tradition psychanalytique anglaise, mais poussent à leur maximum ce dépassement de l'opposition représentation-affect pour viser la base affective du sentiment d'existence.

L'influence de Melanie Klein sur les travaux de l'école anglaise sera contrebalancée par les courants théoriques puissants venus d'Amérique du Nord auxquels il faut rattacher le nom de Heinz Hartmann. Comme Melanie Klein, Hartmann a peu écrit sur l'affect, ce sont pourtant ses conceptions qui vont dominer les contributions psychanalytiques américaines[1].

---

1. Nous n'entendons pas évidemment sous-entendre ici que *tous* les travaux nord-américains sont d'inspiration hartmannienne, pas plus que nous ne pensons que l'influence d'Hartmann soit localisée en Amérique du Nord. De nombreux auteurs des Etats-Unis ne se rattachent que de fort loin au courant hartmannien et ne le citent que du bout des lèvres. En outre, la pensée de Hartmann, si elle n'a eu que peu de retentissements en France, a pénétré certains milieux de la psychanalyse anglaise (cf. plus loin le travail

Il est sans doute difficile pour un analyste, extérieur au mouvement des idées en Amérique du Nord, de faire la part de ce qui revient à Rapaport et à Hartmann dans la conception de ce dernier. Toujours est-il que *La conception psychanalytique de l'affect* de D. Rapaport (1953) peut passer pour représenter le point de vue hartmannien en la matière. Rapaport, comme la plupart des auteurs, montre la difficulté de délimiter précisément la sphère de l'affect qui englobe dans le champ psychanalytique des états et des formes entre lesquels il est difficile de trouver une unité. La difficulté à théoriser le problème de l'affect en psychanalyse tient au fait que nous avons à rendre compatibles des travaux de Freud qui ne sont intelligibles que dans le cadre de contextes métapsychologiques changeants selon que l'affect est lié à une théorie de la catharsis, du conflit ou du signal.

Dans la première conception, affect, libido et investissement sont équivalents. Dans la deuxième, l'affect, produit par le jeu d'une soupape de sûreté, s'oppose à la représentation. Tandis que cette dernière persiste sous la forme d'une trace mnésique, l'affect existe seulement à l'état de potentialité. Dans ce contexte, l'aptitude innée au conflit implique des seuils de décharge innés, dont la tolérance à la frustration est le reflet. Pour Rapaport, le passage à la dernière conception de l'affect, celle de l'affect signal du Moi, est l'ouverture à un point de vue « structural-adaptatif » et implique que l'accent soit déplacé vers le point de vue génétique. Cette interprétation de la pensée de Freud conduit Rapaport à proposer sa propre conception.

A l'origine, les affects utilisent des *seuils et des voies innées de décharge* avant la différenciation Ça-Moi. Ils ont, outre une fonction de décharge, un rôle socio-communicatif qui s'exprime selon des prédispositions héréditaires. Au stade où s'installe la souveraineté du principe de plaisir, l'affect fonctionne comme soupape de sûreté lors des tensions provoquées par l'absence de l'objet. Mais il y a impossibilité de décharge complète. En fait, l'affect survient lorsqu'il

de Sandler et Joffe). Des critiques récentes (Apfelbaum, Eissler), des « évaluations » de la pensée hartmannienne (Holt), une distance prise à l'égard des thèmes majeurs de cette conception (Schafer) sont autant de signes avant-coureurs d'un tournant.

atteint un seuil situé au-delà de ce que les voies innées peuvent supporter de tension. La décharge ne fait que ramener lesdites voies à la quantité de tension tolérable. La mobilité des investissements de l'énergie libre rend compte de la massivité des orages affectifs. L'effet des internalisations et des apports de la réalité amène une augmentation du seuil de tolérance et permet de différer la décharge. Cette modification des seuils donne naissance « à une hiérarchie de motivations allant des pulsions aux intérêts et aux choix ». Ce passage qui correspond au développement des processus secondaires s'accomplit par l'intermédiaire de l'activité de liaison, l'action expérimentale de la pensée et de la mémoire sur l'activité hallucinatoire.

La prévalence de l'idée sur l'affect dans la représentation de la pulsion tend à faire une place croissante à l'idée de « pensée représentante de la réalité ». La maîtrise des affects se parachève avec leur neutralisation. Les charges affectives sont soumises à des contre-investissements. Cependant, les anciennes structures persistent au-delà des contre-investissements et sont susceptibles de réapparaître au cours d'orages affectifs et lors de processus primaires. Mais la neutralisation a abouti à la production d'affects signaux qui deviennent progressivement des « signaux de signaux ». La « régression au service du Moi » (Kris) peut, selon Rapaport, expliquer certains états affectifs. La normalité ne serait pas le fait de la seule neutralisation affective, mais aussi de la variabilité et de la modulation affective, tandis que les états pathologiques seront caractérisés par la rigidité, l'intensité et la massivité des productions d'affect.

A chaque niveau cependant, on décèle un conflit entre les diverses couches (point de vue dynamique), entre la neutralisation et la décharge (point de vue économique). Enfin les diverses instances agissent de façon synergique ou antagoniste, dans une perspective tenant compte de la réalité (point de vue structural et adaptatif).

Cet article dont l'influence sur la pensée psychanalytique aux Etats-Unis est considérable (peu d'auteurs se risquent à en omettre la citation) nous montre le chemin parcouru depuis Freud. Jamais la pensée de Freud n'a été plus laïcisée. Celui-ci s'était contenté des points de vue dynamique, économique et topique. Topique est devenu structural, et comme si quelque chose manquait à la métapsychologie freudienne, le point de vue génétique et adaptatif la complétera. En fait, ces deux derniers axes théoriques ont dévoré les autres comme on le verra par la suite.

E. Jacobson (1953) est l'auteur de ce que l'on peut considérer à bon droit comme l'article le plus important de la littérature psychanalytique. Elle développe sa propre pensée tout en argumentant les opinions exprimées notamment par Glover, Brierley et Rapaport. Elle propose une *classification des affects* que voici :

1) *Affects simples et composés naissant de tensions intrasystémiques* :
   a) Affects représentant les pulsions proprement dites, c'est-à-dire qui naissent des tensions directes dans le Ça (ex. excitation sexuelle, rage) ;
   b) Affects naissant directement des tensions dans le Moi (ex. peur de la réalité, de la douleur physique, de même que les sentiments les plus durables comme l'amour d'objet, la haine, l'intérêt pour certains domaines).

2) *Affects simples et composés naissant de tensions intersystémiques* :
   a) Affects nés de tension entre le Moi et le Ça (ex. peur du Ça, composantes de dégoût, honte et pitié) ;
   b) Affects nés de tensions entre le Moi et le Surmoi (ex. sentiment de culpabilité, composantes dépressives).

Jacobson va proposer une solution intéressante à la question de savoir si l'affect doit être considéré comme phénomène de tension ou phénomène de décharge. En fait, selon elle, les deux aspects sont inséparables :

« *Considéré du point de vue psycho-économique, un stimulus interne ou externe conduit à des élévations de tension qui ont pour résultat un déclenchement psychique et un processus de décharge. Ce processus trouve son expression dans les phénomènes moteurs aussi bien que dans les sensations et les sentiments perçus par la surface externe et interne de la conscience.* »

Dans cette optique, les affects sont conçus comme « réponses » ou « réactions » aux stimuli. L'affect naît du couplage entre phénomènes de tension et phénomènes de décharge. Une tension croissante en un point peut se développer tandis qu'en un autre point elle décroît déjà par une décharge partielle. Investissement et contre-investissement coexistent. Dans le plaisir, la décharge peut commencer alors que la tension croît encore. La situation psychique appelle le changement. Le plaisir de tension peut induire le besoin d'une plus grande excitation, le plaisir maximal celui d'un apaisement, et le plaisir d'apaisement la nostalgie d'un plaisir de tension.

Ces remarques infirment la conception de l'affect comme résultat d'une non-décharge (Rapaport) ; l'affect est tout autant le résultat de l'investissement pulsionnel.

On conçoit cependant que cette nouvelle formulation de l'affect retentisse sur les données les plus fondamentales de la théorie. Ainsi le principe de plaisir n'a plus pour but l'apaisement des tensions.

« *Le principe de plaisir, et plus tard sa modification le principe de réalité, se bornerait à diriger le cours des oscillations biologiques autour d'un axe moyen des tensions ; c'est-à-dire les modalités des processus de décharge. Les qualités du plaisir seront attachées aux oscillations du pendule de la tension de chaque côté, aussi longtemps que les processus de décharge psychophysiologique correspondants peuvent choisir certaines voies préparées et que les changements de tension peuvent prendre un cours défini dépendant, semble-t-il, de certaines proportions encore inconnues entre les quantités d'excitation et la vitesse et le rythme de décharge.* »

Les conclusions métapsychologiques à tirer de ces formulations modifient profondément la conception freudienne : « *Les lois essentielles qui gouvernent la vie psychique sont les fonctions de contrôle et de gratification des pulsions psychiques, la fonction de l'adaptation et la fonction d'autoconservation.* »

L'homéostasie est, en fin de compte, le centre d'une homologie psychique-biologique. Le principe de plaisir est lui-même soumis à un principe supérieur, homéostatique. Cette référence dernière à la biologie conduit à une reformulation de la conception de l'agressivité. Celle-ci est en rapport direct avec la frustration. La tolérance de la tension est uniquement envisagée par rapport au contrôle de la frustration. En somme, c'est le point de vue génétique qui rend compte du succès ou de l'échec de la maturation affective, c'est-à-dire du triomphe de l'adaptation au principe de réalité, par réduction de l'affect à sa fonction signal.

Ces deux contributions de l'école nord-américaine fixent les nouveaux axes théoriques de la psychanalyse :

— introduction des points de vue structural et génétique ;
— référence à la visée adaptative dans une perspective psychobiologique dans l'étude du couple stimulus-réponse ;
— étude des phénomènes sous l'angle du couple gratification-frustration liant la libido à la première et l'agressivité à la seconde ;
— échelle maturative tendant à l'établissement de la fonction de signalisation aux fins d'adaptation ;
— distinction entre le Moi et le *Self*, dotation par le Moi (et le Ça pour Max Schur) d'appareils autonomes à visée adaptative.

Le fossé entre la psychanalyse issue des conceptions de Hartmann et celle issue des conceptions de Melanie Klein se creuse. L'héritage freudien va se partager entre ces deux nouveaux patrimoines.

Depuis 1953, un grand nombre de travaux sur l'affect se poursuivra selon les directions données par les travaux d'Hartmann et de Rapaport.

Certains seront purement *théoriques*, d'autres davantage orientés vers *la clinique*, un petit nombre sera axé sur l'observation des affects dans *la cure*.

1 | *Travaux théoriques*

W. Stewart (1967) dans une analyse des travaux de Freud de 1888 à 1898 — c'est-à-dire au cours des dix premières années de son œuvre — s'efforcera de montrer à propos de l'affect d'angoisse que la visée essentielle de celui-ci est déjà envisagée par Freud à l'orée de son œuvre, comme une fonction signal dont le but est de susciter l'éveil du Moi, dans un but d'adaptation. En somme, dès le départ, Freud aurait toujours soutenu l'hypothèse du signal, sans attendre *Inhibition, symptôme et angoisse*. L'affect est donc un message à valeur informative qui s'inscrit dans l'ensemble des processus régulateurs de l'appareil psychique.

Les auteurs nord-américains vont se diviser, dans les écrits métapsychologiques, autour des relations entre le point de vue économique et le point de vue qu'on pourrait appeler signalétique. Beaucoup d'entre eux chercheront à se débarrasser de toute perspective économique pour mettre exclusivement l'accent sur la fonction de signalisation. Celle-ci sera conçue dans le cadre des relations stimulus-réponse.

Parmi les auteurs qui se rattachent à la conception économique, citons Borje-Löfgren (1964). Celui-ci propose une conception purement énergétique de l'affect. L'excitation psychique sera comprise selon les données de l'excitation nerveuse (étude de potentiels énergétiques, transfert de charges des potentiels élevés vers les potentiels les moins élevés, onde de négativité, isolation de *pools* d'énergie, etc.). L'affect est ici le pur produit des échanges énergétiques, sans aucune référence à la qualité autrement que comme résultat des opérations de drainage entre le Moi et le Ça. Ultérieurement, cet auteur complétera ses vues et se ralliera à la thèse de l'affect comme expression mimétique à valeur communicative (1968), en tentant une difficile harmonisation avec ses opinions antérieures.

On doit à L. Kaywin (1960) un essai d'inspiration *épigénétique*. La référence énergétique de Freud est récusée car, selon cet auteur, l'énergie ne peut être étudiée en dehors des *fonctions et des processus structuro-énergétiques de modèles de réaction (reactions-patterns)*. Ces modèles de réactions sont stratifiés en *hiérarchies d'unités structuro-fonctionnelles*. Ainsi Kaywin nous conduit-il des unités *chimio-énergétiques* aux unités *génétiques*, puis *embryologiques*, pour enfin aboutir aux *unités psychobiologiques et psychanalytiques*. Il n'est pas légitime selon l'auteur de se référer à un point de vue énergétique en psychanalyse dans la mesure où il n'est pas nécessaire de faire une différence entre énergie psychique et énergie biologique, cette dernière étant la seule dont l'existence soit admise. Les affects, dans cette perspective, sont des représentations de signaux internes et externes qui subissent des structurations *(structuralizations)* et deviennent des représentations du *self*. L'affect est un sentiment du Moi positif ou négatif ayant pour fonction de représenter des activités psychiques. « *Les perceptions de tonalité en relation avec* (ou *associées avec*) *le* self (plus exactement des parties du self) *peuvent être décrites comme affects.* »

Ce n'est pas sans inquiétude qu'on parvient au bout de l'article de Kaywin lorsque celui-ci, se référant à Rapaport, énonce ces propositions :

« 1) Les concepts de pulsions, d'intrication des pulsions, de pulsions spécifiques (sexualité, agressivité, pulsions de vie et de mort, etc.), sont d'une généralité moins étendue et peuvent très bien être changés ou être remplacés tandis que la théorie se modifie.

« 2) Les concepts d'investissement, de liaison et de neutralisation... : il n'est pas sûr qu'ils survivront sous leur forme actuelle.

« 3) Les concepts du Ça, Moi, Surmoi [ne sont pas] indispensables.

« 4) La conception classique du développement de la libido... pourra bien subir des modifications radicales, en tant qu'elle devient un aspect partiel du processus intégral de l'épigenèse. »

Cette position extrémiste d'un point de vue psychobiologique a donné lieu à des contributions moins radicales. Citons le travail de Burness E. Moore (1968) qui rattache l'affect à décharge physiologique aux structures cérébrales (système limbique). Le statut inconscient des affects primaires serait dû à leur nature physiologique.

Seule la différenciation entre *self* et *non-self* permettrait de rattacher l'affect à l'idéation et donc d'en faire une production psychique. Rappelons que Max Schur, dans son ouvrage récent sur le Ça, défend l'idée d'un *continuum* physiopsychologique et postule une continuité entre besoin, pulsion et désir. E. Jacobson a également soutenu l'hypothèse d'un *self* psychophysiologique.

C'est dans l'étude génétique du développement que beaucoup d'auteurs vont rechercher la clé du problème.

Le groupe de Rochester, autour de Engel, connu pour ses études sur l'enfant Monica, a examiné le problème des *affects primaires de déplaisir chez l'enfant* (1962). Cet auteur étudie la transition du champ biologique au champ psychologique en soulignant la valeur de l'affect comme mode de communication archaïque. Engel divise l'affect en deux grandes catégories. La première catégorie relève de la biologie, elle comprend les affects de décharge pulsionnelle. Ceux-ci sont antérieurs à la constitution du Moi. Ils possèdent une faible valeur signalisante, tout leur effet se résume dans la décharge. La division en plaisir-déplaisir n'a pas cours ici, seule l'expression libidinale ou agressive peut se faire jour à travers eux, une fusion entre ces deux types étant possible. Ces affects sont des réponses aux situations psychodynamiques qui ne peuvent être agies.

L'avènement du Moi (9e mois) signe le passage au champ psychobiologique. Les affects prennent alors une valeur de scansion signalisante *(signal scanning)*. Leurs informations peuvent être décodées dans les registres de plaisir ou de déplaisir. A ce stade, l'épreuve de réalité fonctionne et le Moi est soumis au principe de réalité. La fonction de décharge passe au second plan.

Engel s'appuie, pour étayer son hypothèse, sur la distinction proposée par Freud entre angoisse automatique et angoisse signal. Cependant, l'angoisse automatique induit deux types de réponses. Les unes appartiennent au *modèle actif* (pleurs, agitation motrice comme appel pour obtenir la gratification), alors que les autres font partie d'un *modèle passif* (réaction de sidération à valeur autoconservatrice).

Ainsi deux grands types d'affects peuvent s'opposer. L'*angoisse* mobilise un système d'alerte signalant un danger pour le Moi et évoquant une menace pour le *self*, dans le cadre d'une relation permettant de distinguer entre *self* et objet. L'angoisse apparaît alors comme un effort pour assurer la satisfaction des besoins sur un mode régressif ; celle-ci s'accompagne d'une activation des systèmes psychiques primitifs et neuro-endocriniens.

L'autre grand type d'affect est la réaction à la perte de l'objet : la *retraite dépressive (depression withdrawal)*. Cette régression massive signe la défaite du Moi ; les mécanismes décrits par Melanie Klein : déni, introjection, projection, échouent. La seule solution est le retour à *un stade d'indifférenciation préobjectal* qui se traduit par l'effondrement dans le sommeil comateux. A un niveau moins profond, on voit apparaître les affects d'*impuissance* et de *désespoir*. Le sens de cette régression hibernante est celui d'un repli auto-conservatoire, tendant à la réduction minimale des dépenses énergétiques, à la fois auto-abandon et attente d'un secours externe. Dans les cas les plus désespérés peuvent intervenir des désorganisations psychiques et somatiques conduisant à la mort.

A la suite d'Engel, A. H. Schmale (1964) a proposé une classification génétique des affects échelonnés selon les deux grandes étapes de la non-distinction entre le *self* et l'objet et, postérieurement, à leur différenciation. Le point de vue épigénétique est encore ici l'axe directeur de la métapsychologie. Cependant, on peut se poser à bon droit la question de savoir si ces études ne trouveraient pas mieux leur place dans la psychobiologie ou la psychologie génétique, plutôt que dans la psychanalyse.

On a vu que les théorisations sur l'affect dépendaient de plus en plus nettement des relations entre le *self* et l'objet. Leo Spiegel (1966) se donnera pour tâche d'étudier les affects dans cette perspective, c'est-à-dire en prenant en considération les relations entre l'affect et le narcissisme. Son travail se centrera moins sur l'angoisse que sur la douleur envisagée d'après les concepts métapsychologiques, toujours orientée selon une perspective génétique.

Pour cet auteur, le narcissisme représente la quantité d'investissement de la présentation[1] du *self*, pour autant qu'on peut l'opposer à l'investissement de la présentation de l'objet, dans chaque individu. Le narcissisme ne désigne pas l'investissement de la personne totale dans les relations objectales et ne peut être limité au sujet de ladite relation. On peut parler du narcissisme des deux parties en rapport dans la relation objectale.

Le *self* est une entité psychique dans l'appareil psychique.

---

1. Pour éviter toute confusion entre présentation et représentation, nous employons la traduction littérale de l'anglais *presentation*.

Il est distinct des présentations du *self* ; celles-ci sont les vecteurs des traces mnésiques individuelles avec leurs investissements. Le *self* est le résultat de la mise en commun *(pool)* de ces investissements formant un investissement unique d'ensemble. *Le self est l'investissement constant moyen de toutes les présentations du self.* On peut donc, selon Spiegel, supposer l'existence d'une barrière (analogue à celle du pare-excitations) entre présentation du *self* et présentation de l'objet qui interdit l'effraction des éléments d'un champ dans l'autre.

Ce modèle est utilisé pour expliquer l'origine et la nature de nombre d'affects. Une même quantité d'énergie passant par les éléments de ce modèle peut donner des variétés qualitatives d'affects. Par exemple le désir peut se comprendre comme l'hyper-investissement des présentations du *self*, tandis que la nostalgie se rapporte à l'hyper-investissement de la présentation de l'objet. Précisons que, selon Spiegel, il n'y a désir que pour autant qu'il y a une conscience subjective (un Je désirant = *self*), ce qui n'est pas le cas lors d'une excitation sans intervention du sujet (mais seulement d'une présentation isolée du *self* = *self presentation*). L'angoisse est définie comme réponse à la perte transitoire de l'objet externe procurant la satisfaction, tandis que la douleur est la réponse à la perte prolongée ou définitive de l'objet externe permanent (différent de l'objet procurant la satisfaction). Dans la nostalgie, le maintien de l'investissement de l'objet absent intervient malgré la satisfaction (procurée par un autre objet). Si l'absence de l'objet se prolonge, l'investissement de l'objet permanent s'oriente selon les voies de la moindre résistance vers le Ça, vers la barrière objet-*self*. La baisse des investissements du *self* conduit à une poussée du Ça qui rompt la barrière *self*-objet et engendre l'affect de douleur psychique contre laquelle le Moi s'efforce de lutter.

A un moindre degré, les affects d'humiliation et de honte témoignent de la blessure narcissique. Spiegel défend l'hypothèse d'un Moi idéal primaire, instance de mesure du pouvoir de l'enfant de faire apparaître la mère (pouvoir qui est à l'origine d'un sentiment de puissance et de triomphe) dont l'échec entraîne des affects négatifs (surtout d'impuissance et de défaite). Cette instance matricielle de l'idéal du Moi ultérieur sert de tampon aux effets de l'objet sur le Moi.

La douleur psychique est donc due à l'absence d'une influence externe de l'objet externe permanent. L'internalisation de cet affect entraîne la présentation constante de l'objet dans le *self*. La protection ne pouvant être obtenue que par l'intervention de l'Autre entraîne une dépendance humiliante à celui-ci. Comme l'absence de l'Autre est inévitable, l'instance d'un Idéal du Moi précoce tend donc à atténuer les effets de ce manque d'objet par un approvisionnement narcissique.

Si Spiegel fournit des précisions utiles sur la relation du *self* et de l'objet, on ne peut éviter de ressentir un déplacement d'accent mis sur l'*expérience réelle* au détriment de la *réalité fantasmatique*, telle qu'elle est illustrée par les travaux des auteurs kleiniens.

Pour en terminer avec les constructions métapsychologiques, mentionnons le travail de Sandler et Joffe (1967)[1] qui se réclament ouvertement de la « psychologie psychanalytique de l'adaptation ». Ces auteurs nous proposent en effet un modèle où l'influence hartmannienne est manifeste. Les névroses y sont conçues comme des adaptations pathogéniques aux effets secondaires d'un événement, d'une réalité ou d'une expérience particulière appartenant au monde extérieur. Rappelant certaines hypothèses de Freud, ils comprennent l'affect comme résultat d'une expérience traumatique (thèse des *Etudes sur l'hystérie*), comme indicateur (Hartmann) d'une quantité pulsionnelle et comme réponse à un stimulus. En tant que tel, l'affect devient un médiateur de l'adaptation. Adoptant la position de Max Schur qui entend le principe de plaisir comme principe homéostatique de constance, régulateur du fonctionnement mental et de l'équilibre pulsionnel, Sandler et Joffe dissocient le principe de plaisir-déplaisir des expériences affectives de plaisir et de déplaisir.

La visée régulatrice et adaptative étant assignée audit principe, le fonctionnement psychique procède par intégrations positives successives. Ces intégrations sont accompagnées d' « éprouvés » *(feelings)* psychiques et corporels. Sandler

---

1. Nous avons classé ici ce travail, en raison de sa parenté de pensée avec les travaux de l'école nord-américaine.

et Joffe proposent alors l'introduction dans la métapsychologie d'un *principe de sécurité*. Son but est la constitution d'un *état affectif central*. « Le maintien de cet état affectif central est peut-être le motif le plus puissant pour le développement du Moi. » Cette hypothèse conduit à envisager le fonctionnement du Moi sous l'angle du maintien à tout prix d'un sentiment de bien-être qui vise à éliminer toute discordance consciente ou inconsciente avec cet idéal. Le but ultime est la réduction de cet écart entre le *self* idéal issu d'un fonctionnement psychobiologique harmonieux et le *self* effectif. L'individuation consiste dans l'évolution progressive qui substitue aux idéaux infantiles des idéaux adaptés à la réalité *(reality adapted)*. L'article se clôt sur l'affirmation que la psychologie psychanalytique est une psychologie de l'adaptation aux changements des états affectifs et que « tout aspect particulier de la théorie de l'adaptation (par exemple l'adaptation aux demandes des pulsions ou au monde extérieur) peut être comprise dans le cadre de référence du modèle élargi ».

Cette dernière référence métapsychologique témoigne de la représentation de la pensée d'Hartmann dans la pensée psychanalytique anglaise.

Tout au long de l'analyse de ces travaux d'inspiration théorique, on retrouve la thèse hartmannienne des affects en tant qu' « indicateurs » qui ont amené la plupart des auteurs à soutenir la thèse de la valeur cognitive de l'affect. Tout récemment encore, Max Schur a tenu à le rappeler (1969)[1]. L'analyse des écrits freudiens l'amène à conclure

---

1. Dans le travail cité, Max Schur discute également la thèse freudienne de la *Métapsychologie* qui conteste à l'affect la possibilité d'être inconscient. Le débat semble se poursuivre à cet égard comme en témoigne le travail récent de S. Pulver (1971). On trouvera dans cet article un certain nombre de prises de position sur la question dans des articles ne traitant pas directement du sujet, mais qui montrent une préoccupation évidente sur un thème qui divise les psychanalystes. Ainsi Eisler, G. S. Klein, Knapp, Schafer, Joffe et Sandler admettent la possibilité d'affects inconscients, tandis que Blau, Moore et Fine, Siegal restent fidèles à la position exprimée par FREUD dans la *Métapsychologie*. La position de Fenichel est intermédiaire. Il est regrettable que l'auteur ne prenne pas en considération le passage du Moi et le Ça qui constitue un pas en avant décisif vers la solution du problème. La distinction entre affect inconscient et affect potentiel ne paraît pas très éclairante et devrait être incluse dans un cadre plus vaste.

que « les affects et leurs vicissitudes sont liés à un processus cognitif, influencé par les perceptions et les souvenirs ». Tous les affects ont à la fois un aspect de réponse et un aspect cognitif. La dernière conception de Freud de l'angoisse-signal mise en œuvre devant une situation de danger étaye cette manière de voir, car *le concept de signal est un concept cognitif.*

Ces remarques doivent nous amener à préciser que si nous souscrivons à la fonction cognitive de l'affect, nous ne saurions l'envisager de la même façon. Ce que les auteurs américains répètent à l'envi est que *le signal d'affect a une valeur adaptative*[1]. La liaison du signal à la chose est implicite dans leurs travaux. A notre avis, il est heuristiquement beaucoup plus fécond de lier l'affect au procès de symbolisation et de le mettre en rapport avec les autres types de *signifiants* présents dans le procès psychanalytique. Cette différence est, selon nous, d'importance.

2 | *Travaux cliniques*

Si artificielle que soit la distinction que nous avons adoptée pour l'exposition entre les travaux théoriques et les autres, elle permet de situer à part certains auteurs chez lesquels l'influence hartmannienne est moins accusée.

A. Blau (1955) a centré la discussion sur l'affect autour de l'opposition entre les névroses actuelles et les névroses de transfert, conformément aux diverses théories de l'angoisse chez Freud. Cherchant à faire la synthèse entre les diverses faces de l'affect (physiologiques et psychologiques), il rappelle les hypothèses de Freud sur la névrose d'angoisse. Dans les

1. A. Modell (1971) pense que l'on a trop négligé les données de la psychologie collective pour l'étude de l'affect. A son avis la visée adaptative de l'affect sert plus d'une personne. Elle est au service des besoins adaptatifs du groupe. La notion de groupe est pour lui extrêmement étendue puisqu'elle inclut toute situation à deux partenaires : relation mère-enfant, situation analytique, etc. Dans ce cadre, l'affect aurait une valeur communicative et adaptative, en tenant compte des éléments réels de la situation. Modell rappelle l'observation intéressante de C. Rycroft pour qui l'essence de l'affect est sa perception par autrui et le fait que celui-ci a la capacité d'évoquer chez l'objet qui le perçoit des réponses affectives identiques ou complémentaires.

états affectifs qui s'y rattachent, ce qui est à l'œuvre est essentiellement un processus de nature physiologique ; les réactions psychologiques qui s'y associent sont, à tous les sens du terme, secondaires. Chez les névrosés et les psychotiques, ce sont des « fausses routes idéatives » qui donnent naissance aux productions des névroses et des psychoses. On retrouve ici une idée chère aux psychosomaticiens parisiens concernant la carence de la mentalisation dans les affections psychosomatiques. Cependant, Blau rappelle que les névroses actuelles sont à l'origine des névroses de transfert et des psychoses. Il en conclut que les névroses d'angoisse peuvent, ou bien donner naissance aux psychonévroses où le conflit inconscient est de nature idéative, les troubles affectifs en dérivant, ou bien aux psychoses fonctionnelles (ou affectives), celles-ci étant en relation avec la composante somatique de la névrose d'angoisse, l'aspect idéatif devant, dans leur tableau clinique, être relégué à un rang secondaire.

La discussion qui s'ouvre ici est celle des relations entre affect et représentation. On en trouve un écho chez S. Novey (1959) (1961) qui s'est intéressé aux relations entre affects primaires et secondaires. Si cet auteur reprend la plupart des thèmes qui interviennent dans la discussion sur l'affect (affect-inconscient, affect-mémoire, affect cognitif, etc.), il se signale par une position personnelle quant aux problèmes de *la représentation psychique des objets*. « Il est en fait difficile de dire si l'on ferait mieux de parler d'une représentation interne d'objet comme une constellation d'idées accompagnée de tonalité affective, ou comme une expérience affective secondairement perçue comme dotée d'un contenu idéationnel. » La deuxième solution lui paraît plus dynamique. Tandis que les défenses secondaires impliquent la participation du langage, les défenses primaires (introjection-projection) excluent celui-ci. Les affects dominent ces processus d'incorporation. Certains affects jouent un rôle *organisateur* dans l'orientation vers et les réactions envers l'objet. Ce rôle se retrouve dans l'organisation du caractère, ce que Weinshel (1968) développera dans l'étude de l'humeur. La clinique montre que, tandis que dans les névroses la distinction entre idée et affect est présente, dans les états limites, une telle distinction ne joue pas. Novey parle d'espaces vides non représentatifs.

A la suite de Novey, R. Schafer (1964) aborde le problème de l'affect d'une façon peu fréquente chez les auteurs anglo-saxons. Son travail doit être distingué pour son orientation non génétique. Il soumet l'étude de l'affect à l'examen de huit paramètres :

A – EXISTENCE :

L'expression des affects n'est pas une preuve de leur authenticité, l'absence d'expression n'est pas, en revanche, une preuve de leur dissimulation, de même que l'hyperexpressivité des affects ne témoigne pas forcément de leur artificialité. Ainsi tout abord phénoménologique des affects est inadéquat.

B – FORMATION :

Formation plutôt que développement qui prête à ambiguïté. L'interprétation des défenses fait apparaître de nouveaux affects de définition difficile. La formation d'affects précis paraît dépendre d'un travail d'isolation, de fragmentation, de même que d'un travail de représentation et de synthèse. L'affect est solidaire d'une configuration qui supporte sa manifestation.

C – FORCE :

La force optimale pour l'expression de l'affect n'est pas la force maximale. L'affect signal est certes le résultat d'une élaboration évoluée. Cependant la réduction affective ne peut être interprétée comme un signe de maturité. L'ouverture à l'affect en rend mieux compte.

D – STIMULI :

Leur origine n'est pas interne *ou* externe. Les affects sont parfois dérivés des objets, parfois orientés vers eux ou en réaction contre eux.

E – COMPLEXITÉ ET PARADOXE :

L'analyse reconstruit les agrégats affectifs plus ou moins secondairement autonomisés. Cependant, on ne saurait perdre de vue qu'un certain psychologisme réduit l'affect à une pseudo-réalité simple. L'authenticité affective, c'est la complexité, l'ambiguïté, et non la simplicité requise par une démarche idéalisante.

F — LOCALISATION :

La localisation des affects doit être repérée par rapport au *temps* (substitution d'un affect par un autre), par rapport au *niveau* (stratification affective), par rapport aux *personnes* (rôle de l'emprunt d'un affect appartenant à une personne à laquelle on s'identifie) et par rapport aux *zones corporelles* (attribution des affects d'une zone à l'autre). La référence au corps est un point de départ, non d'arrivée.

G — COMMUNICATION :

L'affect est relation entre une émission (message) et une réception (réponse). Il peut servir à la manipulation de l'entourage (communication interpsychique) ou à la relation avec soi-même (communication intra et interpsychique). L'empathie n'est pas seulement orientée vers l'autre, elle s'applique aussi à soi-même, par un procès d'échange entre l'affect et la conscience.

H — HISTOIRE :

C'est l'aspect ontogénétique sur lequel il n'est guère besoin d'insister.

Bertram Lewin (1963) a apporté une contribution importante aux problèmes théoriques posés par l'affect. Nos habitudes de pensée nous induisent à la recherche de catégories intellectuelles et affectives « pures ». Or les expériences subjectives primitives (ou primaires) sont par nature des expériences où se mêlent dans un tout indissociable ce que seul le développement ultérieur pourra permettre de distinguer sous les noms d'intellectuel et affectif. Nous « décondensons » l'expérience subjective primitive qui parvient sous une forme massive et indifférenciée. La métapsychologie freudienne reste peut-être prisonnière d'un atomisme psychologique qui s'efforce à tout prix à distinguer destin de l'affect et destin de la représentation. Lewin reste pourtant attaché à la thèse de l'affect comme formation subjective consciente. La clinique nous montre des exemples d'affects purs dans les « rêves blancs » *(blank dreams)* sans connotation représentative où seul l'affect est présent. Mais selon Lewin de tels rêves qui appartiennent au contenu manifeste sont des produits hautement élaborés, les mécanismes de défense du moi (clivage, déni, isolation, etc.) jouant un rôle important dans leur production, ainsi que la régression bien entendu. En fait les affects sont toujours des formations composites, des compromis — comme les symptômes — entre les émanations du Ça et les activités du Moi. Ainsi pouvons-nous observer certains « affects-écrans » analogues aux souvenirs-écrans. Il y a donc une structuration des affects, qui va à la fois dans le sens de la différenciation (affectif-intellectuel) et celui de l'élaboration affective (constructions d'affects), où le Moi intervient de façon majeure.

3 | *Travaux centrés sur l'expérience de la cure*

A. Peto a synthétisé à partir de l'expérience psychanalytique les diverses modalités du *contrôle des affects* (1967). Il oppose deux situations : celle où l'analysant peut rompre avec un affect commençant et celle où il se laisse glisser dans l'affect en s'y noyant. Ces deux situations rencontrées dans la cure révèlent deux structures différentes. Lorsque le sujet peut briser la vague affective, ce n'est pas qu'il la récuse, mais qu'il change de représentation et de thème. En ce cas, l'affect est lié sur un mode fonctionnel superficiel à une représentation circonscrite isolée et très délimitée. Ce travail qui se poursuit par d'autres évocations peut toutefois échouer dans une humeur qui bloque la progression des représentations, ce qui nous conduit à la deuxième éventualité. Peto interprète la première situation comme une progression d'états du Moi vers le Ça. A l'inverse, une vague affective peut être contrôlée par sa fragmentation en représentations limitées, ce qui traduit un travail allant du Ça vers le Moi. On retrouve ici l'affect signal comme affect du Moi qui se poursuit par le travail sur d'autres représentations et l'affect comme dérivé pulsionnel du Ça. Dans le premier cas, la tension selon la terminologie d'Hartmann et de Jacobson est intrasystémique, dans le second, elle est intersystémique.

Face aux premières mobilisations affectives, l'apparition de nuances affectives, d'affects tamisés est liée au déplacement des représentations vers de nouveaux groupes d'images (plus régressives ou plus adaptées). Ces diverses nuances affectives sont pour Peto reliées à une *instance centrale* qui conserve le contrôle sur la signalisation affective et les unités émergentes dans les processus psychiques. En somme, la fonction anticipatrice du Moi continue de s'exercer sur ces porteurs d'affects de façon à ne pas se laisser déborder par la tension et tente de dériver celle-ci sur des représentations contiguës, en la fragmentant.

Mais si cette capacité du Moi se trouve débordée, le sujet est envahi par des affects archaïques qui peuvent se manifester soit de façon orageuse, soit par une humeur qui colore tous les processus psychiques. Des réactions défensives traduisent les possibilités de réponse des parties fonctionnellement opérantes du Moi. Le clivage entre le Moi et les autres instances perdant de son efficacité, le Moi devient incapable d'exercer ses fonctions d'auto-observation et peut aboutir, dans certains cas, à un obscurcissement de la conscience par l'affect. Les réactions affectives violentes, les orages coléreux, dans la dépression ou la dépersonnalisation, vident le Moi dans le premier cas ou conduisent à un détachement de celui-ci dans le second. Dans les deux éventualités, ces issues signent la défaite du Moi.

Malgré la référence à la métapsychologie d'Hartmann, ce travail a le mérite de situer le problème de l'affect dans la chaîne des productions associatives. La phénoménologie de l'affect importe moins que son apparition dans un processus psychique de pensée. Celui-ci se poursuit dans certains cas témoignant de l'efficacité symbolique, tandis que dans d'autres l'affect brise ce processus et s'étend de façon diffuse. Nous verrons plus loin l'intérêt de cette manière d'envisager les choses.

A. Valenstein (1961) a surtout envisagé l'affect de la reviviscence émotionnelle et de la prise de conscience dans la cure. Il décrit un mécanisme de défense, *l'affectualisation*, qui consiste en une production dans la cure d'un excédent d'affect dont le but essentiel est de proscrire toute prise de conscience. L'agitation affective dramatique constitue un rideau de fumée empêchant l'*insight* et paralysant la conscience intellectuelle. Cette description rejoint celle de la résistance de transfert de Bouvet et les observations de

Freud dans son article sur « L'amour de transfert ». Cependant, on ne saurait conclure trop vite à la valeur négative de l'abréaction affective dans la cure. Une série d'abréactions stériles et paralysantes pour le travail analytique peuvent, à la longue, rendre le Moi, débarrassé de ses excédents affectifs, sensible à l'interprétation refusée au cours des orages précédents. La prise en considération de la nature affective du processus psychanalytique a conduit, on le sait, Ferenczi et Rank à prôner la technique active pour favoriser un climat positif propre à faire apparaître des affects inconscients, parce que n'ayant jamais été conscients. Alexander a vanté les avantages de l'expérience émotionnelle correctrice et Nacht, parmi nous, s'est fait le défenseur d'une technique d'inspiration semblable. Cependant, beaucoup considèrent ces modifications comme des passages à l'acte de l'analyste. Valenstein montre avec finesse que le problème ne peut être envisagé sans référence aux structures. S'il est vrai que certaines structures exigent que l'analyste se départisse de sa neutralité bienveillante pour favoriser un transfert positif sans lequel aucune progression de la névrose de transfert n'intervient, les névroses classiques continuent à relever de la technique classique.

En fait, le noyau d'un inconscient structuré est constitué par le complexe idéo-affectif. L'aspect *cognitif* est doublé par un aspect *conatif*[1]. Ainsi, si l'on veut mettre en valeur la connaissance par l'affect, est-il plus justifié de référer celle-ci à la conation, afin d'éviter le glissement vers une interprétation intellectualiste de l'affect dont maint article nord-américain nous fournit l'exemple.

La conclusion de Valenstein nous rappelle, à travers les

---

1. Conation n'est cité ni par Littré, ni par Robert. Lalande lui donne le synonyme d'*effort* ou de *tendance*. Tandis qu'effort s'applique à l'action, tendance s'applique aux passions. « *Conation* présente plutôt l'idée de l'effort comme un fait qui peut recevoir, soit une interprétation volontariste, soit une interprétation intellectualiste — peut-être par suite de sa parenté avec *conatus* employé par Spinoza, *Ethique*, III, proposition 7. » Spinoza écrit : « L'effort par lequel chaque chose s'efforce de persévérer dans son être n'est rien en dehors de l'essence actuelle de cette chose. » On voit que Lalande semble éliminer de conation le sens affectif. Webster donne dans son dictionnaire le sens auquel Valenstein se réfère : force biologique qui peut faire son apparition dans la conscience en tant que volition du désir ou dans le comportement comme tendance à l'action.

phénomènes cliniques de la cure, l'impossibilité de résoudre les problèmes de l'affect hors des références du processus analytique et sans l'aide d'une théorie rigoureuse.

Nous avons au début de ce chapitre insisté sur l'importance des travaux de Melanie Klein et de son école. Ici encore, nous nous trouvons devant une situation paradoxale. Car, s'il est vrai que les auteurs kleiniens ont beaucoup contribué à notre connaissance de l'affect, ils sont peu nombreux ceux qui ont abordé le problème sous un angle théorique.

W. Bion, dans une œuvre riche et forte, aux ambitions élevées et aux perspectives ouvertes, a abordé le problème dans une série d'ouvrages. Nous nous arrêterons à son livre *Eléments de la psychanalyse* (1963) où il nous donne quelques observations précieuses. L'exposé en détail en est impossible, car il nous obligerait à faire état de l'ensemble théorique[1] dont il fait partie. Disons seulement que Bion propose une grille à double entrée selon une séquence verticale rendant compte de la dimension historo-génétique et une séquence horizontale rendant compte de la dimension synchronique des processus de pensée. Dans cette optique sont envisagés aussi bien les émotions que les précurseurs de l'émotion. Le pressentiment (prémonition) est à l'affect ce que la préconception est à la conception du point de vue intellectuel. Par préconception, il faut comprendre non pas le jugement préconçu mais une matrice de la conception, une disposition non consciente innée, d'attente et d'expectation d'une réalisation impliquant la participation d'un objet. Bion rapproche cette théorisation du concept des pensées vides de Kant. Ainsi est établie une correspondance entre la catégorisation idéationnelle et la catégorisation émotionnelle. Loin de défendre l'idée que la catégorisation distingue de façon tranchée entre idée et émotion, Bion, au contraire, montre l'équivalence des deux registres en déplaçant l'accent vers le registre émotionnel.

« Je représenterai ce déplacement d'accent en utilisant le terme sentiment *(feeling)* à la place du terme pensée *(think-*

---

[1]. P. Luzès en a fourni au Congrès des Langues romanes de Lisbonne (1968) un exposé général.

ing). Cette substitution est basée sur l'utilisation commune dans la pratique analytique de phrases telles que « Je sens[1] que j'ai eu un rêve cette nuit » ou « Je sens que vous me haïssez » ou « Je sens que je vais avoir une dépression ». Ces formules impliquent une expérience émotionnelle et sont donc plus appropriées à mon projet que les implications plus austères du « Je pense... ». Les communications introduites par les termes tels que « Je sens... » sont souvent des méthodes pour exprimer des émotions ou des pressentiments, c'est dans leur fonction comme expression d'émotions que je désire considérer ces phénomènes. »

Bion conclut alors à l'équivalence, dans sa théorisation, entre le « Je pense » et le « Je sens » et l'adoption du terme de pensée s'appliquera pour lui par convention aussi bien à la pensée qu'à l'émotion. Au reste la théorie de la pensée de Bion apparaît bien comme une *théorie structurale des affects*, comblant le fossé entre intellect et affect. Ceci n'implique pas pour autant un confusionnisme où l'intuition empathique interdira tout travail de déconstruction analytique. La séparation des registres entre intellect et affect peut, *sur le plan de l'analyse des éléments de l'activité psychique*, être utile. « L'analyste doit décider si l'idée qui est exprimée est destinée à être un instrument par lequel les sentiments sont communiqués ou si les sentiments sont secondaires à l'idée. On peut se tromper sur beaucoup d'expressions nuancées de sentiments si les idées par lesquelles celles-ci s'expriment sont considérées, à tort, comme le fait principal de la communication. »

Au niveau des unités les plus élémentaires de l'activité psychique — les « éléments » dans la terminologie de cet auteur —, on retrouve une structure où « pensées » et « choses » s'équivalent. Mais là où on observe (chez les psychotiques) une telle équivalence, on trouve également une équivalence entre fantasmes et « faits ». Bion est donc amené à interpréter le fantasme comme le versant affectif des pensées à ce niveau. « Ces fantasmes qu'on ne peut distinguer des faits doivent être considérés comme la contrepartie émotionnelle des éléments « pensées » qu'on ne peut distinguer des « choses ». »

---

1. On dirait plutôt en français : « J'ai l'impression », nous avons préféré, malgré son caractère approximatif, « Je sens », pour souligner la répétition de l'expression.

L'analyse des travaux psychanalytiques sur l'affect dans la littérature anglo-saxonne, de Jones à Max Schur nous a donc permis de distinguer essentiellement deux courants de pensée, issus de deux contemporains de Freud : Melanie Klein et Hartmann. La recension de ces travaux a indiqué clairement que notre préférence va du côté du courant kleinien plutôt que du côté du courant hartmannien. En fait, notre préférence pour le courant kleinien n'a rien de dogmatique, car nous lui rattachons volontiers, malgré les révisions déchirantes dont nous avons été témoins, bien des auteurs qui s'en sont séparés après avoir été influencés par Melanie Klein. Une des constatations les plus surprenantes de notre examen a été de découvrir combien la littérature nord-américaine était porteuse des traits mêmes qui sont reprochés aux travaux français : l'abstraction et l'intellectualisation. Cette désincarnation de la théorie psychanalytique prend certes d'autres masques que ceux qui ont cours chez nous. La théorie psychanalytique nord-américaine se tourne vers la psychologie — ne parle-t-on pas de la psychologie psychanalytique pour désigner la psychanalyse — où Piaget se voit hissé aux premières places. Cette psychologie est résolument génétique. Nous souhaitons lever ici un malentendu. Si notre réticence à l'égard de la psychanalyse génétique a pu transpirer à travers notre étude, ce n'est pas que nous soyons portés à minimiser le moins du monde les racines infantiles de l'inconscient. Mais ce sont deux démarches différentes de noyer la spécificité de la pensée psychanalytique dans une théorie du développement de la personnalité et de faire la théorie de la diachronie en psychanalyse. Quelque critique que l'on puisse adresser aux auteurs kleiniens sur la correspondance entre les faits qu'ils décrivent et la situation de ces faits sur le calendrier de la chronologie, cette version « incroyable » du développement nous paraît plus croyable que celle des auteurs peu ou prou hartmanniens.

Ces remarques intéressent directement le problème de l'affect, puisque la dimension historique lui est rattachée au premier chef.

Il nous reste maintenant à aborder la position du problème en France. Compte tenu du fait que, malgré l'excellente information que l'on possède dans les pays de langue romane sur les travaux anglo-saxons — la réciproque, on le sait, n'étant pas vraie — peu d'auteurs se rattachent à la pensée de H. Hartmann ou à celle de Melanie Klein.

II. LES POSITIONS THÉORIQUES SUR L'AFFECT DANS LES TRAVAUX FRANÇAIS

La rareté des titres consacrés à l'affect dans la littérature psychanalytique en France ne doit pas faire illusion. La référence implicite à l'affect y est constante, qu'il s'agisse de discussions théoriques, cliniques ou techniques[1].

J. Mallet au point de vue théorique et M. Bouvet au point de vue clinique ont abordé directement le problème.

Mallet (1969), comme Pasche, dans son rapport sur *L'angoisse et la théorie des instincts* (1953), a étudié avec un soin particulier les relations de l'affect et de la représentation. « Tandis que la représentation vise le but à atteindre et l'objet (substituable) du désir, l'affect permet au Moi de s'éprouver à travers les états qu'il ressent et dans sa relation au corps. Ainsi, affect et Moi sont-ils indissolublement liés. Les affects peuvent être acceptés ou refusés par le Moi, d'où les grandes classes : affects « appétitifs » mis en jeu par la pulsion acceptée par le Moi et affects inhibiteurs dont le type est l'angoisse déclenchée par l'anticipation des satisfactions refusées par le Moi. » C'est l'intervention du Moi dans l'annonce d'une exigence pulsionnelle qui, lors d'un temps de latence, « décide » de l'agrément ou du refus de la motion. Le lien du Moi à l'affect explique que l'identification joue un rôle majeur dans l'affect. L'affect est alors ressenti lorsque le sujet est visé par le désir de l'objet ou lorsqu'il se met à la place de l'objet éprouvant la

---

1. S'y rattachent bien entendu, outre le rapport de F. PASCHE sur *L'angoisse et la théorie des instincts* de même que son travail sur *La dépression*, les travaux de NACHT et RACAMIER sur *Les états dépressifs*, les réflexions de M. FAIN sur *Le processus psychanalytique*, les essais de Michel NEYRAUT et D. GEAHCHAN sur *La nostalgie* et ceux de C. DAVID sur *L'état amoureux*. Les travaux de J. GILLIBERT dont le champ dépasse de beaucoup le problème de l'affect y font implicitement allusion.

satisfaction qu'il lui prête. Latence diachronique du Moi, ou effet synchronique identificatoire, dans les deux cas, l'attitude du Moi à l'égard des affects est toujours peu ou prou empreinte de suspicion envers un déchaînement risquant de compromettre l'organisation du Moi ou de déclencher la rigueur du Surmoi ou de l'objet, rappel des expériences affectives primaires.

S'il est vrai que l'affect est d'abord une information pour le Moi, la fonction primaire de décharge servant d'étayage à la fonction secondaire de communication avec l'objet, l'affect est doué d'un pouvoir d'information pour autrui. L'avènement du langage parlé permet une économie affective considérable, mais l'affect ne s'accommode pas des restrictions imposées par le préconscient. Là où la parole vise au travestissement du désir, l'affect dément la parole et se manifeste directement au Moi. D'où la lutte contre le dévoilement des désirs du Ça par le contrôle de l'expression des affects, de leur fonction signifiante. Cependant, l'échappement au contrôle est la règle pour l'affect, tandis que l'action peut être inhibée avec succès. La survenue de l'affect est donc solidaire d'une régression du Moi. Le renforcement du contrôle sur l'affect dissocie les expressions pulsionnelles les plus crues et s'appuie sur le contingent de pulsions à but inhibé qui n'expriment plus que des sentiments (tendresse) à la place des expressions pulsionnelles plus immédiates (sensualité). Le travail défensif du Moi porte extensivement sur le but, l'objet (la représentation tout au moins) et l'affect. Pensons à la dissolution du complexe d'Œdipe. A la rigueur, le Moi peut évoquer la représentation refoulée, librement, à la faveur d'un nouvel investissement, mais non l'affect. Le refoulé peut être intellectuellement admis, mais non affectivement. Tout dépend si l'investissement ici utilisé est celui d'une énergie désexualisée, auquel cas il n'entraîne qu'un savoir, ou sexualisée et, dans ce dernier cas, le Moi s' « enflamme ». Cet embrasement du Moi ramène le Moi à ses origines. En tout état appétitif, « le mode d'être du Moi est celui-là même du corps *subjectif* dans l'exercice de ses mouvements internes ». Une clinique différentielle des affects : horreur, pitié, pudeur, dégoût, honte, colère, doit se rattacher à leurs pulsions partielles inhibées.

Les affects de type agressif réclament une attention particulière : lorsqu'ils sont en liaison avec des pulsions destructrices pures, non intriquées, ils échappent à l'angoisse (qui n'agit que sur des pulsions intriquées).

Parfois les tendances autodestructrices restent les seules possibilités défensives contre l'expression des pulsions agressives. Mallet rappelle que Freud, dans *Malaise dans la civilisation*, attribue le sentiment de culpabilité aux seules pulsions destructrices. Le refoulement de la pulsion agressive ne peut s'opérer que lorsque celle-ci est suffisamment libidinisée. Il faut encore distinguer entre agressivité appétitive et agressivité réactionnelle (à la frustration). Si les affects appétitifs ont leur siège dans le Moi, leur origine se trouve dans le Ça, tandis que les affects réactionnels ont leur siège et leur origine dans le Moi. D'où l'amputation du Moi que leur refus implique, avec possibilités de modifications intracorporelles permanentes, par atteinte narcissique. Il y a donc une différence entre le sentiment de culpabilité, conséquence d'un préjudice fait à l'objet par l'expression des affects appétitifs objectaux, où, du fait de la transgression, le sujet « se sent mauvais », et la sanction entraînée par l'agressivité réactionnelle par suite de la frustration, où la culpabilité n'intervient pas ; l'autopunition prend alors une forme de rétorsion, du fait de l'enracinement narcissique de l'affect.

La conclusion du travail de Mallet rejoint ses prémices : par rapport aux dangers imaginaires, les dangers réels représentés par le monde extérieur « ne signifient d'abord rien pour le Moi et assez peu de chose par la suite quand l'adulte en aura inculqué la notion ». La peur est un affect beaucoup plus tolérable que l'angoisse, la douleur morale, le deuil.

C'est dans ses études sur le transfert que Bouvet (1954-1960) fait directement allusion à l'affect. Il y oppose le transfert d'affects et d'émois au transfert de défense. La relation à distance permet au patient de ne pas prendre conscience du transfert d'affects et d'émois. Cependant la structure répétitive du transfert d'affects et d'émois contraint le patient à prendre acte du rôle des imagos dans le transfert. Toutefois, si le transfert de défenses fait obstacle au transfert d'affects et d'émois, ce dernier peut lui-même être utilisé à des fins défensives. En accord avec Lagache, Bouvet décrit la résistance de transfert. Celle-ci se rapproche beaucoup de la défense par « affectualisation » décrite par Valenstein (1961)[1]. Le transfert est marqué par une série d'abréactions émotionnelles orageuses, dénuées de prise de conscience où l'affect s'évanouit en fumée après avoir été déchargé, l'*acting* venant compléter la débâcle affective. La défense désignée par lui comme kaléidoscopique peut être interprétée dans le même sens. Ici néanmoins, ce qui frappe est la mobilité et la labilité des investissements affectifs qui rendent le matériel inintelligible dans sa variabilité incessante affective et intellectuelle.

« Tout transfert qui est un vécu s'oppose dans une certaine mesure à la remémoration et lorsqu'il a atteint une certaine intensité devient une source de résistances. » On retrouve ici les observations de Freud, qui avait primitivement compris le transfert comme un obstacle à la cure psychanalytique.

En opposant résistance de transfert et résistance au transfert, la première se manifestant par le « trop ressentir » ou « trop éprouver » et la seconde par le « trop comprendre », Bouvet retrouve, comme maint auteur, l'opposition entre structures hystéro-phobiques et structures obsessionnelles. La résistance de type hystéro-phobique subjugue la capacité d'auto-observation du Moi par une sorte de fascination hypnotique devant le caractère dramatique de ce qui se joue dans

---

1. Ce que décrivent Bouvet (résistance par le transfert et du trop éprouver) et Valenstein (défense par l'affectualisation) paraît s'inscrire dans le même cadre que ce que C. David nomme la « perversion affective » (1972). Il désigne ainsi un mode de satisfaction en « vase clos » où le sujet jouit davantage de la provocation de ses affects par l'activité fantasmatique qu'il met en scène, que de la satisfaction pulsionnelle accompagnant la réalisation du désir. La décharge affective remplace la décharge sexuelle. La satisfaction est tirée de « l'auto-affectation ingénieuse et raffinée de la sensibilité, qui en est venue à occuper presque toute la scène et à se substituer en tant que but sexuel (du moins en tant que but principal) au but physiologique et psychique normal de la fonction génitale » (La perversion affective, in *La sexualité perverse*, Payot, 1972, p. 202). Faut-il y voir une perversion ? L'auteur lui-même paraît hésiter en situant cette structure plutôt entre névrose (hystérique en particulier) et perversion. La riche description de C. David nous semble parente de ce que nous avons décrit sous le nom de narcissisme moral. Celle-ci s'en distingue cependant malgré des éléments communs.

la psyché, où les scénarios fantasmatiques sont non seulement mis en scène, mais aussi mis en actes. Celle-ci a pour autre conséquence de ne permettre l'exercice de l'activité défensive du Moi que dans la mise en œuvre, l'orage affectif liquidé, d'un refoulement massif qui a pour fonction d'enterrer dans l'oubli tout ce qui est apparu à la faveur de l'explosion émotionnelle. On sait combien les hystéro-phobiques ont du mal à renoncer à leur fixation aux objets parentaux. C'est ce que la résistance de transfert a pour but de maintenir, lorsque le patient n'a pas pris la fuite, en rompant la relation analytique. Résistance de transfert ne signifie pas forcément transfert positif. Certes, le transfert positif excessif a pour but de masquer le transfert négatif sous-jacent. Mais la résistance de transfert peut aussi bien s'exprimer sur le mode du transfert négatif, tous les arguments pour dénigrer l'analyste dans sa personne *actuelle* se mettant au service de la méconnaissance.

Toutefois, cette opposition entre deux grands types de résistance dans l'analyse et dans la clinique se recoupe dans une autre distinction : celle des structures génitales et celle des structures prégénitales. La description en est connue. Nous relèverons seulement le fait que la caractéristique fondamentale des structures prégénitales décrites par Bouvet se ramène essentiellement à la structure des affects de la relation d'objet (massivité, expression sans nuances, extériorisation orageuse, exigence absolue, infiltration projective, etc.). Celle-ci devient manifeste lors du rapprocher, qu'il soit de rapprochement ou de réjection.

La conception de Bouvet qui a marqué les travaux des psychanalystes français est une conception d'inspiration surtout économique avec tous les avantages et les inconvénients d'une telle focalisation. Elle continue d'inspirer les psychanalystes qui rendent compte de leur expérience pratique des cures tentées en dehors des indications classiques. Conception fondée sur la clinique plus que sur un souci d'élégance théorique.

On sait avec quelle « charge affective » les travaux de Bouvet ont été attaqués par Lacan et ses élèves[1]. La polé-

---

1. Nous faisons allusion à la critique — au Nom du Père — de l'article de Bouvet sur « La cure type » par Leclaire dans *L'évolution psychiatrique*.

mique qui s'est élevée entre psychanalystes ne doit pas servir de prétexte au rejet de l'examen des conceptions de Lacan dans la mesure où elles intéressent notre sujet.

L'œuvre de Lacan est exemplaire à ce titre, non seulement parce que l'affect n'y tient aucune place, mais parce qu'il y est explicitement interdit de séjour. « Dans le champ freudien... l'affect est inapte à tenir le rôle du sujet protopathique, puisque c'est un service qui n'y a pas de titulaire » (*Ecrits*, p. 799). Cette affirmation péremptoire est discutable, car s'il est vrai que le champ freudien ne prend pas en considération le « sujet protopathique », ce jugement est de plus en plus contestable au fur et à mesure que l'on se rapproche des dernières formulations de Freud qui détrônent l'inconscient en faveur du Ça. En outre, les acquis les plus précieux de la pensée psychanalytique post-freudienne mettent en lumière sinon le sujet protopathique, du moins la place de l'affect dans l'activité psychique. Comment du reste concilier cette affirmation avec le rapport du sujet à la jouissance et même le concept de pulsion dont Lacan dit : « Le concept de pulsion désigne (le sujet) d'un repérage organique oral, anal, etc., qui satisfait à cette exigence d'être d'autant plus loin du parler que plus il parle » (*E.*, 816). Comment nier le rôle de l'affect dans la parole pulsionnelle ?

Ces citations sont extraites de la dernière période de l'œuvre de Lacan, celle où la formalisation du langage prend le pas sur toute autre considération. En 1953, Lacan écrivait pourtant : « La parole est en effet un don du langage et le langage n'est pas immatériel. Il est corps subtil, mais il est corps. Les mots sont pris dans toutes les images corporelles qui captivent le sujet ; ils peuvent engrosser l'hystérique, s'identifier au pénis-neid, représenter le flot d'urine de l'ambition urétrale ou l'excrément retenu de la jouissance avaricieuse... Ainsi la parole peut devenir objet imaginaire, voire réel dans le sujet et comme tel ravaler sous plus d'un aspect la fonction du langage. Nous la mettons dans la parenthèse de la résistance qu'elle manifeste » (*E.*, p. 301). Ainsi la parole peut révéler la chute du langage. Tout ce qui, en effet, se rattache au corps, à l'imaginaire ou au réel le fait descendre du statut symbolique où il se tient. En remontant encore plus haut dans l'œuvre de Lacan, on trouve sur l'image ces phrases, sévères à l'égard de l'associationnisme : « Ce phénomène extraordinaire dont les problèmes vont de la phénoménologie mentale à la biologie et dont l'action retentit depuis les conditions de l'esprit jusqu'à des déterminismes organiques d'une profondeur peut-être insoupçonnée, nous apparaît dans l'associationnisme réduit à sa fonction d'illusion » (*E.*, p. 77). La critique se poursuit par la dénonciation de l'absurdité de l'associationnisme qui réside dans « l'appauvrissement intellectualiste qu'elle impose à l'image ». Le texte de 1936 précède de peu *Le stade du miroir* où l' « assomption jubilatoire » ne saurait renvoyer qu'à l'affect. Cette lecture régrédiente de l'œuvre de Lacan nous montre assez comment l'auteur a progressivement pris en aversion l'affect, jusqu'à le bannir de sa théorie.

Ceux qui auront eu le malheur de le lui rappeler seront voués au sarcasme[1]. Malgré de nombreux efforts le raccord entre la première phase de cette œuvre centrée sur l'imaginaire et la deuxième axée sur le symbolique fait question. La formalisation croissante du système lacanien nous paraît porter la marque de cette difficulté non surmontée. Car en effet, ce raccord aurait impliqué *de facto* la référence à l'affect.

Il ne peut être question dans les limites de ce travail d'examiner en détail le système théorique de Lacan basé sur sa conception du signifiant[2] ; nous serions prêt à en

---

1. « Logomachie ! Telle est la strophe d'un côté. Que faites-vous du préverbal, du geste et de la mimique, du ton, de l'air de la chanson, de l'humeur et du con-tact af-fectif ? » A quoi d'autres non moins bien animés donnent l'antistrophe : « Tout est langage : langage que mon cœur quand la venette me saisit, et si ma patiente défaille au vrombissement d'un avion à son zénith c'est pour *dire* le souvenir qu'elle a gardé du dernier bombardement. » « Oui, aigle de la pensée, et quand la forme de l'avion découpe la semblance dans le pinceau perçant la nuit du projecteur, c'est la réponse du ciel » (*E.*, 452). La parade de l'auteur met l'affect de son auditoire de son côté. Elle ne supprime pas la question.
Cf. aussi *Ecrits*, p. 462 : « Et pour désigner cette immédiateté du transcendant rien ne fut épargné des métaphores du compact : l'affect, le vécu, l'attitude, la décharge, le besoin d'amour, l'agressivité latente, l'armure du caractère et le verrou de la défense, laissons le gobelet et passons la muscade, dont la reconnaissance n'était plus dès lors accessible qu'à ce je ne sais quoi dont un claquement de langue est la probation dernière et qui introduit dans l'enseignement une exigence inédite : celle de l'inarticulé. » C'est pourtant un élève de Lacan qui fit un sort à certains sons inarticulés.
2. Nous l'avons entreprise dès 1960 lors du Colloque de Bonneval où nous avons avec C. Stein, Lebovici et Diatkine amorcé la discussion des positions

accepter l'essentiel : la relation du sujet au signifiant, s'il était nettement précisé en quoi l'originalité de ce qui peut être subsumé sous le nom de signifiant en psychanalyse ne s'identifie aucunement avec le signifiant langagier. C'est-à-dire que ce qui spécifie le signifiant en psychanalyse, c'est sa structure non homogène. L'hétérogénéité du signifiant est telle que Freud nous invite à distinguer, pour ne faire état que d'elles, les représentations de chose et les représentations de mot. Si le symbolique exerce ses effets jusque sur la représentation de chose, le matériau de celle-ci, qui intervient dans la structuration symbolique, n'y est pas étranger : les représentations de chose ne se suturent pas comme les représentations de mot. Mais ce n'est pas tout ; une conception structurale de l'affect amène à considérer celui-ci — lorsqu'il se différencie nettement de la représentation et apparaît à l'état isolé — comme une variété de signifiant, et non de signal comme l'ont soutenu les auteurs américains. A d'autres niveaux, nous adopterons volontiers le concept de *trace* valable aussi bien pour les traces mnésiques que les potentialités d'affects. De même il faut, à notre avis, adjoindre à cette série les états du corps propre et l'acte pour compléter la liste des signifiants opérant dans le champ psychanalytique. La référence au langage implique un corps homogène, des phonèmes aux phrases. Si le langage est beaucoup plus que le langage, on ne peut inférer du langage que pour parler du langage. Le langage est le domaine du linguiste, qu'il soit phonologue ou logico-mathématicien[1]. Le domaine du psychanalyste est sans doute structuré par des effets de lan-

---

de Lacan à travers le travail de J. Laplanche (dont les positions ont évolué depuis) et S. Leclaire. La discussion du Colloque de Bonneval s'est encore prolongée récemment (cf. *L'Inconscient*, n° 4) avec les contributions de F. Pasche, M. de M'Uzan et C. David. Par la suite, nous avons poursuivi la discussion en 1965 et 1966 au séminaire de J. Lacan dont nous avons suivi l'enseignement de 1960 à 1967. (Cf. L'objet de Lacan, sa logique et la théorie freudienne, *Cahiers pour l'analyse*, n° 3.)

Cette expérience nous aura permis à la fois d'entrer plus profondément dans la pensée de Lacan, d'en bénéficier et d'en mesurer les limites par rapport à la pratique psychanalytique.

1. Et certes il est vrai que Lacan a raison d'observer qu'il n'y a pas de métalangage. Ce qui fait plutôt problème serait de se demander, question ignorée par Lacan, de quoi le langage serait le méta et si ce n'était pas le cas, comment le langage pourrait couvrir la totalité du champ que Lacan lui assigne.

gage, mais pas seulement par eux ; les effets du corps et ceux de la Loi rendent compte de cette hétérogénéité fondamentale de ce que Freud appelait la personnalité psychique, constituée par les trois instances destinées à coexister, tout en restant irréconciliables. Nous y reviendrons.

Le procès de la concaténation du langage et celui du processus primaire diffèrent profondément du fait même des matériaux différents qu'ils utilisent. Il est discutable d'identifier concaténation et langage.

Si l'inconscient a un langage, ce ne peut être que celui d'un lieu géométrique idéal, foyer de diverses expressions de ces registres désignés comme hétérogènes par leurs matériaux qui font du signifiant des signifiants un principe non identique à lui-même. Le discours de l'inconscient, qui n'est pas le langage, est une polyphonie, son écriture une polygraphie étagée sur plusieurs portées dominant la gamme des fréquences qui vont du plus grave au plus aigu. La tessiture du langage est trop étroite pour contenir ces divers registres à elle seule. Le langage est situé entre cri et silence. L'expérience psychanalytique parcourt cette étendue où les transformations de la substance nous portent selon les moments du cri de la naissance au silence du tombeau. Si parler se situe dans cet entre-deux, l'analyse est en deçà et au-delà, même si le véhicule de ces relations qui unit analyste et analysé est la parole par qui tout devrait advenir. Mais tout analyste, à moins de verser dans le fantasme d'omnipotence, sait que si la parole est sa meilleure alliée, la parole a des limites. Témoin : ceux que nous refusons d'allonger et ceux devant lesquels nos efforts échouent. La parole est impuissante à empêcher les holocaustes. Non qu'une structure de parole n'y soit décelable ; mais ce qui importe est la mesure de son pouvoir qui pose celle de sa limite et du champ qu'elle ne peut que laisser en dehors d'elle ; sans pour autant que cette situation nous rejette avec cet en-dehors (non au-delà, ni en deçà) du langage, dans les ténèbres extérieures où Lacan voudrait nous reléguer.

La formalisation psychanalytique est un *wishful thinking*, le produit d'une certaine idéologie psychanalytique. Si nous pouvons dénoncer à bon droit l'idéologie qui se cache derrière le mythe de l'adaptation, nous pouvons aussi bien rechercher celle qui se tapit derrière la formalisation langagière. La topologie de la psychanalyse (ou son algébrisation) relève du fantasme d'une transparence absolue de l'inconscient, qui rapprocherait le travail psychanalytique d'une réduction éidétique[1].

Ici se termine ce long périple où nous avons étudié l'affect à travers les textes. L'étude analytique de la conception de l'affect dans l'œuvre freudienne nous a montré le caractère solitaire des préoccupations de Freud centrées sur le statut inconscient de l'affect, ses ambiguïtés et ses hésitations et en tout cas sa gêne à parvenir à une solution satisfaisante du problème, lorsqu'on compare la façon dont est traité le problème de l'affect par rapport à la représentation.

Après Freud, ce qui nous frappe est la tendance à vouloir dépasser l'impasse dans laquelle les psychanalystes se sont sentis enfermés par la dichotomie affect-représentation. Au-delà de l'influence de Melanie Klein au sein de l'école anglaise, la tradition empirique de celle-ci a su, dans les reformulations qu'elle a tentées de l'œuvre freudienne, donner à ses descriptions un caractère vivant et ouvert, peut-être plus soucieuse de vérité clinique que de rigueur (certains diraient de rigidité) théorique. Aux Etats-Unis, la démarche théorique a été guidée — en majeure partie — par le souci d'une intégration de la théorie psychanalytique dans un ensemble plus

---

1. Le fait qu'on y soutienne l'irréductibilité du désir n'y change, en son fond, rien. Ce n'est pas le caractère réducteur de la psychanalyse que nous récusons ainsi, bien au contraire. C'est que la structure symbolique au sens lacanien se donne la pulsion par le langage, fût-ce sous la forme du « trésor des signifiants », comme modèle « essentiel » et exclusif. Et s'il est vrai que le propre de toute réduction est de demeurer incomplète, ce qui fait question ici est cette parenté structurale avec l'essence (algorithmes comme « index d'une signification absolue », lisons-nous, E., p. 816). Car il importe moins de constater que Lacan ne se réfère pas explicitement à l'essence que de souligner ce que devient le langage, en fait, dans sa théorie. La reprise au compte de Lacan du thème de Spinoza : le Désir est l'essence de l'homme, ne prend son sens qu'à s'articuler au désir de l'Autre (E., p. 813). Or l'inconscient est le discours de l'Autre et l'inconscient est structuré comme un langage. L'inférence que nous supposons ici entre Autre et langage vient de ce que Lacan les marque d'une même frappe. Que le langage révèle sa faille dans la demande ne l'éloigne en rien de sa dotation d'essence que le système lacanien, selon nous, lui attribue.

vaste — psychobiologique ou psychologique — où l'originalité de la psychanalyse paraît souvent se dissoudre. Peut-être est-ce là le fruit des aléas de la communication interdisciplinaire, à l'opposé de l'insularité — pas seulement géographique mais aussi psychanalytique — britannique. Toutefois, malgré les excès dus à un usage pas toujours discriminatif, du point de vue génétique (qui finit toujours par incliner vers la psychobiologie et la psychologie) la fonction cognitive de l'affect est bien soulignée dans ces travaux, ainsi que la double valeur de l'affect : tantôt flux désorganisateur, tantôt message indicateur. Mais d'autres formulations paraissent nécessaires.

La situation en France a été dominée, de près ou de loin, par la controverse autour des théories de Lacan, ce qui sans doute fausse l'examen du problème de l'affect dans son originalité. Avant de revenir à la discussion théorique, il nous faut maintenant quitter les textes, interroger les structures cliniques et recueillir les enseignements de la cure.

DEUXIÈME PARTIE

Clinique psychanalytique :

structures et procès

CHAPITRE III

L'affect
dans les structures
cliniques

C'est à dessein que le titre de ce chapitre parle de *structures cliniques*. Aussi ne sera-t-il pas question ici de l'affect en clinique psychanalytique, mais de la place de l'affect dans les diverses structures. Car l'affect tel qu'il se présente dans l'organisation psychique de tel ou tel individu est ce qui s'identifie le plus volontiers à ce que cet individu présente de plus irréductiblement singulier, de plus singulièrement individuel. Autant dire que nous avions le choix entre la présentation d'une monographie individuelle où l'organisation affective serait étudiée, mais où aucune déduction d'ensemble ne pourrait être tirée, et un essai de systématisation de l'ensemble du champ psychanalytique considéré sous l'angle de l'affect. Comme il nous a semblé qu'il convenait d'essayer de dégager une problématique générale, sans méconnaître les dangers d'un examen en survol de la question, nous avons choisi cette dernière solution.

Le principe de notre étude sera de préciser la situation de l'affect dans les quatre grandes formes cliniques auxquelles nous nous référons comme aux quatre points cardinaux de la rose des vents. En effet, l'hystérie et la névrose obsessionnelle structurent notre évaluation du champ psychanalytique des névroses, comme la psychose maniaco-dépressive et la schizophrénie structurent le champ des psychoses. La référence à ces entités nosographiques est, pour beaucoup, critiquable. Précisons que nous n'y renvoyons pas comme à des « maladies » au sens psychiatrique du terme, mais comme à des formes d'organisation où se révèlent avec une cohérence particulière certains modèles structuraux. Ces modèles dont Freud et Melanie Klein se sont toujours servis constituent en quelque sorte des mises en forme de la structure œdipienne. Elles ne se définissent pas par leur fréquence, mais par le caractère significatif du travail de l'appareil psychique aboutissant à leur accomplissement. Elles nous permettent de comprendre les formes atypiques ou incomplètes, beaucoup plus fréquentes que les structures typiques, en référant les secondes aux premières. D'où l'utilité de cette investigation.

Ainsi les divers destins des affects selon les structures se comprendront dans un esprit structural par comparaison réciproque.

Quant aux configurations cliniques situées hors de ces quatre sous-groupes, nous nous bornerons à leur sujet à des remarques partielles.

I. L'AFFECT DANS LES STRUCTURES NÉVROTIQUES

Nous n'envisagerons dans cette classe que la seule catégorie des psychonévroses de transfert. Nous posons en effet, en nous appuyant sur la clinique psychanalytique freudienne, que les névroses dites actuelles ne se distinguent pas seulement des névroses dites de transfert par l'actualité du conflit, ou par les effets de la stase libidinale, mais surtout par la non-élaboration de l'énergie psychique.

Dans un travail antérieur[1], nous avons proposé deux modèles structuraux pour la névrose obsessionnelle et l'hystérie. Nous ne nous y référerons ici que sous l'angle de l'affect.

1. Névrose obsessionnelle et hystérie, leurs relations chez Freud et depuis, *R.F.P.*, 1964, t. XXVIII, p. 679-716.

1 | L'hystérie : conversion et condensation

« *Dans l'hystérie, l'idée incompatible est rendue inoffensive par le fait que sa somme d'excitation est transformée en quelque chose de somatique. Pour ceci, je désire proposer le nom de conversion* »[1].

La conversion est le noyau de l'hystérie. Pourtant, par cette courte phrase, Freud, contrairement à son habitude, n'explique rien, n'élucide rien, il se contente de constater et de nommer la conversion. Le saut dans le somatique est recouvert par le mystère et la « complaisance » somatique inférée dans *Dora* n'a guère plus de valeur explicative que le « refuge dans la maladie » ou « la vertu dormitive » de l'opium. Ce qui est posé par hypothèse, une hypothèse qui ne prend sa valeur heuristique que dans la dialectique différentielle qui l'oppose à la névrose d'angoisse, est cette transformation de la somme d'excitation en quelque chose de somatique. Changement d'état et de nature de la libido psychique en libido somatique, différente cependant de l'énergie somatique telle qu'elle se présente dans la névrose d'angoisse. Certes, cette mutation continue d'opérer dans le registre du symbolisable. La conversion n'est pas une somatisation dédifférenciée. Le langage change d'instruments, mais il continue à tenir un discours. L'hystérique « parle avec sa chair » comme dit Lacan. En quoi il diffère tant de celui qui est atteint par la névrose d'angoisse ou par la maladie psychosomatique. Nous repousserons plus loin l'étude, forcément brève, que nous ferons des maladies psychosomatiques. Tentons plutôt de mettre en relation la conversion avec d'autres éléments de la structure hystérique.

Parmi ceux-ci, il faut relever :

— *l'inversion de l'affect* : remplacement du désir par le dégoût avec une intensité particulière de l'affect ainsi changé de signe ;
— *la signification des symptômes hystériques comme fantasmes incarnés*. L'hystérique, dit Freud, *met en action* une partie

---

1. *S.E.*, I, 49.

importante des souvenirs et des fantasmes au lieu de se les remémorer dans la cure. Cette tendance à la décharge accentue la tonalité affective de la structure hystérique ; — les fantasmes révèlent la prévalence des mécanismes de *condensation*[1].

La condensation y est présente par l'assomption de rôles antagonistes dans les phénomènes d'identifications multiples, de représentations « en pantomime ». Les fantasmes eux-mêmes peuvent se condenser en un fantasme global, en tant qu'il induit un symptôme pour y introduire le compromis indispensable entre le désir et la défense. Mais la condensation n'est pas seulement la condensation des signifiants présents au niveau du fantasme, voire de plusieurs fantasmes, elle n'est pas seulement la condensation des rôles dans l'attaque hystérique mimant le coït, elle est aussi condensation des affects qui pousse à la décharge sous forme d'une mise en scène devenue mise en acte. La condensation réalise un accroissement de densité énergétique.

Le passage à l'acte est bien connu pour être une des vicissitudes privilégiées du désir de l'hystérique. Sa valeur de monstration n'est pas la seule qu'on puisse déceler, la valeur de décharge de la condensation des affects, de la sommation affective, doit aussi être prise en considération.

Dès lors on peut se demander si un lien plus étroit n'unit pas condensation et conversion. Condensation des signifiants, plus condensations des affects (contre-investis et inversés) égale conversion. Si la conversion devient nécessaire, c'est que son rôle est d'éponger les effets de cette tension accrue par la condensation. Car la condensation n'est pas qu'un effet quantitatif. Elle est aussi une variation qualitative, celle qui va dans le sens d'un durcissement du noyau inconscient qui comme tel doit être transformé faute de ne pouvoir être réduit.

Freud, après Charcot, fut frappé par la « belle indifférence » des hystériques. La *formation substitutive* créée, la tension affective tombe. Succès de l'opération de refoulement, puisque tout l'excès, l'excédent intolérable du conflit psychique, a

---

1. *S.E.*, IX, 229.

changé de nature et de lieu. Passé dans le somatique, la paix peut s'installer à nouveau chez l'hystérique.

Il s'en faut, et de beaucoup, que l'indifférence accompagne toujours le symptôme. L'angoisse peut coexister avec le symptôme. Mais cela n'est plus l'angoisse liée au conflit, cela devient l'angoisse liée au symptôme. Le but du symptôme est de prévenir l'angoisse ainsi que Freud le découvrira plus tard. Quand l'angoisse subsiste, malgré le symptôme, c'est ou bien que la structure névrotique est débordée, ou bien que l'angoisse qui s'attache au symptôme n'est pas épongée par lui.

En tout état de cause, tous les auteurs reconnaissent chez l'hystérique l'importance du refoulement qui confère à l'amnésie son caractère d'obstacle à la remémoration des souvenirs dans la cure. On comprend comment la conversion collabore avec le refoulement — qu'elle en est à la fois l'effet et l'alliée. Mais la conversion n'est ce recours extrême d'une amputation du désir et de la vie psychique au profit du somatique que parce que la condensation crée un état de menace comme si les forces du conflit psychique étaient bandées en elle.

Il n'est pas essentiel pour notre propos de prolonger les remarques sur l'hystérie de conversion dans la typologie des caractères hystériques ou hystéro-phobiques selon Fenichel, Federn ou Bouvet. Labilité des investissements, érotisation superficielle de défense contre le désir, fuite devant le conflit, ces caractéristiques peuvent être généralement relevées chez les hystériques. Mais il resterait à mieux préciser les liens existant entre l'hystérie de conversion (avec symptômes) aux caractères et structures hystériques caractérielles asymptomatiques.

Nous aimerions insister, par contre, sur la signification de la condensation.

On peut interpréter la condensation comme un mécanisme structural de la pensée, par quoi on la rattache à la métaphore. Et l'on sait le parti qu'on a tiré de ces rapprochements. On a fait remarquer à juste titre que pour Freud la condensation s'appliquait aussi à un transfert et un cumul de charges énergétiques. Mais une question demeure : pourquoi la condensation prévaut-elle chez l'hystérique ? A cette question nous tenterons de donner une réponse qui soit à la fois clinique et théorique. Il n'est pas de psychanalyste qui n'ait remarqué l'*avidité affective* de l'hystérique, qui fait de lui un sujet dépendant de ses objets d'amour et de la mère en particulier. Mallet a relevé l'importance du fantasme de la mort par inanition chez l'hystérique. Séparé de la mère, perdant sa protection, le monde se présente à lui comme un immense désert où l'on risque de mourir de faim et de soif. Certes, parler d'hystérie « orale » est devenu une banalité aujourd'hui, tant les auteurs sont nombreux à avoir relevé l'importance du conflit oral chez l'hystérique. Loin de nous l'idée de déplacer, comme on le fait trop aisément, le point de fixation du conflit œdipien chez l'hystérique et de substituer à la problématique phallique une problématique orale. Nous demeurons convaincus de la prééminence du conflit de castration chez l'hystérique et nous tenons la pseudo-régression orale de l'hystérique pour une régression topique. Ce qu'il s'agit d'absorber, à la suite du déplacement vers le haut, c'est bien le pénis auquel la voie vaginale est interdite, puisqu'il s'y trouve déjà fantasmatiquement. Mais il y a chez l'hystérique, à la mesure même de l'intensité du dégoût sexuel, dégoût qui est au maximum quand apparaît le désir de fellation et de possession par l'incorporation orale, une véritable boulimie psychique. Boulimie d'objets à valeur phallique, boulimie d'affects dans la mesure où la possession de cet objet est gage d'amour et condition d'obtention de l'amour de l'objet. Ce n'est pas un pénis que désire l'hystérique féminin, c'est une somme d'objets péniens dont la quantité ou la taille n'entraîne jamais la satiété, parce que la satiété supprimera le désir ainsi satisfait. Lacan a raison de dire que l'hystérique est désir de désir insatisfait. Dès lors, la castration apparaît comme la conséquence du fantasme d'incorporation du pénis, dont la taille enviée et redoutée ne peut pénétrer dans le vagin et dont les dangers sont reportés au niveau de la bouche. A la place de quoi s'installe l'avidité affective, comme substitut de l'objet. *L'hystérique vit de la dévoration de ses affects.* La tension du désir monte, nourrie par des objets fantasmatiques toujours plus valorisés, alimentant — c'est le cas de dire — le conflit avec un Idéal du Moi mégalomaniaque, visant une désexualisation à proportion même de la sexualisation cumulative des objets les plus banaux. Tel serait le sens de la condensation. La conversion aurait pour but d'avaler — littéralement — cet excédent, de l'absorber dans le corps, comme le pénis, absorbé et retenu, vient prendre la place de l'enfant-pénis désiré dans le fantasme de grossesse. Passage du vagin au ventre, passage du fantasme au symptôme de la conversion. Certes, tous les symptômes de conversion ne sont pas en rapport avec le fantasme de grossesse ; mais toutes les opérations de détail ne se comprennent que dans le plan d'une stratégie d'ensemble qui doit concourir à la réalisation de ce fantasme d'un être phallique-engrossé[1]. Problématique qui vaut pour les deux sexes, chacun ne pouvant réaliser, dans le réel, que la moitié de ce programme. Tout ceci est mis en œuvre pour conjurer le danger de la coupure : la séparation.

2 | *La névrose obsessionnelle : la régression de l'acte à la pensée et le déplacement*

La névrose obsessionnelle est donnée tout au long de l'œuvre freudienne dans un rapport symétrique et inverse de l'hystérie, rapport de complémentarité qui l'oppose à l'hystérie, qui pourtant la fait comprendre.

Dès les premiers travaux *Les psychonévroses de défense* (1894), *Obsessions et phobies* (1895), le manuscrit adressé à Fliess du 1-1-1896 titré *Les psychonévroses de défense* et les *Nouvelles remarques sur les psychonévroses de défense* (1896), une même idée guide Freud dans cette étude parallèle. L'obsession y est reconnue pour opérer un travail de dissociation entre la représentation et l'affect, ou, comme il dit encore, entre l'idée et l'état émotif. Ici, la conversion ne se produit pas. C'est comme si, au lieu de glisser sur le plan du corps, en faisant faux bond au conflit, l'obsessionnel trouvait un autre moyen, celui de dissocier les éléments en présence dans le conflit, puis de procéder à un déplacement de la représentation ou de l'idée sur une autre idée, en général d'importance secondaire. Double déplacement, précise Freud, où le *présent remplace le passé et le non-sexuel le sexuel*. L'essence

---

[1]. On pourrait, dans cette optique, comprendre la modification de la symptomatologie de l'hystérique aujourd'hui. Si les manifestations de conversion sont rares, la note toxicomaniaque est rarement absente des tableaux cliniques de l'hystérie contemporaine.

de l'obsession est dans ce travail qui, au lieu de condenser, dissocie et déplace, et qui, au lieu de convertir en filant vers le corps, « monte » au contraire dans la pensée, avec pour conséquence la sexualisation des processus de pensée. C'est à la faveur de ce remplacement du sexuel par le non-sexuel que l'agressivité prend le devant de la scène, comme par un changement de décor de la scène de l'inconscient. La suite des travaux freudiens va, en effet, rattacher à l'obsession :

— la *disjonction des rapports de causalité* avec la déformation elliptique qui s'ensuit ;
— la *toute-puissance de la pensée* ;
— la *prédominance des thèmes de mort*.

On a souligné chez l'obsessionnel la présence, à l'inverse de la structure lacunaire de l'hystérique, d'un langage métonymique à enchaînements successifs, où les chaînons inconscients se lisent avec une grande intelligibilité, mais où ils deviennent incompréhensibles pour le sujet par le double effet de l'isolation et de la position, pour ainsi dire, excentrique de l'affect.

Trois points sont ici comme solidaires : l'action du déplacement, les thèmes d'agression, de haine et de mort, la toute-puissance de la pensée. A première vue, le lien qui les unit n'est pas évident. Pour le découvrir et l'interpréter, il faut faire appel aux théorisations postérieures de Freud. Ainsi le travail du déplacement présuppose la dissociation (le *splitting*) entre le représentant et l'affect. Dans cette opération apparemment simple, il faut faire intervenir une puissance de séparation qui n'est autre que celle que Freud va hypothétiser avec la pulsion de mort, qui est avant tout force disjonctive. C'est à tort que l'on envisage l'action de la pulsion de mort au niveau du sadisme de la régression anale. La régression sadique anale qui affecte les pulsions n'est pas l'expression directe de la pulsion de mort, mais sa conséquence. C'est parce que la pulsion de mort est parvenue à la désintrication, à la défusion des composantes agressives et des composantes libidinales que l'agressivité pour ainsi dire *déliée* du mixte qu'elle forme avec la libido érotique, a le champ libre devant elle pour procéder à l'expression seconde de la pulsion de mort : la destruction de l'objet fantasmatique. Objet qu'il faut par ailleurs à tout prix conserver pour ne pas que sa destruction entraîne par le même coup la faillite du principe de réalité et le passage à la psychose, ce à quoi l'obsessionnel n'échappe pas toujours. Ce travail de dissociation destructrice se poursuit entre l'acte et la pensée, *pour préserver la destruction de la destruction elle-même*. Au niveau de l'acte, la destruction ferait de l'obsessionnel un psychopathe ou un criminel. Au niveau de la pensée se poursuit sans relâche le combat des désirs de destruction envers l'objet en butte aux désirs de conservation de celui-ci, afin de sauver la jouissance de sa fin dans l'assouvissement néantisant. Toute la puissance se trouve conférée à l'esprit, parce que toute la puissance libidinale s'est réfugiée en lui et a quitté l'acte en tant que tout acte est présumé dangereux et destructeur. En retour, la mort n'abolit rien, puisque les esprits vivent dans l'au-delà et se vengent en tourmentant le vivant. Il n'y a pas de mort possible, fût-ce dans la mort. Le dernier mot doit rester à l'incessant conflit. D'où l'importance que Freud accorde dans *Inhibition, symptôme, angoisse* aux défenses secondaires et qui toutes concernent l'affect : isolation, annulation, rétroaction. Isolation est pris ici dans un double sens, soit déconnexion des noyaux conflictuels par rapport au restant de l'activité psychique ; soit encore, sous un angle plus restreint, isolation entre les représentants refoulés et l'affect. L'annulation qui agit « comme en soufflant dessus » pour rendre « non arrivé » se poursuit dans un mouvement indéfini : annulation, puis annulation de l'annulation, et ainsi de suite. Inutile de discuter à perte de vue pour savoir si ce sont les représentations ou les affects qui sont ainsi « soufflés ». En fin de compte, ce qu'il s'agit d'empêcher est leur rencontre. L'inversion du plaisir, qui amène l'obsessionnel à chercher des satisfactions dans le déplaisir des châtiments infligés par le Surmoi, montre assez combien c'est au plan de l'affect que le combat doit être mené.

Et si le but de l'obsessionnel, comme l'ont bien relevé les auteurs, est la poursuite d'un fantasme de maîtrise, c'est bien d'une maîtrise affective qu'il s'agit, où le Moi souverain aura triomphé des pulsions dans la désexualisation narcissique. Que cette maîtrise conduise à la momification, à cet état de conservation indéfinie payé d'une dessiccation radicale nous montre en définitive le triomphe de la mort. Le langage des affects de l'obsessionnel est, Freud l'avait noté, cette voie moyenne de la destruction. Ce qu'il nous importe de relever ici est que c'est toujours la même puissance de mort qui œuvre sans cesse depuis l'opération initiale, apparemment anodine ou innocente, qui accomplit la séparation de la représentation et de l'affect. Et si nous avons pu dire de l'hystérique qu'il vit de la dévoration de ses affects, nous disons que l'obsessionnel s'entretient de ses affects décomposés, cadavériques et de ses représentations fantomatiques. Ce qui l'empêche peut-être de réaliser pleinement son dessein est que toute névrose obsessionnelle est greffée sur un noyau d'hystérie, dont l'évaluation signe les liens de l'obsessionnel à la génitalité.

Nous ne nous étendrons pas ici sur les remarques qu'il convient de faire entre caractère obsessionnel et névrose obsessionnelle. Nous répéterons seulement qu'il est abusif de lier caractère et névrose. Une symptomatologie obsessionnelle peut parfaitement coexister avec une structure caractérielle non obsessionnelle, c'est sur la seule symptomatologie qu'il faut s'appuyer pour y voir à l'œuvre les mécanismes obsessionnels typiques. Ce n'est pas qu'il faille privilégier le symptôme sur le caractère, pas plus que l'inverse. Il importe de déceler les mécanismes là où ils sont agissants ici sur le symptôme, là sur le caractère, ailleurs sur les deux à la fois.

3 | *La phobie et l'angoisse*

Donc l'hystérique enterre la condensation des affects dans la conversion somatique, tandis que l'obsessionnel subtilise ceux-ci dans le déplacement et la toute-puissance de la pensée. Aussi ne sera-t-il pas étonnant que l'étude par excellence de l'affect doive être recherchée dans cette voie tierce où le sujet n'échappe plus à l'affect, mais est inlassablement confronté à lui.

On sait la situation intermédiaire de la phobie. Rattachée par les auteurs modernes à l'hystérie — on parle alors de structures, de Moi hystéro-phobique — tandis qu'elle contracte par ailleurs de nombreux liens avec l'obsession. Transformation de la phobie en obsession décrite par Freud dans *La prédisposition à la névrose obsessionnelle* (1913), groupe des phobies obsédantes de la clinique psychiatrique classique, types de phobies impliquant une régression libidinale (Mallet, 1955), ces cas nouent phobies et obsessions étroitement. C'est pourquoi il faut rechercher la définition de la phobie en elle-même.

En 1895, dans *Obsession et phobies*, Freud souligne sa nature essentiellement *affective* : *La phobie est la manifestation psychique de la névrose d'angoisse.* Car l'affect de la phobie est toujours celui de l'angoisse. Angoisse qui n'est ni déchargée et liquidée par la conversion, ni déplacée et isolationnée par l'obsession. Le représentant de la pulsion, suivant une voie récurrente plutôt que de fuir dans le corps, arrête sa course dans l'inconscient. La phobie est une « représentation-limite », comme le dira Freud dans une lettre à Fliess. Le dernier point auquel la libido peut s'accrocher avant de devenir angoisse pure athématique. D'où une certaine forme mouvante de la phobie, susceptible de se déplacer, car ici aussi le déplacement opère, mais est en quelque sorte limité par l'affect toujours prêt à dominer la phobie et à paralyser, contrairement à l'obsessionnel, la succession infinie des déplacements qui épongent l'angoisse un peu plus à chaque opération. La phobie qui s'accompagne d'angoisse prévient le développement de l'angoisse, elle ne réussit à la circonscrire autour d'une signification centrale que pour autant qu'il s'agit d'une authentique phobie.

C'est dans *Inhibition, symptôme et angoisse* que l'analyse de la phobie prendra tout son relief dans la mesure où c'est là et surtout là que Freud analyse complètement son rapport à la castration. L'angoisse n'est pas seulement liée au danger de l'aspiration libidinale incestueuse, mais aussi à l'expression des pulsions destructrices. La phobie est une tentative pour résoudre le conflit d'ambivalence. Les affects positifs à l'égard de l'objet sont en contradiction avec les affects négatifs dont il est investi. Les anciennes paires contrastées des *Pulsions et leur destin* sont ici assemblées dans le nouveau couplage que la formation explicite du complexe d'Œdipe a établi, et ceci d'autant plus que Freud découvre la nature double du complexe œdipien, *positive et négative*. L'affect de tendresse est conservé, tandis que l'affect d'hostilité est dirigé sur un substitut. Mais en revanche apparaît le danger de rétorsion : crainte d'être agressé par l'objet du désir d'agression.

On sait que cette agression est, dans le cas du cheval de Hans, orale : crainte d'être mordu par lui. Et Freud de discuter de la valeur de cette castration orale. Pour Hans, il tranche en faveur de la substitution d'une représentation par une autre, pour l'Homme aux loups, il en est beaucoup moins sûr. Cette discussion fut le prélude, on le sait, à de nombreux développements où se sont illustrés Melanie Klein et son école. Pour ces auteurs, il ne fait pas de doute qu'il s'agisse — et le cas même de l'Homme aux loups se prête à cette démonstration — d'une régression orale. Etre dévoré avait été identifié par Freud à être aimé par le père — et l'Homme aux loups aspire à servir au coït du père. Mais la démonstration sur ce point est trop facile pour les auteurs kleiniens. Ceci justement dans la mesure où l'Homme aux loups, à notre avis, n'est nullement un phobique. Au reste, Freud ne parle en son cas que d'histoire d'une névrose obsessionnelle de l'enfance. Quant à la structure de son patient, il n'en dit mot. Cependant, ce qu'il décrit montre à l'évidence qu'il avait affaire à une structure psychotique. Ainsi la démonstration des kleiniens est faussée, car leur analyse s'applique non aux phobiques mais aux structures psychotiques.

Ceci nous amène à dire un mot des phobies dites prégénitales de Bouvet et des phobies paranoïdes (phobies liées à une angoisse paranoïde ou de la phase schizo-paranoïde). L'existence clinique de tels états n'est pas douteuse ; on y voit coexister des peurs mal structurées, mal délimitées, extensives, accompagnées d'un vécu non seulement d'angoisse, mais de dépersonnalisation et d'étrangeté. Les mécanismes de défense protègent bien mal un Moi perpétuellement submergé par une tension insoutenable, menacé à tout moment d'effondrement. Des fixations orales (alcoolisme, abus médicamenteux ou toxicomanies franches) se détachent dans ce tableau, accompagnées parfois de passages à l'acte (suicidaires ou délinquantiels) ou d'une activité délirante transitoire. On voit, cet ensemble le montre, qu'il n'y a plus rien de commun entre ces états et la phobie décrite par Freud, et pour cause. La confusion entre névrose phobique et états limites ou entre névrose phobique et névrose traumatique ou névroses actuelles incluant des phobies est fréquente en clinique psychanalytique. L'Homme aux loups en est un exemple. Il faut alors interpréter la phobie dans ce cadre comme Freud interprétait le délire dans la psychose, soit comme une manifestation de restitution : un effort fait par le Moi pour circonscrire, délimiter, à l'aide d'investissements désespérés une angoisse qui déborde de beaucoup l'angoisse de castration et qui est, en fait, une angoisse de morcellement. Ici encore s'affirme la vocation de la phobie comme représentation limite.

Qu'est-ce que ces remarques apportent au problème de l'affect ? C'est, nous semble-t-il, que dans tous ces derniers cas une distinction entre *affect et représentation est impossible*. Il s'agit d'un mélange indissociable qui participe des deux, où l'affect est sa propre représentation. La dépersonnalisation qui tire le rideau sur l'activité représentative le montre.

II. L'AFFECT DANS LES STRUCTURES PSYCHOTIQUES

La situation de l'affect dans les psychoses est déterminée par la référence à un ensemble clinique que la psychiatrie anglo-saxonne nomme, selon une tradition établie, les *psychoses affectives* : les états de dépression et d'excitation en tant qu'ils s'opposent aux états schizophréniques. Cependant, la place de l'affect ne sera pas plus facile à cerner, car il est malaisé de distinguer entre affect et représentation dans le champ psychotique. En outre, la référence, inéluctable en la matière, aux travaux de Melanie Klein et de son école rend cette distinction encore plus difficile.

1 | *Les psychoses mélancoliques et maniaques*

Rappelons d'abord que Freud, après avoir considéré les psychoses comme des névroses narcissiques, a restreint cette appellation à la seule mélancolie (et à la manie également par voie de conséquence), conservant le terme de psychose aux autres formes cliniques antérieurement désignées par ce terme.

1) *La mélancolie, l'affect de deuil et la douleur.* — La relation établie par Freud entre la perte de l'objet et la dépression date de sa correspondance avec Fliess (manuscrit G sur « La mélancolie »). Elle fut redécouverte en 1915 dans *Deuil et mélancolie*. Le deuil de l'objet a pour résultat la production d'un affect d'une intensité considérable, de tonalité douloureuse. Freud attache à cet affect de douleur une signification essentiellement économique. D'où l'importance du *travail du deuil*[1].

Ce travail porte sur la nécessité d'opérer le détachement libidinal exigé par la perte de l'objet dans le deuil. Mais dans la mélancolie, du fait de l'investissement narcissique de l'objet, la perte de l'objet entraîne une perte au niveau du Moi, celui-ci s'identifiant, comme on le sait, à l'objet perdu, les investissements d'objet se retirant dans le Moi. L'ambivalence qui caractérise ces investissements d'objet atteint alors le Moi. La haine s'attaque au Moi, comme elle s'attaquerait à l'objet perdu.

« *Le complexe mélancolique se comporte comme une blessure ouverte attirant de toutes parts vers lui des énergies d'investissement (celles que nous avons nommées, dans les névroses de transfert, « contre-investissements ») et vidant le Moi jusqu'à l'appauvrir complètement* »[2].

Cette blessure narcissique du Moi qui le conduit à devoir supporter ces investissements sadiques va de pair avec le

---

1. Notons que si la référence au travail est allusivement désignée en bien des endroits de l'œuvre freudienne, celui-ci est ici expressément désigné. N'est-ce pas la meilleure preuve que le point de vue économique est un point de vue sur le travail psychique ?
2. *Métapsychologie, loc. cit.*, p. 164.

sentiment subjectif de la douleur. C'est à cette explication économique de la douleur que s'arrête Freud à la fin de son travail. Il n'en donnera une réponse que dans *Inhibition, symptôme, angoisse*.

La lutte du mélancolique se fait autour des représentations de chose dans l'inconscient, qui sont l'enjeu du conflit : l'amour pour l'objet commande de les conserver malgré la perte, la haine pour l'objet exige de s'en défaire. Ce qui domine ce combat est l'appauvrissement du Moi dévoré par les investissements d'objet, faisant irruption par la blessure ouverte et donnant naissance à la douleur. La quantité excessive de ces investissements qui ont rompu la barrière du Moi est comparable à la fracture du pare-excitations par une quantité d'excitation qui pénètre par effraction dans l'individu. La mélancolie est à cet égard une *névrose narcissique quasi traumatique*. Les quantités internes en excès sont équivalentes aux quantités excessives qui atteignent le sujet lors d'une poussée pulsionnelle à laquelle il ne peut être donné satisfaction. Mais en ce dernier cas, c'est l'angoisse traumatique qui en résulte, tandis que l'appauvrissement du Moi en fait une expérience douloureuse. Le Moi, avons-nous dit, est dévoré par l'objet perdu, tout comme les investissements à l'égard de cet objet sont de nature dévoratrice : cannibalique.

Cette dévoration mutuelle, cet entre-déchirement, est bien ce qui caractérise l'identification primaire. Nous avons relevé plus haut l'avidité affective de l'hystérique et nous savons la fréquence de la dépression chez celui-ci ; est-ce à dire que son cas se confond avec celui du mélancolique ? A la différence de l'hystérique, ce n'est pas l'objet que le mélancolique dévore, mais son propre Moi confondu avec l'objet par identification. L'ombre de l'objet est tombée sur le Moi, dit Freud. Ainsi le combat de l'amour et de la haine qui tourne autour de l'objet est-il essentiel pour la survie ou la mort du Moi. On pourrait avancer que la haine délivrerait le Moi qui liquiderait les investissements d'objet le liant à lui, mais le risque est grand de liquider partie ou totalité du Moi par cette issue. L'amour pour l'objet entraîne la défaite du Moi qui suit ainsi l'objet dans la mort.

Il importe ici de bien marquer que le combat que se livrent les affects est impitoyable et sans merci. Car la régression au sadisme oral implique que les investissements en présence sont particulièrement intenses, révélateurs d'une passion sans mesure. La douleur n'est pas l'angoisse. La nature narcissique de la douleur suffit-elle à expliquer leur différence ? La menace que fait peser l'angoisse sur le Moi est sans doute autre que celle que la douleur éveille. Avec la douleur, l'appauvrissement du Moi dû à l'hémorragie narcissique atteint celui-ci jusque dans l'autoconservation. Sa dépendance à l'objet inclinerait à le suivre dans la perte, ou à le tuer une deuxième fois en se tuant. C'est pourquoi il est nécessaire de compléter la théorie de l'affect dans la mélancolie par la référence à la dernière théorie des pulsions, qui amènera Freud à parler de la « pure culture » des pulsions de destruction dans la mélancolie. Ce n'est pas simplement une « quantité de sadisme » qui fait irruption dans le Moi, c'est une rage destructrice qui demande vengeance au Moi identifié à l'objet, et exige de réduire celui-ci au silence de l'anéantissement. Jusqu'au point où toute douleur est abolie dans l'anesthésie de la stupeur et de la sidération. Abraham l'avait déjà aperçu.

« Deuil et mélancolie » est antérieur à l'introduction du Surmoi dans la théorie psychanalytique. Cette lutte que Freud décrit entre deux parties ennemies d'un même Moi ne prend son sens que si on la comprend comme une lutte entre le Surmoi et le Moi. En ce cas, on peut alors identifier la nature douloureuse de l'affect qui ne répond pas seulement à la quantité d'excitation libérée, mais aux relations conflictuelles entre Surmoi et Moi. Un double jeu s'installe qui montre la duplicité du Moi. D'une part, le Moi traite une partie de lui-même comme le Ça traiterait l'objet, d'autre part, le Surmoi traite le Moi de façon homologue. Il faudrait ici faire la part dans le Surmoi des investissements appartenant en propre à l'objet qui relèvent du Surmoi proprement dit et des investissements narcissiques relevant de l'Idéal du Moi[1]. En fait, ce qui est remarquable est la fusion de ces deux aspects en raison de la nature des investissements d'objet. En tout état de cause, c'est la notion d'un clivage au sein du Moi qui domine la situation. Ce clivage prend

---

1. Cette distinction est utile dans certaines formes telles que la « dépression d'infériorité » décrite par Pasche, où le rôle de l'Idéal du Moi domine.

sa valeur si l'on se souvient que l'on a affaire dans la mélancolie à un investissement narcissique de l'objet. Il n'est pas étonnant que la perte de l'objet entraîne cet appauvrissement du Moi, non pas seulement du fait de l'identification à l'objet perdu, mais aussi parce que l'objet est investi au champ du narcissisme. Il se nourrit du narcissisme du sujet comme il nourrit ce dernier. *Le Même mange le Même.*

Quant au clivage entre amour et haine, il est important de reconnaître qu'il est le produit d'une désintrication entre pulsions érotiques et destructrices. On sait que dans ce cas les forces de destruction n'étant plus « liées » par la libido érotique, en s'affranchissant, prennent la haute main sur la situation. Le narcissisme exacerbé du déprimé devient un narcissisme négatif. L'usage du superlatif dans l'autodépréciation montre les satisfactions mégalomaniaques ainsi obtenues (le mélancolique se dit *le plus grand* pécheur, *le plus grand* criminel, etc.).

Melanie Klein a vu dans la position dépressive une expression de ces tendances destructrices dans les attaques de l'enfant contre le sein. Leur effet est contrebalancé par le souvenir d'expériences liées au bon sein. Ces expériences sont constitutives de l'amour que prodigue le Moi à l'objet et de l'amour dont il s'investit lui-même. Les conclusions de M. Klein sont cependant en contradiction avec celles de Freud. Le dépassement du deuil signe le triomphe des bons objets sur les mauvais, le triomphe des tendances réparatrices empreintes de gratitude sur les tendances destructrices porteuses d'envie. Le dépassement du deuil est donc chez Melanie Klein lié à la conservation de l'objet et non à sa liquidation. La possibilité de déplacer, d'investir d'autres objets était, selon Freud, en rapport avec la liquidation des investissements de l'objet. Chez Melanie Klein, c'est au contraire la conservation de bon objet qui est la condition de ce dépassement. Le souci pour l'objet l'emporte sur la vengeance que l'enfant entend tirer de lui. Si importantes que soient ces divergences, un aspect doit être relevé qui paraît mettre d'accord Freud et Melanie Klein ; dans la mélancolie, le clivage entre l'objet et le Moi, comme le clivage entre bon et mauvais, sépare des objets totaux : un Moi constitué et un objet unifié. Donc, les affects d'amour et de haine, si brutaux qu'ils soient, n'ont pas cet aspect éclaté, fragmenté, unissant en chaque fragment pulsions érotiques et destructrices. Ainsi, on peut, à propos de la mélancolie, parler d'une structure affective moins morcelante et morcelée que dans les formes schizo-paranoïdes. On pourrait voir dans ce fait la plus grande tendance à la guérison de ces psychoses que ce qui a cours dans la schizophrénie. Il serait plus juste de dire que, dans ces états critiques, une décision demeure possible : la mort ou la vie, tandis que la schizophrénie n'est ni l'un ni l'autre et tous les deux à la fois.

Pour en terminer avec la mélancolie, il nous faut marquer le rôle des processus de dévoration. L'identification à l'objet perdu doit se comprendre selon un double processus : d'une part, les investissements d'objet portant le cachet des fixations orales ne peuvent être expulsés en bloc, ils se refusent au vomissement qu'ils pourraient encourir, ils mordent sur le Moi ; d'autre part, le Moi lui-même répond à cette morsure en se constituant comme proie consentante. Il devient ce geôlier prisonnier du prisonnier qu'il garde. Il incorpore l'objet perdu. Mais le travail du deuil exige la dissolution des investissements d'objet. L'enjeu du travail du deuil est la digestion des poisons de l'objet. Ce qui est visé est la neutralisation des pouvoirs destructeurs de l'objet, le triomphe du Moi qui refuse de partager solidairement le destin de l'objet. La distinction, proposée par Maria Torok, entre incorporation de l'objet et introjection des pulsions rend compte d'un travail effectué en deux temps. Tout se passe comme si, dans certaines maladies de deuil, l'objet était d'abord incorporé et conservé à l'état momifié, comme certains animaux ingèrent des proies qu'ils ne consomment que plus tard. La digestion de l'objet ne s'effectuera qu'après le travail du deuil, en se nourrissant du « cadavre exquis » qu'il constitue. Les délices de cette phagocytose sont consommées *a posteriori*. Le deuil lui aussi est fait après coup. Entre incorporation et introjection, toutes les introjections significatives passent par le filtre du cadavre incorporé, c'est pourquoi il ne peut y avoir de jouissance pour le sujet autre que celle de la torture qu'il entretient et dont la cause est le repassage incessant sur les circuits des investissements de l'objet inclus. L'exclusion de l'objet accomplie par la déconstruction interprétative pourra seule permettre aux investissements ultérieurs d'être accompagnés de la jouissance qui leur est propre, celle qui peut être éprouvée sans cette teinture que lui confère son filtrage par le cadavre momifié. On peut ajouter cependant que tout se passe comme si, entre l'incorporation et l'introjection, l'objet continue, à l'état de cadavre, à distiller ses poisons ; ceux-ci minent le Moi qui ne peut ni expulser la proie, ni la consommer. C'est lors de ce travail de consommation retardée que l'introjection se produira. A la différence de M. Torok, nous préférons parler d'introjection des affects que d'introjection des pulsions, car c'est la reconnaissance des affects du deuil, reconnaissance équivalente à leur reviviscence (résurrection) qui est propre à la phase du travail de deuil différé.

2) *La manie, l'affect de triomphe et l'euphorie.* — Le lien entre mélancolie et manie nous oblige à préciser certains points sans nous contenter d'un renvoi pur et simple à la problématique précédente. Que le maniaque ait lui aussi subi une perte[1] fait peu de doute. Mais il réagit à cette perte en accentuant le sentiment de triomphe sur l'objet. Ce sentiment, Freud et Melanie Klein l'ont noté, existe de façon éphémère, passant souvent inaperçu dans le deuil. Freud l'attribue à la satisfaction narcissique d'être resté en vie. Melanie Klein le met en rapport avec la satisfaction que les pulsions destructrices tirent de l'objet, ainsi assujetti et dominé. L'exaltation maniaque, l'orgie saturnale de la manie serait donc une danse funèbre sur le cadavre d'un ennemi haï et réduit à l'impuissance. L'euphorie excessive serait en rapport avec la dysphorie qui lui correspond. Il convient cependant de rappeler que les mêmes traits découverts pour la mélancolie se retrouvent ici : perte d'objet, ambivalence, régression narcissique. La relation cannibalique à l'objet reste sans doute la plus saillante. Mais là un paradoxe nous arrête : dans la mélancolie, c'est l'assaut des pulsions destructrices qui rend compte, le Moi s'identifiant à l'objet perdu, de l'appauvrissement du Moi. On ne peut nier que les pulsions destruc-

---

1. C'est le plus souvent le cas, bien que l'épisode maniaque puisse survenir à la suite de la levée brutale d'une situation d'oppression intérieure due à un objet internalisé.

trices qui s'expriment dans l'omnipotence maniaque soient à l'œuvre ici. D'où vient alors que cette destruction prenne ici la forme d'une expansion, d'un enrichissement du Moi ? On pourra répondre qu'en ce cas ce n'est pas l'objet qui dévore le Moi, mais le Moi qui s'incorpore la toute-puissance de l'objet dont la capacité d'absorption est illimitée. Mais il faut insister sur le fait que rien ne peut être assimilé de cette absorption. Tout ce qui est englouti est dépensé ou détruit *ipso facto*, ce qui oblige le Moi à rechercher indéfiniment d'autres objets à consommer[1]. Les objets incorporés ne servent qu'à soutenir le sentiment de triomphe par une ingestion fulgurante immédiate, utilisant la totalité des ressources offertes par cette incorporation. Le Moi maniaque brûle toutes ses réserves afin qu'à aucun moment l'omnipotence ne soit démentie. Il est un gouffre sans fond. Il se vide à mesure qu'il s'emplit.

Mais pourquoi ce même excès d'investissement de l'objet ne crée-t-il pas le sentiment de la douleur ? C'est sans doute parce qu'il n'y a pas ici de désir de rétention à l'égard de l'objet, mais une consommation effrénée, qui élimine les produits ingérés au fur et à mesure. Cette explication économique est sans doute insuffisante.

On ne peut échapper au sentiment que la manie, quoique répondant à un même niveau de régression que la mélancolie, est en quelque sorte plus ruineuse que cette dernière. Nulle part la négation ne s'y montre plus massive. Rien ne manque plus au maniaque, rien ne fait plus illusion pour lui, parce que la notion d'illusion est supprimée. Le conflit a disparu par un étrange travestissement. Car ce ne sont évidemment pas les pulsions érotiques qui ont triomphé des pulsions destructrices dans son cas. Tout se passe comme si les pulsions destructrices avaient pris le masque des pulsions érotiques, donnant à l'accès maniaque son aspect de carnaval. Parallèlement, le Moi du maniaque s'est travesti dans les traits de l'objet omnipotent.

On peut penser avec Freud que le triomphe sur l'objet dans la manie s'accompagne d'une dévoration par le Moi

---

1. B. Lewin voit dans la structure de la manie une défense contre le désir d'être dévoré et de tomber dans le sommeil.

non seulement de celui-ci, mais également du Surmoi. Ainsi la douleur ne serait pas liée au seul effet de la quantité en excès, mais de l'intervention du Surmoi qui interdit l'expression de la haine envers l'objet, alors que celle-ci envahit le champ que lui ouvre le Moi. Dans la mélancolie, le Surmoi traite le Moi comme le Moi (ou le Ça) aurait souhaité pouvoir traiter l'objet ; aussi par la même opération il assouvit la haine du Moi pour l'objet et la haine du Surmoi pour le Moi. Dans la manie, le Surmoi est réduit à néant par le Moi omnipotent. L'euphorie du Moi vient donc de ce qu'ayant absorbé l'omnipotence attribuée à l'objet, il peut par le même coup avaler le Surmoi né de l'introjection de l'objet. Curieusement, l'affect de triomphe de la manie est encore plus exigeant que l'affect de deuil, il lui faut tout. C'est encore un paradoxe ici de voir que ce sont les pulsions de destruction qui peuvent revêtir, de par la neutralisation du Surmoi, le visage de l'euphorie triomphante et que les pulsions érotiques ne sont pas en cause dans cette orgie. L'amour pour l'objet, résolution de l'accès maniaque, viendra ici, pour Freud, du détachement à son égard et pour Melanie Klein de la réparation que les bons objets donneront aux débris qui restent intacts après cette dionysie macabre.

2 | *Les psychoses schizophréniques*

Nous serons plus brefs dans ce chapitre, à cause du caractère fragmentaire de nos connaissances sur les psychoses schizophréniques. On a coutume de dire de nos jours que l'affirmation de Freud sur l'absence de transfert chez les schizophrènes n'est pas recevable. Cependant il serait plus exact d'affirmer que le transfert des psychonévroses de transfert obéit à des règles différentes du transfert des psychotiques, à tel point qu'une distinction s'impose en ce dernier cas. La structure des affects psychotiques ne peut, à notre avis, être tenue pour identique à celle des affects névrotiques.

La psychiatrie clinique a depuis longtemps reconnu le double aspect de l'affect dans la schizophrénie, d'une part indifférence affective, d'autre part affectivité paradoxale s'exprimant en actes par les impulsions les plus explosives et les plus inattendues. Le lien entre affect et représentation s'aperçoit à travers les rapports entre l'acte et l'hallucination. L'affect est agi, la représentation n'obéit plus à l'épreuve de réalité. Un pan de la réalité psychique s'est installé dans le champ dévolu à la réalité externe refoulée. Bion a montré le rôle des pulsions destructrices dans ces processus, dans une remarquable série de travaux.

Si la réalité (aussi bien psychique qu'objective) est si malmenée dans la psychose, c'est parce que les pulsions de destruction œuvrent sans relâche. La réalité est haïe, c'est-à-dire que non seulement l'inhibition des affects par le Moi n'y est pas suivie d'effet, mais que ceux-ci sont de nature destructrice. Les attaques des pulsions de destruction se portent aussi bien sur tout éveil du Moi à ce qui se passe en lui, qu'à ce qui se passe dans le monde extérieur. Les attaques sont des agressions contre les processus de liaison *(linking)* qui ont leur siège dans l'appareil psychique. Dès lors aucune maîtrise par la liaison, aucun « domptage » de l'énergie libre ne peut avoir lieu. Les attaques destructrices se portent sur tous les processus psychiques : sur l'objet, sur le corps du sujet, sur sa pensée surtout. Par un retournement paradoxal, l'affect est non seulement toujours infiltré de haine, mais haï en tant qu'affect.

Devant une telle agressivité destructrice que les auteurs kleiniens rattachent à la phase schizo-paranoïde et qu'ils mettent en relation avec l'angoisse de persécution, sont mises en œuvre les toutes premières défenses : le *splitting* et l'identification projective. Tout se passe comme si la seule possibilité offerte était de scinder le mauvais du bon et de rejeter le mauvais. Nous ferons remarquer ici que si le terme de *splitting* coiffe l'ensemble des processus de clivage, il nous semble logique de distinguer, les auteurs kleiniens s'en sont aperçus, entre le *splitting* du début et le *splitting* postérieur. On pourrait proposer une distinction équivalente à celle du refoulement : *splitting* originaire et *splitting* après coup. Le *splitting* de la position dépressive répond, nous l'avons déjà dit, au clivage effectué sur un objet total et sur un Moi unifié. Le *splitting* de la position schizo-paranoïde est une activité de scission portant sur des objets partiels au sein d'une activité psychique indifférenciée et diffuse, non limitée et sans unité. Les objets y sont présents comme des particules, selon l'expression de Bion, sorte de conglomérats entre fragments d'objet et fragments du Moi. La scission opérée tente de débarrasser la psyché de ces forces destructrices en projetant les mauvaises parties du Moi à l'extérieur, les expulsant hors du Moi. Il n'est pas nécessaire d'inférer ici une séparation claire entre le Moi et le non-Moi. Il est seulement requis de supposer que les mauvaises parties doivent être rejetées le plus loin possible du noyau vivant des bonnes parties du Moi, à distance, selon l'expression de Bouvet. Cette tentative de bannissement des mauvaises parties a pour conséquence d'envahir les objets externes et de les remplir de ces qualités nocives. Mais par ce travail ce sont des fragments du Moi qui s'expatrient ainsi, ce qui a pour conséquence d'affaiblir la force du Moi et de l'aliéner dans ces objets externes investis (occupés) par le conglomérat objet-Moi. Melanie Klein, dans un de ses meilleurs travaux, *Notes sur quelques mécanismes schizoïdes*, a bien mis en lumière cette hémorragie narcissique.

On peut ici relever une concordance relative entre les conceptions de Freud et celles de Melanie Klein. Freud ne dit-il pas précisément que dans la schizophrénie ce sont les investissements d'objets qui sont abandonnés ? La différence entre ces deux conceptions est que pour Freud la libido ainsi désaffectée reflue sur le Moi, tandis que pour Melanie Klein cette expulsion des investissements d'objets appauvrit le Moi. On pourrait accorder ces deux auteurs en soulignant que leur discordance vient du fait qu'ils ne parlent pas du même stade psychotique et des mêmes vicissitudes de l'investissement. A la phase terminale des psychoses, on peut observer cette mégalomanie délirante à laquelle Freud fait allusion. Mais celle-ci est-elle due au reflux de la libido sur le Moi ou à l'introjection, ou plutôt la réintrojection d'un objet omnipotent idéalisé ? La question peut se poser. Quoi qu'il en soit, ce qui importe est le *retour de l'exclu* dans la psyché, comme le montrent les phénomènes persécutifs de la psychose. Pour Bion, les fragments ainsi expatriés tentent de repénétrer dans le Moi, ou de se rapprocher de son noyau vivant, de façon violente. En y réussissant, les dommages qu'ils créent portent sur les activités de liaison qui ont pu tenter de se constituer. Cette « construction » que nous empruntons à Bion a deux mérites — entre autres : le premier est de nous rendre sensibles à cette évidence clinique : le problème de la psychose est celui de la menace permanente de morcellement du Moi par rupture de son unité. Cette menace issue du Ça rompt les possibilités de liaison et de maîtrise du Moi, elle rend compte du vécu de désintégration psychotique. Le deuxième est de nous montrer que, vue sous l'angle de la psychose, la différenciation entre représentation et affect est artificielle. Les particules psychiques sont à la fois de nature idéique et émotionnelle. Toute séparation entre le sensible et l'intelligible n'a plus cours ici. Seule est opérante la tentative de scission entre des fragments bons (à préserver, à incorporer) et des fragments mauvais (à détruire, à expulser). Ce schéma se rapproche en bien des points de la construction du modèle psychique établi par Freud dans *La négation*. Toutefois, à la différence de Freud, Bion ne semble pas tenir compte du Moi-réalité originaire qui serait susceptible de déterminer l'origine interne ou externe des excitations. Cependant, dans la clinique des états confusionnels schizophréniques, Rosenfeld a montré l'échec du clivage entre réalité externe et interne, succombant aux attaques des pulsions destructrices sur la limite qui les départage.

La fusion entre représentation et affect, entre idée et contenu émotionnel pourrait offrir une voie d'accès au problème du fantasme inconscient. Il est en effet difficile d'assigner à ce dernier un statut représentatif défini. Il n'est pas moins problématique de considérer le fantasme comme une traduction pure et simple du fonctionnement pulsionnel (S. Isaacs). Sans doute touche-t-on ici aux limites de nos possibilités de conceptualisation, qui reposent sur la distinction entre intellect et sensibilité. Le refuge vers l'ineffable ne nous est que de peu de secours. Il faut, à notre avis, suspendre la question, refuser de la trancher, comme on refuse de se laisser enfermer dans un piège. Nous accorderons néanmoins que la tentative de résolution d'un fantasme inconscient est la verbalisation représentative proférée dans un climat affectif positif. On sait en effet que le schizophrène, s'il est intolérant à tout rapprocher dangereux, est incapable de s'accommoder d'une neutralité qu'il vit comme hostilité et à laquelle il répondra soit par une hostilité redoublée, soit par un mur d'indifférence. Ainsi, là où le travail du Moi a échoué dans la séparation entre représentation et affect, le travail de l'analyste vient accomplir ce travail laissé en souffrance.

La théorisation de Bion peut paraître abstraite. Pourtant, rien de décharné dans sa conception de l'analyse. Bion souligne que le champ de l'analyse est celui des sens (du concret), du mythe et des passions. Autant dire que l'affect est ici à son affaire. Mais en revanche, la relation analytique doit être toujours, selon lui, maintenue dans un climat d'isolation. Il ne faut pas se méprendre sur ce terme, qui n'a rien à voir avec la défense obsessionnelle du même nom. Ce qui est ici signifié est que la situation analytique demeure singularisée à l'extrême, distinguée de toute autre, et doit se référer, dans le champ des relations inaliénables qui lient l'analyste à son patient, à la réalité psychique interne identifiée à tout ce qui se passe non seulement entre le patient et l'analyste, mais aussi dans l'espace qui les unit : le cabinet de l'analyste.

3 | *La paranoïa*

De même que nous avons situé la phobie entre l'hystérie et la névrose obsessionnelle, nous placerons la paranoïa entre la maniaco-dépressive et la schizophrénie.

Des névroses narcissiques, la paranoïa, dont le type est pour nous la psychose passionnelle, se rapproche par le combat autour d'*un* objet et de la lutte du Moi autour de cet objet. L'enjeu est considérable, puisqu'on sait la fréquence de la résolution de la paranoïa dans le crime passionnel. Toute la réalité est attachée à ce seul objet, à cet objet conçu comme seul désirable. Des psychoses proprement dites, la paranoïa se rapproche par la menace de morcellement, conséquence des angoisses de persécution qui prennent d'assaut le Moi et l'objet. Le mécanisme nucléaire de la paranoïa est la projection. C'est le retour de ce qui fut *aboli* du dedans, forclos, qui signe la paranoïa. Ce retour de l'exclu auquel nous faisions allusion plus haut. Freud, chacun le sait, a situé la paranoïa sur le chemin régrédient qui va de l'homosexualité au narcissisme. La fixation homosexuelle dans la paranoïa, contraire de la haine destructrice qui affecte l'objet, s'adresse en fait au double spécularisé qui représente l'objet de la passion. La projection est une solution au conflit d'ambivalence. Mallet a fort justement souligné que l'homosexualité régrédiente avait subi dans la paranoïa une régression masochique. Le but du paranoïaque n'est pas tant cette possession amoureuse destructrice de l'objet passionnel que l'autodestruction par anéantissement de l'image du double inversé qu'est son objet. Cette résolution brutale, elle est accomplie dans le passage à l'acte meurtrier où le paranoïaque advient comme sujet dans ce qui prend pour lui la valeur d'une *re*naissance. Mais en fait l'essence de la paranoïa, nous ne pouvons l'oublier, est le délire. Et le délire est une construction intellectuelle qui se doit d'obéir à une logique implacable. La réalité délirante du paranoïaque obéit à l'affirmation selon laquelle tout ce qui est réel est rationnel. L'*ultima ratio* est découverte dans le délire. Qu'on y ait vu un colmatage du doute, cela est certes plus que plausible. Mais le phénomène le plus troublant pour la raison humaine est cette subversion dont elle peut devenir l'objet.

De tout temps, la logique affective, la logique passionnelle n'a cessé de poser un problème aux penseurs. Leur erreur avant Freud fut de s'essayer à résoudre son énigme en se maintenant sur le plan de la rationalité conceptuelle. Freud leva le voile de ce mystère dès qu'il résolut de prendre la question par le biais du désir. Désir-Délire. Désir comme délire originaire, tous deux mettent le sujet hors du sillon, hors de la voie droite. Le propre du délire est de constituer ce nouveau sillon, arbre cachant la forêt de l'ancien, Freud en démonta le mécanisme à partir de l'affect : « Je ne l'aime pas — je le hais » (retournement en son contraire), « Je le hais, il me hait » (projection vers l'Autre), et enfin troisième temps, qu'on pourrait dire *réflexif*, « Puisqu'il me hait, par voie de conséquence je le hais pour me défendre. » Répondre, en la niant, à la haine (amour) de l'Autre comme Même, tel est le but de la constitution de la logique passionnelle. L'accumulation des preuves de cet affect doublement inversé (en son contraire et vers l'Autre) doit être assurée par la raison.

Il faut ici dresser un parallèle, qui nous a semblé passer inaperçu. Dans le chapitre où il traite du mécanisme de la paranoïa, dans le *Président Schreber*, Freud parle du narcissisme. Il voit dans le « stade » du narcissisme le rassemblement en une *unité* des pulsions érotiques qui, jusque-là, n'agissent qu'anarchiquement, en mosaïque dans l'individu. Le narcissisme rassemble ces pulsions partielles auto-érotiques en un érotisme individualisé, indivis, où le corps devient l'objet d'amour du sujet, avant que celui-ci ne soit capable d'investir un autre objet, celui d'une personne étrangère, comme objet totalisé. Cette instauration d'un double comme « Autre-Même », contemporain du narcissisme secondaire, nous montre bien la situation intermédiaire de la paranoïa entre la schizophrénie morcelante et la mélancolie où l'objet subsiste sous la forme de son ombre. Les affects érotiques se sont donc ici unifiés sous l'égide de la « narcissisation » de l'individu. Mais il est ici important de dater cette conception de Freud — c'est-à-dire de souligner sa situation d'avant la dernière théorie des pulsions. Nous avons montré ailleurs que Freud, tournant le dos au narcissisme après *Au-delà du principe de plaisir*, avait pu laisser croire que le narcissisme n'existait que sous sa forme positive, érotique, et qu'il fallait, selon nous, réévaluer le narcissisme à la lumière des pulsions de destruction. C'est-à-dire qu'il fallait admettre l'existence d'un narcissisme négatif, où le « rassemblement » secondaire pouvait être l'objet d'un effacement comme le montre l'hallucination négative du sujet. Le paranoïaque ne se reconnaît pas dans l'image que lui présente le miroir. Il ne peut comprendre que l'Autre voie en lui un despote, un tyran aveuglé par la passion, alors que sa démarche est toute logique. Il ne peut admettre la critique qu'on lui fait d'égocentrisme, alors qu'il est, lui, soucieux de l'ordre du monde. A cet égard, il n'a pas tout à fait tort. Freud a raison d'insister sur la resexualisation des pulsions dans la vie sociale du paranoïaque. Ici encore le retour de l'affect est ce qui frappe le psychanalyste. Le paranoïaque se veut avant tout objectif et non dépendant de ses relations sociales. C'est l'Autre qui s'intéresse à lui. Pour sa part, il ne souhaite, affirme-t-il, que l'anonymat ou la reconnaissance de son droit à vivre en paix parmi les siens.

Ceci vaut pour tous ceux qui, sans être paranoïaques, ont sublimé l'érotisation de leurs liens sociaux. On comprend mieux alors l'importance du langage chez le paranoïaque, son attachement à l'emploi du sens exact des mots, sa syntaxe rigoureuse, procédurière. Freud ne dit-il pas que le délire de jalousie contredit le sujet, le délire de persécution le verbe, l'érotomanie le complément ? Ce n'est pas seulement le langage, c'est toute la grammaticalité qui est visée dans la paranoïa. C'est-à-dire que la paranoïa est un procès de resexualisation de la secondarité externalisée dans le champ des rapports sociaux. Nulle part comme dans la paranoïa les mots ne « font l'amour entre eux » ; ils le font si bien que le délire verbal procréé engendre une néo-réalité conforme à ses vœux. Prestige et mystère de la logique, qui permet à l'archéologie de reprendre possession de son bien, en se réinstallant à la place de ce qui l'avait chassée.

Freud a comparé la religion à la névrose obsessionnelle et la philosophie à la paranoïa. Le monde des philosophes est si parfaitement construit que la construction théorique est, pour les plus doués des hommes, un objet de fascination et d'admiration. Le rôle du psychanalyste est de déconstruire leur système, en y repérant les traces de l'exclu, de l'affect exorcisé par la philosophie. Sans doute, le discours de Freud s'alimente-t-il aux sources de la métaphysique occidentale et en est-il issu. Il n'est pas niable qu'à ce titre la distinction entre le sensible et l'intelligible est une donnée majeure de cette tradition philosophique. Avec Melanie Klein, cette tradition est, en partie tout au moins, dénoncée. La paranoïa, le système philosophique, la théorie freudienne sont prisonniers tous trois de l'idéologie. Et notre discours théorique ne peut y échapper à son tour. L'idéologie psychanalytique est, comme le roman familial de l'individu. Elle est cette construction idéalisante par laquelle nous échappons à la pression des pulsions et la contrainte des objets internes que nous subissons. Le travail psychanalytique, sans prétendre atteindre à cette vérité absolue d'où toute idéologie serait enfin absente, se donne pourtant pour horizon son éradication ; limite qu'on sait inatteignable mais qu'on pose comme vecteur orientant. Le résultat est souvent décevant, car chaque auteur se montre alors vis-à-vis de sa construction théorique aussi intransigeant et aussi rigide que le paranoïaque à l'égard de son délire. La théorie du psychanalyste serait alors comme son double narcissique. Il y tient comme à sa propre identité.

III. ENTRE NÉVROSE ET PSYCHOSE

Nous ne pouvons entrer ici dans le détail de la question complexe des états limites. Nous nous proposons seulement de faire quelques remarques sur quelques formes cliniques qui posent avec acuité le problème de l'affect.

1 | *La névrose de dépersonnalisation*

S'il est une forme clinique évocatrice d'une structure avortée ou transitionnelle, liminaire d'une des structures achevées dont nous avons fait état, c'est bien la névrose de dépersonnalisation. Nous nous référerons ici au travail que lui a consacré Bouvet au XXIe Congrès des Langues romanes de 1960. L'affect y joue un rôle de premier plan, puisque c'est lui qui caractérise essentiellement le syndrome clinique à travers le polymorphisme qu'il peut revêtir. Sentiment de modification de soi et du monde extérieur, impression d'étrangeté ou de bizarrerie, éprouvé d'anesthésie et d'apathie affectives allant jusqu'à une atmosphère de froideur et de mort, perte du contact avec les objets et avec le corps, toutes manifestations que Bouvet résume par la dénomination de « sentiment de changement », accompagné d'une tonalité affective pénible plus ou moins accentuée et paralysant la capacité de réaction affective (impression de dessèchement ou de gel affectif), l'ensemble se produisant hors de toute formation délirante caractérisée. Il n'est pas nécessaire à l'évocation de ce tableau de souligner davantage l'importance des affects, qui est évidente ; ceux-ci non seulement supplantent les représentations, mais semblent les étouffer et empêcher jusqu'à leur expression.

Cependant, il faut souligner dès à présent un certain nombre de paradoxes quant à cette constellation clinique, tout spécialement au point de vue de l'affect. D'une part, une extinction des possibilités affectives, telle qu'en témoignent l'apathie, l'anesthésie et tout ce que Bouvet appelait la « barrière », dont le rôle de protection montre la valeur défensive. D'autre part, l'exacerbation affective manifestée par les diverses modalités du changement de sentiment du Moi et du monde, chargé de projections inquiétantes ou hostiles. Nouveau paradoxe, cette « inquiétante étrangeté » n'est pas sans s'accompagner d'une tonalité de plaisir, qui se traduit par le sentiment d'une certaine « douceur ». Ainsi se traduit une bipolarité affective, faisant alterner l'horreur : « C'est horriblement pénible », et le plaisir : « Je puis vous affirmer que c'est une véritable douceur », dit la patiente de Bouvet. Ces paradoxes se retrouveront dans la théorie qu'en a faite cet auteur. Il y affirme l'extrême rigidité affective : l'absence d'éventail de positions affectives variées avec maintien d'une « distance » qui ne tolère pas de variations dans le « rapprocher » comme dans l'étirement ou l'éloignement. Mais d'un autre côté, il soulignera que, par rapport aux psychoses, la dépersonnalisation se caractérisera au contraire par un certain jeu de positions, une mobilisation plus grande faisant se succéder introjections et projections et n'ayant pas la massivité et la fixité des mécanismes des psychoses confirmées.

Le transfert permettra de souligner encore cette ambiguïté : d'une part est redoutée au plus haut point l'expérience d'une dépendance affective douloureuse à l'objet vécu comme intrusif et mutilant, conduisant à une dénégation de toute relation vécue avec l'analyste, d'autre part cette dépendance sera nécessaire afin que l'objet puisse alimenter une provision narcissique perpétuellement défaillante conduisant à une revendication affective soutenue. La crainte du rejet va de pair avec la peur du contact.

Les limites de notre travail nous contraignent à nous borner à l'étude du type d'affect impliqué dans la dépersonnalisation par rapport aux névroses et aux psychoses, en laissant de côté, malgré le caractère artificiel de cette séparation, les autres traits qui mériteraient discussion : fixation orale, rôle de l'agressivité et des projections, de la replication dans la relation d'objet, etc.

La plupart des auteurs, et Bouvet de même, rattachent à juste titre la structure de la névrose de dépersonnalisation à une atteinte narcissique. Qu'on invoque une blessure originaire, que l'on parle de la dépendance à un objet narcissique, ou du besoin d'un renouvellement périodique et continuel des provisions narcissiques du sujet, cela revient au même. En outre, la configuration clinique du trouble indique bien une perturbation de l'économie narcissique dans les variations des limites du Moi, mais aussi, fait sur lequel Bouvet ne semble pas avoir insisté, une véritable hémorragie narcissique que la « barrière » contient fort mal. Du reste, la référence à une *perte* de l'objet plutôt qu'à une menace de castration indique bien que c'est dans ce registre qu'il faut chercher à situer les choses, ce qui n'exclut nullement la nécessité d'articuler les deux champs, celui de la perte de l'objet et celui de la menace de castration. Il n'est pas inutile de rappeler que dans son rapport Bouvet envisage à de nombreuses reprises les relations de la névrose de dépersonnalisation avec la schizophrénie et la mélancolie. Mais il a également raison d'indiquer ici que ce qui est en cause est une relation avec un *objet narcissique*, c'est-à-dire une relation objectale de type narcissique.

Quelles sont les implications de ces remarques à l'égard du problème de l'affect ? Déjà en 1926, Freud, dans un des appendices d'*Inhibition, symptôme, angoisse* (addendum C), discutait des rapports entre l'angoisse, la douleur et le deuil, comme nous l'avons plus haut rappelé. Il y faisait remarquer que si l'angoisse est la réaction au danger que comporte la perte de l'objet, la douleur est la réaction propre à la perte. Si le modèle de la douleur tel qu'il est envisagé par Freud est celui de la douleur corporelle par effraction du pare-excitations, la lutte contre cette effraction nécessite des contre-investissements narcissiques qui vident le Moi. La douleur psychique entraîne la production d'un investissement hyper-intense de l'objet absent (perdu). Et si Freud prend la peine d'ajouter que

« *le passage de la douleur corporelle à la douleur psychique correspond à la transformation de l'investissement narcissique en investissement d'objet* », nous devons ajouter à sa suite qu'il ne peut s'agir ici que de l'investissement d'un objet narcissique, par suite du lien qu'il vient d'évoquer.

Dès lors, la situation de la dépersonnalisation pourrait devenir plus claire : à mi-chemin entre l'angoisse et la douleur. De l'angoisse, elle garde une certaine valeur de signal qui explique son déclenchement lors de l'évocation du danger d'une perte objectale possible. De la douleur, elle rappelle les contre-investissements comme productions d'un investissement hyper-intense de l'objet absent ou perdu, comme si cette perte n'était pas seulement vécue comme une menace, mais s'était effectivement produite. Mais, à la différence de l'expérience de la douleur, il ne s'ensuit pas ici une représentation dudit objet dans une situation de détresse, mais un véritable évidement du Moi qui semble vouloir rejoindre un objet *non figuré*, dans un ailleurs indéterminé, retrouvant dans les objets du monde extérieur, par les mécanismes de l'identification projective, les caractéristiques d'hostilité et d'étrangeté de l'objet exclu. La « douceur » s'expliquerait alors par cette réalisation non figurée de cette confusion consubstantielle recherchée. Les expériences de perte ne sont pas les seules à provoquer la dépersonnalisation, puisque Bouvet remarque que le danger d'un rapprocher peut jouer le même rôle déclenchant. On ne saurait parler de perte *stricto sensu*. Mais le danger est au fond le même, car ce qui est redouté dans ledit rapprocher est le risque d'une effraction du Moi, d'une menace de l'intégrité corporelle psychique. Ici encore tout le mécanisme fonctionne à la fois comme s'il s'agissait d'un signal automatique de danger d'effraction mettant en œuvre les contre-investissements, et comme si l'effraction s'était déjà produite, déclenchant l'afflux de libido narcissique vers la plaie ouverte, ce qui favoriserait à nouveau cet évidement du Moi par la brèche que le sujet ouvre en lui-même.

On pourrait dire que dans tous les cas une phase est pour ainsi dire occultée, scotomisée, jouant le rôle d'un fantasme inconscient ; la menace de perte vécue comme une amputation narcissique et la menace d'effraction vécue comme une brèche par laquelle s'écoule, comme par un trou sans fond, l'hémorragie narcissique qui appelle d'autres investissements narcissiques. Ce qui nous paraît fondamental est la négativation de la représentation fantasmatique, ne laissant parler que de purs affects et reportant cette représentation fantasmatique dans les qualités projetées sur les objets du monde extérieur. On reconnaît ici le rôle de l'identification projective souligné par les auteurs kleiniens. Mais ce qui caractérise l'expérience de la dépersonnalisation, comme bien des auteurs l'ont remarqué, surtout Peto et Bouvet, c'est le réinvestissement de l'objet qui met fin à l'expérience, et qui permet l'établissement avec lui de relations objectales d'un style plus différencié et même plus différencié qu'avant l'épisode de dépersonnalisation, qui a réalisé une purgation des désirs agressifs du sujet.

Ainsi s'explique le paradoxe de la rigidité et du mouvement, ce qu'on ne peut traduire qu'en termes d'économie narcissique, marquant des modifications d'équilibre et de déplacement de l'énergie libidinale narcissique et objectale. Perte (douleur) et réinvestissement se succèdent avec leur cortège des réactions associées. Quête de l'objet et fuite devant celui-ci dans un équilibre constamment instable et précaire. On comprend qu'aucune forme ne se fixe durablement ni dans la névrose qui impliquerait une dominance des investissements objectaux, ni dans la psychose qui impliquerait un reflux narcissique sur le Moi, abandonnant les objets fantasmatiques et s'appliquant à la création d'une néo-réalité délirante.

L'affect de structure narcissique révèle que le danger dont il signale l'existence n'est plus la castration, mais la perte de l'objet, l'atteinte du Moi et ses conséquences, soit au niveau du clivage mélancolique, soit au niveau du morcellement schizophrénique. Comme tel, il est plus diffus, plus envahissant que l'affect en liaison avec une structure objectale. Parallèlement sa fonction de signal cède le pas devant sa fonction quasi automatique et économique.

2 | *Les états de perte
et de récupération objectales*

Si la névrose de dépersonnalisation réalise cette rupture brutale et temporaire du rapport objectal, il existe en clinique psychanalytique une gamme d'états plus discrets, mais relevant d'une problématique voisine. La plupart d'entre eux font partie des états limites. Ils se caractérisent par des alternances de perte et de récupération objectales. Tout se passe comme si le statut de l'objet interne était dans ces cas constamment menacé, perpétuellement voué à la disparition. Contre cette menace ou à la suite de la survenue de la perte, sont mises en œuvre des tentatives de récupération objectale immédiates et à tout prix. De telles tentatives sont absolument nécessaires pour lutter contre des affects dépressifs ou de morcellement et exigent une retrouvaille par des objets vicariants. Ces objets peuvent être prélevés sur le corps ou sur le monde extérieur. Nous savons que le fétichisme a pour but de soutenir la dénégation de l'absence de pénis maternel par l'investissement de ce qui se relie à lui métaphoriquement ou métonymiquement. Mais ce qui est opéré ici en l'endroit du sexe a des équivalents sur le plan du narcissisme. Deux exemples permettront de mieux comprendre ce que nous voulons dire : l'hypocondrie et la toxicomanie. L'hypocondrie, dont le lien à la libido narcissique avait déjà été relevé par Freud, illustre ce prélèvement sur l'espace corporel d'un objet dont l'investissement a subi la conversion d'une libido psychique en libido corporelle. Il est clair que l'organe hypocondriaque enserre dans les mailles de son réseau un objet interne en perdition, ainsi contenu. Cet objet en surveillance devient à son tour objet de scrutation et de persécution. Il ne peut être ni lâché, ni assimilé. Au point de vue de l'affect s'installe une situation oscillante entre un silence précaire et un malaise, un mal-être absorbant, témoin d'un conflit entre libido d'objet et libido narcissique, comme entre des pulsions érotiques et des pulsions destructrices. Telle est la nécessité fonctionnelle de l'hypocondrie au point de vue de l'économie affective contre le sentiment de défaite narcissique entraîné par la perte objectale.

Dans la toxicomanie, nous assistons à une situation comparable dans la mesure où l'objet toxicomaniaque a pour but de prévenir ou de réparer une perte d'objet. L'assurance qu'un tel objet puisse être retrouvé dans le monde extérieur et incorporé (contrairement à l'objet hypocondriaque qui, pour ainsi dire, s' « excorpore ») doit être inlassablement vérifié. La toxicomanie est nécessaire au toxicomaniaque pour lutter contre le sentiment de vide affectif[1]. De tels patients se plaignent de se sentir complètement démunis de l'intérieur, comme s'ils étaient en état de dénutrition affective permanente. Ils ont faim et soif d'objet et doivent *réellement* incorporer un objet extérieur susceptible de les restaurer, aux deux sens du terme, c'est-à-dire de les nourrir et de réparer les effets des pulsions destructrices. L'effet de ces pulsions destructrices se manifeste par le vide qu'elles laissent après leur travail, d'où la nécessité d'une reconstruction narcissique. Ce qui fait le problème est l'impossibilité d'introjecter des affects issus de la relation à un objet psychique, qui entraîne la nécessité de recourir à un toxique. L'élection du toxique se fera en fonction de ses effets sur l'affect. Tout ce qui peut engendrer un état d'affect — signe de vie — sera investi totalement contre le silence affectif — signe de mort. La toxicomanie est une lutte contre ce qu'on pourrait appeler une frigidité narcissique, un sentiment de misère affective, comme on parle d'une misère physiologique dans les carences graves. Mais cette revitalisation est mortifère.

Bien entendu, la toxicomanie peut s'installer non contre le vide affectif, mais contre la douleur affective pour en neutraliser les effets. Cependant, nous pensons que la douleur n'agit ici que comme menace d'extinction affective par épuisement des possibilités de lutte du Moi.

On conçoit que l'on touche là aux racines du rapport objectal, à la relation orale. On pourrait alors concevoir d'intéressantes relations entre hypocondrie et toxicomanie d'une part, anorexie et boulimie de l'autre.

3 | *Etats psychosomatiques et psychopathiques*

Le rapprochement insolite que nous faisons ici est hypothétique, c'est dire qu'il est ouvert à la discussion. Ceux qui plus que nous ont l'expérience des patients auxquels il est

---

[1]. Ou peut être d'un excès d'affect immaîtrisable susceptible de détruire l'objet.

fait allusion en débattront. La métapsychologie des états psychosomatiques est actuellement en pleine élaboration. La contribution de l'école française (Marty, Fain, de M'Uzan, David) a relevé chez ces patients la pauvreté de l'élément représentatif, la carence économique et fonctionnelle de la fantasmatique. Peu a été écrit sur l'affect dans ces états. Cependant, on peut inférer des travaux de ces auteurs que ce n'est pas seulement l'élément représentatif qui fait défaut dans l'élaboration inconsciente, mais que l'affect présente chez ces malades des particularités notables. Notre expérience, limitée en ce domaine, nous a montré chez certains patients que l'affect devait chez eux être vécu *a minima*. Lorsque après de nombreuses années d'analyse l'élément représentatif inconscient avait été reconnu par les patients, et était rétabli partiellement dans ses fonctions (rêve, fantasme), l'affect par contre était beaucoup plus difficile à mobiliser. Tout se passe ici comme si, dans certains cas tout au moins, *l'affect était déduit à partir des somatisations, ou hypothétisé après coup*, après une crise psychosomatique. « J'ai eu une crise, donc je devais me sentir jaloux de X. » En somme, l'affect en question n'était jamais parvenu à la conscience, dès qu'il avait été mobilisé, il ne pouvait s'exprimer qu'à la faveur d'un orage somatique. Cet orage était, lui, provocateur d'affect, c'est-à-dire de découragement, de tristesse, d'envie de tout abandonner, signant la défaite du Moi de n'avoir pu empêcher la crise. En somme, de n'avoir pu maîtriser l'affect par un non-lieu. Ce qui fait problème ici est cette conversion psycho (affect)-somatique (crise).

A la différence de l'hystérie, le lien entre le désir et le symptôme nous est apparu beaucoup plus lâche que lors d'une conversion hystérique. On pouvait se risquer à lui proposer une valeur symbolique, mais cela restait sans effet. Sans affect. C'est-à-dire que l'interprétation était reçue à un niveau intellectuel, sans résonance affective. Parallèlement le transfert, pourtant très intense, était farouchement nié. L'analyste est conçu comme un instrument thérapeutique. Son rôle est de débarrasser du symptôme, afin de permettre au Moi de rétablir sa toute-puissante maîtrise sur le corps. On devine que cette attitude va de pair avec des mouvements fusionnels reliés à une fixation à une imago maternelle ayant droit de vie ou de mort sur le corps et la sphère affective. L'allégation d'indépendance à l'égard de l'analyste (ou de la mère) va de pair avec le refus d'un abandon de l'imago intériorisée qu'elle représente. L'imago et le Moi se tiennent mutuellement prisonniers. Tout rapprocher excessif, comme toute tentative de séparation, est suivi d'une crise.

Ces observations nous ont fait penser que la crise somatique des psychosomatiques (ou de certains d'entre eux) représente un authentique *acting out*. Un agir au-dehors orienté vers le dedans, car, comme dans l'*acting out*, le but essentiel est l'expulsion de l'intrus (l'affect) hors de la réalité psychique. C'est ce qui nous incite à rapprocher structures psychosomatiques et structures psychopathiques. Le malade psychosomatique serait donc un psychopathe corporel, qui traite son corps comme les psychopathes traitent la réalité sociale, avec une désinvolture extrême et où le sadomasochisme est de quelque manière non seulement inconscient, mais forclos.

Venons-en aux structures psychopathiques. On a souligné chez ces patients l'importance, la massivité des *actings*, le mépris ou l'inconscience dont ils témoignent à l'égard des objets externes. Ici encore, on est frappé par la nécessité contraignante du réagir par l'acte. L'*acting* a pour but de court-circuiter la réalité psychique par la décharge de la tension. Il est accompli dans une absence de recul qui frappe et qui fait douter du fonctionnement du principe de réalité chez ces malades qui ne paraissent obéir qu'au principe de plaisir, provoquant de désagréables retours de bâton de la réalité sociale. Celle-ci est surinvestie par rapport à la réalité psychique, comme le corps est surinvesti contre la réalité psychique chez le psychosomatique. Ce qui nous frappe chez ces patients est le rapport consommatoire qu'ils ont à l'égard des objets (indifférents en eux-mêmes) qui s'inscrivent dans une certaine constellation significative. En se jetant à « corps perdu » dans l'acte, ils dévorent les objets qui se trouvent dans le champ où ils sont venus se jeter. On a le sentiment que l'important est pour ces patients de ne pas laisser se dérouler les affects en rapport avec cette situation, mais de les épuiser d'un seul coup par l'acte. Ils ne peuvent attendre, ni tromper leur faim orageuse et destructrice. L'*acting*, ce coup d'éclat, amène enfin la résolution de la tension, quelles qu'en soient les conséquences. Les psychopathes soutiennent la comparaison avec les psychosomatiques qui infligent un dommage à leur corps pour ne pas laisser s'investir la réalité psychique.

Bien des traits différencient le psychopathe et le pervers. La ligne brisée des relations objectales, le statut d'instabilité de l'objet chez lui, l'intolérance à la frustration, la réponse sur un mode immédiat et non différé, l'immaturité affective, le sentiment que tout lui est dû et l'accusation permanente du Moi se plaignant de ce que les autres ont fait de lui, caractéristiques du psychopathe, sont loin de s'appliquer au pervers. Celui-ci, si quelque parenté les unissait, serait en quelque sorte l'aristocrate de cette grande famille, le produit fin de race d'une généalogie. Nous avons fait peu de place à l'affect du pervers dans notre étude. Des travaux récents (Rosolato, P. Aulagnier-Castoriadis, M. Khan) ont tenté de jeter quelque lumière sur cette partie obscure du champ analytique. La jouissance perverse reste encore un mystère, malgré que l'enfant soit dit pervers polymorphe. Comme toute jouissance, la jouissance perverse est jouissance en acte. Son triomphe est d'installer la publicité de cette jouissance au grand jour, tandis qu'elle demeure scellée dans le secret, malgré le scandale par lequel elle a besoin d'être révélée. Son rapport à la Loi est un des points qui la relient à la psychopathie. Mais le psychopathe ne sait pas être pervers, il ne peut savourer la jouissance parce que la différence qui le sépare du pervers est celle du gourmand au gourmet. Le pervers fignole son travail et élabore sa jouissance à travers le scénario qui lui est nécessaire. La perversion poursuit le but d'incarner le fantasme. C'est pourquoi il nous semble que l'accomplissement de l'*acting* pervers nécessite le montage d'une représentation scénique[1]. Il y a dans l'acte pervers un élément de théâtralité qui est la condition de la jouissance perverse. La perversion la plus gravement perpétrée est marquée du sceau d'une dérision par celui qui l'accomplit, comme pour celui qui consent à y participer. Elle est une sorte de drame satyrique qui doit rester méconnu, seul le pervers ayant le droit de rire sous cape. De qui rit-il ? De lui-même ?

---

1. D'où les rapprochements qu'on a pu faire sur le rôle de la scène primitive chez le pervers (J. McDougall). On peut en rapprocher les performances théâtrales des grands masochismes pervers (M. de M'Uzan).

Peut-être, mais en tant qu'il dénonce de sa place le père démasqué, enfin déchu de son rôle de père noble. La Loi n'est autre que le désir du père, dit Lacan. Cela est surtout vrai pour le pervers qui voit derrière tout père un hypocrite qui se livre en secret à toutes les turpitudes possibles, alors qu'il sanctionne sévèrement des vétilles. Et dans toute mère une putain asservie au père, quand elle-même ne l'entraîne pas dans la jouissance impudente, alors qu'elle paraît une sainte femme, aux gestes pourtant étrangement ambigus.

Lorsque l'enfant découvre que son auto-érotisme masturbatoire est interdit, alors que les parents se livrent à un coït dont il magnifie fantasmatiquement la jouissance, la seule vengeance qui lui paraise possible est la perversion. Mais cette vengeance est froide, cruelle et la jouissance qui l'accompagne est marquée par le dénigrement. La performance réussie par le pervers est d'obtenir le maximum de la jouissance par l'exercice des pulsions partielles, à qui revient la fonction d'assumer la totalité des possibilités de la sexualité génitale. C'est pourquoi il peut réussir ce que le non-pervers n'est pas à même de faire (quitte à en devenir névrosé ou impuissant) et qu'en même temps toujours quelque chose manquera à sa jouissance, malgré sa revendication pour un plaisir sans entrave, prolongement du plaisir d'organe, contre le « plein amour d'objet ». Si le Surmoi du pervers paraît si contradictoire, à la fois vaincu par l'accomplissement de l'acte pervers et vainqueur par les sanctions pénales que le pervers paraît attirer, c'est peut-être parce que ce que souhaite le pervers est cette jouissance comme châtiment et ce châtiment comme jouissance. Châtiment corporel, invitant la Loi à le châtrer[1], c'est-à-dire à manifester son hypocrisie en tant que Loi, puisque les juges pourraient aussi bien être passibles des mêmes peines, si protégés qu'ils soient par leur fonction.

Cette jouissance corporelle et ce châtiment corporel nous font rapprocher métaphoriquement structures conversives et structures perverses. Dans ces dernières, l'agir dans le corps et l'agir dans le réel restent dans un rapport de symbolisation étroit avec la réalité psychique, l'inconscient, le refoulé. Dans

---

1. Ce qu'elle consent parfois à faire effectivement (cf. la castration des pervers sexuels pratiquée dans certains pays).

les structures psychosomatiques et psychopathiques, bien que ce lien existe de façon beaucoup plus imprécise, il ne peut être aperçu du sujet, qui est coupé de tout accès à son inconscient. Ainsi conversion et perversion forment-elles un noyau cohérent (en relation avec l'hystérie et la névrose obsessionnelle) avec les structures inconscientes. Au-delà, ou en deçà, on ne saurait le dire, structures psychosomatiques et psychopathiques représentent des états de dégradation énergétique qui poussent vers une décharge économique dommageable au corps et au statut social de l'individu.

Nul doute que le prix payé à ces issues ne soit témoin de craintes majeures pour le Moi contraint ici à des déformations, des empiétements, des mutilations ou à un appauvrissement essentiel, au sens où la richesse de la vie affective est compromise par le mode de fonctionnement en tout ou rien. Le clivage est alors patent entre la personnalité critique et chronique. En fin de compte, ce qui caractérise le psychosomatique comme le psychopathe est leur absence de symptomatologie psychique : c'est-à-dire leur normalité. C'est pourquoi les premiers sont entre les mains des médecins et les seconds des hommes de loi[1].

4 | *L'arriération affective*

Il n'est pas dans l'esprit de l'investigation psychanalytique d'envisager la clinique sous l'angle de l'arriération. Aussi le terme d'arriération affective doit-il être employé par référence à une dénomination de convention pour désigner une structure du caractère. L'arriération affective est un tableau clinique d'apparence bénigne. Cependant le psychanalyste considère les patients qui présentent une immaturité affective avec réserve. Il connaît les écueils présentés par un noyau constitué par une dépendance à l'objet et une idéalisation de celui-ci qui peuvent se révéler irréductibles. Ce qui frappe chez de tels patients est le maintien, malgré une évolution apparente dans la vie professionnelle et sociale, d'un style

---

1. Ces remarques cursives sur les perversions sont, nous en avons conscience, loin de cerner l'essence des relations entre affect et jouissance perverse.

de relations objectales qui a réussi envers et contre tous à se maintenir dans l'ingénuité originelle : l'aspect physique éternellement juvénile, la sensibilité, ou plutôt la sensiblerie, la minauderie, la revendication affective, le contre-investissement pulsionnel global sexuel et agressif atteignent ici des proportions surprenantes. L'immaturité affective paraît dépendre d'une organisation narcissique qu'il faut tenir à l'abri de l'évolution. Le conflit entre cette organisation narcissique et les exigences pulsionnelles se termine par la mise au secret de ces dernières. On comprend mieux alors le fantasme d'omnipotence qui se cache derrière ce qu'on taxe d'infantilisme. Cette omnipotence vise à tenir l'objet captif par le « chantage » affectif. Toute demande de la part de l'objet impliquant soit un rapport de style plus évolué, soit une satisfaction pulsionnelle est reçue comme un assassinat narcissique. C'est l'enfant qu'on cherche à blesser par cette demande. Les investissements pulsionnels envers l'objet seront contre-carrés par des investissements contre-pulsionnels et narcissiques envers des objets idéalisés. Souvent les objets transitionnels conserveront leur investissement bien au-delà de la phase du développement où ils eurent une valeur fonctionnelle transitoire.

Peut-être plus encore que la libido sexuelle, c'est la libido agressive qui sera contre-investie avec vigilance, probablement parce que c'est elle qui est vécue comme la plus dangereuse dans le rapport objectal.

On devine en effet que ce qui doit être banni du Moi est une certaine violence affective susceptible de détruire l'objet, comme si s'assouvissait ici un désir de vengeance criminelle. Quel est le forfait pour lequel l'objet serait ainsi puni ? S'il est difficile de le savoir avec certitude, on peut le conjecturer. L'accusation majeure portée sur l'objet est de se libérer de la tutelle du sujet afin de vaquer à ses tâches. Des tâches qui, en fin de compte, se révèlent être des satisfactions pulsionnelles. La mère quitte l'enfant la nuit pour se livrer aux relations sexuelles avec le père. Le père n'accorde pas toute l'affection désirée pour jouir de sa, ou de ses, femmes. L'arriération affective naît de cette découverte et souhaite entretenir l'illusion d'une rencontre avec un objet qui fasse exception à cette règle. En même temps, elle accuse les objets de reproduire cette situation d'enfance et de forcer le sujet à participer à ce qui fut l'origine d'une blessure narcissique humiliante. Le désir de ne pas grandir devient alors à la fois la fixation à un moment antérieur à la découverte de la sexualité parentale, et à la fois la vengeance exercée à l'égard de l'objet primitif par le biais d'une dépendance qui obtient la perte de la liberté de l'objet au prix de la liberté du sujet. Bien entendu, cette relation objectale entretient la dénégation des pulsions du sujet. L'arriération affective prend le désir idéalisé du parent à la lettre. « Ils me veulent ingénu pour ne pas que je sois témoin de leur vie pulsionnelle. Ils me veulent innocent pour ne pas se sentir coupables. Je demeurerai l'éternel innocent pour qu'ils se sentent éternellement coupables. Je leur ferai honte d'être ce qu'ils sont, puisqu'ils ne m'ont pas permis d'être comme eux quand je n'étais qu'un enfant, même au prix d'une mutilation de moi-même. » L'interprétation de ces structures selon la conception du *faux self* de Winnicott serait théoriquement intéressante.

CONCLUSION

L'opposition entre le champ des névroses dominé par la problématique de la castration et le champ des psychoses dominé par la problématique du morcellement (clivage simple ou multiple) ne devrait pas inciter à croire que nous relativons ici la castration et cherchons un domaine « au-delà » d'elle. En fait, castration et morcellement se comprennent l'un par l'autre. On pourrait proposer comme dénominateur commun le concept du *démembrement.*

Démembrement comme perte du membre sexuel et comme séparation des membres qui constituent le corps. En fait la menace de castration est menace d'atteinte à l'intégrité narcissique et impossibilité de se réunir à la mère. Au reste, la suspension de l'activité masturbatoire a pour but de sauver l'organe en sacrifiant la jouissance, le vouant à une sorte de paralysie fonctionnelle pour le mettre à l'abri de la mutilation. Inversement le clivage est toujours clivage entre une partie sexuée et une partie antisexuée, lorsqu'il est clivage simple. Lorsqu'il s'agit d'un clivage multiple, chaque noyau isolé, chaque fragment de corps morcelé est investi de libido érotique et représente un pénis en puissance. Tausk rappelle que la libido corporelle sert de défense contre la libido psychique ; la machine à influencer est un organe génital certes et aussi un appareil psychique entièrement libidinisé. La dispersion des fragments disloqués est une castration perpétrée avec acharnement réduisant le corps phallique entier en fragments épars. Castration de l'objet partiel au « colossal investissement narcissique » (le pénis), castration narcissique fragmentant le corps en une multitude d'objets partiels, les deux registres non seulement ne s'opposent pas, mais se définissent l'un par rapport à l'autre[1]. La castration pénienne implique la référence à un corps narcissiquement unifié. Le morcellement du Moi renvoie à l'objet partiel incorporé, élément fondatif du narcissisme du sujet. La castration renvoie à la différence des sexes, à l'identité sexuelle, comme le morcellement renvoie à la différence entre la mère et l'enfant par laquelle celui-ci advient comme « indivis ». On comprend mieux alors la fonction du père phallophore, lieu de repère de la différence des sexes et de la différence entre la mère et l'enfant.

---

1. La relation entre structure névrotique et structure psychotique a été abordée par nous dans un travail où nous proposons, pour définir certaines psychoses latentes, le concept de *psychose blanche*. (*L'enfant de Ça*, en collaboration avec J. L. DONNET, Ed. de Minuit, sous presse.)

CHAPITRE IV

L'affect,
le procès psychanalytique
et le complexe d'Œdipe

I. L'AFFECT ET LES MATÉRIAUX DU TRAVAIL ANALYTIQUE

« *L'intention du travail analytique, comme on le sait, est d'amener le patient à lever les refoulements des débuts de son développement (le mot refoulement étant pris ici dans le sens le plus large) pour les remplacer par des réactions qui correspondraient à un état de maturité psychique. A cet effet, il doit se souvenir de certaines expériences et des motions affectives suscitées par elles, les unes et les autres se trouvant oubliées à présent. Nous savons que les symptômes et les inhibitions actuelles sont les suites de tels refoulements, donc les substituts de ce qui a été ainsi oublié. Quel matériau met-il à notre disposition dont l'exploitation nous permette de l'engager sur le chemin des souvenirs perdus ? Différentes choses : des fragments de ces souvenirs dans des rêves, en eux-mêmes d'une valeur incomparable, mais souvent pourtant déformés par tous les facteurs qui participaient à la formation du rêve ; des idées subites qui émergent lorsqu'il se laisse aller à « l'association libre » et dans lesquelles nous pouvons reconnaître des allusions aux expériences refoulées ainsi que des rejetons à la fois des motions affectives réprimées et des réactions contre elles ; finalement, des indices de la répétition des affects appartenant au refoulé apparaissant dans des actions plus ou moins importantes du patient à l'intérieur comme à l'extérieur de la situation analytique. Nous avons appris que la relation de transfert qui s'établit avec l'analyste est spécialement favorable au retour de telles relations affectives. A partir de cette matière première pour ainsi dire, il nous appartient de restituer ce que nous souhaitons obtenir »*[1].

Dans ce paragraphe d'une vingtaine de lignes, l'affect est mentionné quatre fois. Signe de sa présence prépondérante dès qu'il est fait allusion à la situation analytique.

A la catégorie de l'affect correspond : « le *souvenir* de certaines expériences », le *rêve* qui charrie un écho de ces souvenirs, des « *idées* subites », *des actes*, tout cet ensemble étant réactivé par la relation de transfert « spécialement favorable au retour de telles relations affectives ». La situation analytique nous met donc en présence d'un matériel psychique où la « présentation » du passé — le passé se conjuguant au présent — s'accomplit dans un tissu de discours caractérisé par l'hétérogénéité. Celle-ci unit dans sa texture, où les fils d'hier et d'aujourd'hui s'entremêlent, des éléments aussi différents que des idées, des représentations, des actes auxquels se joignent des affects. L'affect n'a donc pas une fonction uniforme. Freud parle tour à tour de motions affectives, d'affects réprimés ou appartenant au refoulé, de relations affectives. Ainsi l'affect a la fonction, selon le contexte, d'être soit une émanation de la pulsion (motions affectives), soit le moteur d'une idée, soit le mobile d'actes, soit encore un ensemble de relations que le rapport à l'objet transférentiel aide à répéter.

Si le but de l'analyse est la levée de l'amnésie infantile obtenue par la levée du refoulement, Freud, à la fin de cet article, devra concéder que le recouvrement des souvenirs ne se produit pas toujours, la résistance l'emportant sur la remémoration. Mais c'est pour conclure que l'analyse n'est pas pour autant infirmée. La construction de l'analyste est validée par l'affect du patient. « Très souvent, on ne réussit pas à ce que le patient se rappelle le refoulé. En revanche, une analyse correctement menée le convainc fermement de la vérité

---

1. S. FREUD, *Constructions dans l'analyse* (1937), trad. E. R. HAWELKA et U. HUBER revisée par Jean LAPLANCHE.

de la construction, ce qui, du point de vue thérapeutique, a le même effet qu'un souvenir retrouvé »[1].

Cet effet de vérité est celui de la vérité historique. Un peu plus loin Freud, à propos de l'hallucination, fait l'hypothèse que celle-ci pourrait « être le retour d'un événement oublié des toutes premières années, de quelque chose que l'enfant a vu ou entendu, à une époque où il pouvait à peine parler ». Dans cette hypothèse, l'affect de l'expérience est lié à une représentation hallucinée. En effet, le défaut d'une possibilité d'encodage par le langage pourrait expliquer son retour sous la forme hallucinatoire. Il est remarquable que Freud termine son article par le rappel de la phrase qui devait connaître une telle fortune : « le malade souffre de réminiscence ». A l'origine, celle-ci s'appliquait à l'hystérique, voilà maintenant son application étendue au délire. Il est non moins remarquable que Freud n'ait pas cité parmi les matériaux du discours de l'analysant le fantasme dont la découverte modifia singulièrement la conception première du traumatisme et de la réminiscence.

Réminiscence et construction vont de pair. D'autant que la réminiscence est le fruit d'une construction de l'analysant. Or, on peut s'interroger aujourd'hui, après Freud, pour savoir si la construction de l'analyste porte sur le fantasme inconscient, ou l'événement matériel. Si l'effet de vérité dépend de l'exactitude de la construction quant à l'événement ou quant au fantasme.

Lorsque Freud donne l'exemple des cas où l'analyse ne permet pas la levée de l'amnésie infantile, il bute dans la construction sur le souvenir-écran, représentation bouchant l'entrée du passage vers le refoulé, sorte de point limite au-delà duquel il paraît interdit d'aller. Or, l'analyse rigoureuse ne permet pas, si l'on se fie au seul analysant, d'opérer la distinction entre souvenir-écran et fantasme[2]. Leur structure est la même,

---

1. Serge VIDERMAN dans son beau livre, *La construction de l'espace analytique* (Denoël, 1970) a donné à la notion de construction une extension considérable, en en faisant la clé de voûte de la psychanalyse en nous invitant à quitter le cercle d'une reconstruction historique illusoire autant qu'incertaine.
2. Dans les lettres à Fliess (Manuscrit M, 25-5-1897), FREUD précise la structure du fantasme et son lien au souvenir : « Les fantasmes naissent par combinaison inconsciente, selon certaines tendances, de choses vécues

tous deux sont construits à partir de fragments de perception morcelés, désarticulés, rassemblés pour constituer une « scène psychique », décor ou scénario, élément de notre théâtre privé. Ainsi la controverse qui consiste à savoir si la construction porte sur le souvenir ou le fantasme est-elle à la limite sans objet. Ce qu'il importe de souligner, c'est qu'il ne faut pas avoir la naïveté de croire que l'expérience vécue dans le réel suscite des réactions affectives d'une plus grande intensité que le fantasme.

Les événements traumatiques sont interprétés fantasmatiquement ; le trauma est d'autant plus violent que le Moi est moins en mesure de percevoir la réalité de l'événement. Inversement une activité fantasmatique fait de l'expérience réelle banale une expérience traumatique. Faire la part de l'événement et du fantasme reviendrait, lorsqu'il s'agit des premières phases du développement, à vouloir dissocier l'indissociable[1].

Le pouvoir affectif du fantasme n'a rien à envier aux effets du réel. Fantasme et affect s'appellent l'un l'autre. L'évocation du fantasme soulève une montée d'affect (relisons *On bat un enfant*) qui amène souvent un remaniement de celui-ci dans un sens plus angoissant ou plus proche de la réalisation non déguisée du désir. La tension affective sollicite le fantasme qui est déjà en soi une issue de décharge, une « liaison » de cette énergie libre en quête de représentation. Le fantasme s'élabore sur un noyau de souvenir, mais celui-ci à son tour se transforme dans la mémoire, s'amalgamant à d'autres fragments appartenant à des souvenirs de périodes différentes, y mêlant aussi le contenu d'autres fantasmes. Cette « construction » est un mixte où se mêlent interdiction et réalisation de désir, passé de « différentes couches, événements réels et événements fantasmés ». Ce qui importe est l'effet d'organisateur de ce résultat de travail psychique.

---

et entendues. Ces tendances s'exercent en rendant inaccessible le souvenir à partir duquel les symptômes se sont créés ou peuvent se créer » (S.E., I, 252). Les processus d'amalgame et de distorsion chronologique aboutissent donc à une « construction » qu'on peut rapprocher de la construction de l'analyste. Relevons que Freud admet dans le texte l'existence d'une formation de symptômes à partir de constructions de motions (*Impulsbildung*).

1. Ceci n'implique, faut-il le dire, aucune prééminence du point de vue génétique. Bien au contraire, la clinique psychanalytique nous renvoie au fantasme ordonnateur dit de la *scène primitive*.

Il faut cependant, après avoir rapproché souvenir et fantasme par rapport au réel dans leur effet d'affect, mettre une limite à ce rapprochement. Réel et fantasme sont *chacun isolément* producteurs d'affect. Mais l'effet traumatique de l'affect naît précisément, tout analyste le sait, quand le réel confirme ce qu'on pourrait appeler le *pressentiment* du fantasme[1]. Lorsque Freud dit que la perception des organes génitaux maternels, mettant la castration à ciel ouvert, a un effet sur l'enfant comparable à ce qui se produit chez l'adulte à la suite de la chute du trône ou de l'autel, il n'exagère pas. Si la seule réponse possible devant ce traumatisme visuel est le clivage du Moi dont le fétichisme nous montre la cicatrice, il faut en effet que l'affect ait eu un effet drastique pour amener le Moi à consentir à une telle automutilation par le désaveu. Ici joue un des effets majeurs de l'affect insuffisamment souligné : la *croyance*, il faudrait dire la *foi*.

Les différents écrits de Freud sur la religion rencontrent leur limite aux portes de la foi, qui résiste souvent à l'analyse. Le maintien du clivage est tel qu'il ne manque pas d'analystes croyants — à quelque religion qu'ils appartiennent — ni non plus de savants irréprochables qui prennent plus ou moins régulièrement le chemin de l'église, du temple, de la synagogue. Tant est solidement préservé le domaine de l'illusion, de la croyance au fétiche, au père tout-puissant protecteur ou à la mère consolatrice.

Avec l'expérience du réel confirmant le fantasme, on est face à un *événement* qui joint la perception et l'affect, que la défense pourra dissocier. L'effet traumatique vient ici de la « malheureuse rencontre » du fantasme et de la perception. Sans le fantasme de la castration, la perception des organes génitaux maternels ne signifierait rien d'autre qu'une différence de conformation. Sans la « théorie sexuelle » du coït sadique selon laquelle la mère est châtrée par le père ou le châtre, la perception du vagin ne saurait avoir des conséquences affectives si dramatiques. Remarquons en passant que le fantasme d'un pénis maternel interne — du pénis du père dans le ventre de la mère — ne résout rien. La castra-

---

1. C'est peut-être contre cette conjonction que se constituent ce que B. Lewin appelle des « affects-écrans ».

tion vaginale fait coïncider l'absence d'un membre « perdu » en cours de route, avec sa retrouvaille dans l'autre où le parasite s'est nourri du pouvoir de son hôte. L'horreur de la castration fait place ici à la terreur de la pénétration — fantasme non moins redoutable que celui éveillé par le manque de pénis visible chez la mère.

Ainsi la série fantasme - souvenir-écran - souvenir - perception conjoint et disjoint ces différents termes et les rend indissociables. En tout état de cause, le travail analytique avant d'opérer la construction se doit d'opérer la *déconstruction* du fragment psychique composite qu'offrent le fantasme, le souvenir-écran et les formations de l'inconscient. C'est lorsque ce travail s'accomplit de façon satisfaisante que l'on assiste parallèlement à un travail sur l'affect dans le transfert.

Ce remaniement s'opère par une modification quantitative et qualitative des affects. Le Moi étant alors en mesure de réintégrer le fragment inconscient de représentations et d'affects étend son pouvoir sur le terrain reconquis. Le quantum d'affect tombant sous la juridiction du Moi est, pour ainsi dire, partie intégrante de la structure fonctionnelle qui le caractérise et ne menace plus cette organisation. Quant à la qualité de l'affect, elle recouvre son identité véridique. Du point de vue qualitatif, l'affect retrouverait après la levée du refoulement sa vocation. Le déplaisir est rapporté à sa véritable représentation : l'évocation de la perte de l'objet ou de son amour, la perte du membre, la perte de l'estime de soi. Ou bien encore, là où le plaisir se présentait sous le travestissement du déplaisir, là où la souffrance était la satisfaction retournée adressée au Surmoi, Eros réaffirme ses droits originaires et fait tomber les masques. Ne négligeons pas pour autant l'effet séparateur des pulsions de destruction qui maintiennent le refoulé dans la ségrégation par la résistance. En effet, sitôt la prise de conscience achevée, une nouvelle résistance s'installe s'opposant à toute percée ultérieure. Le sort de la cure dépend du bilan de ce travail de Pénélope.

Cette évolution heureuse est plus rare qu'on le souhaiterait. Si de tels résultats ne sont ni si complets, ni si fréquents, cela n'enlève rien au fait que cette issue est le critère d'un travail analytique mené à terme.

II. TYPOLOGIES SCHÉMATIQUES DE DISCOURS

De quoi dépend cette issue favorable du travail analytique ? Quels sont les cas où une telle issue ne se produit pas ?

Nous pouvons en ce point de notre interrogation nous porter vers notre expérience. Mais à quel niveau de celle-ci ? Certes nous pouvons opposer dans une perspective nosographique les bons et les mauvais cas, les névrosés et les psychotiques. Mais cette référence est sans doute trop globale, trop éloignée du travail psychanalytique. Sans compter que chacun de nous peut invoquer le cas de patients psychotiques qui ont plus bénéficié de l'analyse que certains névrosés, qu'il s'agisse de névroses de caractère ou de névroses de transfert.

Les critères de santé et de maladie sont bien imprécis et bien insuffisants pour notre évaluation. Les analyses de personnes « normales » (analyses de formation) ne sont pas, et de loin, celles qui nous donnent l'impression du travail analytique le moins malaisé.

Nous pouvons aussi interroger la structure du transfert. On peut faire état de transferts où l'ambivalence reste modérée, les affects nuancés, les régressions partielles et temporaires, les défenses souples et mobilisables ; ici les interprétations ont pu être intégrées conduisant à une véritable transformation de l'économie psychique. A ces transferts s'opposent d'autres transferts où l'ambivalence est extrême, les affects orageux, les régressions massives et durables, les défenses rigides et prises en bloc ; ici le patient reste aveugle ou sourd à l'interprétation, l'analyse n'aboutissant qu'à des transformations superficielles et précaires à moins que le bilan de la cure n'apparaisse franchement négatif marqué par un changement défavorable qui justifiera la plus grande prudence au moment de poser l'indication d'analyse. On retrouve dans cette opposition la description de M. Bouvet entre structures génitales et prégénitales, prolongée par les observations récentes de M. de M'Uzan.

Nous opposerons trois types de séances d'analyse dont nous tirerons certaines conclusions :

Type I. — La séance est dominée par un climat pesant, lourd, marécageux. Les silences sont de plomb, le discours est dominé par l'*actualité* : actualité de la présence de l'analyste qui ne peut être un instant mise entre parenthèses, actualité du conflit qui domine la vie de l'analysé, actualité du réel et du monde extérieur, qui emprisonne l'analysant et étouffe sa parole. Celle-ci est sourde, monotone, comme ligotée par la présence du corps qui s'exprime par la voix. Le discours est uniforme, il est un récit descriptif où aucun renvoi au passé n'est décelable ; il se déroule selon un fil continu, ne pouvant se permettre aucune brisure. Cette parole captive est captatrice de l'analyste. Celui-ci se sent aussi prisonnier de l'analysant que l'analysant semble l'être de son corps. Procède-t-on à l'analyse spectrale de ce discours qu'on n'y décèle qu'une morne uniformité, déroulée selon le mode d'un récitatif ou d'une incantation. Ce qui parvient à l'analyste est une substance compacte, gélatineuse. La viscosité libidinale dont parle Freud n'est pas ici un vain mot. La diversité des registres auxquels Freud se réfère dans l'article cité plus haut se fond dans une masse commune, où toute distinction entre affect, représentation de chose, représentation de mot est arbitraire. Les projections de transfert se donnent dans une certitude immuable qu'il n'est pas possible de mettre en question, ce qui pourrait donner accès à la prise de conscience ou à la compulsion de répétition qui permettrait un meilleur abord interprétatif dans une conjoncture analytique différente. La rêverie du fantasme paraît anémiée, appauvrie, sans élaboration. Les rêves sont récités ; l'analysant paraît surtout préoccupé de restituer en séance l'atmosphère du rêve, son climat affectif. L'énigme qu'est le rêve est prise dans l'élaboration secondaire qui fait primer le rêve comme récit et comme événement au rêve comme travail sur des pensées. Quand la tonalité affective se tend en cours de séance, elle se décharge d'un bloc, sans qu'une connotation représentative puisse lui être reliée. Tout est d'un pur présent. Peut-on parler de résistance de transfert ? Il semble plutôt qu'on doive parler de transfert englué qui ne sort de sa gangue que pour exploser sans profit pour l'*insight*. Parfois à l'opposé, la décharge survenue, l'affect paraît s'être vidé, le corps du patient s'alourdit encore davantage, l'analysant est un poids mort sur le divan.

Il ne faudrait pas croire qu'une telle relation analytique soit désinvestie par l'analysant. Bien au contraire, elle est surinvestie. La séance d'analyse est attendue, de longtemps appréhendée et souhaitée. L'analyste est pour l'analysant un poumon d'acier qui lui permet de survivre au-dehors. Les absences de celui-ci amènent une position de retrait de tous les investissements, une hibernation libidinale jusqu'à la reprise des séances. Le transfert parasitaire peut épuiser les efforts d'empathie de l'analyste et conduire à un contre-transfert de dégagement où l'analyste tente de se sortir du bourbier transférentiel.

Cette caricature typique que nous avons chargée à dessein est celle du transfert où l'affect tient lieu de toutes les formes de représentations possibles. Transfert à résonance corporelle dominante, il ne permet qu'un travail des plus limités qui se borne pour l'analyste à une politique de présence. Si celui-ci veut éviter certaines catastrophes narcissiques, il doit particulièrement surveiller dans les manifestations de sa présence tout ce qui peut trahir les traces d'un contre-transfert négatif.

Type II. — La séance est ici dominée par une extrême mobilité de représentations de toutes sortes. Sitôt étendu, le patient a beaucoup à dire. Réflexions issues de la dernière séance, de tout ce qui a été vécu depuis celle-ci, de tout ce qui se présente en cours de séance. Le travail associatif va bon train, la langue est déliée, rapide, presque torrentielle. L'analyste est noyé sous le flot des paroles ; celles-ci forment des ensembles de réflexions fort ingénieuses, exactes en droit, qui pourraient aussi bien figurer dans une conférence ou un travail écrit. Les images se présentent en foule, appartenant à un passé récent, remontant le cours d'un passé plus ancien, anticipant sur l'avenir. Tout y passe : les relations avec le conjoint, les amis, les professionnels, les travaux en cours, les lectures profanes ou sacrées — c'est-à-dire hors du domaine de l'analyse ou dans le champ de celle-ci. L'analyste devrait être séduit par ce patient qui lui donne tant. Pourtant l'analyste a le sentiment que *son* processus analytique n'est pas embrayé. Le typhon des représentations tourbillonne autour de lui. Il en occupe l'œil, c'est-à-dire la place que n'agite aucun souffle. La fuite des représentations qui n'est pas sans rappeler la fuite des idées lui donne l'impression de productions psychiques arbitraires. C'est-à-dire que le patient pourrait tout aussi bien dire le contraire de tout ce qu'il avance sans que cela ne change rien de fondamental à la situation analytique. Les formations de l'inconscient sont marquées, lorsque le patient les analyse, du même sceau d'abondance stérile. L'analysant est expert à retrouver les filons associatifs d'un rêve, d'un fantasme, d'un lapsus, d'un acte manqué. Tout ceci est sans conséquence car l'analyse glisse sur le divan comme l'eau sur les plumes d'un canard. Il n'y a aucun crochetage par l'inconscient, aucun amarrage dans le transfert. Le transfert est ici volatil, libre comme l'air. L'analysant est une merveilleuse machine à associer qui tourne parfaitement rond. La présence de l'analyste est tout à fait superflue. S'absenterait-il discrètement que cela passerait tout à fait inaperçu de l'analysant. Autant dire que le processus psychanalytique n'est nullement engagé et que le transfert paraît ici être sous le coup d'un non-lieu. Tout effort de l'analyste pour souligner les caractéristiques de cette situation est annulé parce que immédiatement assimilé par l'analysant, c'est-à-dire que son dire fait immédiatement l'objet d'associations et d'interprétations souvent justes d'ailleurs, mais sans impact.

La caricature que nous venons d'esquisser est, comme dans le cas précédent, appuyée. Elle est la forme extrême d'un type, dont l'existence est néanmoins incontestable. Il est facile de repérer la défense, œuvrant ici dans le sens d'une élimination continue des affects qui, aussitôt qu'ils se manifestent, sont pris dans le réseau représentatif.

Il serait facile de retrouver dans cette opposition du type I et du type II les descriptions de Bouvet. Résistance de transfert, résistance du trop éprouver, résistance de forme hystérique dans le type I, résistance au transfert ; résistance du trop comprendre, résistance de forme obsessionnelle dans le type II.

Ce qui nous paraît significatif dans cette opposition est la *défense contre la représentation par l'affect* et *la défense contre l'affect par la représentation*. Tout se passe comme si le Moi avait le pouvoir, en faisant jouer les mécanismes de défense inconscients, d'opérer la séparation relative de l'affect et de la représentation afin qu'en aucun cas ceux-ci ne puissent coexister dans la chaîne du discours.

Nous ne saurions négliger les conséquences contre-transférentielles des situations présentées par les malades producteurs de séances des types I et II. S'il est vrai que l'analyste doit être capable de sympathie et d'empathie devant ces indices de souffrance psychique dont cet excès ou cette insuffisance d'affect sont le témoignage, on ne peut, sauf à tomber dans une vue idéalisante, exiger de lui qu'il puisse faire face avec impassibilité à ces situations éprouvantes. Bien entendu, l'analyste sait la provocation masochiste, donc agressive, qui se cache derrière les séances des types I et II. La compulsion de répétition des patients producteurs de telles séances vise à renouveler de la part de l'analyste le rejet qu'ils attendent de lui. Et sans doute l'analyste qui possède une maîtrise suffisante de ses affects sera-t-il averti du jeu qu'on voudrait lui faire jouer. Mais savoir et pouvoir sont différents. La maîtrise effective de l'analyste, si bien analysé qu'il soit, n'est pas à l'épreuve de toutes les situations. Certes, si ces situations sont trop fréquentes ou trop intenses et que l'analyse du contre-transfert n'y pare pas efficacement, il appartiendra à l'analyste de pousser son analyse plus loin. Mais on ne saurait lui demander d'être un surhomme dominant totalement ses affects, sans tomber dans un mythe idéologique. L'analyste alors serait en mesure d'affronter toutes les situations analytiques et au bout du compte le problème des indications de l'analyse ne se poserait plus.

Que fait l'analyste de ses affects ? Si la réponse souvent donnée à cette question est celle du clivage : il les maîtrise dans sa pratique professionnelle et leur donne libre cours dans sa vie privée, elle reste problématique quant à la *praxis*. Comment demander à la fois l'empathie la plus profonde, l'identification affective et la maîtrise de la réponse ? Ne pas assigner des limites à l'une comme à l'autre, c'est faire de l'analyste un mage, spéléologue de la psyché et grand-prêtre de la parole. C'est encore nourrir le fantasme de l'omnipotence analytique venant à bout de n'importe quelle structure d'inconscient. Le masochisme expiatoire ou réparateur de l'analyste n'a, *de jure* ou *de facto*, pas obligatoirement d'effets curateurs sur le masochisme de l'analysant. Nous dirons qu'il nous paraît souhaitable que ce dernier puisse sentir qu'il a induit chez l'analyste un sentiment *d'attente limitée*, signe de la conscience de son pouvoir et des bornes entre lesquelles celui-ci se tient. Si le jeu affectif se portera sur ces limites, au moins ne disposera-t-il pas de tout le champ pour y faire jouer l'intrication de ses demandes de satisfactions régressives et de ses opérations défensives.

Dans cette conception, la maîtrise affective ne signifie pas impassibilité affective, mais appel à la fois à la libération affective et au désir d'un surmontement qui ne cède pas à la fascination de ce qui a été libéré.

Ces considérations qui visent les analyses difficiles aux limites ou au-delà du pouvoir de l'analyste doivent être comparées à la souplesse affective, la mobilité de l'*insight*, la tolérance aux variations de registre dont l'analyste fait preuve devant les sujets analysables. Ici, la pratique analytique n'est plus un fardeau, mais l'exercice d'une fonction qui comporte ses renoncements comme ses satisfactions, ses obligations comme ses privilèges. L'amour du métier peut alors faire de la pratique analytique une expérience affective enrichissante pour l'analysant comme pour l'analyste. Les affects en partage s'échangent dans les deux sens, du divan au fauteuil et réciproquement. Le rôle de l'analyste sera alors d'assurer l'investissement de leur communication.

Type III. — La séance a pour caractéristique essentielle de susciter l'écoute de l'analyste comme effet du désir du patient d'être entendu. Le discours du patient s'enclenche à partir de ce qui se présente à son esprit dans une ouverture initiale qui va au fil de la séance s'étendre ou se restreindre selon les moments de tension ou de détente de la situation de transfert. L'analyste est présent pour le patient, mais sa présence, moteur de la parole, n'aura besoin ni d'être conjurée, ni d'être circonvenue. Pour qui parle l'analysant ? Pour l'analyste sans doute, mais aussi bien pour l'Autre qu'il représente, pour lui-même et, à la limite, pour personne et pour rien. Il parle pour *dire*, mais nous dirions plutôt qu'il parle pour parler. Loin de voir là une nuance péjorative, nous verrons au contraire dans ce projet de parole une position fondamentale. L'analysant parle pour constituer le procès d'une chaîne de signifiants. La signification n'est pas attachée au signifié auquel renvoie chacun des signifiants énoncés, mais est constituée par le procès, la suture, la concaténation des éléments enchaînés.

Rien ici, qu'on ne se trompe pas, qui identifie le procès de la signification à une structure de narration ou de récit. Bien au contraire, la ligne du discours, celle que la censure n'entrave pas de façon majeure, est fondamentalement brisée et discontinue. Ici on peut apercevoir une double articulation analogue à celle que Martinet décrit pour le langage. Les syntagmes du discours sont articulés à l'intérieur d'eux-mêmes et entre eux, mais les brisures du discours font de celui-ci un discours non intelligible à l'auditeur qui en chercherait la signification consciente. La deuxième articulation est celle qui, invisible au niveau du discours conscient, est à déduire par l'analyste qui se livre au travail analytique. Pour ce faire, il tient compte non seulement des pleins du discours, mais aussi des suspensions, des blancs, des lacunes en chaque syntagme et entre les syntagmes. Le silence parle autant que la parole. Ce que révèle ce processus de concaténation est une hétérogénéité dans les temps du discours comme dans les formes constitutives du discours. Les éléments appartenant au passé renvoient au présent. Le présent fait rebondir les associations du passé qui renvoient la balle vers les anticipations du futur par la référence à un projet. L'unité de temps est rompue, la signification du passé comme celle de l'avenir projeté s'aperçoivent par éclats dans une démarche après coup. Toute interprétation fournie par l'analysant peut se donner comme un déjà signifié en attente de sa signification. A ce titre, l'interprétation[1] est toujours rétrospective, comme la signification perçue. « C'était donc cela que ceci voulait dire. » La signification (inconsciente) n'appartient jamais

---

1. Mais l'interprétation ne saurait s'appuyer sur la signification seule. « L'analyste ne peut dire ce qui ferait le plus de sens parce que le sens n'est pas seul à trancher de ce qu'il sera ou non entendu. Il ne suffit pas que l'interprétation porte le sens, il faut que quelqu'un d'autre le reçoive au même instant avec le moins d'altération possible. A chaque moment l'analyste doit tenir compte de l'état affectif du patient... » (S. VIDERMAN, *loc. cit.*, p. 48.)

au présent, seule la signification consciente peut lui appartenir. Et c'est justement ce que le procès de la séance met en question. La certitude de l'affect vécue dans le présent est soupçonnée. Le procès de la séance est parfois douloureux parce qu'il peut révéler une profonde infidélité à l'identité consciente, mais la règle de l'analyse est d'accepter cette contestation implicite. L'unité du sujet est rompue, fendue, clivée. Les éléments par lesquels le procès procède sont des modes de discours hétérogènes. L'analysant parle et lie par des représentations de mot les pensées, qu'il transforme ainsi par le langage, en perceptions, en repassant sur les traces mnésiques verbales. Soudain, l'évocation d'une vision appartenant au passé s'éveille en lui, parfois elle paraît se former extemporanément et se montre *in statu nascendi*. Au moment du discours, le plus inattendu, l'analysant est pris par surprise, un affect apparaît. Ce dernier peut être verbalisé, rendu par les mots, mais le plus souvent l'analysant insistera sur la carence et le défaut du langage pour en rendre compte, qu'il s'agisse de plaisir ou de déplaisir. Cet affect relance le procès analytique, oriente les représentations vers d'autres contextes représentatifs dirigés sur l'analyste, dont la présence se fait plus matérielle, ou sur une image prégnante de l'enfance, un trait extrait de l'objet. Un rêve se rappelle alors à l'analysant, le récit est suivi par l'évocation des restes diurnes, le dévoilement des pensées du rêve qui permet de donner accès par l'analyse du travail du rêve au contenu latent du rêve. Ici le fonctionnement du travail du rêve est consubstantiellement lié au désir du rêve et au contenu latent. L'économie du rêve et sa symbolisation vont de pair. L'analyse du rêve s'accompagne d'une certaine activité motrice sur le divan, une main joue avec l'alliance, ou froisse la cravate ou s'insinue entre le vêtement et la ceinture, tandis que l'autre main se cache sous le dos. Voilà qu'apparaît au-delà de l'affect un sentiment de modification du corps propre : impression d'étrangeté, de changement de la consistance ou du poids du corps, modification du schéma corporel : allongement des jambes, paresthésie au niveau des mains, des lèvres, etc. L'analysant ici sent qu'il lui faut communiquer ce qu'il éprouve et combien la traduction en mots est dérisoire devant ce jamais vécu, ce jamais dit. L'interprétation de l'analyste lie les effets successifs par la remémoration du procès qui a mené à cette prise de parole par le corps. La prise de conscience peut amener une reprise par le Moi des fragments qui lui avaient échappé et sur lesquels son contrôle peut s'exercer. Le discours de l'analysant est un discours polyphonique. Il s'inscrit sur plusieurs portées, comportant les tons les plus aigus et les plus graves. Diverses voix se mêlent en lui, les unes qui semblent un pur jeu de langage entraîné par son propre mouvement, les autres venues des vibrations du corps, inouïes, inquiétantes, familières et étrangères.

Si les mots ont toujours servi à suturer les divers registres du discours, leur valeur a été, selon les moments, très inégale. Leur pouvoir de liaison s'est révélé efficace tant qu'un certain niveau d'investissement était contenu dans certaines limites. En deçà, la verbalisation témoignait de la toute-puissance du langage, au-delà elle révélait l'impuissance du langage. La *mise en chaîne* par le langage était contre-battue par l'affect, résistant à son enchaînement sous forme de représentation. Lorsque le corps « se mêle de la conversation » selon l'expression de Freud, la chaîne est menacée de dissolution et l'énergie d'investissement peut se libérer sous la forme d'affect libre sans aucune liaison représentative, même plus celle d'une représentation du corps. Mais ce qui marque fortement le procès est le caractère partiel, temporaire, réductible et réversible de cette distension de la concaténation. L'Eros qui préside à la concaténation et dont les énergies sont investies dans le Moi, reprend le dessus quand la force bascule temporairement du côté des pulsions qui rompent la mise en chaîne.

Le travail analytique est sauvegardé par le procès analytique qui se poursuit entre corps et pensée. Ces différences fonctionnelles du pouvoir du langage face aux productions corporelles nous enseignent que si grandes que soient les tentations de ramener le processus de structuration à une formalisation, la substance, le matériau sur lequel s'exerce cette formalisation doit être pris en considération. Plus ce matériau est brut, plus il appartient à une matière première non préalablement travaillée, plus le pouvoir du langage s'y révèle précaire, plus le travail paraît fragile et ouvert aux influences de la déstructuration[1]. La pulsion, cet « être mythique, superbe et indéfini », est la mesure de la demande de travail faite au psychisme par suite de son lien avec le corporel. La pulsion est déjà en elle-même travail effectué sur le corps. Plus ses représentants psychiques seront les témoins de ce travail, plus le langage pourra composer avec elle ; au contraire, si ce travail originaire fait défaut, si le corps peut s'emparer par un assaut imprévu du discours, le langage révèle le défaut de sa cuirasse. *Le langage ne peut travailler que sur un matériau déjà travaillé.* La séance d'analyse permet à l'analysant de faire l'expérience, dans des conditions protégées, à la fois de cet échec du travail du langage et de la possibilité pour le langage de mener ce travail plus loin et mieux que cela n'avait été autrefois possible. La représentation et l'affect seront les médiateurs nécessaires de cette élaboration : la représentation du côté de la pensée, l'affect du côté du corps.

Encore faut-il distinguer, au sein des représentations, les représentations de chose, et les représentations de mot. Les représentations de chose, on sait qu'elles appartiennent en propre à l'inconscient de par leur structure même. La sphère visuelle a plus de résonances affectives que la sphère auditive ; elle est la plus proche avec l'affect[2]. Entre représentation de mot et affect, les représentations de chose forment un pont joignant l'intellect et la sensibilité.

Les représentations de chose sont particulièrement ouvertes au travail de transformation par la plastique qui leur est

---

1. On peut penser que si brut que soit ce matériau il implique en germe la possibilité du langage, et donc, depuis toujours déjà, une structuration potentielle. C'est notre avis. Ce qui est alors à prendre en considération ce sont les effets de la structure sur le procès de la structuration en acte. Cette position nous semble plus dialectique que celle qui défendrait l'idée de la structuration psychique comme résultat de l'interaction de deux sphères, structuralement différentes par hypothèse, de l'affect et du langage, qui iraient à la rencontre l'une de l'autre. C'est au sein d'un registre d'hétérogénéité plus étendu que ces problèmes pourraient recevoir leur solution.
2. La sphère auditive est provocatrice d'affect ; mais c'est la sphère visuelle qui accomplit la première mise en forme de la réaction affective. Le fantasme présuppose l'objet et le constitue à la fois. Mais l'important est que cette double opération s'effectue en arrachant la représentation à un matériau qui s'y prête et s'y refuse en même temps, semblant contester à l'organisation représentative les droits qu'elle s'arroge à l'égard de la signification.

propre. Cette malléabilité de l'imaginaire est commandée par l'influence de l'affect soumis au principe de plaisir-déplaisir et par celle des représentations de mot qui visent à l'établissement des relations entre les éléments représentés dont le langage assure le fonctionnement.

La représentation de chose est le pivot du travail de l'inconscient, comme du travail analytique. Les investigations modernes ont amplement montré les avatars des structures psychiques où fait défaut l'organisation fantasmatique formée à partir des représentations de chose. En fin de compte, nous retrouvons le rôle du fantasme dans l'économie psychique. Sans doute n'est-ce pas par hasard si le fantasme peut être à la fois l'objet d'une approche logique (cf. *On bat un enfant*) et d'une approche économique (cf. les travaux des psychosomaticiens).

III. L'ŒDIPE ET L'ORDONNANCEMENT DU DISCOURS

Ainsi, dans la première partie de ce chapitre, nous avons avec Freud évalué la réussite de l'analyse en nous basant sur un critère essentiellement historique : la construction. Nous avons discuté des rapports entre construction du refoulé portant sur des souvenirs perdus et construction du refoulé portant sur des fantasmes inconscients. En tout état de cause, la réussite de l'analyse était liée à une histoire réelle ou mythique dont l'analyste réussit à rétablir le contenu.

Dans la deuxième partie, reprenant la description de Freud de « Construction dans l'analyse » sur ce qui est offert à l'analyste par l'analysant, nous avons opposé trois types extrêmes de séances : type I à dominante affective, type II à dominante représentative, type III où affects et représentations composent ensemble le texte de la séance dans un mouvement qui est le procès de l'analyse. Ici, la réussite de l'analyse tient à l'établissement de ce procès. Rien n'interdit de penser que les trois types I, II et III puissent alterner au cours d'une même analyse. Mais seul le type III sera celui du travail analytique de *perlaboration*. En somme, le critère de réussite réside ici moins dans la construction du contenu du texte que dans la construction du texte lui-même dans les formations des traces de son écriture. Texte devenu de ce fait, contrairement aux types I et II, interprétable en *droit et en fait*. On aperçoit le sens de cette deuxième démarche plus structurale qu'historique.

En vérité, histoire et structure sont ici solidaires. Car là où la construction historique (mythique ou réelle, mais dans les deux cas véridique) s'édifia, ce fut avec les possibilités offertes par le texte, la lisibilité de l'écriture, la conservation de la ponctuation, le soulignement de certains passages, la typographie variée, l'ordonnancement des paragraphes, etc., tout ce qui a trait à la fabrication d'un texte.

Inversement, le procès d'écriture, son déchiffrement au fur et à mesure de son développement, son « obscure clarté », la lisibilité qui permettait d'y retrouver des articulations de premier et de deuxième niveau, le sentiment d'une vie courant dans le texte, celui-ci dévoilant ses nervures et ses membrures, tout cela est le témoin d'une histoire. C'est-à-dire d'un enchaînement temporel des remaniements de l'après-coup ne contredisant pas cet enchaînement, mais contribuant à lui fixer son ordre véritable, à distribuer les événements selon les places qu'ils occupent non dans la chronologie, mais dans la vérité historique.

Nous retrouvons ici les contradictions de l'opposition structure-histoire, puisque l'histoire est en fin de compte structure. On a fait remarquer que l'opposition des signifiants synchronie-diachronie se fondait dans les deux cas sur une référence commune à la chronie : simultanéité ou successivité. Nous dirions de même qu'au plan du signifié, structure et histoire impliquent toutes deux une référence à la structure : structure transversale et structure longitudinale.

En fait l'analyse des syntagmes dépend aussi de l'ordre de distribution de ses éléments — qui ne peut être modifié que dans des limites précises comme l'a montré Chomsky. Structure et histoire sont condamnées à se renvoyer mutuellement l'une à l'autre. Ainsi devant une analyse offrant toute la variété d'éléments souhaitable suturés dans le procès du discours, nous ne serons pas surpris d'y rencontrer en position clé les facteurs structurants de l'Œdipe : différence des sexes marquée, imagos paternelle et maternelle distinctes, identification établie sur un mode secondaire, repérage de la castration, présence de sublimations, cernage du fantasme, etc. Alors que dans les analyses où abondent les séances formées sur les deux premiers types le destin de l'Œdipe reste mal tracé : la différence des sexes est floue, les imagos masculines et féminines souvent confondues, de même que les imagos paternelle et maternelle sont fusionnées en un « personnage phallique » selon l'expression de Bouvet, les identifications s'effectuent sur un mode fusionnel primaire. La castration semble céder le pas devant des craintes de morcellement, l'activité fantasmatique est mal délimitée, le fantasme n'étant plus identifié en tant que tel et se confondant avec une vision projective du monde quand il ne paraît pas faire défaut[1].

Nous voilà ramenés, semble-t-il, à la distinction de Bouvet, entre structures génitales et prégénitales ; celle-ci cependant est formulée ici selon des critères différents : ceux des fixations œdipiennes et préœdipiennes.

La différence peut être jugée négligeable. Elle importe plus qu'il ne paraît. Si la génitalité est la référence à partir de laquelle sont distribuées les diverses structures, on pourrait reprocher à l'analyste de se faire le porte-parole et le défenseur d'une normalité d'autant plus mythique que celui-ci est le dernier à pouvoir l'incarner lorsqu'il quitte son fauteuil. Alors que si la division s'opère à partir de l'Œdipe, les choses ne vont pas de même. Car l'Œdipe est ce qui spécifie la condi-

---

1. Le type II peut paraître contredire ce schéma en apparence. La défense vigilante contre l'affect peut pourtant témoigner du danger de laisser transparaître une couche psychique dont les caractéristiques seraient celles que nous venons de décrire.

Certes, toute analyse se meut successivement et simultanément dans ces deux registres. En gros, l'évolution du transfert affectif suit une courbe qui va de l'analyse d'une structure œdipienne superficielle conduisant à une couche de conflits préœdipiens pour se conclure sur une phase terminale où l'Œdipe fait l'objet d'une nouvelle interprétation qui conserve ce qui l'a précédé en le dépassant. Ce parcours va de pair avec une évolution concomitante des affects qui atteignent le maximum d'intensité et de crudité dans l'analyse de la phase préœdipienne pour parvenir à une expression plus nuancée et mieux maîtrisée lors de la phase d'analyse terminale de l'Œdipe.

tion humaine. L'Œdipe est en même temps structure et histoire. Structure parce qu'il n'autorise aucune définition du sujet hors de la différence sexuelle qui unit les géniteurs entre eux et qui l'unit à ses géniteurs dans une situation réticulaire. Histoire parce que la différence sexuelle est doublée par la différence des générations. A la coupure qui départage les sexes répond une autre coupure, celle qui sépare l'enfant de ses parents.

Qu'est donc, dans ces conditions, le pré-Œdipe ? Comment peut-on parler d'une préstructure ou d'une préhistoire puisque celles-ci ne s'appréhendent que du point de vue où l'on parle d'une structure et d'une histoire. Depuis Melanie Klein, on n'ignore plus les stades précoces du conflit œdipien. Peu importe que celle-ci ait avancé l'âge de l'Œdipe ; ce qui compte est la quasi-contemporanéité de l'Œdipe et de la naissance. Il importe donc de distinguer entre le complexe d'Œdipe comme structure et la période œdipienne où la structure prend sa forme la plus apparente, la plus cristallisée et aussi la plus complexe puisque, comme Freud le rappelle, l'Œdipe est toujours double : positif et négatif.

Ainsi préhistoire et préstructure ne s'évaluent qu'à parler de l'histoire et de la structure. Inversement l'histoire et la structure ne disent leur valeur sémantique ou organisatrice qu'à se confronter avec ce qu'elles ne sont pas encore, mais pourraient être, ou ce qu'elles ont été, mais ne peuvent plus être.

Comment ne pas aborder ces questions lorsqu'on oppose les affects préœdipiens aux affects œdipiens ? Comment ne pas envisager cette distinction selon un modèle de relations duelles ou triangulaires ? Peut-on penser les affects dits primaires dans leur massivité écrasante sans recours et sans maîtrise possibles, où la médiation tierce est présente par son manque ? Peut-on évoquer la distribution des affects selon la double modalité de l'Œdipe positif et négatif sans l'équilibration réciproque d'un affect par l'autre et selon les deux objets auxquels l'affect est destiné dans le réseau des relations triangulaires ? De même le rapport affect-représentation est-il donné de façon tout à fait différente dans les relations de la période préœdipienne duelle et dans les relations de la période œdipienne triangulaire. Dans le premier cas le conglomérat affect-représentation se laisse difficilement scinder, dans le second, affect et représentation peuvent être référés à des réalités distinctes. Ainsi, de la castration qui comporte à la fois une représentation : celle du sexe tranché et un affect : l'horreur de cette évocation, les vicissitudes du refoulement (au sens large) permettant l'accentuation de l'un des deux éléments sur l'autre.

Nous ne nous étendrons pas sur la discussion oiseuse des affects hypothétiques de l'ère prénatale. Et guère davantage sur le prototype de la naissance. Que des affects soient intensément vécus lors de cette expérience traumatique, c'est l'évidence. Il nous faut cependant relier cette expérience à l'état du Moi à la naissance. L'absence de différenciation entre le Moi et le Ça ne permet de parler que de décharges physiologiques ayant pour corrélat psychique un certain vécu que nous ne pouvons que conjecturer, mais qu'il serait erroné de qualifier d'affect dans la mesure où aucun Moi ne l'enregistre. Et si l'on veut remonter le plus loin possible dans les arcanes préhistoriques, il faut opposer *l'expérience affective de la naissance au fantasme de la conception* (scène primitive), opposant ainsi la naissance de l'individu et la naissance du sujet. En tout état de cause, on ne peut parler d'affect au sens propre du terme que s'il y a un Moi pour l'éprouver. En deçà ou au-delà (dans les cas d'effondrement du Moi), il faudra se référer à une autre notion qu'à l'affect, peu importe le nom qu'on lui donnera pourvu qu'on effectue la distinction. Ainsi selon nous l'affect est lié à un certain *rapport* entre le Moi et le Ça.

Nous sommes donc amenés à envisager les phases de la formation du Moi. On peut comme Glover concevoir cette « naissance du Moi », selon le titre qu'il donne à son dernier ouvrage, comme le résultat d'une intégration progressive de ses *nuclei* primitifs. Conception proche de celle de Winnicott si on y ajoute les soins maternels. On peut aussi concevoir à la façon d'autres auteurs, un Moi primitif doté de fonctions innées. Comme il nous semble difficile de procéder à une construction réaliste — que l'observation directe et les travaux de Spitz se sont essayés de reconstituer — nous préférerons le modèle métaphorique de Melanie Klein, articulé avec celui de Freud.

On sait que selon Melanie Klein, le clivage entre bon et

mauvais sein inaugure la relation d'objet, dans le cadre de la phase schizo-paranoïde. Dans un écrit tardif, Melanie Klein postule, au sein de la phase schizo-paranoïde, des éléments précurseurs de la phase dépressive. Qu'est-ce à dire sinon qu'une intuition de la totalité de l'objet se fait jour très précocement. Nous postulerons quant à nous une intuition correspondante de l'unité du Moi bien que celle-ci soit loin d'être effectivement accomplie. Aussi la dualité bon-mauvais (sein) implique, ne serait-ce que dans leur mise en relation, la référence à un tiers latent appréhendé selon la réalité biface de la totalité de l'objet et de l'unité du Moi. Cette absence de totalité-unité est une quasi-présence, ne serait-ce que dans son appréhension négative. Disons pour simplifier qu'il s'agit là d'un lien métaphorique, d'un champ d'échanges sans lesquels l'opposition bon-mauvais n'a pas de valeur significative, et ne peut que renvoyer à une succession d'états sans rapport entre eux.

L'accomplissement de l'unité du Moi, concomitante de celle de la totalisation de l'objet est un paradoxe pour la pensée psychanalytique. Car, c'est dans le « moment » même où le Moi s'unifie qu'il se clive en bon et mauvais Moi — et que parallèlement, la mère-sein comme objet total remplace le sein comme objet partiel. Bonne et mauvaise mère se rapportant à la présence et à l'absence de celle-ci, à sa vie et à sa mort. On peut donc penser que le bon et le mauvais Moi se réfèrent à ce troisième terme qu'est la mère, tant qu'elle est présente ou absente, vivante ou morte. On sait comment les affects alternés de satisfaction et d'agression se muent alors en une autre forme dominée par l'expérience du deuil qui modifie profondément la tonalité affective. Au « temps » que nous conjecturons répond l'importance du refoulement qui doit intervenir pour brider le mauvais Moi, afin de préserver l'objet des attaques destructrices. *L'ouverture à la phase œdipienne permet de rapporter l'absence de la mère à la présence du père, à qui est réservé le droit de jouissance sur la mère.* La triangulation effective permet la spécification de la sexualité au sexe. Les objets partiels n'ont rien perdu de leur virulence et de leur efficacité. Toutefois, la référence au pénis donne à la castration son plein sens. Par elle, se signifient après coup toutes les expériences externes liées à la privation, à la frustration, au *manque* des objets partiels. Toute l'histoire antérieure est refondue en une nouvelle version à la lumière de la castration[1]. Celle-ci va entraîner cette distribution des affects entre les deux objets parentaux en les modulant et les répartissant : amour (et haine) pour la mère, haine (et amour) pour le père, dans la forme double du complexe d'Œdipe.

En outre, les affects des pulsions à but inhibé, dont l'intervention se situe pour nous très tôt (dans la phase de séparation entre la mère et l'enfant, l'inhibition du but empêchant le retour d'expériences fusionnelles trop massives), sont parachevés par la modification de la sensualité en tendresse et de l'agressivité en hostilité. Ainsi la phase œdipienne conserve son importance du fait de la mutation structurale qu'elle accomplit. Enfin, la formation du Surmoi « héritier du complexe d'Œdipe » signe la rencontre au-delà du père avec la Loi. C'est la dernière mutation structurale qui permet la différenciation des relations antérieures en rapports entre instances : Ça-Moi-Surmoi. Ici les affects « négatifs » se différencient selon des paramètres nouveaux. Ils cessent d'être des réactions à l'empêchement des satisfactions, réponses au non-accomplissement des désirs, pour devenir des *valeurs*. La reconnaissance du vagin à la puberté achève la pleine reconnaissance de la différence des sexes et le détachement complet des parents.

Cette vision historico-structurale peut peut-être permettre une meilleure compréhension entre l'Œdipe comme structure et l'Œdipe comme phase. Les phases préœdipiennes et prégénitales impliquent même au sein des relations de style duel la référence à un tiers. A ce titre, il nous semble qu'il faut comprendre la différenciation enfant-mère, ou Moi-objet, comme le précurseur de la prohibition de l'inceste s'exprimant ici par l'interdiction métaphorique du retour au ventre maternel, base de l'interdit de l'omophagie[2].

Ainsi le modèle historico-structural est basé sur la *diffé-*

---

1. Comme l'a bien vu M. de M'Uzan. Mais il faudrait ici préciser, ce qui déborde les limites de ce travail, comment la castration est déjà dans l'expérience du manque et comment elle en procède.
2. Car ce ne sont pas seulement les pulsions cannibaliques de l'enfant qui sont en cause dans la relation au sein, mais aussi celles de la mère qui visent à la réintégration dans le corps maternel de son produit, par un désir fusionnel de complétude narcissique, à laquelle l'enfant n'est pas seul à aspirer.

rence et la *différenciation*. Différence entre l'enfant comme indivis et la mère, différence sexuelle entre les parents. Différenciation selon Moi et Ça puis entre Moi, Ça et Surmoi. Différenciation au sein du Moi qui permet la différenciation des affects — et celle entre affects et représentation. Les affects primaires sont des affects-représentations primaires que la psychanalyse contemporaine interprète comme fantasmes inconscients.

Les affects originaires sont liés au *corps de la mère* comme les affects secondaires sont liés à la *Loi du père*. Ainsi l'affect est toujours pris entre *corps* et *Loi*, entre *la loi du corps* et le *corps de la Loi*.

L'interpénétration du corps et de la loi est permanente. Dès la naissance la mère prête son corps à l'enfant, pour sa survie plus que pour sa jouissance. Si la mère est, comme le dit Freud, la première séductrice de l'enfant, elle n'en sait rien. Et quand le désir du père inscrit par amour la loi dans le registre du code juridique pour condamner la transgression, celle-ci frappe le corps et inflige une contrainte par corps. La simple privation de liberté l'implique. La peine capitale est destruction du corps.

Ce chapitre débutant sur l'évocation du but du travail analytique doit s'achever — après ce long détour — sur cette question. La « maturité psychique » dont parle Freud mérite d'être explicitée. Qu'il s'agisse d'une maturité affective, sans doute, mais qu'est-ce à dire ? S'il est difficile, voire impossible de se prononcer là-dessus sans tomber dans les mirages de l'idéalisation, ne fuyons pas en annulant la question.

Atteindre à la maturité psychique se confond pour nous avec la possibilité, fût-elle très surestimée par rapport à notre fonctionnement psychique effectif, de l'analyse aussi poussée que possible du complexe d'Œdipe. Cela ne veut pas dire de l'analyse de la phase œdipienne, telle qu'elle est décrite par Freud, mais de la structure œdipienne qui comprend la face positive et négative de ce complexe et implique les phases préœdipiennes du conflit œdipien.

Le refoulement originaire s'oppose à la remémoration exhaustive ; l'analyse des formations de l'inconscient bute sur les limites infranchissables du refoulement originaire. Mais c'est cette limite même qui permet la relance indéfinie du procès de l'analyse. Ce n'est donc pas par la retrouvaille des contenus seulement que cette maturité sera atteinte. Ce n'est pas non plus par l'identification à l'analyste que l'on y parvient. Car si l'analyste — même en tant qu'il est supposé ne pas avoir besoin d'identification — est connu dans sa réalité psychique à la fin de l'analyse, s'il est dépouillé des projections de transfert et qu'il devient un être parmi d'autres pour l'analysé, pourquoi s'identifier à lui. Vaudrait-il mieux que d'autres ?

Les psychanalystes le savent, l'acquis véritable de la psychanalyse c'est... la psychanalyse, c'est-à-dire la possibilité d'analyser l'activité psychique. Or ce trésor de la psychanalyse qu'est l'exercice de cette possibilité est dans une relation dialectique avec l'affect. Seule cette faculté est susceptible de mener à la maturité psychique et pourtant la psychanalyse implique qu'une certaine maturité psychique préexiste à la possibilité de psychanalyser.

En vérité, nous tombons là sur les limites de la psychanalyse : limite en deçà d'elle comme condition de son déroulement, limite au-delà d'elle, comme effet différé de son action.

L'activité symbolique n'est possible qu'entre certaines limites économiques. L'appareil psychique comme tout appareil ne peut traiter que des quantités déterminées. La vérité de la structure œdipienne n'est pas en cause, quels que soient les destins de telles de ces quantités dont la folie nous montre un exemple. Mais la modification de cette structure par l'analyse est soumise à certaines restrictions.

Ainsi, si maturité psychique et maîtrise des affects vont de pair, c'est uniquement par suite des limites imposées à l' « analysabilité ». On peut, si l'on veut, leur préférer toute autre chose et choisir une autre référence qui ne passera pas par le critère de la distinction maturité - immaturité, ou maîtrise - immaîtrisabilité. C'est un choix qui ne regarde plus l'analyste. Tout ce que l'analyste peut proposer, ce n'est pas un modèle social, parangon de vertu stoïcienne — Dieu sait que les psychanalystes s'y conforment peu — mais l'acquisition du pouvoir d'analyser qui implique le désir d'une maîtrise des affects. C'est peut-être un idéal suranné. Cette maîtrise, il faut le dire, n'est pas un contrôle affectif, mais un *jeu*[1] d'affects, tel que l'emprise par l'affect ne soit pas totale, massive, irréversible. Ce jeu d'affects est celui-là même qui préside aux distributions des sentiments dans le complexe d'Œdipe et qui permet leur équilibration réciproque au sein d'une structure.

Si un affect pouvait être désigné comme valeur, ce ne serait pas, ô combien, la sérénité olympienne qui ne fait guère illusion, mais l'humour. Freud, on le sait, n'en manquait pas. Hélas, ceux qui ont pour mission de perpétuer son œuvre — usure du temps ou effets de la sélection — ne peuvent pas toujours se prévaloir du même privilège.

---

1. On peut étendre ici cette catégorie du jeu et lui donner une valeur paradigmatique, comme l'a fait WINNICOTT *(Playing and Reality)*, pour qui tout le but du travail analytique est d'amener à cette capacité de jeu.

TROISIÈME PARTIE

Etude théorique :

l'affect, le langage
et le discours ;
l'hallucination négative

CHAPITRE V

L'affect et les deux topiques

La diversité, l'enchevêtrement, la complexité des problèmes paraissent rendre tout effort d'unification théorique sinon impossible, du moins hasardeux. Il nous faut cependant le tenter[1].

I. LA SITUATION PARADOXALE DE L'AFFECT DANS LA THÉORIE FREUDIENNE (QUANTITÉ ET QUALITÉ)

Selon les textes, on trouve chez Freud deux définitions différentes de l'affect, dont la compatibilité fait problème. En un premier sens, l'affect désigne essentiellement un *quantum*, une quantité ou somme d'excitation

« *capable d'accroissement, de diminution, déplacement et décharge et qui est distribuée sur les traces mnésiques comme une charge électrique est distribuée le long d'un corps* »[2].

L'orientation électrophysiologique de la définition ne fait pas de doute. Freud est ici, à l'orée de son œuvre, encore

---

1. Certaines redites sont ici inévitables. Toutefois, en les replaçant dans le contexte élargi de la discussion générale, nous espérons éviter qu'ils ne donnent l'impression de la pure répétition.
2. *S.E.*, II, p. 60.

tout imprégné de sa période biologique. L'*Esquisse*, non encore rédigée, sera construite autour de deux hypothèses : les neurones et les quantités mouvantes. Ici donc, l'affect répond à une *affectation énergétique*, celle d'une quantité mobile, variable, transformable et déchargeable. L'état libre ou lié de cette énergie spécifie des régimes de fonctionnement très différents (processus primaires et secondaires). Ultérieurement, l'état de liaison ou de déliaison reflétera l'action des groupes pulsionnels opposés : Eros ou pulsions de destruction. Y a-t-il une ou deux énergies en présence selon son affiliation à Eros et aux pulsions de destruction ? Faut-il considérer qu'une seule énergie est, selon les cas, liée ou déliée ? En ce dernier cas, par quoi ou par qui ? La tendance à l'unification ou à la séparation serait-elle extérieure à l'énergie, soumettant celle-ci à son action ? Il faudrait alors concevoir Eros et les pulsions de destruction dotés de propriétés se situant bien au-delà des attributs généraux reconnus aux pulsions partielles. Leurs principes actifs (liaison-déliaison) pourront-ils être d'une nature énergétique autre ? Ce n'est plus alors deux énergies qu'il faudrait postuler, mais trois : une énergie indifférenciée et deux autres énergies, l'une liante, l'autre déliante. A moins de considérer que ce sont les transformations intrasystémiques qui permettent à l'énergie tantôt de se lier, tantôt de se délier sous l'action des principes actifs inconnus d'Eros et des pulsions de destruction. Laplanche a fait observer à juste titre que l'organisation des états de liaison devrait nous renvoyer à des types de liaison différents selon qu'il s'agit des liaisons du processus primaire et des liaisons du Moi.

Les problèmes métapsychologiques soulevés sont considérables. Car au-delà du fonctionnement pulsionnel, les principes du fonctionnement psychique (Nirvâna, plaisir-déplaisir, réalité) sont à l'œuvre. Au-delà du principe de plaisir, nous trouvons la compulsion de répétition qui nous renvoie au fonctionnement pulsionnel. La compulsion de répétition doit être mise en relation avec Eros (tendance à la liaison) et les pulsions de destruction (tendance à la déliaison). La compulsion de répétition, révélant le mode de fonctionnement pulsionnel le plus essentiel (« le caractère conservateur » des pulsions), est prise entre le retour à l'état antérieur le plus radical (abolition totale des tensions jusqu'au degré zéro), effet du principe de Nirvâna, et la conservation, la préservation, du principe de plaisir contraint à se soumettre au principe de réalité, dont c'est une des fonctions essentielles. Nous avons ici affaire non à des faits, mais à des apories. La compulsion de répétition qui œuvre en faveur du retour à l'inertie totale, à la mort, est un mythe métapsychologique — une métaphore. Les faits cliniques nous mettent au contraire en présence d'une compulsion à répéter le conflit de fixation : celui-ci est chargé de résonances antérieures et postérieures : ainsi l'angoisse de castration entre en résonance avec la castration anale et orale et aussi bien avec la perte de l'amour du Surmoi. Quoi qu'il en soit, ce qui est répété est bien la résurgence d'une expérience par laquelle la libido s'est liée, s'est structurée sur le mode de la liaison autour d'un fantasme ou d'un souvenir. Ceux-ci sont maintenant fixés dans l'inconscient et vont tendre à se reconstituer dans d'autres contextes. Si contraignants que soient les faits cliniques, ce sont les mythes métapsychologiques qui en rendent compte. Aussi l'hypothétique retour à l'inanimé, terme ultime de la compulsion de répétition, conserve-t-il sa valeur heuristique. On retrouve ici la pesée du destin des quantités d'énergie, tantôt épuisées dans la décharge ou revenues à l'état non lié, tantôt soumises à un autre type de liaison, celui que la soumission au principe de réalité exige et dont la réduction quantitative est une précondition.

Le principe de plaisir est au centre de la discussion. On n'a pas assez prêté attention au tournant capital, postérieur à la deuxième topique, qui a amené Freud à dissocier les couples déplaisir-tension et plaisir-décharge et à reconnaître — avec quel retard ! — que la nature qualitative de plaisir ou de déplaisir était distincte de l'aspect quantitatif de la tension. Certes on a fait observer[1] qu'il était indispensable de distinguer les *états* de plaisir-déplaisir, expériences éminemment affectives, avec les *principes* de plaisir-déplaisir. Mais en tout état de cause, ce qu'il importe de retenir est que l'aspect quantitatif des phénomènes affectifs ne peut se passer de sa dimension qualitative.

1. Cf. M. Schur, *The Id and the regulatory principles of mental functionning*.

Nous aboutissons ici à la deuxième définition de l'affect. Freud en donne de nombreuses formulations, toutes identiques à peu de chose près. On peut distinguer dans l'affect :
1. Une *décharge* éminemment orientée vers l'intérieur du corps. L'orientation externe de la décharge peut exister, mais elle est secondaire et non spécifique ;
2. Des *émois* de deux types :
   a) Perceptions de mouvements internes ;
   b) Sensations directes de plaisir-déplaisir qui confèrent à l'affect sa spécificité.

Cette définition différente de la première peut s'analyser ainsi. L'affect est clivé selon deux versants :
1. Un versant corporel, surtout viscéral ;
2. Un versant psychique lui-même clivé en deux :
   a) Perception des *mouvements corporels* ;
   b) *Sensations de plaisir-déplaisir*.

En somme, le versant psychique de l'affect est scindé en deux :
a) Une activité d'auto-observation du changement corporel qui est le résultat d'une activité spéculaire sur le corps : fonction d'introspection psychophysiologique, centrée sur l'autoperception d'un mouvement interne du corps ;
b) Un aspect qualitatif pur : plaisir-déplaisir.

Cette définition appelle des remarques. L'affect s'y donne comme une expérience corporelle et psychique, la première paraissant être la condition de la seconde. L'expérience corporelle se produit à l'occasion d'une décharge interne ; celle-ci est révélatrice d'un sentiment d'existence du corps, dans la mesure où elle arrache celui-ci au silence. Elle témoigne d'une élévation de niveau des investissements corporels, tension qui se résout dans la décharge. Le corps est ici agi et non agent, passif et non actif, spectateur et non acteur. *Le corps n'est pas le sujet d'une action mais l'objet d'une passion.*

Insensiblement nous sommes passés d'une dimension physiologique à une dimension psychique. Partis des phénomènes objectifs de la décharge, nous avons abouti aux phénomènes subjectifs qui nous ont fait aller de la sphère corporelle à la sphère psychique qui s'est donnée à nous dans l'expérience du constat de l'expérience corporelle. *L'affect est regard sur le corps ému.* Ce clivage, pour essentiel qu'il soit, entre la motion interne du corps et la conscience de la motion, ne nous dit rien, en dehors de l'expérience de dédoublement dont il est l'occasion. Dire que le corps parle n'a aucun sens si l'on ne se réfère pas à la lecture des phénomènes auxquels l'expérience affective peut être soumise. L'identification au sujet d'expérience implique que je sente son corps comme si c'était le mien. Le sens commence dès lors que je puis entendre *mon corps parler* ou mon « corps-parler ». Les clivages peuvent jouer selon différents plans :

1. mon / corps - parle ;
2. mon - corps / parle ;
3. parle - mon / corps.

En tout cas, trois termes s'unissent :

— ce qui signe ma propriété (mon) ;
— ce qui est l'objet de cette propriété (corps) ;
— ce qui nie cette propriété (*il* parle).

Le rapport sujet-objet montre alors que l'objet se dérobe au sujet et vit de sa vie propre où se révèle l'impuissance du sujet à le tenir en sa sujétion. Celui-ci peut alors consentir à cette désappropriation ou s'y refuser. L'affect peut être accepté par le Moi ou refusé par celui-ci. Mais jusque-là je ne sais rien de l'affect, puisque si mon corps parle, s'il est même parlé plus qu'il ne parle, comme le montre à l'évidence l'analyse, *tant que je ne réfère pas l'expérience à la qualité, je manque l'essence de l'expérience affective*. Ici intervient la gamme des états de plaisir-déplaisir. Il est significatif qu'à cet endroit, parvenu à l'essentiel de l'expérience de l'affect, je ne puisse rien en dire d'autre : c'est agréable ou désagréable. Le recoupement de cette différenciation par l'acceptation ou le refus par (le) Moi est insuffisant. Le Moi peut aussi bien accepter le déplaisir et refuser le plaisir. Un autre recoupement par le clivage bon-mauvais nous mène à la même constatation. De même la référence à l'objet ou au but de l'expérience affective cadre celle-ci plus qu'elle n'en rend compte.

Ce que révèle de plus clair cette référence qualitative est que l'affect est alors susceptible de développements et de transformations : inhibition de la qualité de déplaisir et développement du plaisir et inversement, fusion de diverses qualités de plaisir et de diverses qualités de déplaisir, ou fusion de plaisir et de déplaisir entre eux, transformations plus ou moins complètes de plaisir en déplaisir ou *vice versa*. En tout état de cause, chaque polarité inclut l'autre à l'état actuel ou potentiel, et ne se donne jamais totalement isolée. L'état neutre n'existe que virtuellement, il est toujours en situation de point idéal susceptible de verser dans l'une ou l'autre des extrémités polarisées. On ne manquera pas de faire remarquer que cette double polarité plaisir-déplaisir n'est valable que pour la conscience, l'inconscient ignorant et la qualité et la contradiction. Pour l'inconscient, seul existe le plaisir, tout lui est bon pour satisfaire la pulsion et donner issue au plaisir. Le déplaisir n'apparaît qu'à la faveur du refoulement. Le contraire du plaisir ne saurait exister dans l'inconscient. Nous verrons plus loin que le remplacement de l'inconscient par le Ça peut éclairer cette difficulté qui paraît indépassable.

En second lieu, cette analyse de l'affect d'après la deuxième définition freudienne révèle ici la position particulière du Moi à l'égard de l'affect. L'affect est pris entre le corps et la conscience. L'activité auto-observatrice du Moi enregistre le changement se traduisant par le mouvement corporel et la qualité de ce changement. En deçà un corps silencieux, vivant au regard de la vie, mais mort pour la conscience. Au-delà une conscience aiguë de l'affect. Mais si l'expérience atteint une certaine intensité, la conscience voit son pouvoir d'enregistrement débordé. Jusqu'à un certain seuil, l'affect éveille la conscience, élargit son champ, que ce soit dans le plaisir ou le déplaisir. Passé un autre seuil, l'affect trouble la conscience ; on est « aveuglé par la passion ». En dessous d'un certain seuil, la décharge est dépourvue d'affect, celui-ci n'est pas enregistré. Au-dessus d'un certain seuil, l'affect submerge à ce point l'activité de conscience que le sujet tombe dans la dissolution, voire la perte de conscience. La conscience de l'affect est bornée par deux inconsciences. Où donc est l'inconscient ?

Cette insistance sur les deux bornes de l'affect, le corps, la conscience, nous ferait croire que l'inconscient est étranger à l'expérience affective, ce qui serait pour le moins paradoxal. Toute l'expérience clinique va là contre. La manifestation de l'affect dans le cours des processus psychiques révèle avec constance que là où il surgit comme le diable sorti de sa boîte, là même nous percevons un appel de l'inconscient. Quelque chose a été activé de l'intérieur ou de l'extérieur, qui se traduit par un ébranlement de l'organisation du sujet et rompt la barrière du refoulement. Par l'affect, l'inconscient se manifeste en tant que celui-ci saisit le Moi, l'interpelle, le questionne, le subjugue.

Ce qui ne peut être tranché par cette irruption affective est la congruence ou l'incongruité de l'affect avec le contenu inconscient. Aussi ne peut-on tabler sur la valeur positive ou négative de l'affect (plaisir ou déplaisir) par rapport à la situation qui l'accompagne. Le plaisir peut naître à la faveur des travestissements de la condensation ou déplacement ; il n'est pas lié au contexte conscient qui l'accompagne. De même, le déplaisir est le déguisement à la faveur duquel le plaisir se manifeste. Ici encore une traduction directe par simple inversion de signe (déplaisir = plaisir) est impossible, car le plaisir démasqué se réfère aussi bien à des déplacements et à des condensations déformantes. Ce qui importe est *la rupture du silence affectif par l'affect contraignant*. Aussi attribuera-t-on la plus grande importance à l'élément de surprise qui accompagne l'affect. Là, en ce moment désigné, dans cette situation insolite ou inattendue, l'inconscient s'indique par l'affect. Avec l'affect, c'est l'Autre qui insiste par une présence intruse. La glose s'arrête, le discours se brise pour céder la place à l'affect irrépressible. La non-propriété du corps par la conscience, l'impuissance du Moi qui ne peut contrôler l'affect éclate avec évidence. « Je suis affecté, donc je ne m'appartiens pas. » L'explication vient après coup.

Nous avons fait abstraction jusque-là du contexte dans lequel apparaît l'affect. Certes, il va de soi que les agents provocateurs de l'affect sont repérables dans le réel et dans l'imaginaire. Telle perception évocatrice, tel embryon de fantasme, telle parole entendue a des retentissements affectifs insoupçonnés. Cette origine ne fait pas question. Nous aimerions pourtant dire que ce n'est pas la seule. Il y a pour nous des affects surgis de l'intérieur du corps, par une élévation subite d'investissement, nés sans le secours de la représentation. On peut, certes, en cherchant bien, trouver des reliquats perceptifs et représentatifs qu'on est tenté de rattacher à l'éruption affective. Mais on n'échappe pas alors au sentiment que ce rapprochement est artificiel. Qu'il est secondaire, à tous les sens du terme. Tout donne à penser que le mouvement parti du corps a subi un renforcement d'investissements émanant de la pulsion, et que les affects ainsi produits ont désespérément cherché des représentations auxquelles ils ont essayé de l'accoler, comme pour contenir dans la psyché une tension qui tendrait à se décharger directement dans l'acte.

Nous voyons donc la difficulté à mettre en relation les deux définitions de l'affect. La première, celle de la quantité, est consubstantielle à l'inconscient, puisqu'elle traite de l'affectation énergétique des représentations. La seconde, celle de la qualité, semble laisser peu de place à l'inconscient. Dans le premier cas, l'affect est non seulement inconscient, mais surtout inconscient. Dans le second, l'affect est un sujet de choix pour la physiologie ou la psychologie expérimentale d'une part, pour la phénoménologie d'autre part, mais il défie l'investigation psychanalytique.

Il nous faut ici introduire une notion supplémentaire. Lacan a insisté dans ses travaux sur l'effet de captation par l'imaginaire (stade du miroir). L'effet de l'image est de saisir le sujet dans l'altération. Si je suis sensible à mon image dans le miroir, c'est que par elle je m'introduis de force à la dimension d'altérité qui fait que *je suis un autre pour moi*. Je *m*'aime ou je *me* hais comme j'aime ou je hais l'objet. A l'inverse, l'objet que j'aime ou que je hais n'induit en moi ces affects que parce qu'en l'objet c'est moi que je reconnais — ou que je méconnais. Ce que Lacan souligne du rôle de l'image, de la représentation me paraît éminemment en cause pour l'affect. *L'affect est un objet de fascination hypnotique pour le Moi.* L'envoûtement par l'affect est ce qui, dans l'analyse, le maintient dans une position de dépendance par rapport au narcissisme. Toute prise de conscience est barrée par l'affect conscient qui ne saurait être mis en question en tant que tel. Le processus analytique ne peut s'instaurer que si l'affect est susceptible d'une mise en question, que si l'affect est tenu pour suspect au-delà de la pesante présence à soi qu'il induit. En somme, lorsque l'affect est pris dans sa bipolarité contradictoire plaisir-déplaisir, bon-mauvais, amour-haine, etc.

Il est important de noter qu'alors que le principe de réalité est un principe déterminé par un seul terme (la réalité), le principe de plaisir-déplaisir est, lui, doublement déterminé par la dichotomie plaisir-déplaisir. En somme, l'opposition réalité/plaisir-déplaisir, lorsqu'elle renvoie à chacun de ses termes, conduit à des remarques différentes. Il n'y a pas de contradiction interne au sentiment du réel, sinon que le terme de réalité recouvre la réalité psychique interne, opposée à la réalité du monde extérieur. Le travail psychanalytique devrait pouvoir idéalement aboutir à ce que l'analyse puisse percevoir la réalité psychique interne avec la même objectivité avec laquelle la réalité du monde extérieur est perçue. Non telle qu'il désire qu'elle soit, mais telle qu'elle est. Tâche, il faut le dire, asymptotique. Mais en ce qui concerne le principe de plaisir-déplaisir, la dichotomie ici présente permet de concevoir ce principe comme *principe de la symbolisation primaire*, par son pouvoir de division et de catégorisation de l'expérience affective, donc de structuration. Le rejet initial d'un des termes (le déplaisir) qui aboutit au Moi-plaisir purifié fait place à la division ultérieure conscient-inconscient par le refoulement de ce qui autrefois était admis au titre de plaisir et qui cesse de l'être à un certain moment, parce qu'il menace l'organisation de l'appareil psychique.

Nous sommes donc conduits à tenir le principe de plaisir pour un principe charnière. En tant qu'il comporte la décharge pulsionnelle du plaisir et l'abolition d'une tension, il est au service des pulsions de destruction et regarde vers le principe du Nirvâna. En tant qu'il vise à la conservation du plaisir, à la sauvegarde du principe de plaisir, il regarde vers le principe de réalité qui seul peut assurer cette préservation. La symbolisation primaire du principe de plaisir est donc tendue entre l'*asymbolie du néant* (principe du Nirvâna) et la *symbolisation secondaire* (principe de réalité). *L'unité de plaisir* est prise entre le zéro qu'elle est tentée de rejoindre et la liaison que nous nommons concaténation, qui implique la réduction quantitative et qualitative de l'affect primaire au profit de l'investissement de la chaîne où l'affect secondaire (réduit) prend sa place dans le réseau des représentations de chose et de mot.

En fin de compte, l'affect comme quantité et l'affect comme qualité sont indissociables l'un de l'autre. La distinction entre aspect objectif (quantité) et subjectif (qualité) peut conduire à des développements relativement indépendants, mais il faut bien que les deux dimensions se rejoignent. S'il est vrai que des tensions maximales de plaisir peuvent être souhaitées et des tensions minimales de déplaisir redoutées, une quantité élevée de plaisir comme de déplaisir est toujours vécue comme une menace pour le Moi et l'Appareil psychique. En deçà d'un certain seuil, des combinaisons entre tensions agréables et désagréables sont possibles. De même un minimum d'affect doit toujours être préservé, agréable ou désagréable, faute de conduire à un état de mort psychique[1].

Notre réflexion nous conduit à envisager la situation de la pulsion et de l'instance qui en est à la fois la dépositaire et la représentante, le Ça. Cette situation du Ça permet de comprendre la pulsion et l'affect d'une part par rapport à ce non-psychique sur lequel s'enlève le Ça, d'autre part par rapport au Moi et à la secondarisation. Autant dire que nous retrouvons ici, d'une part, l'affect par transformation automatique de l'énergie libidinale dans le Ça, qui par ses caractéristiques tant quantitatives que qualitatives, investit le Moi en masse, comme par une attaque surprise, et d'autre part l'affect qui s'introduit dans le Moi, sans son consentement certes, mais par une brèche limitée, laissant à celui-ci la possibilité de parades et de ripostes par le refoulement et les mécanismes de défense et qui inclura l'affect dans la chaîne des représentations de la pulsion. Mais ceci exige que nous nous arrêtions d'abord sur les problèmes posés par la pulsion.

1. La question de l'indépendance (et de la solidarité) des couples détente-tension et plaisir-déplaisir, devant laquelle Freud a balancé (cf. *supra*), gagnerait peut-être en clarté si l'on posait que l'ambiguïté qu'elle cèle vient du fait qu'alors que le plaisir se relie soit à la tension soit à la détente, le déplaisir est toujours, lui, corrélatif d'une tension.

II. PREMIÈRE TOPIQUE : L'AFFECT ET L'INCONSCIENT (LANGAGE ET DISCOURS)

Il paraît logique, lorsqu'on veut étudier le rapport de l'affect à la représentation, de commencer par examiner la signification du concept de pulsion.

1 | *La pulsion*

Le problème de la situation de la pulsion par rapport au somatique et au psychique est des plus confus dans Freud. La première citation qui vient à l'esprit est celle où Freud définit la pulsion comme un « concept limite entre le psychique et le somatique ». Mais il ajoute aussitôt :

« *Comme le représentant psychique des excitations issues de l'intérieur du corps et parvenant au psychisme comme la mesure de l'exigence de travail qui est imposée au psychisme en conséquence de sa liaison au corporel* »[1].

L'ambiguïté de la définition croît au fur et à mesure que l'on progresse dans sa formulation. Car il s'agit d'une définition à trois volets :

1) *Concept limite entre psychique et somatique*, c'est le concept qui est à la limite, non la pulsion, notons-le bien. Ce qui veut dire que nous manquent les instruments conceptuels traditionnels qui pensent ordinairement en des termes qui tombent d'un côté ou de l'autre de cette limite.

2) *Représentant psychique des excitations issues de l'intérieur du corps et parvenant au psychisme*. — La pulsion est un représentant psychique d'excitations corporelles. Faut-il en conclure que la pulsion est dans l'ordre du psychique ? Alors ne se justifierait plus la situation du concept à la limite du psychique et du somatique. Ces stimuli, en tant que tels, sont

---

1. *Métapsychologie*, p. 19.

inconnaissables, n'ont pas d'expression psychique directe. Ils sont d'un ordre absolument naturel. Mais ils ne sont pas fixes. Ils cheminent vers le psychisme — c'est à leur point d'arrivée, comme au franchissement d'une frontière, qu'ils deviennent des *représentants*, délégués ou ambassadeurs en un autre pays, psychiques. La pulsion est donc le résultat d'un passage dont le terme est la « psychisation ». La pulsion, sa force pulsive est cette invitation au voyage. Or les passagers, les stimuli, ne sont pas, à l'arrivée, dans la condition qui était la leur au départ. De même qu'un ambassadeur adopte fréquemment les mœurs, voire l'apparence des personnes des pays dans lesquels il est envoyé, de même les stimuli nés dans l'organisme se travestissent dans les formes propres à l'activité psychique. Mais ils demeurent des représentants de ces stimuli. En tout état de cause, le changement de l'organique au psychique se fait uniquement par le passage d'une frontière. La pulsion est moins un lieu qu'un circuit.

3) *Mesure de l'exigence de travail qui est imposée au psychisme en conséquence de sa liaison au corporel*. — Incontestablement ce dernier volet est le plus difficile à comprendre de tous. Le psychisme est l'objet d'une exigence de travail. Autrement dit d'une demande d'élaboration (labeur, travail), c'est-à-dire de transformation[1]. Le corps, lié au psychisme, exige de lui quelque chose. Le psychisme est pour ainsi dire travaillé par le corps, travaillé au corps. Mais cette exigence du corps ne peut être reçue à l'état brut. Elle doit être décodée pour que le psychisme réponde à la demande du corps, qui, faute

---

1. Travail vient de *trabaculum* : machine à l'aide de laquelle on assujettit les grands animaux, soit pour les ferrer, soit pour pratiquer sur eux des opérations chirurgicales (Littré). Robert consacre six colonnes et demie à ce terme. Notons que primitivement, du XIIe au XVIe siècle, la définition est la suivante : « Etat de celui qui souffre, qui est tourmenté. » Le sens évolue jusqu'au XVIIIe siècle. La notion de travail apparaît liée à la *force*. Energie, force et travail sont solidaires. Ce court-circuit nous montre que la théorie freudienne ne fait que suivre l'esprit de la langue, lorsque la pulsion est présentée comme une force, une quantité, énergie qui doit être transformée par un appareil, en vue d'un résultat. L'être en travail est le lieu d'un pathos, d'une souffrance, qu'il s'agit de transformer par une série d'opérations médiates. La difficulté vient de ce que Freud adopte dans cette définition un double langage : parti sur le plan du concept, il poursuit sur le plan de la description. L'homogénéisation de ces deux discours est ce qui fait question, comme dans beaucoup d'œuvres qui ouvrent un champ nouveau à la réflexion théorique et pratique.

de réponse, multipliera ses exigences (en force, en nombre). Le psychisme doit accuser réception de cette demande et travailler à la satisfaire. La pulsion est *la mesure* de cette demande. La pulsion permet de mesurer cette exigence. Evidemment le point le plus obscur est la nature du lien du psychisme avec le corporel. Dans la conception freudienne, le psychisme ne commande au corps que dans la mesure où il accède à sa demande. Néanmoins, l'accent dans ce troisième volet est mis non sur la qualité du représentant psychique des excitations nées dans l'organisme, mais dans l'*appréciation* quantitative[1] (la mesure) d'un travail à accomplir, dont la nature énergétique fait peu de doute. Car même au cas où il ne s'agirait que de transcrire les demandes du corps, seule une transformation énergétique rendra la demande intelligible. Ici deux hypothèses peuvent être soutenues. On peut, dans une première perspective, concevoir que la pression pulsionnelle donne naissance à la représentation, comme si celle-ci accouchait de ce travail. En ce cas, l' « origine » de la représentation serait de nature économique. Mais on peut concevoir aussi que les excitations pulsionnelles sollicitent des représentations et les cooptent pour ainsi dire. En ce deuxième cas, l' « origine » des représentations serait à chercher dans un ordre symbolique, comme équivalents endopsychiques, des perceptions externes, fantômes de perceptions, c'est-à-dire « traces fantasmatiques ». Freud ne choisit nettement aucune de ces deux conceptions.

La notion de concept limite prend ici tout son sens dans la mesure où ce sont nos instruments conceptuels qui ne permettent pas de penser l'*événement* qui a lieu à ce carrefour psychosomatique ou somatopsychique. Les deux hypothèses impliquent des conceptions différentes. La première est successive : du corps à l'activité psychique. La seconde est simultanée : rencontre des excitations corporelles, venues du monde d'en bas (ou du dedans), et des excitations psychiques venues d'en haut (ou du dehors), qui aboutit au carrefour de leur union à un composé nouveau, la pulsion. Celle-ci se redissociant à nouveau en affect et représentation, sans doute

---

1. La « mesure » est aussi implicitement qualitative. Car elle est l'appréciation portée sur le côté « mesuré » ou « démesuré », c'est-à-dire inacceptable de cette demande.

sous l'effet du contre-investissement qui effectue la contre-poussée s'opposant à la poussée pulsionnelle.

Bien des auteurs (Strachey, Laplanche et Pontalis, M. Schur) ont relevé les ambiguïtés et les imprécisions de Freud concernant la pulsion. Tantôt Freud décrit celle-ci en termes purement énergétiques : l'investissement attaché à un « représentant »[1]. De même exprime-t-il la notion d'une idée « qui est investie par une quantité définie d'énergie psychique (libido ou intérêt) venant d'une pulsion »[2]. Tantôt il identifie la pulsion au représentant psychique seul, par le fait que seul ce dernier nous est connaissable.

Il faut ici rappeler une précision importante : entre représentant psychique de la pulsion et représentant-représentation. Le premier terme, résultat de la « psychisation » inférée pour nous, est un représentant-délégation, de nature non représentative. Il n'est pas une représentation au sens psychologique du terme. Il comprend ce qui sera le représentant-représentation (qui est, lui, une représentation) et un quantum d'affect. Nous le verrions volontiers comme un mixte, dont les termes ne se scindent que sous l'influence du refoulement. Ce mixte est, certes, « plus psychique » que la pulsion à sa source. Mais il l'est beaucoup moins que le représentant-représentation. Il semble que Freud invoque plus ou moins une suite d'opérations mutatives du plus organique au plus psychique, le terme ultime du processus de « psychisation » s'accomplissant dans la représentation de mot. Ainsi psychique chez Freud a une acception qu'il faut sans cesse relativiser. Psychique ne se comprend que par l'intermédiaire du rapport, de la relation avec le somatique. Relation dont les rapports quantitatifs et qualitatifs varient.

C'est ainsi qu'en progressant dans l'œuvre freudienne, la place des pulsions dans le Ça et leur « expression psychique » retrouveront les ambiguïtés premières, mais d'une façon plus nettement avouée. Dans les *Nouvelles Conférences*, texte où le Ça est défini de la façon la plus complète, Freud écrit :

« *Nous nous le représentons comme étant ouvert à ses extrémités aux influences somatiques, et prenant en son sein les*

---

1. Le refoulement, *S.E.*, XIV, p. 148.
2. *Loc. cit.*, p. 152.

besoins pulsionnels qui trouvent là leur expression psychique, mais nous ne pouvons dire sous quelle forme »[1].

Cet aveu d'ignorance est répété dans l'*Abrégé* :

« *Il contient... donc avant tout les pulsions, qui prennent naissance à partir de l'organisation somatique et qui trouvent une* première *expression psychique ici* [*dans le Ça*] *sous une forme inconnue de nous* »[2].

Tout ceci montre assez l'inadéquation des limites sémantiques traditionnelles pour désigner le psychique dans ses rapports au somatique. L'expression psychique des pulsions, et encore plus s'il s'agit de la *première* expression psychique, n'a rien à voir avec la représentation, l'idée ou plus généralement avec toute notion impliquant une séparation tranchée entre l'élément représentatif et l'élément affectif énergétique. Ici encore, nous retrouvons cette collusion du symbolique et de l'économique, collusion indissociable sans dénaturation profonde de l'esprit de l'œuvre freudienne.

2 | *Le désir*

Si nous passons du concept de pulsion au modèle du désir, nous constaterons qu'une problématique analogue les réunit. Toujours l'on retrouve la conjonction entre une donnée de l'ordre du souvenir d'une perception et une donnée de l'ordre de l' « impulsion », c'est-à-dire d'une force en mouvement, d'une quantité mouvante.

Interrogeons *L'interprétation des rêves* dans la relation que Freud donne de l'expérience de satisfaction.

« *Une composante essentielle de cette expérience de satisfaction est une perception particulière (celle de la tétée dans notre exemple) dont l'image mnésique reste associée par la suite avec la trace mnésique de l'excitation produite par le besoin. Comme résultat du lien qui a ainsi été établi, la fois suivante où ce besoin apparaît, une impulsion psychique émergera immédiatement qui cherchera à réinvestir l'image mnésique de la*

---

1. S.E., XXII, p. 73-74, souligné par moi.
2. S.E., XXIII, p. 145.

perception et à réévoquer la perception elle-même, c'est-à-dire à rétablir la situation de la satisfaction originaire. Une impulsion de ce genre est ce que nous appelons désir ; la réapparition de la perception est la réalisation du désir »[1].

« Une impulsion de ce genre est ce que nous appelons désir. » Le désir est donc défini en termes de mouvement, de poussée. La définition du désir comme « psychique » est soumise à cet ébranlement, cette motion à l'intérieur de l'appareil psychique. Le désir nous renvoie à une catégorie qui exprime plus généralement ce rapport à la motion. Les controverses autour des différentes traductions possibles du terme allemand *Trieb* révèlent qu'en définitive la pulsion est la dénomination préférable parce qu'elle exprime directement la pulsion par sa poussée ou force constante. Poussée qui, avec la source, le but et l'objet constitue le montage ou le circuit de la pulsion. Ne peut-on dire alors que le mouvement de désir est mû par la force « pulsante » de la pulsion ? Mais comment maintenir leur différenciation ?

Si on peut, en effet, reconnaître dans la motion de désir l'énergie qui l'anime et qui reviendrait à la pulsion, ceci ne résume pas le désir. On peut dire des désirs qu'ils peuvent se condenser et se déplacer. Ceci ne peut être dit de la pulsion, mais seulement de ses objets et aussi, dans une certaine mesure, de ses buts. Ainsi au désir appartiendrait la polarité symbolique, à la pulsion la polarité économique. Pour retrouver l'économique au niveau du désir, il faut le chercher au niveau de la force motrice de l'impulsion, et non dans l'investissement de la trace mnésique (la retrouvaille de la satisfaction qui fait défaut). Pour trouver le symbolique dans la pulsion, il faut s'adresser aux représentants et aux rejetons du refoulé. A partir de là, on comprend que deux accentuations divergentes vont s'opposer. La référence au désir s'accrochera à la référence à l'inconscient, en tant qu'il est lieu de représentations refoulées et siège de processus symboliques où l'on valorisera le rôle de la condensation et du déplacement. La référence à la pulsion s'accrochera à la référence au Ça en tant qu'il est réservoir d'énergie et où manque précisément l'unité du désir collectif et à la limite toute organisation.

---

1. *L'interprétation des rêves*, S.E., V, p. 565-566.

A l'intersection des deux on placera les processus primaires — communs à l'inconscient et au Ça. Mais le propre des processus primaires dans les deux topiques est de conjoindre en eux un pôle énergétique (tendance à la décharge, mobilité de l'énergie), un pôle symbolique (condensation, déplacement, usage des symboles au sens restreint) et un pôle catégoriel (ignorance de la négation, absence de doute ou de degré dans la certitude, insoumission aux données de l'espace et du temps). Le processus primaire est médiation entre l'accentuation énergétique et l'accentuation symbolique. Selon qu'il est cadré par le Ça ou l'inconscient, l'une ou l'autre prédomine. Notre tâche n'est pas de simplifier les obscurités ou les contradictions de la théorie en tirant celle-ci d'un côté ou de l'autre, elle est de penser ces ambiguïtés comme l'horizon nouveau que fixe Freud et qui rompt avec la pensée traditionnelle.

3 | *L'inconscient, le refoulé, les représentations*

L'inconscient domine la théorie freudienne depuis les premiers travaux sur les psychonévroses de défense (1894), jusqu'aux remaniements de la deuxième topique. L'apogée du concept est indéniablement à situer en 1915, année de la *Métapsychologie*. C'est, nous l'avons vu, dans les articles sur « Le refoulement » et « L'inconscient » que les précisions les plus explicites sont données quant aux relations entre l'affect et la représentation, et que la discussion autour de l'affect inconscient est abordée de front. Nous avons vu comment la définition du concept de pulsion contient en germe toutes les difficultés théoriques en question. On ne saurait trop insister sur le fait que cette discussion est datée, c'est-à-dire qu'elle ne constitue pas le dernier mot de la théorie freudienne sur ce point. A ce moment, l'inconscient et le refoulé sont globalement identifiés l'un à l'autre. Le refoulement constitue l'inconscient comme système.

Nous ne reviendrons à ce texte sur l'inconscient que pour rappeler l'appartenance topique des différents types de représentation :

« *La représentation consciente comprend la représentation de chose — plus la représentation de mot qui lui appartient, la représentation inconsciente est la représentation de chose seule* »[1].

En conséquence, dans l'ordre de l'inconscient, le lien entre l'affect et la représentation ne saurait être que le lien entre affect et représentation de chose. Cette affinité élective de l'affect pour la représentation de chose, ce qu'on pourrait appeler *la cellule de l'inconscient*, doit accentuer encore, s'il en était besoin, la résonance affective de l'imaginaire. Si l'inconscient est cette autre scène, c'est bien parce qu'un spectacle s'y joue, spectacle qui affecte le sujet. En ce lieu, se noue le rapport de l'affect au fantasme, scénario visuel, ou plutôt visuo-affectif.

Quant au fantasme, si l'exégèse de cette formation de l'inconscient donne lieu à des analyses aussi diverses que celles de Melanie Klein et de Freud, ou celles, plus près de nous, de Susan Isaacs, Sandler et Nagera, Lebovici et Diatkine, Benassy, Laplanche et Pontalis, il nous semble avec ces derniers qu'en fin de compte le centre de la question du fantasme nécessite qu'on y opère une distinction structurale. De même que la théorie freudienne distingue le refoulement originaire (ou primaire), l'*Urverdrängung* aux refoulements après coup (ou secondaire), il faut, dans une démarche structurale, séparer les fantasmes originaires, les *Urphantäsie* des fantasmes (secondaires). Les fantasmes originaires (scène primitive, séduction, castration) sont en position ordonnatrice, liés par élaboration en « théories sexuelles ». Par le fantasme originaire, ce qu'on pourrait appeler le complexe représentation-affect se construit quitte à se déconstruire sous l'action des post-refoulements, et se reconstruire en d'autres formations. Le fantasme originaire semble donc jouer le rôle d'une matrice de l'inconscient. Le refoulement originaire portera sur le maintien à l'état de refoulé primaire de ce qui a trait au fantasme originaire. Le fantasme originaire sera construit à partir d'éléments perceptifs empruntés au réel élaborant les traces les plus discrètes[2]. Ces traces seront organisées en fantasmes

---

1. *Métapsychologie*, p. 118.
2. La question demeure de savoir si la construction de fantasme originaire est toujours tributaire de ces éléments représentatifs. Nous y reviendrons plus loin.

originaires et, dans le même temps qu'ils seront construits, subiront le refoulement originaire, qui les maintiendra ainsi dans l'inconscient, où ils commanderont les refoulements après coup (attraction par le refoulé préexistant). Les lois du processus primaire gouverneront les élaborations ultérieures qui constitueront les formations de l'inconscient (fantasmes secondaires, rêves, lapsus, oublis, actes manqués, etc.).

4 | *Le langage*

Nous avons maintenant à envisager les relations entre processus primaire et processus secondaire. La suite du texte de Freud sur l'inconscient apporte là-dessus les précisions les plus utiles.

« *Le système Ics contient les investissements de chose des objets, les premiers et véritables investissements d'objets ; le système Pcs apparaît quand cette représentation de chose est surinvestie du fait qu'elle est reliée aux représentations de mot qui lui correspondent. Ce sont, nous pouvons le présumer, ces surinvestissements qui introduisent une organisation psychique plus élevée, et qui rendent possible le remplacement du processus primaire par le processus secondaire qui règne dans le Pcs* »[1].

Une telle affirmation est consonante avec ce que Freud a toujours soutenu depuis l'*Esquisse* (1895) et surtout depuis les *Formulations sur les deux principes du fonctionnement psychique* (1911). Tout se passe comme si le remplacement de la représentation de chose par la représentation de mot qui lui correspond était le résultat d'un travail décisif. Cette mutation est celle qui préside à la transformation d'une représentation de l'objet par la représentation des relations de l'objet, c'est-à-dire des conditions de possibilité qui permettent de le corréler à sa présence ou à son absence. Transformation qui n'est pas sans évoquer le développement que Freud théorise dans son article sur « La négation » (1925). Le jugement d'attribution se borne à affecter l'objet de son affect (bon ou mauvais), ce qui implique son admission ou son rejet, son

---

1. *Loc. cit.*, p. 118-119.

incorporation introjective ou son « excorporation » projective. Le jugement d'existence doit décider si cet objet est ou n'est pas, *indépendamment de l'affect qui accompagne sa présentation* (bon ou mauvais). Dans le premier cas, seul Eros ou la pulsion de destruction sont à l'œuvre ; dans le second, Logos et Ananké s'allient à Eros pour mettre en échec les pulsions de destruction, car le sujet qui maintient le seul principe de plaisir-déplaisir envers et contre tout est voué aux plus graves dangers. En contrepartie, nous savons que le principe de plaisir fait retour au sein du principe de réalité par la voie du fantasme.

Le destin de l'affect est donc lié à cette mutation. Depuis l'*Esquisse* — toujours elle ! — Freud attribue à l'inhibition des affects par le Moi la faculté de décider si l'investissement de l'objet est de nature hallucinatoire, ou s'il répond à sa perception dans le réel. Parallèlement, c'est par la réduction énergétique, c'est-à-dire par la possibilité de filtrer les quantités d'énergie et de manipuler de petites quantités de celle-ci, que le travail de la pensée s'effectue. Le langage a pour but de rendre les processus de pensée conscients, l'investissement qui l'accompagne transformant les pensées en perceptions. Le sort de l'affect est donc, dans les processus préconscients et conscients, d'être inhibé quantitativement et qualitativement. Aucun travail de la pensée n'est compatible avec une élévation quantitative et une intensité qualitative trop grandes. A défaut s'installe une logique affective qui utilise dans la passion du paranoïaque toutes les ressources de la condensation et du déplacement dans une démarche qui va d'illumination en illumination sur une signifiance en excès.

N'allons pas jusqu'à croire qu'une élimination totale d'affect est nécessaire à la pensée. Ce degré atteint, celui de formalisation, est peut-être compatible avec les sciences formelles dont la mathématique est l'exemple. Pour ce qui touche aux sciences de l'homme — ou si l'on préfère aux sciences du sujet — l'affect joue ici le rôle paradoxal d'un retour du refoulé de la réalité psychique qui amène à relativer nos constructions intellectuelles. La pensée sauvage — celle du processus primaire, celle que ne peut flouer l'intellect — est inéliminable.

Ces dernières remarques nous conduisent à quelques observations sur le langage, ou sur la théorie de l'inconscient structuré comme un langage (Lacan). Nous ne reviendrons pas sur les commentaires que nous ont dictés les travaux de Lacan et de son école. Disons d'abord qu'on ne saurait se débarrasser d'un revers de main d'une telle construction théorique, en la taxant d'intellectualisation. Pas plus qu'on ne saurait confondre le rôle que joue le langage dans la conception de Lacan avec celui qu'il joue dans la théorie freudienne. Ce qui est en question dans la théorie de Lacan est la relation du sujet au signifiant, et la production de l'effet de sens par le processus de structuration dont la mutation humaine porte la marque.

Ainsi Lacan, en rapprochant les processus à l'œuvre dans le travail du rêve des processus du langage (condensation et déplacement d'une part, métaphore et métonymie de l'autre), entend bien s'attacher à l'étude des processus primaires et non pas aux processus secondaires. Que le langage de l'inconscient ne soit pas le langage, il en est convenu évidemment. En définitive, il ne s'agit dans la théorie de Lacan que de l'étude de la concaténation (la chaîne signifiante). Il faut ici fixer les limites de notre accord et préciser les points de désaccord.

La conception lacanienne de la concaténation s'appuie sur le concept d'inconscient, mais elle ne prend en considération que les représentations de la pulsion. Nous avons déjà souligné le danger qu'il y avait à niveler les représentations en méconnaissant la distinction entre représentation de chose et de mot, et pour finir à traiter les représentations de chose comme des représentations de mot, c'est-à-dire à tenir pour négligeable le rapport de la représentation de chose à l'affect et d'une façon générale à son investissement énergétique (la charge affective). Une telle démarche est justifiée selon Lacan, dans la distinction à opérer entre les représentations[1] qui seules seraient refoulées, tandis que l'affect ne subirait que la répression. Nous pensons avoir fait justice de cette objection. Nous avons également montré la sensibilisation de la représentation de chose par l'affect. Mais surtout, avec Freud,

---

1. Il s'agit ici, bien entendu, des représentants-représentations et non du représentant psychique de la pulsion.

nous avons attiré l'attention sur le fait que le langage n'avait pas les mêmes propriétés fonctionnelles lorsqu'il avait la fonction de suturer des pensées, des représentations, des affects, des actes et des états du corps propre. Il ne nous semble pas légitime, dans le procès de concaténation, de donner une valeur identique à des propositions telles que : « J'ai réfléchi à ma conversation avec mon ami Pierre qui m'a ouvert des horizons sur les raisons de mon attrait pour A... » ... « J'ai imaginé que vous (l'analyste) avez dû passer vos vacances entouré de votre famille à jouer avec vos enfants, comme j'ai toujours souhaité que mon père le fasse avec moi et j'ai attendu avec impatience votre retour. » ... « Au moment où je vous parle, je ressens une hostilité incoercible à laquelle je ne trouve aucune raison. Je me sens subitement angoissé — j'ai le sentiment que j'ai envie de casser le bibelot qui est sur votre cheminée. » ... « Je puis à peine parler, ce que je sens est difficilement exprimable, je me sens transformé dans mon corps, il me semble que mes mains sont détachées de mes bras et que je ne les sens plus. Les objets de cette pièce deviennent flous, j'ai l'impression que les bruits de la rue me parviennent assourdis, je ne vous entends plus respirer... êtes-vous là ?... Mon corps est comme un poids mort et sans vie ; tout est étrange, mes jambes s'allongent et je sens un voile noir devant mes yeux. » Si l'analyste décode ce qui lui est présenté grâce aux mots de l'analysé, il est également sensible à la prosodie du discours, à l'étranglement de la voix, aux pauses, à la qualité du silence qui sépare les propositions, au travail qui se fait chez l'analysé à travers sa parole, dans sa psyché et dans son corps ; il peut apercevoir les signes physiques de l'angoisse ou de la dépersonnalisation, entendre la respiration s'accélérer, voir battre certains vaisseaux superficiels, être le témoin de la rougeur qui envahit le visage et d'une agitation fébrile discrète. A la fin de la séance, il peut noter chez son patient une vacillation temporaire, un regard perdu qui cherche à se retrouver dans le réel et noter au moment de quitter l'analysant quelque acte manqué significatif, comme de se tromper de porte lors de la sortie ou d'allumer la minuterie de l'escalier en plein jour. Le langage est passé d'un mode spécifique de développement des pensées à un procès de communication sursaturé, débordé dans son activité de suturation. Dans la première éventualité, le langage a imposé sa structure propre, dans la seconde il a subi l'emprise d'investissements de plus en plus affectifs, de moins en moins différenciés.

Nous distinguerons donc le langage qui ne se réfère qu'à lui-même dans son ordre de structuration propre et qui suppose la réduction et l'homogénéisation au signifiant verbal formant et subissant le procès linéaire de la verbalisation, et le discours où la concaténation reçoit les impressions issues de signifiants hétérogènes (pensées, représentations, affects, actes, états du corps propre), d'investissements énergétiques variables exprimant des états de tension qualitativement et quantitativement différents et tendant vers la décharge. A cet égard nous aimerions faire remarquer que la parole la plus verbale, la plus abstraite est le résultat d'une décharge. Cela n'est pas du tout la même chose de connaître les associations d'une pensée et de dire ces associations à l'analyste. Non seulement parce qu'étant dite elle est dite par l'Autre à l'Autre, non seulement parce que son dire suscite un nouveau réseau associatif, mais aussi parce que la pensée dite est une pensée qui se décharge. Ces différences d'investissement des pensées, cette surrection énergétique qui envahit le langage et peut le déstructurer, au point que celui-ci devienne inintelligible et renvoie, de l'aveu de l'analysé, à un indicible, c'est le retour de la matière première corporelle dans le langage. C'est l'investissement de la formalisation par la substance. *L'affect est la chair du signifiant et le signifiant de la chair.*

Cette hétérogénéité du signifiant, nous la trouvons décrite par Freud dans un passage peu cité de *L'intérêt de la psychanalyse*. Faisant le tour des sciences pour lesquelles la psychanalyse peut avoir un intérêt, Freud commence par la philologie :

« *Car dans ce qui suit la parole doit être comprise non seulement comme moyen d'expression de la pensée en mots, mais inclut la parole gestuelle et toute autre méthode, comme par exemple l'écriture, par laquelle peut s'exprimer l'activité mentale. Ainsi l'interprétation psychanalytique des rêves se donne comme une traduction d'un système d'expression archaïque qui nous est étranger. L'ambiguïté des concepts (unité des contraires), le symbolisme sexuel prévalent en témoignent* »[1].

1. S.E., XIII, p. 176.

Mais voici qui est plus net encore :

« *Le langage des rêves peut être considéré comme la méthode par laquelle l'activité mentale inconsciente s'exprime. Mais l'inconscient parle plus d'un dialecte. Selon les conditions psychologiques différentes qui distinguent et président aux formes variées des névroses, nous trouvons des modifications régulières de la manière par laquelle les mouvements psychiques inconscients sont exprimés. Tandis que le langage gestuel de l'hystérie s'accorde en général avec le langage pictural des rêves, visions, etc., le langage intellectuel de la névrose obsessionnelle et des paraphrénies (démence précoce et paranoïa) montre des particularités idiomatiques spéciales que nous avons pu comprendre et mettre en relation dans nombre de cas. Par exemple, ce qu'un hystérique exprime en vomissant, un obsessionnel l'exprimera par de pénibles mesures protectrices contre l'infection, tandis qu'un paraphrène sera conduit à des reproches et des soupçons d'empoisonnement. Ces manifestations sont toutes des représentations différentes du vœu du patient d'attendre un enfant, qui ont été refoulées dans l'inconscient, ou de sa réaction de défense contre ce vœu* »[1].

Ainsi, selon Freud, la langue de l'inconscient n'est déductible qu'à travers la multiplicité de ces dialectes. Mais il est impossible de référer cette langue à un langage sans étendre considérablement la sphère du langage à tout ce par quoi l'activité psychique s'exprime : langue gestuelle, mais aussi écriture, langue du corps, etc. Tout ceci nous invite à opposer la langue des linguistes, système formel unissant des éléments de langage : phonèmes, morphèmes, mots, syntagmes, phrases toutes constituées à partir d'un même élément homogène, et le langage des psychanalystes, constitué par une hétérogénéité du signifiant, tributaire de l'hétérogénéité des matériaux de l'activité psychique et pour lequel nous préférons le terme de discours[2].

L'insistance marquée avec laquelle certaines orientations contemporaines de la psychanalyse valorisent la représentation par rapport à l'affect est étroitement liée à une attitude intellectuelle qui se donne pour but de tirer la psychanalyse

---

1. *S.E.*, XIII, p. 177-178, souligné par moi.
2. Lacan emploie fréquemment le terme de discours (cf. *L'inconscient est le discours de l'Autre*), sans cependant faire la distinction que nous proposons et qui nous semble essentielle.

vers le pôle symbolique et l'éloigner de son pôle économique. Il est clair que, selon les auteurs qui prônent cette orientation, il s'agit de développer ce qui dans la psychanalyse témoigne dans l'activité de l'esprit du travail de l'élément « noble », et de prendre ses distances à l'égard de l'élément « vulgaire » : l'investissement énergétique, l'affect. Le prestige de la représentation vient sans doute de ce qu'étant déposée dans l'inscription de la trace mnésique, elle renvoie à l'activité psychique dont le développement a sans doute eu les conséquences les plus importantes pour l'homme : la mémoire. Or il est juste de rappeler que l'affect, selon Freud, a aussi une fonction de mémoire, comme le montre abondamment l'angoisse. Si la conception théorique qui fait de l'affect le souvenir d'anciens actes, d'attaques hystériques, peut être sujette à caution, le déclenchement de l'angoisse comme évocation d'un danger d'autrefois paraît bien indiscutable. Ce qui se remémore par l'affect n'est pas seulement la représentation de la situation de danger, mais l'affect qui l'accompagnait et dont le retour est redouté. Ce n'est pas seulement l'affect à qui est attribuée une fonction mnésique, la pulsion, elle aussi, est conçue comme une forme de mémoire. A titre d'hypothèse, une part au moins des pulsions seraient des « sédimentations d'effets externes qui, au cours de la phylogenèse, ont agi sur la substance vivante et l'ont modifiée »[1].

Le lien étroit entre langage et mémoire, cas particulier du lien entre représentation et mémoire, n'exclut pas que l'affect ait également une fonction mnésique, bien que celle-ci soit moins précisément définie[2].

Après Freud, les auteurs kleiniens ont intimement mêlé mémoire et affect. Dans un passage d'*Envie et gratitude*, Melanie Klein souligne ce rapport à propos des fantasmes inconscients relatifs au sein.

« *Le jeune enfant ressent tout ceci d'une façon bien plus primitive que ne saurait l'exprimer le langage. Lorsque ces émotions et ces fantasmes préverbaux sont revécus dans la situation transférentielle, ils y apparaissent sous la forme de* memories in feelings *(souvenirs en forme de sentiments) comme je serais*

---

1. *Métapsychologie*, p. 17.
2. Les recherches modernes de la pathologie cérébrale semblent s'accorder avec cette manière de voir, cf. ANGELERGUES, *Le corps et ses images*.

tentée de les appeler, et sont reconstruits et verbalisés grâce à l'aide de l'analyste. De même, nous devons avoir recours aux mots pour reconstruire et décrire d'autres phénomènes appartenant aux stades primitifs du développement. Il est de fait que nous ne pouvons traduire le langage de l'inconscient qu'en lui prêtant des mots empruntés à notre domaine conscient »[1].

Des affirmations de ce genre se retrouvent tout au long des écrits des auteurs de l'école kleinienne chez J. Rivière, S. Isaacs, H. Segal en particulier[2].

Au-delà de l'école kleinienne, c'est presque toute l'école anglaise de psychanalyse qui souligne la valeur du vécu (expérience) en deçà et au-delà des fonctions du langage (cf. Winnicott, Masud Khan). La discussion nous ramène à la question du fantasme inconscient. On sait que pour l'école kleinienne le fantasme est l'expression quasi directe du fonctionnement pulsionnel. Le fantasme inconscient des kleiniens est l'héritier du représentant psychique de la pulsion chez Freud, ce représentant (qui n'est pas la représentation) et que nous avons supposé être le mixte indissociable d'affect et de représentation non encore distincts. C'est pourquoi la traduction du fantasme inconscient en mots soulève l'incrédulité chez les adversaires de Melanie Klein. En vérité, ceux-ci méconnaissent son propos. Celle-ci ne prétend pas restituer ce qui se passe effectivement chez le jeune bébé, comment le pourrait-elle ? Elle essaye de nous communiquer dans notre langage et notre imagerie d'adultes les processus de couches psychiques où l'activité représentative qu'elle nous transmet ne saurait exister telle quelle. Cependant la représentation du fantasme inconscient et son interprétation constituent un pont de communication pour atteindre ces couches dans la situation de transfert. Plutôt que de s'efforcer de penser l'impensable, Melanie Klein ne nous en propose qu'une version pour adultes à l'inverse de certains textes littéraires pour lesquels on réécrit une version pour enfants.

On a pu reprocher à la théorie kleinienne de nous plonger toujours davantage dans cet enfer primitif et de réduire la

1. *Envie et gratitude*, trad. fr. V. SMIRNOFF et S. AGHION, Gallimard, p. 17, n. 1.
2. Nature et fonction du fantasme, dans *Développements de la psychanalyse*, Presses Universitaires de France, p. 85.

richesse du fonctionnement psychique à quelques mécanismes primaires. Une telle vue est fort approximative. L'œuvre de Bion témoigne au contraire de ce que les développements de la théorie kleinienne peuvent se prêter à une conceptualisation fort élaborée, selon une double échelle synchronique et diachronique des phénomènes psychiques, en partant des formes élémentaires de la vie psychique où les « éléments » sont de nature idéo-affective.

Depuis Freud, peu d'auteurs comme les auteurs kleiniens ont compris la nécessité d'une théorisation psychique qui déplace l'accent de l'inconscient vers le Ça. Parallèlement à l'énorme développement des travaux sur le Moi — qui ne sont pas toujours du meilleur aloi — Melanie Klein nous a donné la psychanalyse du Ça, ou tout au moins de ce que Freud avait laissé inexploré dans cette instance.

5 | *De l'inconscient au Ça*

On peut sans exagération parler d'une désaffection croissante de Freud à l'égard de l'inconscient dans la deuxième moitié de son œuvre. Ce qui dans les découvertes initiales de la psychanalyse était un des plus beaux fleurons de la couronne de son créateur, se dévalua progressivement. Au point qu'en 1939, dans l'*Abrégé de psychanalyse*, aucun chapitre ne lui est consacré particulièrement et de système le concept passe au rang d'adjectif. L'inconscient n'est plus qu'une qualité psychique. Le virage était amorcé de longue date. A la suivre en remontant depuis l'*Abrégé*, on en trouve confirmation dans *Le Moi et le Ça*, où le Ça détrône l'inconscient.

Mais si on cherche les raisons qui ont motivé cette transmutation des valeurs de la première à la deuxième topique, il faut, à notre avis, en trouver la source dans *Au-delà du principe de plaisir*. Dès lors qu'il se révèle que la compulsion de répétition se situe au-delà du principe de plaisir, qu'elle obéit à un déterminisme aveugle, qu'elle est, selon le mot souvent repris de Pasche, comme « l'instinct de l'instinct », c'est-à-dire comme ce qu'il y a de plus essentiel au principe du fonctionnement pulsionnel, le concept même d'inconscient s'en trouve remis en cause. L'inconscient avant la compulsion de répétition se définissait comme autre scène, lieu de représentations refoulées régies par les lois du processus primaire, ouvert à l'intelligibilité, pour peu qu'on lui applique une logique d'une causalité particulière qui n'est pas la logique du processus secondaire, celle qui régit le système conscient. Mais en ouvrant l'inconscient à cette intelligibilité par des méthodes d'interprétation adéquate, les formations de l'inconscient livrant le secret de leur organisation, c'était toute l'organisation pathologique qui devait céder avec elles, à l'exception des cas de fixations massives.

Ce n'était pas que l'inconscient fût docile le moins du monde. Ses rapports avec le conscient restaient nettement des rapports de supérieur à subordonné, pour ne pas dire de maître à esclave. De primaire à secondaire, en importance et même en préséance. Mais si la découverte de l'inconscient ne servait qu'à éclaircir la genèse et la structure des formations par lesquelles celui-ci se manifeste sans aucune modification pratique, la découverte appelait de sérieux correctifs.

La raison la plus profonde du tournant de 1920, il ne faut la chercher ni dans la névrose traumatique, ni dans le jeu de l'enfant, ni dans le transfert (ou tout au moins pour ce dernier terme, son acception générale et indifférenciée), mais dans la réaction thérapeutique négative. Ce que l'expérience révélait était au fond la limite du pouvoir interprétatif. Autrement dit, ce n'est pas tant que l'inconscient se révélait à l'expérience plus opaque ou moins intelligible qu'auparavant, c'était que l'intelligibilité à laquelle il donnait prise par sa forme inversée dans l'interprétation se heurtait à une force obscure qui tendait à défaire ce que le travail conjugué de l'analysant et de l'analyste avait accompli.

On n'a pas assez montré combien le concept d'inconscient était étroitement lié à une problématique *uniquement érotique*. Je veux dire par là qu'Eros refoulé se donne par ses travestissements, ses lacunes, ses *énigmes*. Qu'il y ait conflit opposant Eros aux pulsions de conservation ou qu'Eros se scinde en libido d'objet et libido du Moi, ce conflit suppose toujours que l'agent actif, dynamique, le facteur de changement positif résidait toujours dans Eros. Eros interprété pouvait en quelque sorte suivre les heureux cheminements de la sublimation. S'entêtait-il sur les voies de la sexualité infantile que la seule conséquence demeurait le maintien d'une position perverse, que d'emblée on avait situé hors de portée de la cure psychanalytique. En somme, l'action d'Eros était toujours positive, malgré son indocilité foncière, parce que l'inconscient était structuré — c'est-à-dire positivement interprétable à travers les concaténations de la logique primaire. Il n'était pas jusqu'à la psychose elle-même, pourtant elle aussi difficilement abordable par l'analyse, qui ne pouvait passer pour « solution élégante » d'une question en impasse posée à l'inconscient, comme le montrait le délire de Schreber.

Ce qu'apprit la réaction thérapeutique négative était qu'au-delà d'un conflit, pourtant âpre, entre pulsions sexuelles et pulsions de conservation, puis entre libido objectale et libido narcissique, où s'opposent l'intérêt pour l'objet et l'intérêt pour le Moi, un autre type de conflit se révélait, celui entre pulsions de vie et pulsions de destruction. Pour la première fois, après vingt-cinq années de pratique psychanalytique, il fallait se rendre à l'évidence. La progression de l'analyse n'était pas entravée par la neutralisation de deux forces l'une par l'autre, mais par les effets destructeurs (et non plus seulement concurrentiels) d'une force sur l'autre après leur désintrication. Il faut à cet égard insister, comme Pasche l'a souvent fait, sur la distinction entre compulsion de répétition et pulsions de destruction. La compulsion de répétition est le fait de *tout* fonctionnement pulsionnel, qu'il relève des pulsions de vie ou de mort. Il est facteur de stagnation et de régression. Mais les régressions en cause peuvent aussi bien être le fait d'une fixation massive où les pulsions érotiques se sont pour ainsi dire ancrées. La pulsion de destruction désintriquée détruit tous les mécanismes de concaténation, de *linkage*, au-delà du principe de plaisir. Or, c'est à cela que conduit l'analyse de la réaction thérapeutique négative. Non pas au retour à une fixation bloquée ou cimentée, attachée à une forme de plaisir, fût-elle masochique, mais à un travail de sape, de démolition qui empêche l'énergie psychique de se *lier* dans une organisation qui, comme toute organisation, entre dans le champ des pulsions de vie. La réaction thérapeutique négative, dans la mesure où le masochisme y tient un discours audible, est encore sous le règne du principe de plaisir. La réaction thérapeutique négative est le fait d'une situation où aucun profit de l'analyse n'est à mettre au compte du Moi du fait de la démolition du travail antérieur par une force de dissolution qui s'attaque à toute tentative de liaison de l'énergie psychique. Ici s'opposent les deux termes derniers du conflit conjonction-disjonction, liaison-séparation, comme deux états des représentations psychiques et de l'énergie affectée à la pulsion.

L'adhésion à (ou le refus de) la dernière théorie des pulsions porte donc, en fait, sur la reconnaissance de cette deuxième force (deuxième dans la chronologie de la théorie, mais première par l'importance que Freud lui accorde) de destruction. Selon que l'on admet son rôle de déspécification, de différenciation, ou que l'on interprète sa visée comme le retour à un mode de plaisir négatif (le masochisme), on adopte ou l'on refuse le point de vue théorique de Freud.

Mais la question ne peut demeurer bloquée au niveau de cette alternative. Il semble que si l'on voulait être cohérent avec soi-même, le refus de la dernière théorie des pulsions devrait en toute rigueur s'accompagner du refus de la deuxième topique. Car le concept du Ça, en tant qu'il remplace le concept d'un inconscient (en fin de compte toujours organisé, structuré), tend précisément à reconnaître au sein de cette instance ces forces aveugles, opaques, inaccessibles à l'exploration, encore plus « sauvages » que celles qui furent décelées au niveau de l'inconscient, encore plus rebelles à la domestication. Soumises à des influences obscures, elles tendent à s'entre-déchirer dans la décharge et à annuler mutuellement leurs effets. La différence majeure entre le Ça et l'inconscient n'est pas seulement d'ordre quantitatif[1]. Il ne suffit pas, en effet, de dire que le Ça est plus irréductible que l'inconscient, tout en étant au fond de la même structure. La mutation accomplie par le saut de l'inconscient au Ça doit être relevée ailleurs. Il faut dire : « *Là où était l'Inconscient, doit advenir le Ça* », pour dessiner la ligne de l'évolution de la pensée ou

---

[1]. Nous aimerions souligner le fait que la « nature » de la pulsion sexuelle telle qu'elle est décrite par Freud jusqu'à la deuxième topique (exigence, tendance à la décharge, inaccessibilité aux raisons du réel) ne peut dispenser du recours à la dernière théorie des pulsions qui comporte la référence explicite à une déliaison œuvrant activement.

de Freud. Il faut également affirmer : « *Là où était le Ça doit advenir l'Inconscient* » pour tracer la ligne de l'évolution de l'appareil psychique et désigner une mutation structurale. *La différence majeure entre le concept d'inconscient et le concept de Ça tient au fait qu'au niveau du premier les pulsions de destruction n'ont aucune place, alors qu'au niveau du second non seulement leur place est déterminée, mais leur rôle tenu pour dominant.* Tel nous paraît être le trait pertinent qui unit et sépare l'inconscient et le Ça.

Si notre hypothèse est exacte, à savoir qu'avec Melanie Klein s'inaugure une théorie psychanalytique élaborée en fonction de l'importance du Ça, il nous faut alors discuter de la relation entre la conception freudienne du fantasme originaire et la conception kleinienne du fantasme inconscient. Il est clair que les deux conceptions s'accommodent mal l'une de l'autre : le fantasme inconscient chez Melanie Klein est compris comme l'équivalent psychique de l'activité pulsionnelle. Chez Freud, le fantasme originaire est l'organisateur primaire de l'inconscient. C'est, en fait, la sensibilisation au fantasme originaire qui met en œuvre le refoulement et constitue l'inconscient. A leur tour les premiers refoulements organisent les post-refoulements, par l'attraction dans le refoulé préexistant. Le fantasme originaire est donc le thème central que l'organisation de l'inconscient préserve à l'état inconscient et dont les effets poussent l'individu à déplacer ses intérêts et ses activités le plus loin possible de ce thème, tout en le revoyant surgir encore et toujours dans le champ de ces déplacements.

Cette conception ne peut-elle s'articuler avec la théorie kleinienne ? On pourrait concevoir que le fantasme inconscient, selon Melanie Klein, est d'abord une activité fantasmatique, liée aux vicissitudes de l'expérience de la satisfaction (bon ou mauvais sein) dans le cadre des relations d'objet partiel référées à un Moi polynucléaire morcelé. C'est, selon nous, au moment où se constitue l'unification concomitante de l'objet et du Moi que le fantasme originaire fondamental se lie. Fantasme de la destruction irréversible de l'objet sein-mère, suivi des mécanismes de réparation mis en œuvre par le deuil. Par ailleurs, le fantasme du parent combiné — équivalent kleinien du fantasme de la scène primitive — constitué en fantasme originaire, n'est pas sans rapport avec cette absence de l'objet. Le mauvais objet est l'objet absent, l'objet en passe d'être perdu. Dès lors, se conjoignent deux registres : le fantasme de l'objet absent, attaqué en raison même de son absence, et le fantasme du parent combiné, où l'objet absent est la proie de l'Autre, échappant ainsi absolument au sujet. Celui-ci ne peut ni haïr l'objet sans risquer de le détruire, ni accepter son absence qui implique son abandon au profit du tiers Autre, sur lequel est projetée toute l'agressivité destructrice de la scène primitive. Seule l'analyse de ce fantasme, qui implique, notons-le, le consentement à la séparation d'avec l'objet maternel et l'idée que cet objet peut à son tour vivre une expérience de satisfaction — c'est-à-dire trouver le plaisir avec un autre bon objet (le tiers Autre) peut amener le sujet à sortir de cette situation en impasse. Tant que l'absence de l'objet suscite la haine et la crainte de destruction, tant que le fantasme complémentaire de cette absence est celui d'une agression meurtrière entre l'objet et l'objet de l'objet (le tiers Autre), tout déplacement vers un objet quatrième est impossible. Cet objet quatrième, nous le verrons volontiers dans ce que Winnicott a décrit comme objet transitionnel, ouverture vers le champ de l'illusion, déplacement décisif de l'objet initialement pris dans l'espace corporel commun à l'enfant et à la mère, vers cet espace potentiel *entre* la mère et l'enfant — première possession de non-Moi.

Ce rôle que nous assignons à *l'absence* est capital dans toute la théorie psychanalytique. C'est l'absence de l'objet qui fait naître à la fois l'affect de déplaisir, la représentation de la satisfaction et de l'objet qui la conditionne. C'est encore lors de cette absence que la tension est l'aiguillon du fantasme. Il n'est pas sans intérêt de faire intervenir ici les notions de seuil et de réponse de l'objet. A cet égard, le rôle de l'environnement, passé sous silence par Freud, négligé par Melanie Klein, a été au contraire souligné par Anna Freud et Winnicott. L'absence temporaire limitée de l'objet qui permet au seuil atteint par la tension de ne pas dépasser l'intolérable, a des conséquences indéniablement structurantes, dans la mesure où cette absence est un facteur d'élaboration pour le Moi. Au contraire, l'absence trop prolongée de l'objet, sa réponse trop longtemps différée ou dispensée dans des conditions non apaisantes, font que la tension dépasse les seuils de la tolérance du sujet et conditionne l'apparition de fantasmes destructeurs pour l'objet comme pour le Moi[1]. L'envahissement pulsionnel désorganise alors le noyau fragile de structuration du Moi, dépassant le déplaisir pour devenir douleur psychique. La réponse n'apportant pas de satisfaction est, à notre avis, susceptible d'être à l'origine d'un Surmoi précoce, générateur d'une culpabilité primaire, qui s'attache non seulement à l'agressivité destructrice vécue, mais à la simple manifestation de la pulsion qui ne peut plus être, en droit ni en fait, source de satisfaction autre que négative.

Il faut pondérer ces remarques. La valorisation excessive de la part de l'environnement nous conduirait sans doute à mener la psychanalyse sur les voies de l'orthopédagogie. La sous-estimation de son rôle nous conduirait rapidement vers le danger opposé, celui d'un constitutionnalisme outrancier, expliquant les différences de comportement dans l'inégale dotation innée des pulsions de vie ou de mort.

Ainsi si la théorie freudienne des séries complémentaires peut paraître éclectique, elle est la seule à donner une hypothèse de travail utile[2]. Mais qu'il soit bien clair que, quels que soient les facteurs étiologiques, ce qui importe est l'élaboration intrapsychique des expériences conflictuelles. Nous retrouvons ici la difficulté à décider des rôles respectifs du souvenir du traumatisme et du fantasme organisateur, c'est-à-dire du fantasme originaire.

On pourrait, pour conclure, avancer que le fantasme originaire de Freud est un fantasme inconscient, au sens où il participe *de* l'inconscient, tandis que le fantasme inconscient de Melanie Klein est une activité du Ça. Ainsi la contradiction ne serait plus absolue entre l'un et l'autre. A ce fantasme inconscient, dans sa version freudienne, correspondrait une organisation structurale représentative, où le sujet peut occuper toutes les places, où le sujet n'est nulle part à sa place, parce qu'il est surtout employé à les distribuer. Au fantasme incons-

---

1. Les déterminants de cette absence ne se signifient, faut-il le préciser, qu'à s'articuler au désir de la mère.
2. Nous convenons qu'il y a encore beaucoup à faire pour la faire passer de l'utile à l'opérationnel.

cient dans sa version kleinienne correspondrait une activité pulsionnelle élémentaire de décharge, unissant avec une élaboration *a minima*, source pulsionnelle, objet et but, dans l'antagonisme des pulsions de vie et de mort. Dans la version freudienne, représentation et affect pourront être distingués, la modification des affects entraînant un remaniement représentatif, de même qu'un changement du tableau représentatif suscite d'autres affects. Dans la version kleinienne, affects et représentations ne sont pas distincts en tant que tels et sont appréhendés sous la forme de ce mixte non décanté. La clinique cadrerait, semble-t-il, avec cette manière de voir.

III. DEUXIÈME TOPIQUE :
L'AFFECT ET LE ÇA
(L'ÉCONOMIE AFFECTIVE)

Le Moi est le lieu où l'affect se manifeste. Le Ça est le lieu où sont bandées les forces qui vont lui donner naissance. Des diverses définitions descriptives que Freud donne du Ça, la plus éloquente est celle de la *XXXI*[e] *Conférence*[1]. Il est remarquable de retrouver au sujet du Ça les formulations mêmes dont Freud s'était servi pour désigner l'inconscient ou le processus primaire. Mais certaines orientations sont accentuées, telles l'ouverture aux influences somatiques, l'importance du facteur économique, la vocation à la décharge.

Depuis les premières formulations concernant l'inconscient et le processus primaire, un certain équilibre a toujours présidé, sous la plume de Freud, entre un *pôle symbolique* (condensation-déplacement), un *pôle économique* (tendance à la décharge, variations de quantité) et un *pôle catégoriel* (relations espace-temps, contradiction, etc.). L'expérience aidant, Freud sembla rompre cet équilibre en faveur du pôle économique :

« *Le facteur économique, ou si vous préférez, quantitatif qui est intimement lié au principe de plaisir, domine tous ces processus.*

---
1. *S.E.*, XXII, 73.

Les investissements pulsionnels cherchant la décharge c'est, à notre avis, tout ce qu'il y a dans le Ça. »

Cette insistance marquée sur la fonction de la décharge est une caractéristique que le Ça partage avec l'affect. En fait, c'est par l'intermédiaire des investissements pulsionnels que peut se comprendre la relation entre Ça et affect.

Ce que Freud nomma angoisse automatique est le produit d'une transformation mutative directe de libido au niveau du Ça, sans doute par un processus de décharge. Ce qui fait problème est de savoir si les tensions déchargées au niveau du Ça sont susceptibles de revêtir une forme affective proprement dite ou si elles sont ici de pures quantités. Freud ajoute, dans le texte auquel nous faisons référence, que les déplacements et condensations qui se produisent dans le Ça grâce à l'état mobile de l'énergie et sa tendance à la décharge ignorent « la qualité de ce qui est investi ». Il ajoute : « Ce que nous appellerions dans le Moi une idée. » La qualité est donc ici attachée au contenu. Ainsi par rapport à *l'inconscient* une modification importante est survenue : *le silence fait sur les représentations de la pulsion.* Au niveau de l'inconscient, la dualité représentation-affect trouvait sa place. Au niveau du Ça, seules sont présentes des motions pulsionnelles contradictoires. La structuration ici atteint son point limite, en deçà duquel c'est le *chaos*. *A minima*, cette structuration des pressions économiques aboutira à la décharge. Mais cette décharge-là est d'une tout autre facture, du fait même qu'elle a pour corrélat l'accomplissement de cette structuration dont la nature intime nous demeure mystérieuse. La structure fondamentale organisatrice est celle de l'opposition entre *pulsions de vie et pulsions de mort*. Freud va même jusqu'à écrire que le Ça *n'a pas d'organisation*, qu'il a pour seule obédience le principe de plaisir-déplaisir. Laplanche et Pontalis ont précisé avec une grande clarté les différences entre le Ça et l'inconscient[1]. Il est manifeste, selon nous, que le facteur motivant qui a conduit Freud à radicaliser ce qu'il y avait de plus neuf dans sa découverte et qu'il nommait refoulé, inconscient, processus primaire est le remaniement apporté par la dernière théorie des pulsions.

---

1. *Loc. cit.*, article « Ça ».

Le sens du conflit a changé : il ne s'agit plus désormais d'une lutte entre un pôle sexuel, refoulé, inconscient, et un pôle non sexuel, refoulant et conscient ; il ne s'agit pas non plus d'une opposition entre un pôle objectal et un pôle narcissique ; il s'agit maintenant d'un double conflit : d'une part, entre un pôle pulsionnel inorganisé ou faiblement organisé, et un pôle différencié du pôle pulsionnel et plus organisé que lui, d'autre part, entre forces de liaison et forces de déliaison dans chacune de ces deux sphères.

Rien de l'acquis antérieur n'est récusé sur le désir ou la sexualité. Ce qui est modifié est la mise en place des concepts. L'inconscient, le refoulé, le processus primaire constituent toujours le noyau de la théorie. Mais leurs effets sont relativés selon deux ordres de référence. D'une part, l'Œdipe comme nœud de rapports intersubjectifs, d'autre part l'appareil psychique comme système de relations intrasubjectives. Dans cette perspective le couple Eros-pulsions de destruction est ce qui à la fois fait tenir l'édifice théorique sur ses pieds et sert à la médiation entre complexe d'Œdipe et appareil psychique.

Cette articulation entre complexe, appareil et conflit pulsionnel nous paraît constituer le cadre théorique qui fait de la deuxième topique un ensemble épistémologique plus fructueux que celui de la première topique, bien que les feux de la découverte géniale illuminent moins (la révélation est derrière soi, il s'agit maintenant de bâtir) les écrits de Freud.

Les conséquences au point de vue de l'affect doivent être dégagées de ce remaniement. Le Ça ne peut être le siège que de phénomènes de tension et de décharge. Ces tensions et ces décharges pulsionnelles ne sont à proprement parler ni conscientes ni inconscientes en tant que telles. Tout au plus peut-on dire que l'antagonisme des pulsions de vie et de mort donne à ces états de tension et de décharge une connotation de fusion, d'agrégation, de liaison ou de défusion, de désagrégation, de déliaison, sous-tendant des états de réunification partielle ou de désintégration partielle. Les limites entre le Ça et le Moi étant beaucoup plus floues que celles entre l'inconscient et le préconscient, il existe toute une zone d'échanges entre les produits du Ça et le Moi, échanges qui ont lieu dans les deux sens. Mais la barrière du Moi, même si aucune limite stricte ne la constitue, est parcourue par un réseau qui n'admet dans le Moi que des fragments de Ça « domestiqués ». Ces motions pulsionnelles comportent en elles des contenus, des représentations distinctes en tant que telles. *Notre hypothèse est que ces fragments du Ça sont constitués d'un matériau tel que la division en affect et représentation y est impossible.* Le couple tension-décharge est cependant sous la domination du principe de plaisir ; il est donc impossible de supprimer l'aspect qualitatif des productions du Ça. Ce qui est plus conjectural est le rôle qu'y jouent les représentations. En fait, il faut souligner que tout comme le Moi est un lieu d'échanges entre les impressions reçues du monde extérieur et celles issues du monde intérieur (Ça-Surmoi), le Ça est lui aussi un lieu d'échanges entre les impressions issues du soma (sources organiques des pulsions), et les impressions venues du Moi.

Le Ça comprend en effet :

1) Des éléments innés, inconscients de toujours ;
2) Des éléments acquis, devenus inconscients, qui ont traversé le Moi sans y laisser de trace ;
3) Des éléments acquis, partis du Ça, parvenus au Moi, refusés par lui et revenus au Ça à l'état inconscient.

Selon que l'on parlera des couches du Ça les plus enfouies, les plus inaccessibles, ou des couches les plus en contact avec le Moi, l'élément représentatif prendra une signification différente. Le travail de la différenciation sera en rapport avec une certaine décantation entre affect et représentation, sous l'influence de la proximité du Moi ; là où un fragment brut, où affect et représentation sont mêlés, était primitivement présent, un clivage les distingue[1].

Au niveau du Ça, l'affect, indistinct de la représentation est irreprésentable. Il est en quête de représentation. Beaucoup d'auteurs ont insisté sur le fait que les affects en question n'étaient pas verbalisables ; cette condition n'est pas fonction de la résistance, mais du fait de la nature même du phénomène.

Ce qu'on appelle angoisse (affect) automatique, résultat

---

1. Nous ne voyons pas d'autre explication possible à ce clivage que l'intervention des fantasmes originaires. Quant à la nature ou la structure exacte de ceux-ci, ce point mérite à lui tout seul un autre travail.

d'une décharge *in situ* au niveau du Ça qui pénètre par effraction le Moi, est en fait un *affect-représentation*, où aucune représentation distincte n'est concevable. De tels affects sont a-représentatifs. Ils ont une signification essentiellement économico-traumatique. Par eux s'exprime la menace qui pèse sur l'organisation du Moi. L'appareil psychique ne peut plus lier cette énergie libre qui dissout les organisations liées au Moi. Inutile de dire qu'ils se situent au-delà des possibilités de l'analyse, en tant qu'*affects critiques*. On comprend sans difficulté que si à la pression du *besoin* s'ajoute la tension créée par la non-satisfaction du besoin, aucun désir n'est possible. La demande est celle de la satisfaction d'un *besoin-désir* indistinct. Il faut que la tension soit peu ou prou tolérable pour que le sujet puisse opérer l'investissement hyper-intense de l'objet susceptible d'apaiser la tension par la satisfaction. Cet investissement n'interviendrait qu'aux phases initiales de l'expérience — soit à son stade de désir — ou alors qu'un début de soulagement a commencé d'atténuer la tension, lorsque certains signes de la présence de l'objet sont en vue.

Freud a emprunté à Groddeck le terme de Ça. Cet emprunt a été fait à l'occasion de la profonde mutation métapsychologique qu'a marquée l'introduction de la deuxième topique. Mais de l'aveu de Groddeck lui-même, l'emprunt se limitait au terme et non au concept. S'il nous paraît utile de nous arrêter un instant aux conceptions de Groddeck, c'est qu'elles nous ont paru influencer ou rencontrer d'autres conceptions psychanalytiques chez les contemporains de Freud. Cette influence se poursuit encore aujourd'hui chez maint auteur. Groddeck a eu le mérite de quelques observations fondamentales et de certaines formules heureuses. Quiconque se remémore des phrases telles que : « Il n'y a absolument pas de Moi ; c'est un mensonge et une déformation quand on dit je pense, je vis. Il faudrait dire : ça pense, ça vit »[1], ou plus précisément encore : « Je suis vécu par le Ça »[2], ne peut qu'être frappé

---

1. Du langage (1909) dans *La maladie, l'art, le symbole*, trad. par R. Lewinter, Gallimard, édit., p. 245.
2. Du Ça (1920), *loc. cit.*, p. 63.

par leur résonance moderne. Mais derrière ces propositions se cache une conception du Ça bien étrangère à Freud, comme Groddeck ne manque pas de le souligner en accusant le fondateur de la psychanalyse de manquer d'audace intellectuelle.

Car, sitôt ces propositions avancées, nous nous trouvons devant un mystère, « le plus grand mystère du monde » que Groddeck résout dans une conception quasi religieuse. « A la question qu'est-ce que le Ça ? je ne puis répondre », avouait-il en 1920, mais en bien d'autres endroits il fit plus que hasarder une réponse. Il la formula en des termes qu'on a eu raison d'appeler métaphysiques. Si sur certains points les formulations de Groddeck et de Freud paraissent proches — sur l'impersonnalité, l'intemporalité du Ça et aussi sur son absence de délimitation spatiale, son immuabilité — un examen même superficiel montre leurs divergences. Pour rester proche des formulations de Freud, il faut remarquer que pour Groddeck le Ça

« *englobe l'inconscient et le conscient, Moi et pulsions, corps et âme, physiologie et psychologie. Par rapport au Ça, il n'y a pas de frontière entre physique et psychique. Tous deux sont des manifestations du Ça, des modes d'apparition* »[1].

Ultérieurement, Groddeck devait concevoir une nouvelle division, le conscient, l'inconscient et le végétatif[2]. Ce troisième terme introduit ici ne servait qu'à mieux marquer sa différence avec le Ça de Freud dont le domaine est beaucoup moins étendu. « Je répète, dit-il dans le même texte, que par le terme Ça j'entends la totalité du vivant dans un être individuel. »

Nous nous bornerons à souligner les différences entre Freud et Groddeck, dans la mesure où la position de Groddeck et le courant auquel on peut rattacher cet auteur peuvent être suivis jusqu'à nos jours. Le Ça apparaît comme un principe organisateur et totalisateur du vivant, bien qu'il puisse se différencier en une multiplicité de Ça. Il détermine la construction et la destruction de toutes choses dans le vivant. Il en transcende toutes les manifestations, car il ne naît ni ne meurt avec ce qu'il engendre. Il ne saurait se lier à aucune

---

1. Le Ça et la psychanalyse (1925), in *loc. cit.*, p. 96.
2. Considérations de principe sur la psychothérapie (1928), *loc. cit.*, p. 146.

détermination particulière, puisque relier la partie au tout dont elle fait partie et voir le tout en chaque partie selon le principe gœthéen, sont la visée qui doit guider notre esprit et qui est elle-même manifestation du Ça. Au reste l'opposition des pulsions de vie et de mort (au sein du Ça chez Freud) n'a pas de place chez Groddeck, qui transforme cette opposition en une union. Ainsi s'accomplit le « meurs et deviens » gœthéen.

C'est avant la naissance que le Ça est, pour ainsi dire, pleinement lui-même, avant la division sexuelle, dans la totalité fœto-maternelle. Ainsi s'expliquera qu'après la division sexuelle s'instaure la compulsion au retour vers cette condition initiale édénique, par la recherche de la reconstitution de cette complétude, cette aspiration à la perfection qui anime le Ça. On rejoint ici Rank et d'autres, comme on avait rejoint Ferenczi dans l'indistinction corps-psyché. Qu'une telle conception du Ça ait à voir avec l'affect, cela va de soi, puisqu'elle est la plus « affective » des conceptions du Ça. Car si Groddeck fait grand cas de la symbolisation, ce n'est pas parce qu'il repère au niveau du Ça quelques procédés fondamentaux (comme Freud) qui constitueraient des matrices de symbolisation en même temps qu'ils seraient l'expression de la symbolisation elle-même ; c'est parce que le Ça est un démiurge obscur capable des intuitions les plus immédiates comme des opérations les plus compliquées[1]. Dès lors il ne s'agit plus d'agir sur un tel maître, mais seulement de le servir. Il ne s'agit plus d'analyser, entreprise vaine quand il s'agit du Ça, encore moins d'interpréter, mais de s'asservir à lui en parlant son langage, qui est celui de l'affect : « S'adapter au malade au point de le « ressentir », c'est la seule exigence qui doive être posée au médecin »[2]. Et cette empathie va loin.

« *Le médecin doit chercher à ressentir ce qui peut s'être passé en quelqu'un pour qu'il se soit décidé à produire des températures fébriles à l'aide d'un bacille quelconque, à faire croître des tumeurs, à laisser pénétrer en lui certains microbes et à leur permettre de séjourner longtemps dans son cerveau pour*

---

1. Voir en particulier : Le Ça et la psychanalyse, *loc. cit.*, p. 95, où GRODDECK cite dans un mouvement lyrique les réalisations du Ça.
2. Considérations de principe sur la psychothérapie (1928), *loc. cit.*, p. 146.

qu'ils détruisent un jour le cerveau, ce qui peut l'avoir incité à se tourmenter avec des douleurs, des angoisses, des obsessions : à toutes ces choses et à des milliers d'autres, il trouvera la réponse exacte. »

Ainsi le Ça organise l'expérience de la maladie comme celle de la santé, par sa puissance de symbolisation, par son pouvoir absolu dans le symptôme comme dans le langage, dans la maladie organique comme dans les productions humaines sublimées.

En définitive, c'est bien à un Dieu-nature, selon la formule de Groddeck, titre donné à un de ses tout premiers ouvrages, que nous sommes renvoyés. Les descriptions cliniques de Groddeck nous montrent à l'œuvre cette force obscure et pensante, occulte et omnisciente, ignorant la différence entre le psychique et le corporel, appliquant les mêmes déterminismes à l'un et à l'autre, franchissant sans peine le « mur de la biologie », ce qui nous donne l'impression de voir à l'œuvre une puissance d'essence religieuse. Du reste, les formulations de Groddeck invitent à le penser, le Ça est le grand mystère : le « miracle »[1].

Freud le sentit bien dès son premier contact épistolaire avec Groddeck et le lui fit remarquer le 5-6-1917, au moment où celui-ci effectue sa conversion temporaire à la psychanalyse. Il écrit :

« *A partir de votre belle base, pourquoi vous plongez-vous dans la mystique, supprimez-vous la différence entre le spirituel et le corporel et vous accrochez-vous à des théories philosophiques qui ne sont pas de mise. Je crains que vous ne soyez aussi un philosophe et que vous n'ayez une inclination moniste à mépriser toutes les belles différences au profit des séductions de l'unité. Cela nous débarrasse-t-il cependant des différences ?* »[2].

Car, il faut le souligner, une telle conception unitaire et totalisatrice du Ça ôte, selon nous, toute efficacité à ce concept, dans la mesure où disparaissent non seulement les différences,

---

1. « L'homme mon objet scientifique commence à la fécondation. Et ce qui se constitue alors, je l'appelle le Ça de l'homme. Le terme doit désigner ce qu'il y a d'indéterminé, d'indéterminable en cet être : le miracle. » *Le Ça et la psychanalyse*, loc. cit., p. 95.
2. S. Freud, *Correspondance*, trad. A. Berman et J. P. Grossein, Gallimard, édit., p. 345.

ce qui permet d'éluder toute la question du point de vue économique dans l'étude de la structuration psychique et la production des symptômes, mais aussi toute la conception du conflit, puisque l'antagonisme pulsionnel se résout dans l'unification du « meurs et deviens ». Les rapports entre les instances cessent d'être appréhendés dans les tensions qui les régissent, le Ça devenant la cause ultime et dernière.

Si nous nous sommes attardés à cet examen, c'est que Groddeck nous paraît occuper l'un des pôles du pendule, par sa conception mystique du Ça, tandis qu'à l'autre se situent les formulations nord-américaines.

La littérature psychanalytique post-freudienne a fait aux concepts freudiens du Moi et du Ça diverses fortunes. On sait ce qu'il en a été dans les courants théoriques issus d'Hartmann. L'hypothèse d'une sphère libre de conflits, d'appareils du Moi innés et à valeur adaptative, a reçu un accueil très favorable en Amérique du Nord et même chez une certaine fraction des auteurs anglais. Tout récemment (1967), Max Schur a défendu une nouvelle conception du Ça où cette instance est à son tour douée d'une certaine autonomie et d'une valeur adaptative. Le Ça succédant à la phase indifférenciée Ça-Moi devient le produit de l'interaction de facteurs innés, maturatifs et liés à l'expérience. Le Ça, tout comme les pulsions, est phylogénétiquement et ontogénétiquement le produit de l'évolution de la maturation et du développement.

« *Je soutiens, dit Max Schur, que certains appareils autonomes servent le développement du Ça aussi bien que du Moi.* »

Le Moi, organe essentiel de l'adaptation, doit compter avec les demandes pulsionnelles. Le Ça a un premier effet d'élaboration des demandes pulsionnelles *dans une visée adaptative*. Le Ça est en quelque sorte un précurseur du Moi. Il n'existe pas dans la pensée de cet auteur de stricte délimitation entre le Ça et le Moi, pas plus qu'il n'existe de nette démarcation entre les besoins physiologiques et leur représentation mentale inconsciente en tant que pulsions et désir. Le principe de plaisir est un principe régulateur de l'appareil psychique œuvrant en fin de compte, au service de l'adaptation. Loin d'être cette instance rebelle à toute domestication, irréductiblement tendue vers la décharge et la satisfaction, le Ça devient dans cette nouvelle conception un premier niveau adaptatif qui, pour ainsi dire, mâche le travail au Moi.

S'il est vrai que Freud insiste sur cet enracinement somatique auquel nous nous sommes référés, la différenciation physiologique-psychique soulève bien des problèmes ainsi que son corrélat théorique : l'hypothèse du *continuum* biopsychique. Sans doute la présence de condensations et de déplacements au sein d'une telle structure témoigne-t-elle d'un certain degré d'organisation. On ne résout pas le problème en installant au niveau du Ça un pré-Moi, comme paraît le postuler Schur. La contradiction à penser est celle d'une instance sans organisation, mais susceptible d'une symbolisation primaire dans les figures du déplacement et de la condensation ; elle est sans doute indépassable. La solution à adopter est peut-être opposée à celle que préconise Max Schur. Elle consisterait, face au réalisme psychologique d'inspiration génétique, à opter pour une théorisation métaphorique d'inspiration structurale. Ce terme de structural doit être pris ici dans un sens différent de celui auquel les travaux américains renvoient. Autrement dit, il est heuristiquement payant d'instituer dans le *continuum* postulé des coupures, des mutations qui indiquent des ordres d'organisation de structure différente.

— ordre de structure du soma : asymbolique ;
— ordre de structure des pulsions : symbolique primaire ;
— ordre de structure du Moi : symbolique secondaire.

Ces différents ordres de structure sont conjoints-disjoints. C'est dire que bien que chaque sphère possède son organisation spécifique disjointe de celle des autres, des rapports de conjonction les unissent. Dans cette perspective, l'ordre de structure de la pulsion est au carrefour du somatique et du psychique, écartelé entre une possible néantisation de son organisation symbolique et une différenciation symbolique secondaire. *La pulsion est entre corps et langage.* Elle n'est ni de l'ordre du premier, ni de l'ordre du second, mais peut, selon la conjoncture, se dédifférencier ou se différencier, moins dans la continuité que dans la discontinuité.

Le Ça est donc une organisation non organisée, structure et a-structure, lieu d'un travail qui se fait et se défait sans cesse. Dans les meilleurs cas, ce travail peut être repris et poursuivi par le Moi, dans les pires éventualités celui-ci est dissous dans le somatique. L'inconscient, le refoulé, est au sein du Ça sa fraction la plus organisée aux frontières du Ça et du Moi, lieu des échanges entre représentations et affects. Ce qui caractérise le Ça est, comme le dit Freud, la tendance à la décharge et le point de vue économique.

En ce qui concerne l'affect, on a beaucoup discuté à la suite de Freud pour savoir si les affects étaient des états de décharge et de tension. A la vérité, ces discussions n'ont de sens que si on les relative au régime de l'instance dont l'affect est tributaire. Au régime du Ça, les tensions sont suivies de décharges, d'un caractère massif et brutal. Au régime du Moi, l'inhibition des processus primaires change le sens de la tension. La tension devient un état d'inhibition de la décharge, une rétention temporaire qui s'efforce de supporter la charge jusqu'à une certaine limite pour des buts différents. Au-delà, la décharge se produit quand même et l'affect prend au niveau du Moi son aspect spécifique, tel que Freud le décrit. Mais cette décharge reste d'ordinaire limitée. Si elle peut paraître menacer le Moi et son organisation, celle-ci fonctionne néanmoins dans la mesure où l'affect reste pris dans la chaîne des productions du Moi coexistant avec les représentations inconscientes et préconscientes (de chose ou de mot).

Ceci nous conduit à réenvisager le point de vue économique. Freud n'a donné de celui-ci qu'une théorisation partielle et univoque. Il a toujours lié ses effets à une action d'ordre quantitatif. Le point de vue quantitatif est primordial dans l'appareil psychique, puisque Freud donne à la tendance à la décharge la fonction majeure de réduction de la quantité au niveau zéro, pour retrouver l'état de repos antérieur à toute perturbation. Cependant, on sait les ambiguïtés auxquelles prête cette conception dans la mesure où Freud parle tour à tour de la tendance à la réduction *absolue* (niveau zéro) et de la réduction *relative* (niveau le plus bas possible, niveau constant) des tensions. Seules les exigences de la vie conduisent à se contenter de la solution du plus bas niveau possible, faute de pouvoir mettre en œuvre la décharge complète, celle du niveau zéro. Le point de vue économique ne peut pas ne pas être affecté par cette ambiguïté. Selon nous, le point de vue économique ne se limite pas à la tendance à la décharge, ni non plus à la notion de rapport quantitatif (évaluation de la grandeur de la quantité). Une autre propriété passée sous silence par Freud nous paraît essentielle : *la transformation par le travail sur l'énergie libidinale. Si la structure psychique ne peut se permettre le luxe de la décharge complète sans risquer la mort psychique, si elle doit se contenter du niveau le plus bas possible, si elle est contrainte à la rétention d'une quantité nécessaire, l'action du point de vue économique suppose que l'énergie réduite à des quantités que l'appareil psychique peut tolérer soit l'objet d'un travail de transformation dont le passage de l'énergie libre à l'énergie liée est une des tâches majeures.* C'est ce travail qui est responsable de la transformation de l'énergie somatique en énergie libidinale entre autres, comme il sera responsable de la transformation des pulsions en représentation psychique des pulsions, comme il sera responsable de la division en affect et représentation et plus tard de la distinction entre représentation de chose et représentation de mot. C'est également le point de vue économique qu'on verra à l'œuvre dans les processus d'investissement et de contre-investissement. C'est lui qui, au niveau du Moi, fournira l'appoint énergétique aux mécanismes de défense du Moi. C'est encore lui qui présidera aux destins de pulsions : inhibition de but, déplacement, désexualisation.

C'est dire qu'on ne saurait envisager l'action du point de vue économique sous un angle restreint et comprendre ses effets de façon univoque et homogène. L'économie de la vie psychique dans la théorie freudienne règle les rapports des différents investissements propres aux différentes instances. Les investissements du Ça, du Moi, du Surmoi ne peuvent s'évaluer à une échelle uniforme. Car ce qui spécifie ces différentes instances est peut-être avant tout leur régime énergétique : caractère massif ou réduit des investissements, mobilisation en bloc ou partielle, tendance à l'extension ou à la limitation, etc.

L'affect, plus que la représentation, est lié au point de vue économique, on s'en doute. Non seulement parce que les notions de seuil (donc de quantité), de tension, de décharge s'y retrouvent, mais aussi parce que l'affect représente la composante pulsionnelle de la pulsion la plus résistante à la transformation, celle à qui des permutations et des combinaisons ne permettent pas un *jeu* aussi varié que nous le montrent les représentations.

Ceci nous amène à faire certaines remarques sur la conception issue des travaux de Lacan. Ce n'est point par hasard si nous nous trouvons ici face à une théorie qui a toujours valorisé l'inconscient, la représentation de mot, le langage au détriment du Ça, de la représentation de chose, et l'affect. De même que le point de vue économique s'y trouve gommé de la théorie ou soumis à une mutilation qui n'en fait plus que l'ombre de lui-même.

Par un étrange effet, Hartmann et Lacan, aux antipodes l'un de l'autre, se retrouvent plus proches qu'on ne le supposerait. Hartmann éclipse (ou apprivoise) le Ça au profit d'un Moi autonome et défend une conception de la vie psychique où les appareils du Moi appartiennent à la sphère cognitive faisant jouer à la fonction du *signal* un rôle majeur. Lacan éclipse le Ça au profit d'un inconscient structuré comme un langage, constitué par les effets du signifiant, dont le Ça refléterait la grammaticalité, soumettant l'imaginaire au *symbolique*. Nous ne méconnaissons pas la différence entre signal et signifiant, entre signalisation et symbolisation. Ce qui nous frappe est que l'une comme l'autre se coupent de cette dimension où la structure est menacée de mort par les pulsions de destruction. La pulsion de mort chez Hartmann se mue en agressivité, chez Lacan elle est cette marque de l'absence où advient le signifiant.

Qu'Hartmann comme Lacan ne disent rien de l'affect n'est pas pour surprendre puisque chez le premier l'affect est bien ce qui conteste la prétendue autonomie du Moi et que chez le second l'affect est assujetti aux jeux du signifiant. Notre analyse de la démarche de Freud, des *Etudes sur l'hystérie* à l'*Abrégé de psychanalyse*, nous montre la place inaliénable de l'affect. Son omission au regard de la théorie nous paraît être le signe d'une forclusion dont on sait que l'effet est de toujours revenir au sujet par la voie du réel.

Ces diverses versions du Ça indiquent les voies interprétatives auxquelles a pu donner lieu ce concept impensable.

Quand Freud se décida à introduire le Ça dans la théorie, il cédait à la pression des faits cliniques et au sentiment d'une lacune dans la théorie. De 1893 à 1921, Freud est surtout préoccupé de trouver dans les phénomènes psychiques du sens là où la pensée traditionnelle ne voit que du non-sens. Cela donna naissance à l'inconscient. A partir de 1921 jusqu'en 1939, Freud se montre surtout préoccupé de comprendre pourquoi là où il devrait y avoir du sens, en ce continent par lui découvert et exploré, le sens fait défaut. Sans doute se heurte-t-il ici au mur de la biologie. Mais il s'est efforcé dans toutes ses formulations concernant le Ça de demeurer dans une prudente expectative. A côté de lui et après lui, cette féconde ambiguïté du Ça sera dissoute. L' « impensabilité » du Ça sera haussée jusqu'à la mystique ou réduite dans la biologie et le langage. Ainsi la conception de Groddeck montre clairement que le Ça est tout et le reste rien. Freud, dans une note datant du 23 août 1938, écrit :

« *Le mysticisme est l'autoperception obscure du royaume hors du Moi, du Ça.* »

Par renversement, certains auteurs ont pu laisser penser que le Ça était le mode d'autoperception du mysticisme. Le Ça devient une mère-nature intériorisée, vivant en étroit contact avec l'esprit vivant des choses naturelles, le lieu d'un dialogue sur le mode d'un corps à corps avec le monde. L'inspiration « groddeckienne » se retrouve chez des auteurs qui ne se réclament pas explicitement de lui : avant Groddeck, chez Jung ; à côté de Groddeck, chez Ferenczi, auteur de *Thalassa*, chez Rank, auteur du *Traumatisme de la naissance* ; après Groddeck, chez ceux qui ont étendu sans limite la communication empathique et intuitive, au détriment du procès de la communication. Pour tous ces auteurs, le langage est « superficiel », les mots sont de pâles ombres exsangues qui ne disent rien de la réalité des choses, que seule une appréhension directe immédiate infra- ou supra-verbale peut faire apparaître dans son rayonnement lumineux.

On comprend aisément que par un inévitable retour de balancier un mouvement opposé va porter la théorie à l'autre extrême. L'affect sera alors totalement dévalorisé, tout renvoi à l'affect sera considéré comme le refuge d'une pensée occultiste, obscurantiste et dont la science n'a rien à attendre. On dénoncera alors l'idéologie implicitement religieuse des courants théoriques qui prétendent à une valeur explicative à partir de l'affect. Cette position n'aura fait que substituer une idéologie à une autre, car la solution de ces difficultés ne peut être obtenue par l'exclusion de l'affect. C'est pourtant cette exclusion de l'affect que nous révèlent ces diverses démarches. Ainsi, celles qui réduisent l'affect à son aspect physiologique. Une autre façon d'en faire abstraction sera de proposer un modèle linguistique de l'inconscient uniquement basé sur les représentations promues au rang de signifiant. Toutes ces démarches nous paraissent mutilantes. Le choix qui nous est proposé entre la mystique et la linguistique ne saurait répondre à nos problèmes. Pour nous, la solution réside dans l'approfondissement de la notion de *travail.* Travail sur les données du monde extérieur et les traces qu'il laisse dans l'appareil psychique, travail sur les productions du monde intérieur que l'appareil doit traiter, sans doute beaucoup plus malaisément que les précédentes. Travail que la pratique psychanalytique nous donne à observer et à accomplir.

IV. DEUXIÈME TOPIQUE : L'AFFECT ET LE SURMOI (RENONCEMENT, IDÉALISATION ET EXTINCTION AFFECTIVE)

Nous n'avons, au cours de notre étude, que peu évoqué les relations entre l'affect et le Surmoi. Ceci pourrait surprendre, puisqu'une partie de la discussion concernant l'affect inconscient a tourné chez Freud autour de l'analyse du sentiment inconscient de culpabilité. Tout se passe comme si Freud ne pouvait que se référer à un tel sentiment et devait pourtant critiquer l'expression comme incorrecte. A telle enseigne qu'il lui préférera celle de « besoin de punition ». Suffirait-il de changer le mot pour mieux cerner le fait ?

La difficulté du problème tient sans doute aux particularités de l'instance qu'est le Surmoi. Le Surmoi, on le sait, est de même nature que le Ça. Sa cruauté s'explique par cette parenté de nature. Lorsque la régression atteint le Ça, elle affecte le Surmoi. La névrose obsessionnelle et la mélancolie, ces maladies du Surmoi, le montrent à l'évidence. Il ne suffit pas de souligner cette parenté pour renvoyer le Surmoi au Ça. Car, s'il est vrai que le Surmoi est directement branché sur le Ça, une partie de lui appartient au Moi, en particulier dans tout ce qui touche à l'inhibition et la maîtrise des affects. On sait que la structure du Surmoi n'est pas simple, puisque les auteurs modernes ont à juste titre distingué dans cette instance le Surmoi proprement dit et l'Idéal du Moi. On a, en outre, proposé de distinguer entre Idéal du Moi et Moi idéal. Cette séparation entre des fonctions de censure et d'interdiction et des fonctions d'idéal pour avoir été aperçue n'a pas été suffisamment explicitée. Par la fonction de censure et d'interdiction, le Surmoi prohibe les affects de plaisir qui, ne pouvant recevoir l'approbation parentale, ou ce que le sujet imagine de cette approbation, déclenchent alors du déplaisir. Il faut alors interdire les représentations, les buts désirés qui sont susceptibles, dans la promesse de plaisir qu'elles impliquent, d'encourir cette désapprobation, donc de provoquer du déplaisir. Le plaisir du sujet se heurte au déplaisir de l'Autre.

Le renoncement à la satisfaction commande donc le refoulement. Ce qui était préalablement admis et accepté par le Moi doit être refusé, condamné et refoulé. Certes, le sexuel est l'objet privilégié du refoulement. Mais il faut remonter plus haut vers l'amour de l'objet pour en déceler les racines. Par amour de l'objet, nous entendons certes le plaisir que peut procurer l'objet, mais aussi bien lorsqu'il s'agit de l'objet primordial, sécurité, protection, soins, présence attentionnée. Le renoncement à l'objet est donc beaucoup plus global, plus étendu que le renoncement au plaisir sexuel. Mais en revanche, le plaisir sexuel est ce qui donne une signification structurante à l'objet. Ce renoncement à l'objet intervient très tôt dans la relation mère-enfant. Toute mère, si attachée qu'elle soit à son enfant, est aussi attachée à d'autres investissements : le père, les intérêts du Moi, etc. Si cher que lui soit son enfant, les exigences concurrentielles de ces investissements interdisent qu'elle soit exclusivement attachée à lui. La prohibition de l'inceste joue dès la naissance. Les expériences fusionnelles avec l'enfant qui ont une valeur intégrative et maturante certaine ne peuvent être ni trop intensivement prolongées, ni survenir toujours au moment où l'enfant paraît les réclamer. L'absence de l'objet est inéluctable. On sait que l'affect n'est jamais si intense et si péniblement ressenti que quand l'objet — ou sa représentation — fait défaut. Or, les expériences de manque sont autant d'expériences de refus de l'objet, où celui-ci est connu dans la haine[1]. La mère exige de l'enfant qu'il puisse attendre, supporter la tension, faire preuve de « sagesse ». Ce à quoi finit par consentir l'enfant. Freud souligne à plusieurs reprises, mais en particulier dans *Moïse et le monothéisme*, que cette victoire du Moi sur le Ça ne peut s'accomplir que si, en contrepartie du renoncement, une prime narcissique est accordée par le Surmoi. L'enfant demande que l'on reconnaisse l'exploit qu'il a accompli par sa docilité, il prend l'objet à témoin de son renoncement et tire, à la place du plaisir escompté, un orgueil que l'objet entérine.

Cette satisfaction négative de nature narcissique est la matrice d'une structure d'idéalisation primaire. Avant même que ces comportements soient vécus dans l'expérience réelle, fonctionne de façon précoce un Moi idéal dont le but est de s'affranchir des aléas de la satisfaction de l'objet. « Etre à soi-même son propre idéal, voilà le bonheur que veut atteindre l'homme », dit Freud dans son texte princeps sur le narcissisme (1913). On aperçoit mieux dans ces conditions les liens existant entre l'interdiction de l'affect de plaisir et l'apparition d'affects narcissiques désexualisés, sources de la sublimation. On ne manquera pas de faire observer qu'on n'a réussi en ces cas qu'à substituer un affect à un autre affect. A notre avis, le mouvement esquissé ici peut, dans certaines conditions, être poussé à l'extrême. Il ne s'agira plus en ces cas de procéder par la maîtrise des affects au remplacement d'une pulsion par une pulsion à but inhibé (la tendresse venant à la place du plaisir sexuel), ou à une orientation narcissique

---

1. Objet *de* la haine, mais non objet haï.

contrecarrant l'orientation vers l'objet (la fierté du renoncement compensant le manque de satisfaction), mais de réussir une délivrance totale à l'égard de l'objet en tant que celui-ci est la condition du plaisir ou déplaisir. Alors une idéalisation démesurée conduit le sujet sur les voies d'un renoncement ascétique total, où tout l'appareil psychique s'oriente vers le minimum vital objectal et affectif. On peut considérer que ce qui est espéré est un affect de triomphe dans la réussite de ce projet d'affranchissement. A la limite, il s'agira d'éteindre tout affect, même de satisfaction narcissique, pour parvenir à une neutralité affective totale. Certes de tels cas sont rares, parce qu'ils représentent la figure extrême de toute une série. On mesure alors comment la désexualisation, la désaffectation conduit à une sorte de cadavérisation psychique. L'Idéal du Moi parvient ainsi à satisfaire le narcissisme négatif, celui qui dissout l'image du sujet dans le vide affectif.

Ce destin de l'affect dans la neutralisation n'est pas le seul, ni le plus fréquent. Le plus souvent, ce à quoi nous avons affaire, à mi-chemin de ce résultat, est le masochisme. Le Surmoi de l'obsessionnel, celui du mélancolique et du paranoïaque nous le font apparaître, sans parler du masochisme moral. C'est ici que le sentiment de culpabilité inconscient comme la jouissance inconsciente apparaissent avec éclat. S'agit-il d'un affect véritable, celé dans l'inconscient ? Freud hésita à l'affirmer ouvertement. Ce qui est manifeste est que la triple dimension économique, topique et dynamique est présente dans ces états pathologiques. Il s'agit, en effet, de tensions pulsionnelles considérables, d'instances dressées l'une contre l'autre, de désirs absolument opposés. La dimension du conflit est à son comble. Eliminer l'affect inconscient dans ces structures ne paraît pas possible. Freud insiste dans *Inhibition, symptôme, angoisse* sur le fait que le Surmoi démasque la duplicité du Moi, qui trouve une satisfaction déguisée dans l'exercice de ses fonctions défensives. Dans le *Problème économique du masochisme*, il soulignera que le masochiste se punit pour la jouissance qu'il tire de son masochisme même, bernant le Surmoi. Comment le Surmoi punirait-il autre chose qu'une jouissance déguisée et inconsciente ? *Malaise dans la civilisation* y fera clairement allusion.

Ainsi, de même que nous avons souligné avec Freud l'existence d'affects inconscients au niveau du Ça, nous postulerons l'existence d'affects inconscients au niveau du Surmoi. Ce qu'il faut ici préciser est que la présence d'affects dans le Surmoi et le Ça n'implique pas qu'ils y existent sous la même forme que dans le Moi. Ce qui ne veut pas dire pour autant que les affects doivent être conçus comme de pures tensions quantitatives. L'affect inconscient, du Ça comme du Surmoi, est inconcevable pour la conscience, puisque la qualité de l'affect ne peut se comprendre que par rapport à la conscience. Mais l'inconscient, lui aussi, ne peut se comprendre que par rapport à la conscience. Il n'est jamais appréhendé comme tel, mais déduit à travers les formations de l'inconscient. Il est remarquable que toutes les formations de l'inconscient s'accompagnent d'affects, d'autant plus surprenants que ceux-ci ne « collent » pas avec les représentations qu'ils accompagnent. Les affects qui sont le plus directement en rapport avec le Surmoi sont ceux liés à l'influence tutélaire de l'objet, ils vont de la présence de celui-ci, signe de son existence, à sa perception visuelle et sa voix. Le rôle des perceptions auditives est constamment souligné par Freud sur ce point[1]. Au-delà de la parousie de la parole énonciatrice d'interdits, l'écriture introduit une mutation nouvelle, qui anonymise la présence du Surmoi. L'identification est la résolution du conflit œdipien. L'identification à l'Idéal du Moi en est le couronnement.

Entre ces formes élaborées et ce qu'on a appelé les précurseurs du Surmoi (morale des sphincters de Ferenczi, Surmoi précoce de Melanie Klein), un jeu permanent d'échanges a lieu. Ainsi l'Idéal du Moi excède les possibilités du Moi par une exigence qu'il emprunte à la persécution des mauvais objets internes. La méchanceté du sujet est traquée sans relâche, ses insuffisances dénoncées, ses manques réifiés, son hypocrisie étalée au grand jour[2]. Ici encore, à voir les tourments qu'infligent le Surmoi et l'Idéal du Moi au Moi, on

---

1. Rosolato a pleinement mis en lumière le rôle de la voix dans la théorie psychanalytique.
2. Il nous faut rappeler ici le rôle de la honte plus spécifiquement rapportée à l'Idéal du Moi qu'au Surmoi plutôt générateur de culpabilité. Nous en avons dégagé les développements dans notre travail sur le narcissisme moral.

ne peut que se persuader de l'existence des affects inconscients qui sont ainsi combattus. Cependant, cette vision infernale nous ferait croire que Surmoi et Idéal du Moi ne sont pour le Moi que sujets de tourments et d'angoisse, cette angoisse du Surmoi dont Freud fait état dans *Inhibition, symptôme, angoisse*.

Nous attribuons à l'Idéal du Moi un rôle fondamental dans l'élaboration et la transformation des affects, dont la sublimation ne nous donne à observer que des aspects partiels. C'est l'Idéal du Moi qui valorise et façonne les rejetons des affects primaires. C'est encore lui qui donne au projet sa forme et son destin. S'il est vrai que les exigences extrêmes de l'Idéal du Moi, héritier du narcissisme primaire, peuvent réduire à néant toute réalisation, il faut dénoncer la visée analytique qui prétend « ajuster » les idéaux du patient aux possibilités qu'on lui prête — évaluées à la seule aune des limites du psychanalyste. Car l'Idéal du Moi contient, à lui seul, toute la dimension du possible, du sujet psychanalytique.

Nous rappellerons une fois encore une vérité rappelée par Francis Pasche concernant le Surmoi. Le Moi ne peut vivre qu'à la condition d'être aimé par le Surmoi. La réconciliation avec le Surmoi, comme issue de la cure analytique, est une donnée d'expérience. Elle implique le renoncement à la mégalomanie de l'Idéal du Moi et du Moi idéal. Le suicide intervient lorsque le sujet, dit Freud, se sent abandonné par les puissances protectrices du destin. En ce cas, la rupture est consommée entre un Moi livré à l'*Hilflosigkeit* et un Surmoi qui refuse aide et protection, déçu par le Moi à jamais. Ici l'angoisse de castration cède le pas à l'angoisse de mort. Si loin que l'homme poussera son désir d'en finir avec le jugement de Dieu, il ne pourra que rétablir la divinité dans d'autres figures substitutives qui devront à leur tour prendre la place des Dieux détrônés.

N'oublions pas que Freud considère le culte des diverses religions comme un rétablissement de la puissance que leurs images ont perdue dans le réel. La religion du père apparaît lorsque celui-ci est déchu de ses droits tout-puissants. Ce surcroît de puissance accordé à ses fils doit se solder par une expérience sacrificielle. Ces remarques n'ont rien perdu de leur actualité.

V. DEUXIÈME TOPIQUE :
L'AFFECT ET LE MOI
(L'HALLUCINATION NÉGATIVE)

La dernière théorie de l'angoisse a amené Freud à conclure que le Moi est le siège de l'affect. En abordant l'étude des rapports entre l'affect et le Moi, nous n'entendons pas envisager tous les affects que le Moi peut éprouver, mais nous limiter à ceux qui sont spécifiques du Moi, c'est-à-dire à son organisation narcissique.

Federn a décrit un « sentiment du Moi » étroitement lié aux variations de ses limites, responsable de ses états d'expansion ou de rétrécissement. Malgré l'intérêt de ses vues, surtout dans le domaine de la psychose, nous pensons que les travaux de Federn ont tendu à substituer une vue phénoménologique à une théorisation métapsychologique. Cette tendance peut encore s'observer dans nombre de travaux inspirés par l'observation de l'enfant où la paraphrase en termes métapsychologiques d'une description phénoménologique tient lieu de théorisation. Il ne fait pas de doute pourtant que toute métapsychologie du Moi doit inclure la dimension génétique. A ce titre, les rapports du Moi et de l'affect sont un chapitre important de cette étude, même lorsqu'on se borne aux affects propres au Moi. Tous les auteurs sont d'accord avec Freud pour mettre l'accent sur le caractère non unifié du Moi primitif dominé par les pulsions du Ça. Tous les auteurs sont également d'accord pour souligner le rôle fondamental des soins maternels dans les structurations premières du Moi. Cependant, si l'on ne veut pas glisser vers la psychologie génétique, dont l'intérêt est incontestable mais dont le champ est différent de celui de la psychanalyse, il faut d'abord définir le domaine du Moi pour mieux cerner la spécificité de la relation à l'affect. Il est utile mais insuffisant de rappeler la triple servitude du Moi envers le Ça, le Surmoi, la réalité.

La structure spécifique du Moi est en rapport avec sa situation topique : au carrefour de la réalité externe et interne. C'est cette épreuve insurmontable qui le déchire en deux parties inconciliables : le Moi-plaisir et le Moi-réalité. N'allons pas trop vite conclure que nous aurons ainsi délimité la relation de l'affect au Moi en la localisant dans le Moi-plaisir. Sa relation à la réalité externe est empreinte d'affect, ceci non seulement parce que la réalité est constamment investie d'affects projetés, ce qui va de soi, mais parce que le sentiment de la familiarité du réel nécessite que le réel soit traité affectivement de façon positive. Une réalité externe, perçue comme inamicale, hostile, dangereuse, par les mauvais objets qu'elle contient, et aussi par la tonalité diffuse qu'elle renvoie, ne peut être un champ d'informations perceptives servant les tâches du Moi. Sans doute c'est là dire que le Moi doit lui-même être ressenti comme amical, bienveillant, sécurisant, pour que la relation à la réalité s'établisse. Mais il ne faut pas non plus verser dans un subjectivisme total, ou encourager une vision idéalisante du réel. Il y a des réalités horrifiantes et le Moi qui n'y est pas sensible ou qui reste de glace devant elle n'est pas moins aliéné que celui qui cède à la panique à son spectacle. Si la réalité externe nous est à jamais inconnaissable, si la médiation de nos instruments perceptifs fera toujours écran entre elle et nous, il reste que quelque chose nous en est connaissable — c'est là ce dont il faut s'étonner, on le sait — qui nous engage dans le réel.

Ce sentiment de familiarité avec le réel est directement lié aux affects du Moi, dans la mesure même, comme l'a indiqué Widlöcher, où la toute-puissance du fantasme peut contrebalancer la contrainte de la perception de l'inévitable, du nécessaire, du *fatum* qui régit le cours des choses. Quoi qu'il en soit, il est clair que cet investissement affectif de la réalité externe comme investissement de base ne saurait dépasser certains seuils sans troubler l'exercice des fonctions perceptives.

Le Moi comme instance de la réalité psychique soulève d'autres difficultés, on le soupçonne. Freud définit le Moi comme un ensemble organisé, possédant un investissement constant, ce qui le différencie des processus primaires. Un grand nombre d'auteurs contemporains se sont déclarés insatisfaits des conceptions théoriques freudiennes sur le Moi et lui ont adjoint le *self* (Hartmann, Erikson, Jacobson, Winnicott, pour ne citer que les principaux) ou une construction métapsychologique équivalente. La nécessité d'une référence au sentiment d'identité a justifié leur démarche. Il ne nous semble pas pourtant que cela ait ajouté grand-chose à notre connaissance du Moi. La conception freudienne du narcissisme nous semble offrir des ressources inexploitées. L'introduction de l'identité dans la métapsychologie est fondée sur l'affect relatif à l'unité du Moi, à son sentiment d'auto-appartenance. S'il est vrai que la clinique nous met de plus en plus souvent en face de cas où le malaise d'exister, l'angoisse devant le sentiment d'ignorer qui on est et ce que l'on est, dominent le tableau clinique, ne faut-il pas tenter d'expliquer ces états par les instruments métapsychologiques existants avant d'en créer d'autres ? Freud dans *Névrose et psychose* ne signale-t-il pas que le Moi, pour éviter une cassure, y parera en se déformant, en admettant des échancrures dans son unité « et peut-être même en effectuant en son sein un clivage ou une division »[1]. Comment ne pas rattacher ce trouble de l'identité à l'identification ? En vérité, ce qui a guidé les auteurs fut peut-être de rendre au Moi une partie des fonctions dont la psychologie préanalytique l'avait doté : sentiment d'unité, de maîtrise de soi, d'auto-appartenance, d'individualité essentielle, etc. Dans ces conditions, on préfère oublier que c'est à dessein que Freud parle du Moi comme d'une instance qui ne prend son sens que dans sa relation aux deux autres, qu'une partie importante du Moi — et Dieu sait quelle partie — est inconsciente, le reste à jamais et que l'identification est double. Ce que Freud contestait vigoureusement ne revenait-il pas subrepticement avec le *self* reprendre sa place ? Notons du reste qu'il serait tout à fait erroné de défendre une thèse opposée sur l'impuissance absolue du Moi ; *Inhibition, symptôme, angoisse* nous présente le Moi comme moins impotent qu'il apparaît dans *Le Moi et le Ça*. C'est à cette occasion que fut dénoncée la *Weltanschauung* qui s'était empressée de saisir l'occasion d'exploiter les carences du Moi freudien.

Pourtant ce que Freud considérait comme un avatar du Moi, le clivage, se révèle en fait participer de sa structure. Le Moi est clivé de par sa double orientation externe et interne. Le Moi de la réalité psychique est lui-même divisé entre des

---

1. *S.E.*, XIX, p. 153.

identifications contradictoires. C'est dans cette optique que « le Moi apparaît comme le lieu des identifications imaginaires du sujet » selon la formule de Lacan. L'image qu'il se fait de lui ne peut ainsi jamais coïncider avec elle-même, du fait de cette altérité qui l'habite. Il cède tour à tour aux vertiges de la mégalomanie triomphante et au désespoir d'une déréliction sans remède.

La théorisation de Melanie Klein rend compte de ces variations : splitting, introjection et projection sont les mécanismes structuraux fondamentaux. Le *splitting* du Moi est cette activité de division par laquelle la symbolisation primaire s'instaure, séparant le bon du mauvais. Ce *splitting* est nécessaire pour que puissent s'opérer les intégrations nécessaires à l'unification du Moi. C'est dire que les relations d'objet du Moi dépendent du contexte affectif, des traces laissées par les expériences des bons objets dans le Moi. Il est clair que la lutte contre les affects de persécution qui s'opposent au travail d'unification du Moi fait de celui-ci un lieu de conflits et d'orages affectifs constants. Toute réussite d'expérience intégratrice crée un affect de triomphe sur les traces laissées dans le Moi par les mauvais objets. Cependant, il ne faut pas oublier que cette expérience de fusion des noyaux du Moi n'est possible qu'au prix du rejet d'une partie du Moi, expulsée par l'identification projective. Ce qui veut dire que le Moi ne peut évoluer qu'en se coupant d'une partie de lui-même. Lorsque, à la phase dépressive, la coexistence au sein du Moi de ses deux parties, le bon et le mauvais Moi, sera compatible avec la poursuite de l'intégration, ce sera au prix du travail de deuil sur l'objet qui entraîne la nécessité de procéder à la réparation des destructions que celui-ci a pu subir. Ici joueront alors les identifications conflictuelles au bon et au mauvais objet, avec leurs affects spécifiques de triomphe ou de défaite. Il faut, bien sûr, compter avec le résultat des autres mécanismes de défense, omnipotence, déni, identification introjective, etc. En tout état de cause, l'aliénation du Moi est inévitable, dans la mesure où se superposent et s'intriquent les états du Moi comme vécus primordiaux et les états du Moi comme résultats des opérations défensives. La résultante est cet état du Moi dans la représentation qu'il acquiert de lui-même, constitution du narcissisme secondaire, et l'affect qui connote cette représentation après le deuil de l'objet. Là où un composé indissociable tenait lieu d'affect et de représentation sans distinction, l'autoperception du Moi se clive de l'affect, non sans qu'ils retentissent l'un sur l'autre. Les identifications sont le résultat des incorporations d'objets et des introjections d'affects liées aux expériences de ces objets. La capacité à être seul (Winnicott) en présence de la mère signe l'accomplissement de cette autoreprésentation affective.

Ainsi, d'un côté une distinction entre représentation et affect, de l'autre un mixte indissociable susceptible de se séparer en ses éléments constitutifs. Par cette séparation, les effets d'affects seront liés non plus seulement à des états internes, mais à des situations : celle où la présence de l'objet peut être évoquée dans la représentation, celle où la perception de l'objet peut amener un changement affectif. Nous avons déjà insisté à plusieurs reprises sur cette importance du système perceptif-représentatif en ce qui concerne l'objet.

Nous conclurons ce chapitre par l'évocation de la perception et de la représentation du sujet. Lacan a décrit le stade du miroir et marqué par une expression qui a connu une certaine fortune, l'affect qui l'accompagne : l'assomption jubilatoire de l'enfant. La clinique nous apprend que cette expérience du miroir est sujette à d'autres vicissitudes. Nous voulons parler de ce manque de la représentation de soi tel que nous le montre *l'hallucination négative* du sujet. Là où devrait apparaître l'image du sujet dans le miroir, rien ne se montre. Seul est visible l'encadrement du miroir sur lequel aucune trace ne s'inscrit. C'est alors qu'est vécue pour le sujet l'absence de soi, le manque accusé par un non-lieu d'image portant atteinte au narcissisme secondaire. Ce qui fait défaut au sujet n'est pas le sentiment de son existence, mais la preuve spéculaire de celle-ci. Cette absence de la représentation du sujet va de pair avec une montée d'affect d'angoisse, qu'on peut rapprocher de l'angoisse de la perte de l'objet. Ici représentation et affect sont dissociés avec disparition du pouvoir de percevoir la représentation. Ce qui fait défaut n'est pas le sentiment d'existence, mais le pouvoir de représentation. L'affect est vécu avec une intensité maximale, ne pouvant s'appuyer sur aucune représentation, puisque le miroir ne renvoie que son reflet. Ce cadre vide évoque un autre vide, le vide de l'Autre. L'autre que je suis n'apparaît plus. Le sujet est renvoyé à sa seule présence corporelle comme vécu. Que signifie alors l'affect qui se manifeste à cette occasion ? Est-il cette angoisse du vide, analogue à l'absence perçue du pénis de la mère ? Ceci, qui est fort vraisemblable, ne suffit pas. Cette *aphanisis* du sujet, par où son image est rendue à la mort, est responsable de cette angoisse, certes, mais celle-ci signifie autre chose. L'affect d'angoisse traduit l'effort du Moi pour parvenir à tout prix à une représentation de lui. Il se cherche ailleurs, partout, autour de lui, en dehors de lui et ne trouve aucun palliatif à cet excès de présence. Il cherche à rejoindre cette image perdue qui lui manque, et c'est cette impossibilité à se retrouver qui est responsable de l'angoisse. Il manque à lui-même, car ce reflet vide est vécu non comme une pure absence, mais comme une *hallucination d'absence*. C'est parce que l'image est recouverte par une hallucination de manque que le sujet cherche, par-delà cette hallucination, la retrouvaille de sa représentation. L'affect est le témoignage de cet effort pour retrouver son image, au-delà du miroir, de l'autre côté du miroir. C'est par cette coupure qui le rend impuissant à suturer deux parties de lui-même que l'affect sourd, signant l'échec de la tentative. Le clivage ici est absolu : entre représentation et affect, mais aussi entre une représentation de soi interne et son absence de projection dans le miroir.

Ces remarques peuvent nous guider dans l'appréciation des effets de la perte du pouvoir de faire coïncider une représentation interne et son corrélat perceptif. On comprend mieux que Freud ait été obligé d'introduire dès l'*Esquisse* cette inhibition du Moi qui permet de différencier très tôt entre l'hallucination d'objet et son absence dans le réel. Lorsque l'hallucination porte sur l'image de soi et son absence dans le réel, l'hallucination positive recouvrira ce manque intolérable. L'affect, dans le cas de l'hallucination négative, totalise à lui seul tout le pouvoir de la représentation. Il tient lieu de représentation de soi, vient à la fois effectuer le constat de ce qui manque à sa place, et fait surgir l'horreur qui accompagne le constat ; il va tenter, au-delà du constat, d'inscrire à tout prix sur la surface réfléchissante une représentation. C'est pour y échouer qu'il ne pourra le pallier qu'en y faisant apparaître un Autre hallucinatoire, qu'il ne reconnaîtra pas. Si identique qu'il y pourra paraître, celui-ci ne sera au mieux qu'un double, une moitié ombreuse et perdue qui revient des enfers pour le persécuter.

Ce paradigme, c'est celui de la cure psychanalytique. La résolution du transfert coïncidera pour le patient avec la reconnaissance de cette image comme sienne, ni aussi abominable qu'il le redoute, ni aussi flatteuse qu'il le souhaiterait. Il faut sans doute du courage et de l'humilité pour consentir à se reconnaître comme les autres vous ont toujours vu.

CHAPITRE VI

Esquisse d'un modèle théorique : le procès

I. AFFECT, HISTOIRE STRUCTURE

Une conception théorique de l'affect ne peut échapper à la confrontation historico-structurale. Cette confrontation peut être décelée dans la théorie psychanalytique elle-même, comme dans la pratique psychanalytique. On peut poser une double opposition selon les paramètres de l'histoire et de la structure. D'une part, l'opposition entre affects primaires et affects secondaires, les termes primaire et secondaire devant être compris dans une ambiguïté historique et structurale ; ceux-ci s'entendent dans le sens d'une successivité diachronique, le primaire précédant le secondaire, et d'une simultanéité synchronique, le primaire signant sa coexistence avec le secondaire, l'ensemble reflétant une double systématique différant par son mode d'organisation. On désignera donc par affect primaire à la fois les affects les plus anciens, les moins élaborés, et les affects relatifs à un mode d'organisation qui s'oppose au mode d'organisation secondaire. D'autre part, on pourra relever que l'affect se donne toujours dans une bipolarité constitutive ; ainsi au couple plaisir-déplaisir répondront d'autres couples, tels le bon et le mauvais, la jouissance et la douleur, l'amour et la haine, le bien et le mal.

Aux trois points de vue qui constituent la métapsychologie selon Freud (dynamique, topique, économique), on a prétendu ajouter deux autres : le point de vue génétique et le point de vue structural. A notre avis, ces adjonctions ne se justifient pas dans la mesure où l'opposition histoire-structure s'inscrit et, se retrouve, en chacun des points de vue constitutifs de la métapsychologie. Si Freud ne les a pas distinguées explicitement, c'est bien parce qu'ils font partie de la démarche implicite de toute théorisation en psychanalyse. Il nous faut cependant les séparer artificiellement pour montrer, quant à l'affect, ce que recouvre chacun d'eux.

1 | *Affect et histoire*

Aucune notion plus que l'affect n'est plus directement liée à la dimension historique. Quand on pense à ce qui demeure d'irréductiblement enfantin, pour ne pas dire d'infantile, en nous, c'est à l'affect qu'on pense. L'investigation psychanalytique orientée vers l'étude du développement s'attache au développement affectif en premier. Deux malentendus doivent être relevés ici. A notre avis, la psychanalyse ne peut prétendre offrir une vue exhaustive du développement, elle n'est pas une théorie de la personnalité, comme on le soutient parfois. Son objet est plus limité, plus spécifique. Même si la deuxième topique paraît élargir le champ de la première, l'objet de la psychanalyse reste centré autour de l'investigation de ce que Freud appelait dans l'*Abrégé* le « monde intérieur », celui de la réalité psychique, c'est-à-dire du désir, des pulsions. Si d'autres systèmes que l'inconscient ou le Ça sont pris en considération par l'investigation psychanalytique, c'est toujours dans la mesure où le conscient, le Moi et le Surmoi sont liés à l'inconscient et au Ça et envisagés à partir d'eux.

Le deuxième malentendu, qui n'est pas sans rapport avec ce qui précède, est que le point de vue historique tel que l'envisage la psychanalyse ne peut coïncider avec la conception psychologique du développement. Celle-ci se présente comme un processus d'intégration cumulative, dans une vue linéaire. Ce serait ici faire bon marché de ce qui appartient en propre à la découverte freudienne, à savoir la structuration après coup et la compulsion de répétition.

Nous ne pouvons nous étendre longuement sur le rôle de la notion d'après coup. Rappelons seulement quelques formulations que nous avons développées ailleurs[1] : le moment du vécu et le moment de la signification, ne coïncident pas. Ce qui est signifié au moment du vécu est pour ainsi dire en souffrance, en attente de signification. Le moment de la signification est toujours rétroactif. Si une signification paraît dans la remémoration avoir coïncidé avec le vécu, le plus souvent il s'agit d'une élaboration ultérieure, rapportée au vécu initial. Celui-ci s'accompagne d'une « signification » tout autre, était en quelque sorte cadré par une « théorie sexuelle » qui en rendait compte. On pourrait presque avancer que vécu et signification s'appellent l'un l'autre sans jamais se rejoindre. Le vécu court après la signification sans la trouver. La signification est acquise quand le vécu est à jamais perdu. Au reste, l'intensité affective du vécu ne saurait aboutir à une signification qui exige un dépouillement, un dessaisissement, affectif. De même, le détachement qui accompagne la signification est ce qui oriente la recherche vers la retrouvaille rétrospective des conditions du vécu, sans jamais le revivre pleinement. On objectera que certains faits plaident pour la thèse adverse : l'illumination par quoi tout s'éclaire dans l'instant d'un moment fécond affectif. A notre avis, le moment de cette rencontre est toujours celui d'un effet de résonance ; d'un moment qui ressaisit des fragments passés, épars et disjoints, mais appartenant à une autre séquence temporelle.

Nous tombons ici sur le deuxième point de la théorie psychanalytique de l'histoire : la compulsion de répétition — en tant qu'elle vise l'affect. Si on ne peut oublier la théorie psychanalytique des stades de développement de la libido (oral, anal, phallique, puis génital), il faut cependant insister sur le fait que ce schéma commode peut être à l'origine des confusions les plus regrettables, en rejetant la théorie psychanalytique vers une conception traditionnelle de l'évolution individuelle. La théorie des stades comporte sa contrepartie : la compulsion à la répétition, essence de tout phénomène pulsionnel. Si donc on postule une évolution affective qui aille des expressions affectives les plus brutes vers les expres-

---

1. La diachronie dans le freudisme, *Critique*, n° 238.

sions affectives les plus nuancées, il faut également rappeler que tout « dépassement » n'est jamais acquis définitivement et que le retour des affects les plus anciens est à tout moment, l'expérience le montre, possible.

Cependant, on pense généralement la vie affective selon un schéma qui nous semble incomplet et inexact. On postule toujours un sens à l'évolution qui irait toujours d'une violence affective originaire à une atténuation affective progressive, résultat d'une maturation — la maturité affective. Sans insister davantage sur l'aspect normatif d'une telle conception — que les faits démentent : le crime passionnel et le suicide sont moins fréquents chez l'enfant que chez l'adulte — nous rappellerons certains exemples pris chez Freud. Dans le *proton pseudos*, le « premier mensonge », dont il est fait état dans l'*Esquisse*, Freud relève les deux temps du refoulement portant sur deux scènes, chacune ayant été accompagnée d'une décharge affective et sexuelle.

« *Nous découvrons invariablement qu'un souvenir est refoulé qui n'est devenu un traumatisme qu'après coup. La cause de cet état de choses se trouve dans l'apparition du développement individuel* »[1].

Freud postule l'existence d'un sexuel-présexuel :

« *Le mot « présexuel » signifie « antérieurement à la puberté avant l'apparition des produits sexuels » »*[2].

Dans la recherche des déterminants du *proton pseudos*, il attribue à la précocité de la décharge sexuelle le premier refoulement. C'est la décharge sexuelle postpubertaire qui transforme le souvenir de la première décharge en traumatisme, par association. Mais il est clair que l'évolution diphasique de la sexualité qui disjoint la sexualité infantile de la sexualité de l'adolescence fait apparaître un aspect nouveau. Quelle que soit l'intensité quantitative qui accompagne la décharge présexuelle, la décharge postpubertaire est quantitativement beaucoup plus importante[3].

---

1. *S.E.*, I, 356.
2. Lettre à Fliess du 15-10-1895, n° 30, p. 113, in *Naissance de la psychanalyse*, trad. par A. Berman, Presses Universitaires de France, 1956.
3. On voit ici comment la quantité peut jouer un double rôle quantitativo-qualitatif : d'une part elle opère une sommation sur les quantités antécédentes, d'autre part elle transforme le souvenir en traumatisme.

Cette constatation nous conduit à réévaluer nos conceptions sur l'évolution des affects. Si les affects du jeune enfant, du bébé, paraissent indéniablement d'une singulière violence, il est faux de dire que leur évolution ira sans cesse dans le sens d'une décroissance. Il nous semble, au contraire, que la mutation pubertaire est concomitante d'une intensification considérable des affects. Elévation quantitative qui va de pair avec une transformation qualitative décisive. C'est après la puberté que le sexuel prend toute sa signification. Quand un jeune garçon parle ouvertement, à la période œdipienne, de se marier avec sa mère et de dormir avec elle, les fantasmes sexuels qui peuvent sous-tendre la masturbation infantile peuvent difficilement être comparés avec les fantasmes de son frère aîné adolescent (qui considère les propos de son puîné avec condescendance) et qui accompagnent une masturbation où il met en scène des comportements sexuels qu'il rêverait de réaliser avec l'objet de son amour du moment. Les émois du puîné, si œdipiens qu'ils soient, sont loin d'équivaloir quantitativement et qualitativement aux émois de l'aîné. Le complexe d'Œdipe est voué à l'échec, non seulement à cause des interdits qui en prohibent les désirs, mais du fait de sa prématuration sexuelle. Parler dans ces conditions de répétition des affects doit entraîner un correctif important. Ce sont peut-être les mêmes affects qui réémergent dans la sexualité postpubertaire que ceux de la période présexuelle, mais leurs transformations quantitative et qualitative interdisent toute réduction des uns aux autres. La psychologie traditionnelle faisait coïncider sexualité et génitalité, la psychanalyse a découvert la sexualité infantile ; il serait pourtant erroné de les confondre. Sur la nature de ce présexuel, il est difficile de se prononcer. Nous dirons seulement que la preuve du caractère *indésirable* de ces désirs nous est donnée par les mécanismes de défense qu'ils suscitent.

De la même façon que nous avons distingué entre affects primaires et affects secondaires, il nous faut également procéder à une distinction correspondante entre défenses primaires et défenses secondaires. Tout au long de son œuvre, Freud a tenté, sans jamais l'expliciter, une systématisation historico-structurale des mécanismes de défense. On en trouve des traces dès les Lettres à Fliess[1]. On se rappelle les discussions autour du refoulement, conçu comme une défense parmi d'autres, ou comme mécanisme structural d'une importance sans égale. L'hystérie et la névrose obsessionnelle ont clairement montré à Freud le rôle de la condensation et du déplacement. Dans *Les pulsions et leur destin*, il assigne au retournement contre soi et en son contraire une datation antérieure au refoulement. Le rôle de la projection dans la paranoïa a été reconnu dès la première heure ; la théorisation en est donnée dans l'étude sur Schreber. L'introjection de l'objet perdu est liée aux processus du deuil et de la mélancolie. *Inhibition, symptôme, angoisse* voit se compléter les défenses propres à la névrose obsessionnelle : isolation, annulation rétroactive, formation réactionnelle. Enfin et surtout, le clivage du Moi couronne cet ensemble dans un des derniers travaux de Freud (1939). Anna Freud dressera en 1936 le bilan de ces opérations défensives, au clivage près.

Ce seront les travaux de Melanie Klein, nourris des apports d'Abraham et de Ferenczi, qui mettront en lumière les défenses primaires : clivage, introjection, projection (complétée par l'identification projective), déni, omnipotence, ouvrent de nouveaux horizons dans l'interprétation des formes cliniques les plus régressives. Défenses contre quoi, a-t-on demandé ? Contre les affects sans doute. Pour Freud, ces affects étaient liés, comme il le précisera dans *Inhibition, symptôme, angoisse*, à la perte de l'objet, à la perte de l'amour de l'objet, à la perte du membre sexuel, à la perte des puissances tutélaires protectrices internalisées dans le Surmoi. Pour Melanie Klein, le danger primordial, corrélatif d'une angoisse de mort, est la crainte de l'anéantissement. Nous ne déciderons pas entre l'opinion de Freud et de Melanie Klein. Leurs divergences ne s'éclairent qu'à partir du matériel différent qui constitue le sol de leur réflexion. En fait, Freud et Melanie Klein ne tiennent pas des propos radicalement différents. Pour Freud, ce qui est menaçant c'est l'envahissement pulsionnel coïncidant avec une augmentation de tension, que les mécanismes de défense échouent à contenir. Ce qui est menacé, c'est l'orga-

---

[1]. Voir en particulier le manuscrit H du 24-1-1895 (*S.E.*, I, 211) ; la lettre 46 du 30-1-1896 (*S.E.*, I, 229) ; la lettre 52 du 6-12-1896 (*S.E.*, I, 236).

nisation du Moi dont le pouvoir de liaison ne peut maîtriser cette énergie torrentielle. Pour Melanie Klein, ce qui est menaçant, c'est la désintrication des instincts de mort qui se manifestent psychiquement par l'angoisse de mort ou la crainte d'anéantissement. Ce qui est menacé c'est le Moi embryonnaire qui risque de succomber aux attaques des mauvais objets chargés d'agressivité destructrice. Y a-t-il entre ces deux conceptions un fossé incomblable ?

Face à cette vision génétique des mécanismes de défense, il faut considérer la dimension structurale qui leur correspond. On peut penser avec Laplanche que les interdits majeurs : prohibition de l'inceste et interdiction du parricide, ont cette fonction. Mais on peut défendre aussi l'opinion que cette dimension structurale est aussi bien représentée par les principes du fonctionnement psychique qui ont trait aux affects : principe du Nirvâna et principe de plaisir-déplaisir.

Nous savons que le but du principe de plaisir-déplaisir est avant tout la fuite du déplaisir. Ce seront donc les mécanismes de défense qui s'efforceront d'obtenir à un prix plus ou moins élevé ce résultat. Que le principe de réalité succède ou coexiste dès le départ avec le principe de plaisir, l'essentiel est de marquer leur couplage. Freud parle de la souveraineté, du primat, de l'un sur l'autre. C'est dire qu'il constate leur fonctionnement agoniste et antagoniste. En tout état de cause, l'affect doit être tenu en « surveillance » : il faut lui accorder satisfaction, mais ne pas lui donner entière satisfaction, sous peine de le voir prendre la haute main sur les processus psychiques. En contrepartie, l'entreprise de l'appareil psychique de se libérer de toute contrainte affective est chargée de graves périls. Car, sous une influence idéalisante, le Moi peut — ne pouvant éviter le déplaisir — désirer s'affranchir de l'esclavage affectif en renonçant à tout plaisir. Il s'ensuit alors, lorsque le but est quasiment atteint, un sentiment de vide psychique, de mort affective, qui n'est pas la douleur, mais l'en deçà de la douleur, qui touche jusqu'au sentiment d'exister. De là le jeu mouvant, conflictuel d'un équilibre toujours instable entre les principes du fonctionnement psychique.

2 | *Affect et structure*

Le principe de plaisir-déplaisir, du fait même qu'il est un principe et non le reflet d'une gamme d'états, joue le rôle d'un organisateur de la vie psychique. Sa situation intermédiaire doit être soulignée. Il est l'héritier du principe de Nirvâna. Ce dernier fait aspirer à l'abolition totale des tensions, à leur réduction au niveau zéro, c'est-à-dire au silence affectif total. Le principe de plaisir doit se contenter de la réduction des tensions (surtout de déplaisir) au niveau le plus bas possible. Nous avons, dans des travaux antérieurs, donné des exemples du travail du principe du Nirvâna dans certaines structures cliniques narcissiques. Mais l'action du principe de plaisir-déplaisir est double. S'il vise à fuir le déplaisir, il vise également à l'obtention du plaisir. A ce titre, il oriente le cours des processus psychiques vers la recherche du plaisir et sa conservation. Lorsqu'il est orienté vers le plaisir brut, Freud montre qu'il est au service de la pulsion de mort, l'épuisement total d'Eros dans la décharge laissant le champ libre aux pulsions de mort. Mais en tant que le rôle du principe de plaisir est aussi la préservation du plaisir, un autre principe doit le relayer dans ce but. A cet égard, le principe de réalité, héritier du principe de plaisir, joue aussi ce rôle.

Nous retombons ici sur la discussion génétique : doit-on nécessairement penser que le principe de réalité succède au principe de plaisir et ne peut-on soutenir que les deux coexistent dès le départ, solution proposée par Laplanche et Pontalis. Ceux-ci paraissent considérer qu'une distinction doit s'opérer entre pulsions d'autoconservation, sensibles d'emblée au principe de réalité, par équipement héréditaire, et pulsions sexuelles, inaccessibles au principe de réalité, seules gouvernées par le principe de plaisir. Dès lors, il n'y aurait pas véritablement transfert de la souveraineté du principe de plaisir au principe de réalité, mais coexistence conflictuelle d'emblée. Comment cependant rendre compte du passage des premières constellations du plaisir à ses formes ultérieures ? C'est, selon Laplanche et Pontalis, l'accession au complexe d'Œdipe et aux identifications qui commanderait l'accès à la réalité. Il ne s'agit plus ici de la réalité externe, dont le champ s'est structuré selon ses voies propres, mais de la réalité psychique, qui a affaire au désir et à l'inconscient.

Certes, les notions de réalité et de plaisir ne sont pas simples dans l'œuvre de Freud. L'analyse des textes montre comment Freud distingue un « Moi-réalité du début » qui a pour fonction de distinguer l'origine interne ou externe des excitations, un « Moi-plaisir originaire » qui introjecte tout ce qui est bon et rejette hors de lui tout ce qui est mauvais, et enfin un « Moi-réalité définitif » agissant selon l'épreuve de réalité, visant à retrouver à l'extérieur l'objet réel, celui qui répond à l'objet primitivement satisfaisant.

Cette parenthèse avait pour but de nous rappeler les difficultés d'une conception génétique trop simple, faisant dériver le principe de réalité du principe de plaisir. Selon nous, la solution ne consiste pas à opter pour la conception génétique ou la conception structurale, mais à admettre leur double hypothèse. Ce qui, au niveau de l'œuvre freudienne, peut sembler être le lieu d'une contradiction est peut-être, en fin de compte, une ambiguïté féconde de la polysémie de la théorie psychanalytique.

En ce qui concerne la question de l'affect, ce qui nous importe est, une fois encore, le complexe quantitatif-qualitatif qu'il forme. Il est ici nécessaire de souligner que si la genèse de l'affect est dépendante de la présence ou de l'absence d'une perception externe, et si le cours de son développement entraîne une décharge corporelle interne de même qu'une agitation motrice externe, l'ordre de l'affect est celui de la réalité psychique. De même qu'une distinction est nécessaire entre l'ordre du désir et l'ordre du besoin, le premier relevant de la réalité psychique, le second de la réalité physiologique, il faut qu'une distinction équivalente assigne à l'affect son lieu psychique. Ce lieu, pour ce qui a trait à la conception psychanalytique, ne saurait être situé ni dans le corps, encore moins dans le monde extérieur. L'affect est partie intégrante des pulsions régies par le principe de plaisir-déplaisir.

Cette organisation dualiste du principe de plaisir-déplaisir est si forte qu'un de ces termes ne peut se concevoir sans l'autre. Pas de plaisir, si plein, si complet qu'il soit, qui ne comporte dans son ombre le déplaisir possible. Pas de déplaisir, si désespérant soit-il, qui ne laisse entrevoir une quête de plaisir. La dichotomie principielle s'articule avec d'autres dichotomies, celle du bon et du mauvais, celle de la jouissance et de la douleur, celle de l'amour et de la haine, celle du bien et du mal. A ces dichotomies s'articulent d'autres, celle du dedans et du dehors, celle du monde intérieur et du monde extérieur, celle de la réalité psychique et de la réalité tout court.

Tout ce que nous appréhendons du principe de plaisir-déplaisir, nous l'apprenons par les formations de l'inconscient. Qu'il s'agisse du symptôme, du rêve, de l'acte manqué ou lapsus, ou de l'oubli, tous révèlent un complexe formé de représentations et d'affects. Mais aucun d'entre eux plus que le fantasme ne le montre aussi clairement. La pratique psychanalytique nous a appris à chercher dans le discours de l'analysant le fantasme qui lui est consubstantiel. Le fantasme conscient est lui-même élément de ce discours invitant à la recherche du fantasme inconscient qu'il masque. La découverte de ce fantasme inconscient s'effectue à partir du procès de concaténation qui lie entre eux les éléments concaténés : représentation de mot, de chose, affect, état du corps propre, acte. Lorsque le discours suspend les représentations, il se poursuit par un affect qui signale l'existence d'un véritable trou dans la suite des représentations. *L'affect apparaît comme tenant lieu de représentation. Le procès de la concaténation est une mise en chaîne d'investissements où l'affect possède une structure ambiguë. En tant qu'il apparaît comme élément de discours, il se soumet à cette chaîne, s'y inclut en se rattachant aux autres éléments du discours. Mais en tant qu'il rompt avec les représentations, il est cet élément du discours qui refuse de se laisser lier par la représentation et « monte » à sa place. Une certaine quantité d'investissement atteinte s'accompagne d'une mutation qualitative; l'affect peut alors faire sombrer la chaîne du discours dans la non-discursivité, l'indicible. L'affect est identifié alors à l'investissement torrentiel qui rompt les digues du refoulement, submerge les capacités de liaison et de maîtrise du Moi. Il devient une passion sourde et aveugle, ruineuse pour l'organisation psychique. L'affect de pure violence agit cette violence en réduisant le Moi à l'impuissance, le contrai-*

gnant à adhérer pleinement à sa force, en le subjuguant dans la fascination de son pouvoir. L'affect est pris entre sa mise en chaînes dans le discours et la rupture de la chaîne, qui redonne au Ça sa puissance originelle.

Ces forces bandées et libérées peuvent se tourner soit vers l'objet, soit vers le Moi ; se mettre soit au service d'Eros, soit au service des pulsions de destruction. Toute la gamme des structures cliniques illustre les états passionnels qui y répondent. Eros du Moi dans la mégalomanie triomphante, négatrice de l'objet et de la mort, suicide destructeur de l'objet dans le Moi et du Moi confondu avec lui, passion du désir de possession amoureuse d'un objet conçu comme seul désirable au détriment de l'autoconservation la plus élémentaire, haine implacable de l'objet visant à sa maîtrise et sa destruction absolues, etc. La clinique psychanalytique nous montrera derrière chacune de ses positions son double inversé. Négation de l'impuissance du Moi, de l'ambivalence haineuse de l'amour, de l'investissement narcissique de l'objet, de l'amour que la haine cache dans ses plis, etc. Mais en fin de compte, c'est le résultat qui montre de quel côté penche la balance.

Ces puissances infernales du Ça, c'est sous la forme de l'affect que nous en parvient l'écho à la conscience. On comprend que le rôle du Moi et des mécanismes de défense soit la mise en chaîne des affects. Ce qui ne veut pas dire leur neutralisation, mais leur assujettissement à une organisation. Le processus primaire est une organisation primaire, peut-être même ce qu'on pourrait concevoir comme l'organisation du Ça ; le processus secondaire est une organisation secondaire, l'organisation du Moi.

Que ceux qui redoutent qu'une telle conception ne nous amène à quelque apologie de la raison corrélative d'une dénonciation des passions se rassurent. Les puissances du Ça sont, on le sait d'expérience, les plus indomptables ; elles restent, le cours des choses le montre, les premières. La transformation des Erinnyes en Euménides est une projection légendaire. Les droits de la cité triomphent du sang, mais au sein de la cité des forces léthales réapparaîtront qui déchireront leurs membres. De leurs conflits risque de périr la cité, et le monde humain avec elle. Le seul espoir, comme

Freud l'exprime à la fin de son œuvre, est le triomphe de Logos et Ananké, sur Eros et les pulsions de destruction. C'est-à-dire, en fin de compte, sur une mutation d'Eros. Là où était le Ça doit advenir le Moi. Le sens de cette proposition devrait être qu'Eros ne peut triompher des pulsions de mort que si Eros devient l'Eros du Logos et si le Logos devient Logos d'Eros.

L'affect, lorsqu'il pénètre le champ conscient, lorsque son épanouissement n'a pas été étouffé dans l'œuf par le refoulement, crève l'écran de la conscience. L'affect étreint le Moi dans la jouissance comme dans la douleur, dans le plaisir comme dans le déplaisir, et parfois ne laisse aucune place à toute autre activité psychique, tant il infiltre le domaine dont il a réussi à s'emparer. Dans cette subversion du Moi, le sujet s'apparaît comme autre. Il ne se reconnaît plus dans cet état qui l'envahit. Même dans les affects agréables qui peuvent donner le sentiment d' « être enfin soi-même », ce sentiment ne prend toute sa valeur qu'à montrer la différence entre le soi du moment heureux et l'autre — coupure signant la différence de l'extraordinaire et de l'ordinaire. *L'affect est l'épiphanie de l'Autre pour le sujet.* Le double sort de l'ombre et prend la place du Moi, un Moi qui se dilate et s'étend jusqu'au monde qui l'entoure ou se rétrécit et se restreint dans le repli de sa déréliction. Le vieux fonds d'enfance renaît, le vieil homme revit, les succès ou les échecs de l'intellect paraissent dérisoires devant cette présence contraignante de l'Autre. Le terrain conquis par l'affect, qu'il s'accompagne d'un état de jouissance ou de douleur, accule le sujet menacé. Celui-ci peut s'abîmer dans cette irruption affective, qu'elle soit de plaisir ou de déplaisir. Passé certaines limites, l'affect devient puissance de perdition, même dans l'élation, l'orgasme, le triomphe.

Toute notre évolution individuelle, notre morale, la montagne de censure qui a fait de nous ce que nous sommes devenus, a constamment valorisé la maîtrise de nos affects. Si certains affects extrêmes sont demeurés licites : la douleur du deuil d'un objet aimé, la joie devant les satisfactions qui procèdent de l'amour de l'objet, tout nous rappelle que nous ne tolérons ces affects que revêtus du harnais du Surmoi. Que demande-t-on au psychanalyste, sinon la maîtrise de ses affects ? Paradoxalement, on lui demandera aussi l'empathie. Mais qu'est-ce que l'empathie qui sait sagement se confiner dans l'observation d'elle-même, pour s'interroger sur l'éprouvé qu'elle comporte ? Cette maîtrise affective n'est, en fin de compte, que la maîtrise du Ça et des pulsions, la maîtrise de notre enfance, sauvage et passionnée.

Alors, prônerons-nous, comme certains prophètes contemporains, le retour à l'innocence, si l'innocence c'est cette « spontanéité » parée de toutes les vertus créatrices ? Recommanderons-nous cette plongée dans la fontaine de jouvence qui nous rendra notre nature première ? Nous ne verrons dans cette quête qu'une illusion de plus où se berne la conscience opprimée. Le sommeil de la raison engendre des monstres, dit Goya. L'Eros qui resurgira ainsi ne sera pas, quoi qu'on en dise, un chérubin joufflu, et ses flèches, pour mieux atteindre leur cible, seront enduites d'un poison virulent. Et de toute façon, c'est compter sans Thanatos. Thanatos l'invisible, l'innombrable. Point n'est besoin d'exorciser les fantasmes et d'attendre le jour de la libération. Son aube ne viendra pas. Car si l'inconscient est intemporel, les affects originaires (malgré les visages de la folie) sont irrémédiablement perdus avec les objets de notre enfance. Seule revit inlassablement la déception de leur perte, la désillusion à laquelle nous chercherons indéfiniment consolation.

La condition humaine est aliénation affective parce qu'elle reconstitue inlassablement cet oubli, et le ressouvenir de l'animal que l'homme a été ne cesse pas d'être et ne peut plus être à jamais, tout à la fois, Logos et Ananké. L'aliénation affective est le prix de leur avènement. Cette dette-là ne nous sera jamais remboursée.

Et pourtant le but d'une psychanalyse n'est-il pas de rendre à celui qui s'y soumet la plus grande part récupérable de sa richesse affective perdue ? Mettre le Logos à ce service et convoquer Ananké pour se résigner à ce que *tout* ne puisse pas être reconquis par cette quête est un des paradoxes de cet impossible métier.

Ce couple formé par Logos et Ananké est issu d'Eros et de Thanatos. Logos, comme Eros, est puissance de vie, de liaison, Thanatos et Ananké puissance de séparation. Leur contradiction est indépassable. Seul le compromis est possible : celui de l'acceptation de la vie et celui de l'acceptation de la mort, celui de l'acceptation de l'orgasme et celui de l'acceptation de la castration. La reconnaissance du vagin comme terme de la sexualité est reconnaissance de l'origine et de la fin. Car la mère est à la fois, comme le dit Freud, la génératrice, la compagne et la destructrice, ou encore la mère elle-même, l'amante et la terre mère, vers laquelle nous porte dans ses bras « la silencieuse déesse Mort ». Pour ce qui est de l'heure où nous la rejoindrons, il ne nous appartient pas de la fixer. Il ne nous appartient que de mûrir. *Ripeness is all.* Freud aimait à citer ce vers du plus grand Shakespeare : celui du *Roi Lear* que Freud est un peu pour nous.

II. UN MODÈLE THÉORIQUE HYPOTHÉTIQUE : LE PROCÈS. LIEU DE L'AFFECT

La visée de ce travail n'est pas de clore un débat, mais d'ouvrir des perspectives. Dès le départ nous avions conscience du fait que le problème de l'affect, à travers sa spécificité, nous conduisait aux problèmes les plus généraux de la théorie, de la clinique, de la technique psychanalytiques. En un premier temps nous avons formé le projet d'un travail sur les modèles en psychanalyse. Nous avons ensuite pris conscience de ce que nos réflexions n'étaient pas assez avancées pour mener à bien une aussi vaste entreprise et nous nous sommes résolus à nous limiter au problème de l'affect. Au terme de notre examen s'est proposée à nous l'idée d'un modèle théorique hypothétique. L'avenir dira s'il répond aux promesses que nous lui prêtons.

La pensée psychanalytique contemporaine a le souci de fonder théoriquement l'acquis de la psychanalyse post-freudienne sur la construction de modèles théoriques. Çà et là divers auteurs en ont proposé des ébauches ou des exemples (Guttmann ; Klauber ; Arlow et Brenner ; Wisdom ; Sandler et Joffe ; Zetzel ; Moser, Zeppelin et Schneider ; Bion). L'extrême diversité des axes de référence et l'interrogation sur la légitimité de leur emploi ne nous permettent pas d'en faire état sans les discuter, ce qui dépasse le cadre limité où nous entendons demeurer ici. Mais la valeur indicative de ce mouvement de pensée nous paraît trop importante pour ne pas la mentionner. Un « cours nouveau » se dessine, dont les traces sont discrètes, autour de la question de la signification en psychanalyse (cf. V. H. Rosen, 1969 b, et Wolheim, 1969).

La discussion tient une place importante dans notre travail. Nous lui avons accordé cette place parce que nous pensons que c'est de la rencontre entre la confrontation contradictoire et l'étincelle jaillie de la *praxis* que naissent les idées nouvelles, les « conceptions » justes dont parle Freud dans la citation que nous avons placée en exergue.

Nos interlocuteurs dans la discussion ont surtout été Hartmann, Melanie Klein, Lacan. Nous avons rejeté le système hartmannien, car il s'agit bien d'un système et non d'une contribution théorique limitée, c'est-à-dire d'une reformulation de la théorie freudienne. Si nous cherchons à expliquer les raisons de notre récusation, au-delà de l'examen de détail à travers le problème de l'affect, il faut trouver celles-ci sans doute hors de la psychanalyse, dans l'effet des interrelations aux Etats-Unis entre la psychanalyse et les sciences du comportement *(behavioral sciences)*. Chomsky (1968), dans la préface d'un ouvrage récent, écrit :

« *La linguistique moderne partage l'illusion (c'est, je crois, le mot juste) que les modernes « sciences du comportement » ont, à bien des égards importants, élaboré une transition entre la « spéculation » et la « science » et que les œuvres précédentes peuvent être mises sans danger au musée. Toute personne rationnelle préférera évidemment l'analyse rigoureuse et l'expérience attentive ; mais je crois que les « sciences du comportement » ne font dans une large mesure que mimer les aspects extérieurs des sciences naturelles ; la plus grande partie de leur caractère scientifique a été acquise au prix d'une réduction de leur sujet d'étude et d'une concentration sur des problèmes relativement périphériques. Ce rétrécissement pourrait se justifier s'il menait à des réalisations d'une réelle importance intellectuelle, mais je crois qu'il serait très difficile dans ce cas de montrer que le rétrécissement du champ d'action a mené à des résultats profonds et significatifs.* »

Nous pensons que ces remarques s'appliquent, dans le cas de la psychanalyse, au résultat de l'interrelation entre les sciences du comportement et une fraction de la psychanalyse nord-américaine dont l'*ego-psychology* est le fruit. Ce sentiment est assez largement partagé en France, même si l'on reconnaît l'intérêt des contributions de maints auteurs nord-américains qui ne paraissent pas pouvoir se dispenser, dans les cas les plus favorables, de la pratique du *lip service* à l'égard de la pensée hartmannienne.

Restent les œuvres de Melanie Klein et Lacan. Œuvres critiquables sans doute, chacune à sa manière et pour des raisons diamétralement opposées, mais œuvres stimulantes pour la réflexion, jusqu'à l'excès même auquel elles atteignent, suscitant en retour des réactions excessives. Ce serait faire preuve de cuistrerie que de défendre la fécondité de l'œuvre de Melanie Klein, ce dont elle n'a nul besoin. Parce que nous appartenons à une tradition de pensée, l'œuvre de Lacan nous a parlé, et sans doute pas seulement à cause de cela. Nous avons cherché à évaluer la portée de cette œuvre et les prolongements qu'elle trouve chez ceux qui ont bénéficié de son enseignement (et dont il n'est pas sûr que les élèves de Lacan soient ceux qui ont le mieux témoigné de son intérêt), en nous abstrayant de toute autre considération. Nous avons admis comme postulat que si cette œuvre s'appuyait sur une pratique de la psychanalyse qui nous semble incompatible avec les exigences fondamentales de son exercice, celle-ci en porterait la marque. C'est dans cette perspective d'ouverture critique que nous l'avons abordée, sans prétendre en avoir épuisé les ressources, mais en essayant de nous approcher de l'essentiel en le confrontant à l'essentiel de la pensée freudienne et à l'apport des plus dignes d'intérêt de ses successeurs. Nous avons vu comment cette œuvre butant sur le problème de l'affect trouve, selon nous, en ce point sa limite.

En fin de compte, notre ajournement à aborder la question des modèles nous a servi. Non seulement parce que le problème de l'affect, plus circonscrit, sollicitait une réponse urgente, mais parce qu'un problème de méthode s'est révélé à nous dans sa portée heuristique. En abordant le problème de l'affect, ce que nous avions en tête était de mettre au

ESQUISSE D'UN MODÈLE THÉORIQUE | 293

jour les effets d'une exclusion dans un système théorique. Il ne s'agissait pas pour nous de lui faire une place dans ce système, mais d'explorer les ressources de cette exclusion pour proposer une autre solution. Il ne s'agit donc pas pour nous de compléter ou de remanier le modèle lacanien, mais de lui proposer une alternative. Voyons comment.

Partons du modèle le plus général de la pensée lacanienne (schéma L)[1] :

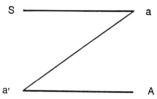

La condition du sujet, dit Lacan, dépend de ce qui se déroule dans l'Autre. « Ce qui s'y déroule est articulé comme un discours (l'inconscient est le discours de l'Autre). » La justification de ce graphe, clairement fournie par J. A. Miller, tient à ce que cette relation au discours de l'Autre est médiatisée par la relation du Moi à sa projection imaginaire ($a - a'$). Médiatisée veut dire qu'une telle relation est la condition nécessaire de cet avènement du sujet à sa structure symbolique, à la fois comme moyen et comme obstacle. C'est ici que prend sa place la fonction du redoublement : la position de cette relation aa' se double du côté de a (l'objet de la projection imaginaire) par celle du sujet S et du côté de a' (l'image spéculaire) de celle de A. Ces deux derniers termes ne sont pas posés *in praesentia* mais au contraire *in absentia* : le premier comme annulation du sujet dans la chaîne signifiante, le second comme clef du système (lieu de la vérité, ou mieux du système signifiant).

Notons qu'en ce schéma ni le troisième terme de la triade symbolique, imaginaire, réel, ni les effets de la rétroaction ne sont figurés. Le Réel trouvera sa place dans le schéma modifié du quadrangle dit schéma R introduit lors de l'article de Lacan sur la psychose[2], et la rétroaction dans

---

1. *Ecrits*, p. 548.
2. *Loc. cit.*, p. 533. Cf. notre commentaire (1966 *a*).

le séminaire sur « La lettre volée » qui ouvre les *Ecrits*[1].

La conception de Lacan, de l'aveu de son auteur, repose fondamentalement sur un postulat qui tend à installer le narcissisme au centre de lecture de Freud[2]. Il est significatif,

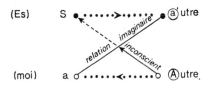

en effet, que la place du réel dans le schéma R se superpose sur la ligne de la relation imaginaire, celle-ci constituant la limite même du champ au-delà duquel opère le symbolique.

Face à cette conception qui donne au narcissisme cette fonction régalienne, l'œuvre de Melanie Klein se caractérise, entre autres, par le fait, nous l'avons déjà fait observer à plusieurs reprises, que le narcissisme y est, en sa spécificité, remarquablement absent au profit de la relation objectale. On pourrait transcrire selon le graphe lacanien la théorie de Melanie Klein en deux graphes successifs, le premier désignant la position schizoparanoïde, le second la position dépressive centrale, ainsi :

Nous forçons sans doute un peu les faits dans cette transcription, pour la commodité de la discussion. Bornons-nous

---

1. *Loc. cit.*, p. 53. Relevons que dans ce deuxième schéma les positions de *a* et *a'* sont interverties sans explication.
2. « La relation spéculaire à l'autre par où nous avons voulu d'abord en effet redonner sa position dominante dans la fonction du Moi à la théorie cruciale dans Freud, du narcissisme, ne peut réduire à sa subordination effective toute la fantasmatisation mise au jour par l'expérience analytique, qu'à s'interposer, comme l'exprime le schéma, entre cet en-deçà du Sujet et cet au-delà de l'Autre, où l'insère en effet la parole, en tant que les existences qui se fondent en celle-ci sont tout entières à la merci de sa foi » (*loc. cit.*, p. 53-54).

à dire que nous cherchons à y souligner le rôle structurant du couple bon-mauvais dans les deux phases. Mais tandis que la première a pour but de parvenir à la constitution du Moi à partir de l'objet, dans le couple des tensions des instincts de vie et de mort, la seconde vise à la préservation de l'objet menacé par les mêmes tensions au niveau du Moi, pour la poursuite de leurs effets mutuellement structurants.

Nous avons, au cours de la discussion du problème de l'affect, suffisamment développé les arguments qui nous ont paru justifier notre intérêt et nos réserves pour adhérer au système théorique de Lacan et de Melanie Klein, pour n'y pas revenir. Nous avons également précisé dans l'introduction de notre travail que celui-ci serait guidé par une lecture critique de Freud par ses successeurs *et* des successeurs de Freud par l'interprétation de sa pensée.

Ce que nous allons proposer maintenant n'est ni une combinaison des deux systèmes examinés, ni une synthèse, encore moins un dépassement, Ce sera plutôt l'expression du sens que nous donnons au *retour à Freud*, ce qui ne signifie pas pour nous stagnation dans la pensée de Freud, mais *aufhebung* (conserver en dépassant). Ce pas que nous nous risquons à faire ne sera pas seulement nourri de ces deux œuvres maîtresses, mais aussi du dialogue qu'elles ont entretenu avec ses contradicteurs. Nous pensons pour Melanie Klein aux critiques de Glover, Winnicott, et en France celles de Pasche et Renard, Lebovici et Diatkine, M. Torok et N. Abraham, Laplanche et Pontalis. Quant à la pensée de Lacan, quelques critiques lui ont été consacrées avant ces dernières années dans le champ psychanalytique, parmi lesquelles relevons celles de Stein, Lebovici et Diatkine, Pasche, C. David, Marthe Robert, M. de M'Uzan, Viderman, D. Anzieu, Laplanche et Pontalis, en dehors des nôtres[1]. Nous conserverons cependant la structure générale du schéma L de Lacan. Ce qui nous paraît important dans cette structure est d'une

---

1. Il faut y ajouter l'apport de certaines lectures récentes de Freud, sans doute plus ou moins stimulées par l'œuvre de Lacan, qui ont eu le mérite à la fois d'attirer l'attention des psychanalystes sur certains points négligés de la théorie freudienne et de nourrir notre réflexion critique sur la pensée lacanienne.

part le rôle du *détour*[1], d'autre part la position fondamentale accordée au conflit (médiation conçue comme moyen et comme obstacle). Nous posons également que le conflit ne peut être appréhendable que par le détour et le dédoublement qui sont les conditions qui nous le rendent manifeste. En outre, nous donnerons à ce schéma ses connotations économiques et dynamiques, dans l'exercice d'une fonction d'oscillation.

Ce schéma conjoint des termes unis par un circuit : *la*

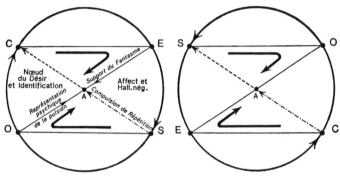

Schéma du Procès

conjoncture, l'événement, l'objet et la structure. Ce qui importe est avant tout leur articulation que nous allons essayer de justifier en même temps que le choix des termes.

Par conjoncture, nous entendons une certaine constellation, quelle que soit son origine, sa nature, telle qu'elle est donnée dans son actualité. La conjoncture est cet ensemble préarticulé en tant qu'elle échappe à la prise du sujet. En tant que celui-ci ne peut y faire la preuve de sa structure, mais aussi en tant que celle-ci va mettre à l'épreuve sa structure. La conjoncture est ce par quoi la structure se manifeste, sans que celle-ci puisse la marquer de son empreinte. Elle est condition de la révélation de la structure. Celle-ci ne lui préexiste pas et n'est pas non plus engendrée par elle. Elle est la précondition de la manifestation de la structure. Inversement, la structure

---

1. Nous prenons ici le détour dans son acception la plus générale, terme que nous préférons dans le cadre de la théorie analytique à celui de la différence, en ce qu'il implique la notion de retour.

ne peut s'exprimer autrement et ailleurs qu'à travers le cadre de la conjoncture. Ce cadre est foncièrement divers — effet de la constitution du sujet (au sens naturaliste du terme), circonstances de sa conception et de sa naissance, désir des parents à son endroit, situations biologiques et sociales traversées par lui — en tant que la conjoncture appartient à une causalité d'imposition marquant sa subjectivité. Tout ceci n'échappe pas à une localisation topologique. Ce lieu est celui de l'appareil psychique où la conjoncture s'inscrit, mais en tant que la structure ne l'informe pas et ne se forme pas à travers elle. Pour que ceci se produise, il y faudra la médiation de l'événement et de l'objet.

Par événement, nous entendons ce qui de la conjoncture saille, où le trait se dégage de celle-ci. Moment où l'espace se cerne, s'opacifie ou s'éclaire brusquement, où le temps se ramasse, se concentre et s'intensifie, qu'il se fige ou qu'il se précipite. Ce que les Anglais appellent « expérience » et dont la traduction est impossible, car elle n'est ni l'expérience, ni le vécu[1].

La même disparité foncière que nous signalions dans la conjoncture se retrouve ici. Le monde extérieur n'a pas le monopole de l'événement. Pas plus qu'il ne faut s'autoriser de ce qu'étant vécu ou « expériencié », il doit être situé dans le monde intérieur. Ce qui compte, c'est la rupture dans le tissu de la conjoncture qui fait surgir l'événement. Sous cette catégorie peuvent se subsumer l'expérience du manque, de la perte d'objet, de la révélation de la séduction, de la castration, de la scène primitive qui poussent à la fabrication du fantasme, de la réminiscence, du moment où le projet se cristallise, de la découverte du jeu *(fort-da)*, de l'auto-érotisme, du « saisissement » esthétique[2], de la « crise symptomatique », de la prise de conscience, etc. L'hésitation de Freud entre la théorie du trauma et la théorie du fantasme peut être dépassée par cette référence à l'événement compris dans sa portée la plus

---

1. Cf. DELEUZE, p. 175-180 : « L'événement n'est pas ce qui arrive (accident), il est dans ce qui arrive le pur exprimé qui nous fait signe et nous attend »... « L'éclat, la splendeur de l'événement, c'est le sens. » Mais c'est aussi dire que le sens se manifeste par la médiation de l'éclat et de la splendeur.
2. Selon l'expression de Moebius citée par M. de M'Uzan.

générale[1]. Bien entendu nous retrouvons ici la contradiction de la conjoncture et de la structure dans la situation de l'événement ; sans la structure, l'événement n'est pas intelligible. Mais, en revanche, la structure ne contient pas l'événement ; celui-ci justement émerge de la conjoncture et introduit dans la structure une obligation de remaniement ; la structure devra à la fois se nourrir de l'événement, et y apposer sa griffe, ce qu'elle ne peut faire qu'en l'absorbant ou en se transformant profondément ; c'est là qu'intervient l'objet.

Par objet, nous entendons l'effet de la rencontre avec l'événement issu de la conjoncture et de la structure. L'imprécision de l'appellation d'objet en psychanalyse est sans doute ce qui est au centre des discussions que ce concept soulève. Freud, Melanie Klein, Winnicott, Hartmann, Bouvet et Lacan lui donnent des interprétations différentes. Dans *Constructions dans l'analyse*, au terme de son œuvre (1937), Freud écrit : « L'objet psychique est incomparablement plus compliqué que l'objet matériel (de l'archéologue) et notre connaissance n'est pas assez préparée à ce que nous devons trouver, parce que sa structure intime recèle encore beaucoup de mystère »[2]. Dès le début de son œuvre, Freud conçoit l'objet comme divisé en une fraction constante et une fraction variable. Par la suite, l'objet éclaté se donnera dans la multiplicité de ses métamorphoses ou de ses expressions coexistantes. Objet de la pulsion, objet partiel, objet du monde extérieur, objet du désir, objet fantasmatique, objet narcissique, objet clivé du fétichisme, objet enfin en rapport avec la vérité historique et la vérité matérielle. Cette pluralité des contextes dans lesquels apparaît l'objet est, pour nous, moins une limitation conceptuelle qu'une source féconde de réflexion. La clinique psychanalytique moderne a tenté de fondre cette multiplicité dans le cadre de la *relation d'objet*. Lacan a parlé

---

1. Citons encore Deleuze, celui-ci évoque ce « saut sur place de tout le corps qui troque sa volonté organique contre une volonté spirituelle, qui veut maintenant non pas exactement ce qui arrive, mais quelque chose *dans* ce qui arrive, quelque chose de conforme à venir, de conforme à ce qui arrive... ». Nous soulignons ailleurs que dans l'analyse du « quelque chose qui se passe » il fallait mettre l'accent sur le se *passe* du quelque chose, plutôt que ce quelque chose lui-même (cf. 1967 b).
2. *Constructions dans l'analyse*, p. 4.

non sans raison de l'objet comme *cause* du désir, à la fois condition de l'apparition du désir, raison d'être et finalité de celui-ci ; son comment et son pourquoi. Nous avons de notre côté défendu l'idée d'une coexistence de l'objet partiel et de l'objet total. Par objet total nous n'avons pas désigné l'objet de la totalisation, lieu d'une unité, mais tout ce qui appartient à l'objet, dont ne rend pas compte la relation à l'objet partiel. Nous avons situé les fonctions différentes de l'objet partiel, produit des pulsions dont l'effectuation s'accomplit dans le plaisir d'organe et celle, de l'objet total que ne peuvent atteindre que les pulsions à but inhibé, situant la contradiction dans la conception de la pulsion elle-même (1967 c). Mais l'on sait que dans la théorie et la clinique psychanalytiques modernes le statut de l'objet est beaucoup plus étendu. Celui-ci est appréhendé dans sa relation au Moi. L'ambiguïté qui affecte ce terme (partie de l'appareil psychique et expression de l'individualité et de la singularité) oblige le plus souvent soit à introduire un concept supplémentaire (le *self*), soit à transférer à l'objet certaines propriétés appartenant au sujet[1]. Dans cette dernière inspiration de pensée se retrouvent à la fois l'idée fondamentale que la constitution ou la construction du sujet dépendent chez l'homme, du fait de sa prématuration, des objets à qui il doit la vie, et la notion moderne où l'objet est ce qui découpe et délimite un champ dans l'opération même de découpage qui isole conjointement et le champ et l'objet.

Nous aimerions souligner deux traits qui appartiennent en propre à l'objet dans la conception psychanalytique. La première propriété de l'objet est d'être constitué par le désir et/ou l'identification. Lieu à la fois de l'être et de l'avoir, dit Freud : « Les enfants aiment à exprimer une relation d'objet par une identification... Exemple le sein : « Le sein est une « partie de moi, je suis le sein. » Seulement plus tard : « Je l'ai « — donc je ne le suis pas... » »[2]. Le rapport de succession

---

1. Il est clair que l'opposition objet interne - objet du monde extérieur est très approximative. Ainsi Winnicott insiste au fur et à mesure des développements de ses travaux sur la relation existant entre l'objet interne et l'objet de l'environnement internalisé, ce dernier étant distinct de l'objet externe.
2. Note posthume 12-7-1938, *S.E.*, XXIII, 299.

invoqué par Freud importe moins selon nous, que la conjonction des effets de l'un et de l'autre en l'objet. A preuve, les affirmations contradictoires de Freud sur l'identification, à la fois appropriation et substitution à la perte de l'objet ou à son défaut. Le dédoublement de ce nœud en ces fils constitutifs se produira lors de la phase du complexe d'Œdipe. Nous postulerons que ce dédoublement présuppose la double possibilité de l'un et de l'autre terme de l'alternative. C'est bien ainsi qu'il nous faut comprendre l'identification primaire, le rôle qu'y joue l'incorporation de l'objet, et la place éminente que les auteurs kleiniens attribuent à l'identification projective.

Jones dans ses travaux sur la sexualité féminine avait posé comme mode de solution au conflit œdipien féminin une double issue : le renoncement soit au désir, soit à l'objet. L'accentuation de Lacan sur l'objet comme cause du désir et la fortune du concept de relation d'objet nous ont amenés à conclure que dans le cadre de la théorie psychanalytique la *cause* de l'objet ou les *relations* nouées entre celui-ci et la structure psychique pouvaient permettre d'affirmer que tout se passait comme si *le désir (ou la relation d'objet) advient comme objet*. Non pas seulement désir du désir, mais dédoublement de l'objet du désir et du désir comme objet : désir comme modalité de transformations, qui n'affectent pas seulement le ou les objets, mais « produisent » celui-ci en tant qu'objet. Je ne puis qu'indiquer ici ce dernier trait, en me proposant d'y revenir ailleurs. Il est clair que ce travail de transformations relève des effets combinés de l'événement et de la structure[1].

Par structure enfin, nous entendons ce qui relève du concept le plus général de la psychanalyse : la structure œdipienne. C'est par la structure œdipienne que nous parvenons à la définition du sujet en psychanalyse comme constitué par sa relation à ses géniteurs unis dans la double différence : différence des sexes et différence des générations, organisées par les fantasmes originaires. La structure ne s'appréhende que

---

1. La relation objet-événement est bien entendu complexe. Il ne faut en aucun cas y penser comme un couple stimulus réponse. Car si l'événement atteint l'objet, et même force ce dernier à influer sur la structure et à se mettre à l'épreuve de la conjoncture, en d'autres circonstances l'objet appelle l'événement, le sollicite, le convoque, et change la conjoncture.

par les mises en forme de l'Œdipe dans les productions humaines culturelles et naturelles, institutionnelles ou individuelles. La spécificité de la structure est de ne pouvoir jamais être appréhendée telle quelle, mais seulement par ses effets ; elle est comme on l'a dit *cause absente*. Dans la théorie psychanalytique c'est par la médiation de l'appareil psychique que ses effets s'évaluent. Mais si nous avons défini la conjoncture également par ses effets sur l'appareil psychique, c'est en tant, nous l'avons dit, que la marque de la structure ne s'y déchiffre pas, alors que la structure révélée par la conjoncture — qui en est la condition de possibilité — nous renvoie à l'appareil psychique en tant que celui-ci est le « lieu » par lequel elle devient « visible ». On comprendra mieux ainsi, je l'espère, notre référence aux structures cliniques comme mises en forme du conflit œdipien. De même dans le champ de la pratique psychanalytique opposerons-nous la situation analytique comme conjoncture au transfert comme structure.

L'affect, enfin, est à situer sur ce modèle en un point qui constitue pour nous le pivot du système. Il est au lieu d'une rencontre qui résulte des effets des tensions issues de l'objet et de l'événement. Il n'est pas seulement la limite de leurs effets mais à la fois zone d'interpénétration et point de rebroussement. Quoi qu'il se passe, au niveau de ces effets, l'affect est temps de la révélation qui en fait une référence centrale du champ psychanalytique. Du côté de l'événement, ce qui s'avance pour constituer l'affect est le support du fantasme ; appréhension du fantasme, c'est-à-dire pouvoir de crainte et d'anticipation, lieu où se trahit le désir, moment où il se dévoile et se déforme. Du côté de l'objet, ce qui se porte au-devant de l'affect est la représentation psychique de la pulsion, ce par quoi la pulsion nous est connaissable. Représentation psychique de la pulsion et non représentant-représentation. Le point où les vecteurs accumulent leurs effets est l'affect, comme force *(quantum)* et comme expérience subjective. Comme force, l'affect est ce qui sous-tend cet enchaînement des représentants-représentation, ce qui relance leurs associations, ce qui alimente l'énergie nécessaire aux opérations de l'appareil psychique. Mais Freud dit aussi que cette énergie siège *entre* les investissements. L'affect a donc ce rôle de facteur conjonctif-disjonctif, fonction de « ponctuation du signifiant »[1]. Lorsque sous l'effet des tensions dont nous venons de parler, l'affect se découvre dans sa manifestation — son épiphanie subjective — sa spécificité est de *recouvrir, d'abolir, de tenir lieu de représentation. Son effet le plus saisissant est l'hallucination négative.*

Nous avons insisté ces dernières années sur l'importance structurale de ce concept. Il nous semble nécessaire de préciser que l'hallucination négative n'est pas un concept négatif univoque se référant à une expérience de manque, de défaut ou de déficit. L'hallucination négative n'est pas l'absence de représentation, mais *représentation de l'absence de représentation*. Encore que le terme de représentation ne soit ici qu'un pis-aller, puisqu'il implique une distanciation du sujet, qui est ici, par définition, absente. Il s'agit beaucoup plus d'une condition de possibilité de la représentation que de la représentation elle-même. *L'hallucination négative est le revers dont la réalisation hallucinatoire du désir est l'avers.*

En mars 1919, Freud termine *Un enfant est battu*, rédige un premier jet d'*Au-delà du principe de plaisir* qu'il termine vers le mois de mai de la même année et aussitôt (ou en même temps ?) entreprend d'achever un vieux manuscrit qu'il extrait de ses tiroirs : l'*Inquiétante étrangeté* dont certains indices montrent qu'il y pensait dès 1913.

Ainsi une étroite unité relie ces trois œuvres. Il est significatif de constater que dans *Un enfant est battu* toute la dialectique du fantasme tourne autour d'un jeu de permutations entre des représentations de scènes et des affects qui leur sont rattachés dont la grammaticalité du langage rend compte : *Un enfant est battu*, tandis que l'*Inquiétante étrangeté* encadre la représentation par la réflexion sur la sémantique et l'affect pur. Ici se noue l'alliance entre l'affect pur et le fantasme : « *Dans la fiction il existe bien des moyens de provoquer des affects d'inquiétante étrangeté qui, dans la vie, n'existent pas* »[2]. Le détour du fantasme semble bien ici la condition de cette production d'affect. Mais au-delà ou en deçà de la fiction, le fantasme inconscient est lui-même ce détour. Freud relate dans le même texte comment il en vint à éprouver

---

1. J. A. MILLER, *Cahiers pour l'Analyse*, n° 5.
2. Inquiétante étrangeté, S.E., XVIII, 249, dans *Essais de psychanalyse appliquée*, trad. M. BONAPARTE et E. MARTY, Gallimard édit., p. 189.

cet affect d'inquiétante étrangeté dans le quartier des prostituées qu'il s'efforçait de fuir, d'une ville de province d'Italie, y revenant par deux fois à son insu par un nouveau *détour*[1]. Qu'est-ce à dire sinon que la représentation n'est autre que l'avatar de la projection de l'œil comme regard et du regard comme œil qui le regarde : objet du désir comme objet. En fin de compte l'étranger familier est « l'orée de l'antique patrie des enfants des hommes, de l'endroit où chacun a dû séjourner en son temps d'abord »[2]. C'est pourquoi nous avons inscrit du côté de l'objet non le représentant-représentation de la pulsion, mais le *représentant psychique de la pulsion*, sans distinction de ses éléments constitutifs. Nulle part comme dans ce texte Freud n'a mieux articulé les thèmes du morcellement et de la castration dans le concept de démembrement. Or, cette articulation passe par l'effet de rétroaction de la *compulsion de répétition*[3]. Car la structure n'est pas un ensemble fixe, immodifiable, prédéterminé. Mais ses possibilités de mouvement restent limitées par le maintien en son sein des articulations fondamentales dans lesquelles un certain jeu est autorisé qui trouve sa limite dans la préservation des constituants fondamentaux organisateurs de la structure œdipienne : les fantasmes originaires.

On comprend mieux le rôle de la barre qui unit objet et événement : elle est à la fois facteur de conjonction et de disjonction entre structure et conjoncture, soumise à l'impact de la compulsion de répétition, où celle-ci rencontre une limite qui peut ou la contenir ou y céder. Barrière entre le corps de la mère et le corps de l'individu, barrière entre le Ça et le Moi, entre l'expression organique des pulsions et leurs représentations psychiques, mais aussi barrière du langage et de la loi.

Ce modèle ainsi constitué va pivoter autour de son axe par une oscillation alternante. La conjoncture à travers l'événement va forcer la structure à se manifester. Celle-ci par le biais de l'objet va agir sur la conjoncture. A cet aller va

---

1. En français dans le texte.
2. *Loc. cit.*, p. 200.
3. Nous avons envisagé ailleurs les relations entre le phénomène du double et la compulsion de répétition (1970). Remarquons que sa première mention se situe dans l'*Inquiétante étrangeté*.

répondre un retour. La conjoncture, à travers l'objet, délogera la structure et reprendra sa place, modifiée par le temps précédent. La structure traversant l'événement, retrouvera son lieu initial.

Cette oscillation autour de son axe nous indique l'importance de la valeur du « retournement » en psychanalyse. Ici, comme souvent, la pluralité des contextes sémantiques nous montre que l'emploi du terme s'applique aux opérations les plus primitives de l'appareil psychique[1], comme aux expressions les plus aiguisées de l'inconscient[2].

Or, l'affect est dans la théorie et l'expérience psychanalytique le lieu privilégié du retournement : retournement contre soi et retournement en son contraire dans la dualité de principe de plaisir-déplaisir[3]. *Nous prenons appui sur la structure de montage de la pulsion unissant une source, une poussée, un but, un objet et sur le double retournement, pour proposer un modèle théorique du champ psychanalytique où le sujet se définit comme procès.* Le procès s'entend à la fois au sens de « marche, développement, progrès » (Robert), et au sens d'issue au conflit par la décision qui y est rendue, consignée dans le constat qui en fait état. Nous préférons ce terme à celui de processus psychanalytique qui ne rend qu'une seule des acceptions du précédent, en omettant les autres. Son application ne se restreint pas pour nous à la théorisation du champ analytique, mais aussi à son expérience à travers la situation analytique et le transfert.

---

1. Nous avons ailleurs (1967 c) indiqué la signification métapsychologique du double retournement.

2. C'est par le « message que le sujet se constitue, par quoi c'est de l'Autre que le sujet qui parle reçoit même le message qu'il émet » (LACAN, *Ecrits*, p. 807). C'est à la forme inversée de ce renvoi, de ce « retour à l'envoyeur » que se marque l'inconscient. L'article dont nous extrayons la citation nous paraît le plus fondamental de Lacan. Nous en avons fait le commentaire au séminaire Sainte-Anne de P. Aulagnier, le 29-4-1968.

3. « Quelle chose étrange, mes amis, me paraît être ce qu'on nomme le plaisir ; la nature l'a mis dans un bien curieux rapport avec son contraire apparent, la douleur. Ils n'acceptent pas d'être ensemble présents dans l'homme ; mais qu'on poursuive l'un et qu'on l'attrape, il faut presque à coup sûr attraper l'autre aussi ; ce sont comme deux corps liés à une seule tête. Je crois que si Esope s'en était avisé, il aurait composé une fable : la divinité, voulant mettre fin à leurs luttes et n'y parvenant pas, attacha leur tête ensemble ; voilà pourquoi quand l'un se présente, l'autre suit aussitôt » (Premières paroles de Socrate à ses amis le jour de sa mort, *Phédon*, trad. P. VICAIRE, Belles-Lettres, p. 33).

Si nous avons donné cette place à l'affect, c'est en effet parce que l'expérience psychanalytique nous apprend que si la Jouissance est celle « dont le défaut rendrait vain l'univers » (Lacan)[1], c'est par la souffrance que s'atteint la vérité du sujet. Pessimisme freudien ? Vingt-cinq siècles avant Freud, Eschyle prend à son compte la sagesse populaire grecque. « Souffrir pour comprendre. » Cela ne veut pas dire souffrir pour souffrir, ou rechercher la souffrance dans le but de comprendre, mais que quel que soit notre désir pour qu'il en aille autrement, il est d'expérience que la souffrance est l'aiguillon principal qui pousse l'homme à comprendre. Et aussi que le meilleur usage que puisse faire l'homme de la souffrance est de comprendre. Comprendre pour comprendre, pour se changer ou pour changer le monde.

L'analyse n'est pas une culture de la souffrance, mais un procès qui vise à la maîtrise des affects de souffrance par un « détachement » à l'égard des pulsions qui en sont cause, corps bicéphale du plaisir et du déplaisir.

« *Le détachement ne peut s'accomplir qu'au prix du vécu de sentiments douloureux de solitude et d'abandon, de par l'héritage psychique animal primitif sur lequel le détachement a lieu, de par les aspects de la personnalité qui réussissent à se détacher de l'objet de la scrutation qui est ressenti comme indistinguable de la source de sa viabilité. L'objet apparemment abandonné de la scrutation est le psychisme primitif et la capacité sociale primitive de l'individu comme animal collectif et politique. La personnalité « détachée » est en jeu : novice devant son travail, elle doit se tourner vers des tâches qui diffèrent de celles auxquelles ses composantes sont plus usuellement adaptées, c'est-à-dire la scrutation de l'environnement excluant le soi ; une partie du prix payé est l'existence de sentiments d'insécurité* »[2].

La souffrance divise l'homme, elle active tout ce qui en lui est déjà divisé, mais elle pousse aussi au ressaisissement, au rassemblement, qui permet de trouver l'unité momentanément refaite qui accompagne la « sortie » de la souffrance. Mais la division demeure[3].

---

1. *Ecrits*, p. 819.
2. BION, *Elements of psychoanalysis*, p. 18.
3. J. LAPLANCHE (*La position originaire du masochique dans le champ de la pulsion sexuelle*, 1968) a justement fait ressortir les rapports étroits

Ainsi la théorie psychanalytique considère-t-elle le conflit comme indépassable, mais vise à rendre son irréductibilité féconde. Renvoi du morcellement à la castration.

Ce morcellement originaire, où déjà pourtant la matrice de l'unité clivée se préfigure, il n'est pas seulement morcellement des parties, il est dispersion de la matière, diasparagmos. C'est la place que nous avons voulu donner à l'hétérogénéité. Chacun des termes de notre schéma du procès y renvoie volontairement : variabilité mobile des divers contextes de la conjoncture, multiples visages de l'événement, statut éclaté de l'objet, différence des matériaux composant l'appareil psychique. De cet univers divers il faut faire un monde. Hétérogénéité, dispersion sont autant d'éléments de stimulation et d'égarement. Ils forcent le sens au travail et le découragent. Et aussi, lorsque les horizons paraissent bouchés de toutes parts, ils invitent le possible. Celui qui, du point de vue de la structure, est son nécessaire invisible.

III. L'ÉCONOMIQUE ET LE SYMBOLIQUE : LA FORCE ET LE SENS

La pensée qui nous a guidé est l'indissociable solidarité de la force et du sens[1]. La force ne peut se concevoir que

---

liant le plaisir masochiste né de l'ajournement de la satisfaction, de l'épreuve de l'augmentation de tension qu'elle comporte, à l'efficacité du principe de réalité. Il est significatif que W. Bion (1963) a ajouté aux deux grands repères freudiens et kleiniens : l'amour et la haine, un troisième à un niveau égal : la connaissance *(Knowledge)*.

1. Après la publication de notre rapport, nous prenions connaissance de ces lignes nées de la plume de S. VIDERMAN (dans le chapitre consacré au transfert qu'il intitule « Sens et force » dans son ouvrage *La construction de l'espace analytique*, Denoël, 1970) : « Il n'y a pas de sens du discours prononcé par l'analysé qui ne soit porté par une force qui est l'économie de l'affect ; il n'y a pas d'interprétation qui porte qui ne soit elle-même portée par l'affect qui lui prête sa force d'impact et fait qu'une interprétation n'est jamais de l'ordre du sens pur... *Le sens et la force constituent un couple lié par une relation d'incertitude objective qui n'est pas l'imperfection perfectible de la théorie ou de la technique, mais représente une des apories irréductibles de la situation analytique qui fait que les phénomènes se déployant dans son*

comme un vecteur orienté, doté d'une direction, donc d'un sens. Le sens est inséparable d'un but vers lequel il est tendu et mû par une violence interne, donc par une force.

Cette conjonction de la force et du sens, l'analyse nous contraint sans cesse à les conjoindre, mais aussi à les disjoindre. Nous les avons distingués sous les catégories de l'économique et du symbolique. A la catégorie de l'économique nous avons rattaché la « quantité mouvante », le moteur des distributions, des échanges, des transformations. A la catégorie du symbolique, nous avons rattaché la représentation, nourrie par les forces vives du corps pulsionnel qui impliquent le langage et la pensée. Ce passage n'est possible que si l'on suppose à la pulsion, même dans ses formes les plus élémentaires, une organisation dont les principes du fonctionnement psychique règlent les avatars. Inversement, l'économique, s'il transforme des forces, élabore des valeurs. Par valeur, nous n'entendons aucunement des qualités supérieures de l'individu, mais ce qui pour lui a valeur : évitement du déplaisir, recherche du plaisir, en premier. Mais aussi maîtrise des affects. Analysant le *Moïse* de Michel-Ange, Freud conclut que le but de l'artiste en représentant l'extraordinaire musculature du personnage, témoin de sa force exceptionnelle, était de suggérer la domination de cette puissance. Quelque chose de surhumain est accompli par Moïse qui réussit

« *l'exploit psychique le plus formidable dont un homme soit capable : vaincre sa propre passion au nom d'une mission à laquelle il s'est voué* »[1].

De même, le symbolique ne peut s'exercer sans qu'une force alimente les procès de transformation par lesquels il se constitue. D'où l'importance du travail du symbolique. Les forces brutes doivent être travaillées pour être opératoires.

---

champ perdent toujours du côté de la signification ce qu'ils gagnent du côté de l'affect, et vice versa » (p. 315-316).

Quelles que soient les interprétations divergentes que nous donnions, Viderman et moi, de la construction, je retiens essentiellement de ces phrases la solidarité de la force et du sens où nos deux démarches se rejoignent.

1. *Essais de psychanalyse appliquée*, trad. par M. BONAPARTE et E. MARTY, Gallimard édit., 14ᵉ éd., p. 36.

Les « petites quantités » sont des conditions nécessaires au fonctionnement de la pensée. Au-delà, en deçà, aucun « travail de la pensée » n'est possible.

Force et sens sont solidaires parce qu'ils sont complémentaires, impensables l'un sans l'autre. Car ils ne sont pas seulement opposés. Dans la mesure même où la force crée un *rapport de forces*, elle est symbolique. Dans la mesure où le sens est toujours pris dans un *conflit de sens*, il est économique. Moins qu'une opposition il s'agit plus d'un Janus couple, dyade dont les termes ne sont pas symétriques, mais où en chacun l'autre se devine.

Si l'affect est le témoin d'une pensée sauvage, inéliminable, présent jusqu'au sein des processus les plus abstraits, les plus rationnels, le refuge dernier de l'affect, c'est la rationalisation. Que rien, ni quant à son contenu, ni quant à sa forme, ne permette de la distinguer de la raison, nous indique que la seule attitude qu'elle devrait nous inspirer serait de laisser la relance du discours se poursuivre, jusqu'à ce que par son mouvement propre celui qui la forge soutienne l'épreuve de son défi.

Mais de ce *discours vivant*, nous sommes partie constitutive.

Postface

*Pour conclure, ressaisir quelques
points théoriques et pousser quelques
hypothèses*

Au terme de ce travail, nous n'échappons pas au sentiment que bien des problèmes restent en suspens, et que beaucoup d'affirmations appellent un renouveau d'examen critique.

Nous voilà conduits à faire part des questions que le travail a réfléchies sur la réflexion dont il est le produit. Si tant est que l'aboutissement d'un écrit n'est pas sa clôture, mais la révélation du point d'où il aurait fallu partir.

A — LA PAROLE PSYCHANALYTIQUE

Référons-nous à l'expérience commune de la pratique psychanalytique. Que le ressort fondamental de ce qui opère dans la psychanalyse soit mis en œuvre par les effets conjugués de la parole de l'analysant et de l'analyste a donné matière à controverse dans les discussions entre psychanalystes ; discussions qui ont pris, le plus souvent, pour des raisons qui dépassent nos possibilités d'analyse dans le cadre de ce travail, la forme d'un double monologue plutôt que d'un dialogue. Il peut être de la nature de la parole que celle-ci se fende et se répartisse en un double lieu, sans qu'aucune nécessité oblige ses parties à se rejoindre. Cette figure évocatrice des rapports topiques de l'appareil psychique, si elle fait image, risque cependant d'empêcher de reconnaître plus avant en quoi la parole fait question dans la psychanalyse. Ne redoutons pas le rappel des évidences, elles nous ramèneront plus près du nœud de la question qu'un développement théorique prématuré.

La parole analytique est une parole couchée. *Situation paradoxale, propre au sommeil, à la détente ou la flânerie, à la relation amoureuse, mais guère à la prise de parole. Deuxième caractéristique : la parole analytique est une parole adressée à un destinataire dérobé. Contrevenant aux règles de l'échange verbal, qui usuellement établit toute émission de parole dans un rapport facial, la parole analytique parvient à son destinataire par voie récurrente du fait de sa position et de son silence. Mais ce parcours a alors une double conséquence : d'une part la parole ne peut se régler en rien sur le contrôle des effets du message, sur les réactions, fussent-elles silencieuses, du destinataire, et d'autre part cette parole doit traverser un vide (constitué par l'absence du rapport facial) pour parvenir au destinataire. Ce vide cesse alors d'être un simple milieu véhiculant pour le message, pour donner lieu à un double effet ; d'une part il produit la réflexion de l'énigme de la polysémie qu'il a engendrée chez le destinataire sur l'émetteur, d'autre part ce vide se reproduit chez celui qui parle, expression du décalage entre la source énigmatique de la parole et son produit fini. Disons, pour simplifier, que le système usuel de relations entre l'émetteur et le récepteur voit se superposer à lui un autre système, habituellement occulté dans l'échange verbal ordinaire, entre la source de l'émission et son objet, qu'il s'agisse du produit émis dans l'énoncé ou de son destinataire. Ici, outre la pluralité possible des sens engendrés par ce déploiement de parole, s'ouvre la brèche d'un certain nombre de phénomènes affectifs, surprenants autant qu'imprévus. Le paradoxe majeur de ces phénomènes est qu'ils se produisent dans une situation où l'analysant se sent pris dans une impasse : s'il dit, il constate de lui-même des réactions indésirables qu'il aimerait pouvoir considérer, à tous les sens du terme, comme secondaires à sa parole, mais, s'il ne dit pas, ces effets se manifestent avec une intensité qui les rend encore plus primordiaux. De cette ambiguïté que nous venons de signaler, on a tiré des conclusions contradictoires. Pour les uns, puisque les manifestations se produisaient dans un cadre d'échanges parlés et que le silence loin d'en avoir l'exclusive n'en était qu'un cas particulier, on a fait entrer celles-ci dans l'ensemble des relations et des avatars d'une capture du sujet par sa parole. Pour d'autres, au contraire, puisque le silence est l'état où l'embarras du sujet est le plus manifeste, on a préféré opter pour la thèse d'une superficialité du langage au profit de ce qui paraissait contrecarrer le projet de parole, et renvoyer la question à un état de l'activité psychique où la verbalisation pourrait être mise hors circuit.*

Mais, en fin de compte, que l'on prenne la question par un bout ou par l'autre, leur commun dénominateur reste que la parole et ses effets sont le fruit d'un développement, que l'on a toujours affaire à une parole errante ou courante, qui voit se produire des manifestations qui excèdent ses possibilités dans les séquences que le cadre de la situation analytique s'emploie à favoriser. Parole couchée, parole dérobée à son destinataire, ces deux traits par lesquels nous venons de démarquer la parole analytique font penser à l'écrit, au texte, pris dans l'acception récente que les modernes théoriciens de la littérature lui donnent. Mais si Freud parle parfois de l'inconscient comme d'un texte, pour le psychanalyste ce texte ne requiert son attention qu'à le voir se constituer dans son oreille, si je puis ainsi m'exprimer. La question gît pour nous entre l'acte de la constitution du texte dans la parole et le lieu (donc le mode, par voie de conséquence) de sa constitution, par où elle est renvoyée à ce qu'elle n'est pas. Quoi que l'on fasse, pour le psychanalyste, l'ombilic du problème est la différence de structure et de nature entre l'émission du texte de la parole à un destinataire et son renvoi récurrent à ce qui le destine à être l'objet d'un tel destin, à partir de son ancrage dans le corps.

Il faut donc revenir à la rencontre, déterminée par le cadre de la situation analytique entre la parole et son effet d'affect. Ce qui nous semble heuristiquement de peu d'intérêt est d'en rendre compte comme d'un en plus ou d'un en moins de la parole. Car ce qui frappe le plus vivement dans cet événement de la parole analytique est, dans cet affect, la rencontre d'un phénomène étranger à la parole faciale. Ce n'est pas qu'en principe celle-ci ne puisse en faire l'expérience, mais il lui reste la possibilité de biffer cette intrusion ou d'en faire un objet de curiosité adventice, de l'émonder, de la diluer ou de l'asservir conformément aux usages de la communication, toutes manœuvres qui permettent à celui qui en fait l'insolite découverte, de retomber plus ou moins rapidement sur ses pieds, ou de tourner les talons en plantant là toute l'entreprise. Le point dont nous avons à débattre est donc celui de la contrainte à l'écoute lors de l'avènement de la parole de ce qui signe en celle-ci un décalage inéliminable, non seulement par rapport au contenu de son message, mais par rapport à l'acte même qui l'amène à l'énonciation. Pour toutes ces raisons et pour ne pas inclure l'effet d'affect dans la parole, ni pour l'en exclure, il me semble préférable d'affirmer que le cadre de la situation analytique inventé par Freud peut être défini comme une extension du champ du discours, à la condition toutefois de préciser que le discours ne se confond pas avec la parole, mais exige que la spécificité sémantique qu'il acquiert par l'événement qu'est la cure analytique nous contraint à une redéfinition de son emploi pour la théorie analytique.

B — AFFECT ET MOTIONS PULSIONNELLES

Telle était notre position de départ. Nous ne rappellerons pas les étapes du travail exégétique de la lecture de Freud qui nous a confirmé dans cette manière de voir. D'autant que c'est notre lecture préalable de Freud qui nous avait permis de formuler clairement, par ce raccourci forcément schématique, le problème. Nous ne ferons qu'évoquer ici la Métapsychologie *dont certains ont tiré le meilleur parti, non du travail de Freud, mais des hésitations de celui-ci dans la question complexe du statut de l'affect. Nous n'y reviendrons pas ; entrer dans le détail nous détournerait des questions en suspens que nous souhaitons aborder. Par contre, nous aimerions retourner à la poursuite de cette discussion, par Freud lui-même, dans* Le Moi et le Ça. *Deux faits frappent dans ce texte ; le premier est la description que nous donne Freud des perceptions internes : multiloculaires (divisées en un grand nombre de loges ou compartiments), ubiquitaires, porteuses de qualités opposées ou antagonistes. Remarquons que Freud ne cède pas à la tentation de verser dans la description phénoménologique, mais s'efforce, quelque réduction qui doive s'ensuivre, de demeurer analytique. Il ne peut éviter, cependant, de nommer les affects, lui d'ordinaire si précis, comme ce « quelque chose » précurseur de ce qui deviendra conscient sous l'aspect qualitatif du plaisir ou du déplaisir. Encore que cette conscience ne leur soit pas obligatoirement accordée. Lorsque la censure, la défense ou le refoulement y font obstacle, ces sensations et ces sentiments ne se manifestent pas comme sensations,* « bien que le quelque chose qui leur correspond dans le cours de l'excitation soit le même que si c'était le cas ». *En fin de compte, il conclura : « La distinction entre Cs et PCs n'a pas de sens là où les affects sont en cause, le PCs tombe et les sentiments sont conscients ou inconscients. Même quand ils sont attachés aux représentations de mots le fait pour eux de devenir conscients n'est pas dû à cette circonstance, ils le font directement »* (S.E., *XIX, 22-23, c'est nous qui soulignons*).

On aurait tort de croire que cette correction d'une certaine interprétation possible de la Métapsychologie *est un avatar hasardeux de la pensée de Freud. Dès 1895, une affirmation semblable est avancée. Dans les toutes dernières lignes de* l'Esquisse, *Freud envisageant le problème de l'investissement de l'*image *motrice dans sa relation au mouvement dans les rapports pensée-action, y affirme sa nature* sensorielle *(ce terme n'ayant pas les limitations que lui impose la langue française dans son rattachement aux organes des sens). Il dit de ces images motrices :* « *Et elles ne sont pas associées aux représentations de mot, mais au contraire elles servent en partie les buts de cette association* » *(S.E., I, 387). Mais ce qui retient notre attention dans le texte de 1923 est cette phrase énigmatique :* « *Si la voie est barrée, ils (les sensations et les sentiments) ne se manifestent pas comme sensations, bien que le* « *quelque chose* » *qui leur correspond dans le cours de l'excitation soit le même que si c'était le cas.* »

*Ici, deux solutions s'offrent : la première est celle qui a été suivie par la majeure partie des auteurs de la littérature psychanalytique moderne. Devant l'obscurité du problème, la tendance s'est peu à peu installée à parler d'*investissements d'objet *plutôt que de traces mnésiques et d'affects. Bien que ce remplacement ait parfois été suivi d'heureux effets, nous lui avons préféré une deuxième solution. Nous nous sommes attaché à la distinction de Freud entre affect et représentation, mais en soulignant à partir de cette dualité que les rejetons de la pulsion n'existent pas dans l'inconscient en un statut uniforme et que la qualification d'inconscient en ce qui concerne l'affect et la représentation renvoyait au concept de l'hétérogénéité des matériaux de l'inconscient, hétérogénéité dont le caractère n'est ni incident ni accidentel, mais constituant de sa texture. Au moins, cette option, quelles que soient les difficultés théoriques qu'elle soulève, avait-elle le mérite de ne pas dissoudre l'importance du langage, à l'égard duquel Freud témoigne d'un souci constant, dans l'indétermination de l'investissement.*

*Nous nous sommes trouvé renforcé dans cette hypothèse en comparant les formulations de Freud sur l'inconscient et le Ça. Il ne nous est pas possible d'envisager ici l'ensemble des problèmes relatifs au passage de la première à la deuxième topique, même en nous limitant à la question des rapports entre l'inconscient et le Ça. Nous avons surtout relevé dans la XXXI*e *Conférence l'accentuation du pôle économique sur les deux autres, que nous avons appelés pôle symbolique et pôle catégoriel. Freud y fait une place nouvelle aux motions contradictoires* « *qui y subsistent côte à côte sans se supprimer l'une l'autre ou se soustraire l'une de l'autre* » *(trad. Laplanche et Pontalis, S.E., XXII, 73-74). Laplanche et Pontalis font remarquer à juste*

titre, mais ils n'en tirent que des conséquences discrètes, que
« *l'idée d'une « inscription »* qui venait s'attester dans la notion
de « représentant », si elle n'est pas franchement rejetée, n'est
pas réaffirmée »[1]. On conçoit que cet « oubli » de Freud affaiblit
singulièrement l'idée d'un inconscient structuré comme un langage, cette thèse se fondant de façon quasi exclusive sur les
représentants-représentations de la pulsion. L'idée d'un Ça
comme correspondant de la grammaticalité au niveau des pulsions
est une hypothèse lacanienne difficilement soutenable. Lacan
installe en effet dans la coupure de la fonction organique à la
pulsion « l'artifice grammatical [de celle-ci] si manifeste dans
les reversions de son articulation à la source comme à l'objet »
(Ecrits, p. 817) ; il se réfère à un schéma de la pulsion telle
qu'elle est décrite dans la première topique, sans considérer ce
que la mise en perspective par les instances de la deuxième topique
ajoute aux formulations antérieures. La « motion », terme on le
sait controversé, ne s'applique pas qu'à l'inconnaissable de pulsion, puisque Freud l'accole aussi à l'affect dans Constructions
dans l'analyse, où plus sensiblement que partout ailleurs, apparaît
l'hétérogénéité des matériaux que le travail analytique met à jour.

C'est sur la foi de traces discrètes de remaniements beaucoup
plus globaux de la théorie freudienne que nous avons proposé
d'étendre au registre des signifiants psychanalytiques, l'acte et
les états du corps propre, en leur prêtant une forme d'existence
dans les relations de l'inconscient et du Ça, qu'on peut comprendre
comme destins de ces motions pulsionnelles. Si tous répondent
à des investissements, c'est cette diversité même qui nous impose
un supplément de réflexion conceptuelle. Cependant, si l'état
natif de la pulsion est la motion, un problème considérable se
pose. Comment concevoir la relation de ladite motion avec les
représentations ? Nous avons conscience de ce que l'hypothèse
conciliatrice que nous avons proposée d'une structuration de
l'inconscient par rapport au Ça, dans les trois instances mais
avec une régionalisation particulière au voisinage de la plus
ancienne, peut paraître boiteuse. Boiter, dit l'Ecriture, n'est
pas un péché, rappelle Freud.

Ici, deux solutions sont offertes, entre lesquelles il est difficile
de choisir décisivement. Ou bien il faut admettre que la représentation résulte d'un travail dont les caractéristiques ne nous
sont pas connues, sur les perceptions du monde extérieur, remaniées par l'inconscient mais se constituant en quelque sorte en
catégorie indépendante par rapport à la lignée des perceptions

---

1. *Vocabulaire de la psychanalyse*, article « Ça ».

internes d'origine corporelle, ou bien on est d'avis qu'en partie tout au moins, les représentations naissent d'un travail équivalent de l'enracinement somatique des pulsions, le Ça ayant en quelque sorte le « pouvoir de représenter » à partir des précurseurs d'affects qui, par un travail de décantation énergétique, parviendraient à ce mystérieux résultat. Si Freud semble s'être rangé plutôt à la première solution, les psychanalystes contemporains décident souvent en faveur de la deuxième.

Le terme, mal gracieux, de « psychisation » a été employé dans cette optique. Il est indéniable qu'il recèle beaucoup d'obscurité, autant que la proposition freudienne de la XXIIe Conférence selon laquelle « sur le chemin de sa source à son but la pulsion devient effective psychiquement » (S.E., XXII, 96). Effective veut dire qu'elle prend effet, entre en vigueur, dans un nouveau champ. Car telle est sa contradiction, qui n'est pas seulement celle d'être un concept limite, mais d'unir deux termes si foncièrement divers : une source organique appréhendée sous la forme d'une excitation pulsionnelle et un objet appréhendé par la perception. Cependant, nous devons ajouter à cette vue simplificatrice des choses. Ce n'est pas dans l'idée d'une appropriation progressive du réel hors de l'univers solipsiste qu'une réponse théorique cohérente peut être trouvée. Bien au contraire, un moment capital de la structuration psychique, est celui où le corps prend la place du monde extérieur (S.E., XIX, 55) (où il devient, selon l'expression de Freud, le second monde extérieur du Moi) (S.E., XXIII, 162). Dans un travail précédent[1], nous avons proposé l'hypothèse d'une inhibition de but de la pulsion, à la faveur de laquelle ce changement s'accomplirait sous les auspices du double retournement et de ce que nous avons appelé la décussation primaire.

C — STATUT DU FANTASME ORIGINAIRE

Mais, si nous sommes confrontés du côté de la pulsion avec son élément natif la motion, se pose toujours la question de savoir ce qui structure psychiquement celle-ci. En l'état actuel de la théorie psychanalytique, la réponse à cette question ne peut être que conjecturale. Elle nous arrivera par un concept dont le statut est lui-même conjectural : le fantasme. On sait qu'autour du fantasme un débat s'instaure entre les tenants de la conception traditionnelle et ceux de l'école kleinienne qui en fait l'équivalent psychique du fonctionnement pulsionnel. Ce

---

1. Le narcissisme primaire, structure ou état, *L'inconscient*, n° 1, p. 127-157 ; n° 2, p. 89-116.

débat, aussi passionnant que stérile, nous a amené à nous demander comment il se faisait que Freud n'ait reconnu l'importance du fantasme, et ceci surtout dans la première topique, que d'une manière relativement limitée, quand on fait le parallèle avec la place que nous lui accordons aujourd'hui. Si loin que nous souhaitions pousser nos hypothèses sur la construction de l'appareil psychique et si soucieux que nous soyons de l'économie des concepts, nous ne pouvons, à notre avis, nous satisfaire d'un point de vue génétique qui nous donne une image du développement selon un processus cumulatif, quelque assouplissement que l'on apporte à ce schéma par un jeu de structurations, de déstructurations et de restructurations. Toujours se pose la question de ce qui est structurable, de ce qui est structure en puissance et de ce qui est puissance de structuration. On a fourni des réponses diverses à ces questions dans la théorie. Face à ceux qui ont concentré cette dialectique dans le champ du Moi et à ceux qui l'ont située dans le langage, nous avons opté pour la solution du complexe d'Œdipe et nous avons reconnu les fantasmes originaires comme médiateurs à l'avènement de la structure œdipienne. Dès lors, il nous est apparu que la question que nous nous étions posée sur la place limitée du fantasme dans la deuxième topique ne trouvait son explication que par la référence insistante de Freud sur les traces mnésiques phylogénétiques ; selon nous les fantasmes originaires en représenteraient l'actualisation à double pouvoir économique et symbolique, en l'appareil psychique. Les fantasmes originaires ne sont pas des représentations, encore moins des contenus, mais des médiations. Contrairement à toute attente des règles de la logique traditionnelle, ils sont ce par quoi adviennent représentations et contenus. Ces derniers se manifesteraient comme résultats ou effets des fantasmes originaires, permettant rétroactivement d'inférer de leur fonction opératoire, qui est essentiellement d'induction. Induction qui cependant nécessite un déclenchement toujours à attendre de la conjoncture et de l'événement, ceux-ci fournissant le minimum nécessaire aux effets maximum de l'induction.

Faute de pouvoir en donner toutes les justifications théoriques qui dépassent le cadre de notre étude, le recours à l'expérience d'une part et la réflexion épistémologique sur le statut du sujet dans son rapport à ses géniteurs d'autre part nous tiendront lieu de références hypothétiques. Laplanche et Pontalis ont vu surtout dans les fantasmes originaires les fantasmes des origines[1].

---

1. Fantasme originaire, fantasme des origines, origine du fantasme, *Les temps modernes*, n° 215.

Ce qui nous frappe plutôt est l'articulation de leur logique. La scène primitive, la séduction et la castration sont en effet conjoints et disjoints dans la structure œdipienne à laquelle ils renvoient. Depuis Melanie Klein, on aperçoit mieux, à travers le fantasme du parent combiné, le lien entre les effets projectifs d'une activité pulsionnelle aussi dangereuse qu'ininterrompue et ce rapport à l'Autre mettant en jeu désir et identification alternés dans la scène primitive. Le sujet doit entrer dans le jeu de la génération, génération de sa propre existence fantasmatique par l'intrusion de ce qui s'exclut en lui et de ceux qui en l'excluant le contraignent à s'y inclure. A travers l'expérience de séduction se rappelle, à la fois après coup par rapport à la scène primitive et avant coup par rapport à son évocation ultérieure qui en transforme le souvenir en traumatisme, cette contrainte prémonitoire de la sexualité adulte, cette obligation pour participer à la jouissance des géniteurs, de laisser pénétrer en soi cette sexualité prématurée, anticipée. Dès lors que la séduction l'y a introduite la castration opère une totalisation partielle des fantasmes antécédents ; cette totalisation est occultée par ce qu'elle révèle, elle est provocatrice d'un recul, comme pour mieux voir et pour moins voir à la fois ce qu'il en est de cette quote part due par l'enfant à la jouissance de ses géniteurs, sur laquelle il se règle pour accorder la sienne. A savoir, qu'il y fait selon son sexe les frais d'une opération où l'inadmissible resurgit : soit qu'en un tel rapport il y a toujours un sexe en moins ou un sexe en trop. Tout est à repenser.

Mais ce que nous rassemblons ainsi pour l'articuler maintenant ne tient sa puissance de structuration qu'à opérer selon deux axiomes théoriques essentiels : la discontinuité et la fragmentation. C'est précisément parce que aucune totalisation n'en est possible qu'il y a là mobile à une tentative de totalisation dans le champ opposé à celui du fantasme, celui du Moi, par exemple, au niveau des processus de secondarité. Nous limiter à ces remarques nous ramènerait à une conception théorique compatible avec la première topique, en minimisant l'accentuation que nous avons relevée dans la seconde. Le retour à la motion nous semble s'imposer dans la mesure où celle-ci est rupture de l'équilibre dynamique, topique et économique. Sollicitation, exigence, urgence, elle n'appelle la répression que parce qu'il y a oppression. La motion est en mal de cooptation représentative, elle interjette en appel le fantasme, mais celui-ci reste « invisible ». Il ne se donne à voir que dans les effets qu'il a induits : la réalisation hallucinatoire du désir, qui en occulte le temps, mais dont les répétitions auront l'extrême avantage de constituer les traces de l'objet à venir.

*Nous comprenons mieux maintenant les relations entre la motion de la deuxième topique et l'image motrice de l'*Esquisse *: celle-ci sert en partie les buts de l'activité associative. Ce qui était vrai pour les représentations de mot l'est encore plus pour la représentation en général. Ce n'est pas du fantasme seul que surgit la représentation, mais de la rencontre de la motion et du fantasme. C'est ce que nous avons voulu désigner par l'obscure et insatisfaisante expression du* mixte de représentation et d'affect.

Dans cet entrelacs de la motion et du fantasme, la force et le sens s'échangent et s'approprient réciproquement. De ce chiasme s'origine la libido proprement dite ; là où la motion apporte une énergie en souffrance et en errance, le fantasme agit comme un vecteur orientant et directeur, il constitue doublement la libido dans une affectation objectale et narcissique. Si l'on admet la thèse de Freud du Moi-réalité originaire, la capacité différenciatrice de ce dernier se limite à l'origine des excitations. Il n'est cependant pas interdit de penser que les situations critiques, et nous savons qu'elles sont inévitables, sont génératrices d'un recouvrement partiel d'un champ sur l'autre. La preuve n'en est-elle pas que Freud assiste ce système, dont l'efficacité partielle est compromise, par l'inhibition du Moi préconscient sur la représentation interne de l'objet. L'état de détresse a donc forcément pour conséquence l'investissement des perceptions par l'angoisse. Ce seront ces reliquats désinvestis mais largement remaniés qui constitueront le support du fantasme. L'énergie de la motion est mise par lui à profit comme si elle lui fournissait l'appoint nécessaire à sa formulation fantasmatique. Il faut ici rappeler que l'agent indispensable de cette formulation est toujours une expérience de manque. Mais la motion à elle seule ne peut rien faire de ce manque, celui-ci est la condition de production de la motion, qui redouble le manque et le contraint à l'interprétation dont le fantasme sera l'issue. Si le corps prend la place du monde extérieur, alors on comprend mieux que le noyau du fantasme soit possiblement un reliquat perceptif, sans pour autant accéder à la représentation, qui sera le résultat du fantasme. C'est pourquoi il nous semble vain de discuter du fantasme comme expression du fonctionnement pulsionnel ou comme scénario organisé, car le fantasme est en latence d'organisation, cette latence ne prenant fin que sous la pression de la motion.

D — LE REFOULEMENT ET LES FANTASMES

Nous avons soutenu l'hypothèse, dans notre travail, que c'était à la fonction du refoulement que la représentation psychique de la pulsion devait de se scinder en représentant et affect. Mais cela ne veut pas dire que nous adoptions la thèse qui consiste à faire du refoulement originaire le concept primordial de la théorie psychanalytique. Dans un travail précédent, nous avons défendu une conception du double retournement[1], que nous ne pouvons reprendre ici dans le détail. Celui-ci précède le temps dialectique du refoulement. Selon nous, c'est à partir de la clôture du double retournement que la capacité fonctionnelle du refoulement s'éclaire. Le refoulement originaire comme agent directeur de l'inconscient oui, fondateur — c'est moins sûr. Nous faisons l'hypothèse que la suture du renversement sur la personne propre et du retournement en son contraire qui assiste la séparation de l'enfant et de l'objet primordial dans l'expérience de la perte du sein est la condition déterminante du refoulement. Une telle coupure est responsable de la mutation que subissent les reliquats d'expériences perceptives sous l'influence des fantasmes. Ceux-ci, répétons-le, n'advenant pas uniformément sous la forme représentative, mais étant nécessaires à la constitution de la représentation dans leur rencontre avec la motion. Rétroactivement, c'est au fantasme que nous serions enclins à attribuer le rôle de la mise en œuvre du refoulement. Tout se passe alors comme si la conséquence de cette opération était d'attirer le fantasme dans cette clôture et de le tenir prisonnier dans le refoulé. Mais, et c'est ici que les choses se compliquent, si le fantasme originaire ne doit jamais arriver à sa formulation claire, ce qui a trait non seulement à sa figuration imagée mais au développement de ses conséquences, tout le travail de l'inconscient est dominé par lui, en une constellation paradoxale. Toute activation du fantasme entraîne un surcroît de contre-investissement de l'inconscient, qui amène préventivement le retrait des investissements préconscients et le maintien des investissements inconscients ou le remplacement de l'investissement préconscient par l'investissement inconscient. En tout état de cause, il ne saurait résulter du refoulement qu'un renforcement des investissements inconscients, qui ne peuvent qu'accentuer la prégnance du fantasme originaire, et qui en conséquence tendent à conjuguer encore plus leurs efforts pour donner au fantasme une expression de moins en moins éloignée de sa visée tandis que l'interdiction

---

1. Retournement en son contraire et contre soi.

ne peut, par attraction des contenus préconscients dans le refoulé préexistant, en autoriser la formulation explicite. On remarquera alors qu'une telle problématique se verra forcément contenue dans les limites des rapports instance refoulante - retour du refoulé sans qu'il y ait place pour l'hypothèse qui devrait rendre compte non seulement des désistements et des cooptations mutuelles des représentations dans l'inconscient, mais de la nature des transformations économiques qui y président. La seule solution offerte à ce système qui tend de plus en plus vers la circularité, nous paraît être la fragmentation des fantasmes originaires en fantasmes secondaires, qui sont eux organisés sous une forme représentative. Cette modulation serait, selon nous, seule susceptible de produire des représentations dérivées dont le rapport avec leur organisateur fantasmatique et le déguisement nécessité pour le franchissement de la barrière ICs-PCs permettra l'admission à la conscience et leur analysabilité. Or, une telle solution n'est pas pensable dans le cadre de la première topique, seul le refoulement après coup devrait en répondre et, c'est justement celui-ci qui est à la base du cercle vicieux. Il semble qu'une force de séparation distincte comme telle peut mieux en rendre compte. C'est là, à notre avis, une des meilleures illustrations que nous pouvons donner de l'intérêt qu'il y a à réévaluer la première topique et les premières théories des pulsions avec les remaniements de la deuxième topique et de la dernière théorie des pulsions. Alors, la collaboration et l'antagonisme des dernières catégories pulsionnelles, celles qui ressortissent d'Eros et des pulsions de destruction prend, sur ce point, un intérêt particulier.

Paradoxale, cette solution l'est en tant que cette opération, qui consiste en quelque sorte à débiter la somme du fantasme originaire en monnaie courante, a pour effet à la fois de rendre celui-ci traitable par les fantasmes secondaires et de préserver encore mieux sa fonction inductrice. Le refoulement qui se proposait à l'office de geôlier aux fantasmes originaires en devient le conservateur. Mais en revanche le travail sur les fantasmes secondaires, conformes à la vocation des fantasmes originaires dont nous avons souligné l'absence de totalisation par la fragmentation et la discontinuité, met à profit la mobilité des déplacements de l'énergie libidinale en faveur de la condensation et du déplacement. Que le refoulement comme destin de pulsion serve la « représentance » de celle-ci, pour nous référer à un article de M. Tort[1] dont nous ne retenons que les cinq premiers

---

1. A propos du concept freudien de « représentant », *Cahiers pour l'analyse*, 1966, n° 5, p. 37-63.

chapitres, par ses déterminations en représentation et affect, nous en conviendrons d'autant mieux que nous pourrons prendre appui sur cette force de séparation capable de les produire. Car jusqu'à présent, aucun texte ne rend compte de cette absence de toute référence à la représentation et l'affect dans les travaux où Freud traite des pulsions et de leur apparition miraculeuse lorsque le refoulement est mentionné. Tout ce qui nous est accordé de savoir est que toutes les représentations tirent leur origine des perceptions et sont des répétitions de celles-ci, comme Freud le soutient en maints endroits et plus particulièrement (S.E., XIX, 237) dans son article sur « La négation ». Tirent leur origine et sont des répétitions des perceptions, c'est-à-dire qu'elles sont le produit de leur élaboration, mais comme le note judicieusement M. Tort, « le point de départ demeure la motion pulsionnelle » et le problème celui « d'une grandeur d'excitation déterminée » (Tort, loc. cit., p. 51). La représentance de la pulsion est représentation psychique de l'excitation, celle-ci s'exprimant comme forme de manifestation psychique d'une force. Faut-il en conclure que l'apparition du représentant-représentation et de l'affect à partir du refoulement « processus psychologique » suggérerait une origine plus proprement psychique à cette nouvelle acception de la représentation ? La thèse que nous avons proposée sur le fantasme originaire nous en dispense et nous évite l'embarras devant lequel nous nous trouverions à décider de l'origine d'un affect qu'il faudrait renvoyer exclusivement au corps, ce qui est contraire aux observations de la clinique comme de la théorie.

En vérité, l'élucidation de la notion de représentation pâtit de nos habitudes de pensée. Nous ne pouvons nous empêcher, en nommant la représentation, de nous référer implicitement soit à une notion de contenu, soit à une notion d'image. Or, ce n'est pas de cela qu'il est question ici et nous nous trouvons d'accord avec Laplanche et Pontalis pour faire remarquer que la représentation de chose, par exemple, n'est pas la représentation de la chose, mais un ensemble associatif relatif à tel ou tel trait de celle-ci ou même du champ dans lequel elle est située et que sa spécificité est d'être une figure d'investissement des traces laissées par cette configuration. On retrouve ici un écart analogue à celui qui sépare perception et représentation dans l'écart qui sépare les images mnésiques directes de la chose et les traces mnésiques dérivées de celle-ci. La trace ne vit que du repassage sur un tracé qui la ranime et en constitue la manifestation. Ce parcours de l'investissement n'est pas laissé au hasard, il est orienté par une représentation-but. Même remarque que plus haut ; la représentation-but, le Zielvorstellung n'est pas la représentation du but, la traduction proposée par Laplanche et Pontalis marque bien la différence. Mais lorsque ceux-ci tentent de répondre à l'énigme que le terme de représentation-but s'efforce de traduire en y repérant la place du fantasme inconscient, nous nous demandons pourquoi Freud n'y a pas fait explicitement allusion. La représentation-but n'est pas un scénario, mais une aspiration qui a avec la satisfaction recherchée par la pulsion le même rapport d'intercalation que celui dont nous avons fait état entre trace mnésique et image mnésique dans le champ corrélatif de la représentation de chose. La différence entre notre interprétation et celle des auteurs du Vocabulaire tient à la façon dont ils comprennent le fantasme inconscient. Car s'il est vrai qu'il serait erroné de scinder absolument fantasme inconscient et conscient par une différence de nature, il nous semble que leur pôle de référence se situe beaucoup plus près des rapports du fantasme avec le conscient que l'inconscient. La représentation-but comme fantasme inconscient soit, mais à condition de voir en ce dernier plus une orientation vectrice qu'une instance représentative, en attente de représentation de ce qui est le canevas anticipé d'une réalisation imaginaire de la satisfaction recherchée. Nous aurons plus intérêt à prendre en considération, au moins en certains de ses aspects, une notion utilisée par Freud dans l'Esquisse : l'image motrice, dont le paradoxe, encore un, est qu'elle n'a rien d'une image, mais est une évocation de mouvement. Celle-ci est moins représentation de mouvement qu'induction à l'acte visé par le mouvement. Cette sensorialité mouvante se retrouvera sous une autre forme lorsque le langage aura pour fonction de réinvestir de qualité le processus de pensée. C'est ce que Freud exprime dans l'Esquisse par cette proposition forte : « Pas plus que nous parlons réellement lorsque nous pensons, nous ne nous mouvons réellement quand nous figurons une image motrice » (S.E., I, 367). C'est là le moment de revenir à cette remarque conclusive de l'Esquisse selon laquelle les images motrices « ne sont pas associées aux représentations de mot mais servent en partie les buts de cette association » (loc. cit., 387).

E — LE LANGAGE CHEZ FREUD

Dans la dispersion dont le langage est l'objet dans l'œuvre de Freud, il est difficile de ressaisir une unité de conception. On peut toutefois déceler quatre thèmes fondamentaux :
1. Le langage sert de médiateur pour aider à redevenir conscient

tout ce qui l'a été précédemment mais a été transformé sous la forme de trace mnésique, celle-ci devant être surinvestie pour retrouver la conscience. La conscience apparaît sur le lieu même de la trace mnésique. La pensée doit donc retrouver le chemin de la perception et c'est la fonction du langage de lui rendre cette qualité perdue. Il est évident que si cette conception du langage paraît telle quelle simplifiée, c'est pour autant que ce qui est essentiel n'y est qu'allusivement nommé : le destin des perceptions dans l'inconscient. Le mécanisme commun des différents aspects de l'opération est l'investissement, sous sa forme inscriptive ou retranscriptive.

2. Entre représentation de chose et représentation de mot des rapports économiques, dynamiques et topiques existent : dans des relations suffisamment limitées de contiguïté (eu égard à la proximité dans le temps de l'une à l'autre ou par régression) les représentations de mot sont susceptibles d'être traitées comme des représentations de chose. Ainsi la communication entre sphère visuelle et auditive s'établit au niveau d'une relative osmose de différents types d'investissement. Freud va même plus loin en fait, puisque les représentations de mot peuvent servir de matériau pour la constitution d'un langage d'organes (Métapsychologie, éd. franç., p. 113-114). Mais leur valeur opérationnelle essentielle tient à ce que les représentations de mot sont limitées et exclusives (S.E., I, 365). Ce qui pose implicitement la question des propriétés du matériau suturé et des modes de suturation. La contrepartie de la limitation et de l'exclusivité des éléments suturés réside dans l'élévation du niveau de l'investissement, c'est-à-dire du processus de suturation que nous avons nommé concaténation.

3. Le langage est appréhendé comme un « révélateur » des processus de pensée. Les processus de pensée sont des déplacements d'énergie mentale, tandis que celle-ci procède dans son chemin vers l'action (Moi et Ça, S.E., XIX, p. 190). Il faut relever dans l'Esquisse l'allusion à un concept qu'on aurait cru démodé il y a quelques années, mais qui aujourd'hui se hausse au niveau de ce qui est en pointe dans l'épistémologie, la pensée pratique. C'est par cette actualisation *qu'est donnée à la pensée la conscience, car celle-ci fonctionne, selon Freud, par l'intermédiaire de « systèmes si éloignés des restes perceptifs originaires, qu'ils n'ont rien conservé des qualités de ceux-ci » (Métapsychologie, trad. Laplanche et Pontalis, p. 120).*

4. La restriction de la décharge motrice opérée par la pensée aboutit à une forme transformée d'action interne : mode expérimental de tentative de sortie, d'investigation et de captation des données du monde extérieur, par déplacement de petites quantités d'énergie. Ici deux remarques doivent être soulignées. D'une part la réduction quantitative facilite la liaison des éléments déplacés et soumis aux risques de cette fonction dont les formes modernes de la guerre nous ont donné l'illustration. Ainsi vit-on certain radar capteur d'information lui-même capté. D'autre part, une fraction, sinon tout le reste, de la quantité non réduite s'investit dans le système de liaison et en élève le niveau d'investissement. La conséquence capitale en est que la pensée est originellement inconsciente non seulement au sens descriptif mais aussi systémique. Ce que Freud exprime en supposant que celle-ci « allait au-delà des simples présentations d'idées et était dirigée vers les relations entre les impressions des objets et qu'elle n'acquit pas d'autres qualités perceptibles à la conscience jusqu'à ce qu'elle fût mise en connexion avec les résidus verbaux » (Formulations concernant les deux principes du fonctionnement psychique, S.E., XII, 221)[1].

Freud conçoit la pensée, si l'on nous permet cette comparaison approximative, comme une sorte d'ensemble vide toujours à actualiser par différents modes d'excitation, d'investissement, de décharge. Mais ce qui importe, c'est la modalité selon laquelle les actes d'investissement s'accomplissent, la situation topique du lieu de l'investissement et le régime de celui-ci. Dans L'interprétation des rêves, il prend soin de préciser « ce que nous considérons comme mobile n'est pas la structure psychique mais son innervation », nous dirions aujourd'hui, et Freud aussi sans doute, son investissement. Mais la pensée de Freud va plus loin. « Nous pouvons éviter tout abus possible de cette méthode de représentation en rappelant que les idées, les pensées et les structures psychiques en général ne doivent jamais être conçues comme localisées dans les éléments organiques du système nerveux mais plutôt, si l'on peut dire, entre eux, où les résistances et les facilitations (Bahnungen) fournissent les corrélations correspondantes. Tout ce qui peut être l'objet de notre perception interne est virtuel... » (S.E., V, 611).

Il semble que toute la difficulté vienne du fait que Freud a eu besoin de la médiation du rêve pour découvrir l'inconscient, c'est-à-dire pas seulement pour en parler mais pour l'articuler opératoirement. Butant sur les énigmes de ses premières tenta-

---

1. Affirmation précédemment contenue dans l'*Esquisse*, IIIe partie (S.E., I, II) ; *Interprétation des rêves*, V, p. 574, 611, 617, et ultérieurement dans la *Métapsychologie*, éd. franç., p. 119 ; *Le Moi et le Ça* (S.E., XIX, 19 et suiv.), et le chapitre IV de l'*Abrégé* (S.E., XXIII, p. 162-164).

tives de psychanalyse, il lui a fallu trouver le lieu commun entre l'analysant et l'analyste dans le rêve. Or, L'interprétation *des rêves, si elle a conduit à maturité certaines hypothèses de l'*Esquisse, *a par contrecoup entraîné une occultation de nombre d'entre elles, que Freud délivrera par la suite fragment par fragment. La grande ambiguïté de l'*Esquisse, *produite dans une fulguration abasourdissante, est d'avoir amalgamé des présupposés théoriques d'ordre historico-génétique encore non maîtrisés, alliés à des hypothèses sur le fonctionnement psychique, où en un carrousel étrange défilent des « représentants » de sa conception du système nerveux, de vues sur le psychisme infantile (probablement issues des observations de ses premiers enfants), des aperçus sur la clinique des névroses, des marques de son transfert sur Fliess et des traces d'une auto-analyse exceptionnelle sur ses propres processus de pensée en marche dans la formulation de ses découvertes, dont l'écriture de l'*Esquisse *n'est pas seulement le produit mais l'objet. Pour toutes sortes de raisons qu'il serait trop long d'analyser ici, la découverte de l'Inconscient par* L'interprétation des rêves, *si elle a gagné en rigueur, a peut-être perdu en extension et en profondeur — qu'on nous pardonne cette pensée scandaleuse — par rapport aux promesses de l'*Esquisse. *Mais si nous n'avions pas eu* L'interprétation des rêves, *nous n'aurions peut-être jamais eu l'occasion de méditer l'*Esquisse[1].

Ce que l'on peut conjecturer est que Freud est pris, en ce qui concerne le rapport représentation-langage-pensée, dans la contradiction suivante : tout se passe comme si l'investissement est tendu entre un préinvestissement *par le désir et un* surinvestissement *par l'attention qui se porte sur les indices de qualité qui ne sont pour finir que des indices de décharge (S.E., I, 325 et 360). Le ressort dialectique de cette tension est que par une translation de l'attention qui se porte des indices de qualité au processus de frayage, celle-ci investit une activité à la fois associative et prospective. La perception de la qualité fait place à la perception du passage, ce qui convient le mieux pour établir la différence entre perception et représentation. Autrement dit, dans la cure psychanalytique, le détournement de l'attention et sa mise hors jeu par l'association libre amènent une libération de l'énergie qui ne se convertit que pour procéder à un marquage des liaisons entre les coordonnées du préinvestissement (ce que Freud appelle la concordance et la ressemblance avec les percep-*

---

[1]. Sur les relations entre l'*Esquisse* et *L'interprétation des rêves*, cf. notre travail dans *La Nouvelle Revue de Psychanalyse*, 1972, n° 5.

tions) et les frayages, c'est-à-dire les perceptions du passage. Le rôle des associations verbales répète ce processus en l'actualisant et en nous rendant maniable (c'est-à-dire intelligible et interprétable) la façon dont celui-ci procède.

Nous sommes ici gênés dans la poursuite de ce développement, dans la mesure où la conception de Freud de la pensée reste d'une audace et d'une modernité étonnantes, tandis que sa conception du langage, malgré plus d'un trait éblouissant, porte son âge, antérieur aux progrès remarquables de la linguistique. Ce retard est sensible chez Freud plus qu'en aucun autre domaine, qu'il s'agisse de la pulsion, de la représentation, de l'investissement, sur lesquels aucune nouveauté marquante ne nous oblige à une remise en question d'une telle ampleur.

F – QUELQUES APERÇUS SUR LA LINGUISTIQUE MODERNE : L'HÉTÉROGÉNÉITÉ DU SIGNIFIANT PSYCHANALYTIQUE

Un peu de réflexion nous a écarté du langage, beaucoup de réflexion nous y ramène. Il est difficile pour un psychanalyste de se frayer un chemin dans l'énorme masse des travaux linguistiques dont le point de départ se situe au début du siècle. Nous soumettrons ici cependant quelques remarques qui nous ont frappé, sans méconnaître l'arbitraire d'un tel choix. Nous n'irons pas prétendre que ce sont celles qui, pour les linguistes, sont les plus fondamentales, mais seulement celles qui nous ont fait le plus réfléchir.

La proposition saussurienne selon laquelle dans la langue il n'y a que des différences[1] *a connu une fortune retentissante, on le sait. Mais celle-ci ne nous paraît susceptible de développements dignes d'intérêt pour le psychanalyste que si on l'articule avant tout avec la notion que le système linguistique (les relations entre les termes* in absentia *dans une série mnémonique virtuelle)*[2] *se réfère à une série de champs associatifs hétérogènes (par le son et par le sens) et surtout avec l'observation que ce qu'il y a d'idée ou de matière phonique dans un signe importe moins que ce qu'il y a autour de lui dans les autres signes*[3]. *La constitution de la chaîne signifiante devrait logiquement se ressentir plus qu'on ne le remarque des effets d'irradiation mutuelle du signe, qui montre que la mise en série impose certes*

---

1. SAUSSURE, *Cours de linguistique générale*, Payot, 5ᵉ éd., p. 166.
2. *Loc. cit.*, p. 171.
3. *Loc. cit.*, p. 166.

un ordre, mais ravive plus qu'elle ne les dompte ce qu'on pourrait appeler les effets de voisinage, en sachant qu'ils ne sont pas toujours des meilleurs. Saussure ne peut éviter de tomber sur le problème de la valeur, notons en passant qu'il en établit le parallèle avec l'économie dont la fin est — nous résumons — la détermination des caractères de l'unité par l'articulation différentielle.

Prolongeant la pensée de Saussure, Ch. Bally a opposé analyse et synthèse : la pensée non communiquée est synthétique, c'est-à-dire globale, non articulée. Cette affirmation n'aboutit qu'à une définition négative : La synthèse est l'ensemble des faits linguistiques contraires dans le discours à la linéarité et dans la mémoire à la monosémie[1]*. A la linéarité s'oppose la non-linéarité ou dystaxie comme à la monosémie la polysémie. Or, après avoir convenu que la dystaxie est l'état habituel, qu'elle est le corrélatif de la polysémie, ce qui signifie que le discours porterait en lui-même les marques soit d'une résistance à la linéarité, soit du retour à la synthèse au sein de l'analyse, Bally doit renoncer à montrer, comme il le soutient précédemment, que la discordance entre signifiants et signifiés est la règle et procédera à leur conciliation*[2]*, les opérations associatives qui y président étant la délimitation et l'identification. Cette impasse est due à l'idée que le facteur opposé à l'analyse, la pensée non communiquée, « est une nébuleuse »... Pourtant, que les traces de dystaxie, ou non-linéarité, se fassent sentir au sein même de la linéarité impliquerait logiquement qu'entre cette dernière et la nébuleuse de la pensée non communiquée, pourraient intervenir d'autres modes de structuration où le rapport de la polysémie à la monosémie serait plus rigoureusement établi. Cela n'est pas possible parce que toute la recherche linguistique est mobilisée en vue de la délimitation unitaire. C'est à cette délimitation que s'est encore attaché Martinet en en montrant la nature double*[3]*. Première articulation au niveau des monèmes (véritables unités de mot) et deuxième articulation au niveau des phonèmes, la première étant celle des unités significatives, la seconde celle des unités distinctives. Il faut insister sur le fait que cette double articulation suppose une hétérogénéité foncière conceptuelle et matérielle et que c'est cette hétérogénéité qui en représente l'originalité. On voit comment la détermination de l'unité glisse entre les doigts devant la multiplicité des référents.*

---

1. *Linguistique générale et linguistique française*, 4ᵉ éd., éd. Francke, 1965, § 215, p. 144.
2. Cf. § 302, *loc. cit.*, p. 187.
3. *La linguistique synchronique*, Presses Universitaires de France, 1965.

L'hétérogénéité atteint son plein statut dans l'opposition établie chez Hjelmslev entre forme et substance, *elle-même redoublée par celle de l'*expression et du contenu, *et dans des rapports plus complexes de la* connotation et de la dénotation. *Nous allons retrouver la dualité sous une forme nouvelle chez Benveniste : l'exigence saussurienne de la virtualité y est présente conformément à toutes les prises de position fondamentales des linguistes. Mais voilà que la virtualité se fait représenter en personne, si j'ose ainsi m'exprimer, dans une étude sur la nature des pronoms, considérée par les spécialistes eux-mêmes comme un écrit majeur.*

Le je et le tu s'opposent au il en tant que les deux premiers établissent un rapport entre l'indicateur et la présente instance du discours, *tandis que le dernier représente le membre non marqué de la corrélation de personne. Benveniste dit de la troisième personne :* « *C'est une fonction de* « *représentation* » *syntaxique qui s'étend ainsi à des termes pris aux* « *différentes parties du discours* » *et qui répond ainsi à un besoin d'économie, en remplaçant un segment de l'énoncé et même un énoncé entier par un substitut plus maniable* »[1]. *Où l'absence (le membre non marqué de la corrélation à la personne) en se* « *représentant* », *se présentifie nécessairement*[1] *créant ainsi encore un dédoublement. Nous retrouvons ici à l'intérieur du langage un rapport de comparaison que Freud établit, lui, au niveau de la relation entre représentation et langage.*

Le dédoublement prend un aspect plus radical dans les écrits de Jakobson, essentiellement dans la distinction entre sujet de l'énoncé et sujet de l'énonciation, ainsi que dans la détermination des deux grands axes du langage : métaphore et métonymie.

Enfin, Chomsky vint ; la richesse de sa pensée tient à ce qu'il sut unir deux voies de réflexions, la première selon laquelle ce sont les propriétés des systèmes de lois qui la régissent qui éclairent la nature spécifique de l'organisation de la langue et la seconde que celles-ci ont une capacité générative indéfinie. Le dédoublement présent, dans l'opposition entre structures superficielles et structures profondes, rapproche Chomsky de Freud plus que tout autre linguiste[2].

1. « Ce qu'il faut considérer comme distinctif de la « 3ᵉ personne » est la propriété : 1) De se combiner avec n'importe quelle référence d'objet ; 2) De n'être jamais réflexive de l'instance du discours ; 3) De comporter un nombre parfois assez grand de variantes pronominales ou démonstratives ; 4) De n'être pas compatible avec le paradigme des termes référentiels ici, maintenant, etc. (*Problèmes de linguistique générale*, Gallimard édit., p. 256).
2. *Le langage et la pensée*, Petite Bibliothèque Payot, 1968, nᵒ 148.

Ces références disparates en apparence devraient nous rendre service pour élaborer, à partir du donné freudien, une moderne théorie psychanalytique du langage, dont Freud a toujours reconnu l'extrême importance, plutôt qu'une théorie psychanalytique dont le fondement serait le langage. Nous ne pouvons ici que proposer les repères à la réflexion, car en plus d'un point on rencontre une problématique convergente avec celle de la psychanalyse.

C'est maintenant le moment de parler de la conception de J. Lacan. On a pu s'étonner de ce que nous lui ayons fait une telle part, alors même que l'affect, en son sein, n'y a pas de place. Mais c'est en raison de cela même que nous y avons vu l'illustration d'un paradigme méthodologique, conduisant à l'édification d'un système théorique dont la force et la richesse de pensée ne sont pas contestables, bien que sa vérité le soit, fondé sur l'exclusion de l'affect. De la théorie de Lacan nous retiendrons deux propositions, l'une qui nous paraît évidente : le signifiant est ce qui représente un sujet pour un autre signifiant, *la deuxième selon laquelle* le sujet reçoit de l'Autre son message sous sa forme inversée, *ce qui suppose la méconnaissance de l'inscription du savoir en un discours dont c'est la fonction de l'Autre de le faire advenir à sa structure. Il est inexact d'affirmer que Lacan ne prend pas en considération la pulsion. Le problème est qu'il recouvre sous un même terme le trésor du signifiant, la pulsion et l'Autre (E., p. 817 et 818) à travers son manque. Or, l'Autre est aussi « le site préalable du pur sujet où le signifiant y tient la position maîtresse » (E., p. 807). Toute la question se résume en fait aux implications de l'unification du signifiant, fût-ce en dédoublant la chaîne où il s'inscrit en raccordant l'une à la pulsion et l'autre à la parole. Car c'est cette unification qui nous paraît contestable, comme toute l'exégèse freudienne l'indique. Que ce soit au niveau des représentants-représentations de la pulsion, dans l'écart entre représentant de chose et représentation de mot, et a fortiori dans l'écart entre représentant-représentation et affect. La préoccupation essentielle de Freud, la distinction de deux types d'excitation, et de deux modes de décharge dans les processus psychiques, fond ici comme neige au soleil.*

Quelle que soit l'insistance avec laquelle Lacan veut marquer la refente du sujet, l'unité y a fait retour dans sa conception unitaire du signifiant. Cette hétérogénéité sur laquelle nous insistons n'est nullement occasionnelle, elle est chez Freud une exigence théorique, celle de la pluralité systémique. C'est ce qui nous a imposé le concept de l'hétérogénéité du signifiant, hété-

rogénéité de substance et de forme. *La première est allusivement inférée par la comparaison au figuré dans l'analogie du Bloc magique. La seconde par les divers types de représentants, l'affect y compris, constitutifs de l'inconscient.*

La même remarque vaut pour la conception lacanienne du manque ; car ce qui est l'objet de toute la recherche psychanalytique contemporaine est précisément l'étude différentielle des effets des divers types de manque, ce qui n'exclut pas leur articulation. Ici nous avons indiqué la voie que pourrait suivre une problématique du démembrement comme relation de la castration au morcellement. Et s'il fallait à toute force répondre à la question du fondement d'articulation de la chaîne, c'est au concept de quantité mouvante *que nous nous verrions renvoyés, car des deux postulats de l'*Esquisse*, l'autre étant celui des particules élémentaires qui se rapporte à l'élément représentatif, c'est le premier qui importe à Freud, comme en témoigne la lettre à Fliess du 25-5-1895 (n° 24). Mais il est de la nature d'un tel concept de ne pas se plier à l'unification dans la mesure où cette quantité en mouvement est génératrice des systèmes qu'elle alimente et qui, en retour, lui fixent son régime, engendrant non seulement des fonctions mais des structures dont l'originalité est le rapport de conjonction et de disjonction qui s'établit entre elles. Blanchot nous rappelle que par la bouche du poète Bacchylide Apollon dit à Admète :* « *Tu n'es qu'un mortel ; aussi ton esprit doit-il nourrir deux pensées à la fois.* »

G — LA MISE EN CHAINE DU DISCOURS

Pluralité des systèmes, pluralité des sources et des sites de départ de la signifiance (la pulsion est le mode de perception du Ça, ce qui veut dire qu'elle a à se mettre en rapport avec la perception telle que le Moi l'appréhende), pluralité des forces et des régimes, pluralité des formes qui gouvernent les signifiants, tout ceci nous a conduit à rappeler que les différents types de signifiants n'obéissaient pas aux mêmes modalités de concaténation.

La notion d'une mise en chaîne, où l'affect peut trouver sa place en tant que signifiant nous a paru offrir une solution de ces difficultés, conforme à l'esprit freudien. Mise en chaîne située au niveau du discours, comme produit des systèmes préconscient et inconscient. Mais mise en chaîne constamment menacée par des investissements de décharge de Ça non traités par le Moi, dont l'ancienne notion de névrose actuelle remise récemment en valeur par M. de M'Uzan donnait une illustration.

La théorisation de Freud était sans doute défectueuse mais l'individualisation en était fondée.

A la série décrite par Freud, représentation de mot, de chose et affect, nous avons ajouté les termes relevant des catégories de l'acte et du corps propre, en tant qu'éléments de discours, comme Constructions dans l'analyse *nous paraissait l'autoriser, et parce que cela allait dans le sens de toute l'expérience psychanalytique accumulée dans ces dernières décades. La série ainsi complétée suppose une polygraphie de l'inconscient et s'oppose à la linéarité du langage. Elle rend solidaire la polysémie non seulement d'une non-identité à soi du signifiant (celui-ci renvoyant forcément à l'ensemble des autres) mais à son corrélat : l'hétérogénéité substantielle.*

On conçoit que l'existence d'une chaîne signifiante inconsciente devient ainsi, à tout le moins, problématique. La mise en chaîne appartient au discours, puisque la spécificité même de l'inconscient nous paraît être liée à cette polyphonie et cette polygraphie réticulaires, dont la caractéristique est de faire coexister divers états du matériau inconscient. C'est la concaténation du discours qui rétroactivement renvoie au réseau des transformations dont il est le produit sous forme de chaîne. Cette hétérogénéité sur laquelle repose la non-identité à soi du signifiant n'est pas une donnée circonstancielle, mais une nécessité théorique pour rendre intelligibles les effets de structuration. Ceux-ci ont moins pour tâche la constitution de structures fixées que l'établissement de relations de coexistence et de compatibilité entre l'ordre symbolique et l'ordre économique dont le résultat observable est la relance indéfinie du procès de l'activité psychique. C'est bien ce qui va se traduire dans la théorie par l'idée du travail de transformation de la pulsion. Car la pulsion ne peut s'envisager que sous une double perspective historico-structurale. Si son montage (source, poussée, objet, but) relève de la structure, son destin la lie inéluctablement à l'histoire d'une élaboration transformatrice. Ce qu'il nous est permis d'en connaître en porte déjà les traces.

Toute la référence au langage comme levier fondateur de la théorie psychanalytique bute sur la constatation que le langage ne peut travailler que sur un matériau déjà travaillé. L'erreur de la pensée lacanienne vient de ce qu'elle prend pour un donné, un travail. Si innées que soient les possibilités linguistiques humaines, le travail est à faire et à refaire encore dans la cure psychanalytique, comme s'il n'avait pas eu lieu et bien que ce soit parce qu'il a déjà eu lieu que le travail de la cure soit possible. Les linguistes nous ont appris qu'il est de la nature du signe d'être répétitif, et Freud nous enjoint de nous rappeler que « toutes les représentations tirent leur origine des perceptions et sont des répétitions de celles-ci » (S.E., XIX, p. 237). Seulement cette répétition inclut la différence impliquée par le travail psychique qui servira de prélude au détour d'une nouvelle répétition différentielle dans la retrouvaille de l'objet. Dans cette élaboration, nous avons hypothétisé le rôle du fantasme, mais ceci appelle une réflexion supplémentaire sur les concepts et notamment sur la pensée inductrice où la logique elle-même témoigne du plus grand embarras. L'attribut fondamental de la représentation c'est de nous faire signe, de nous solliciter pour nous suggérer : il y a eu fantasme. Mais le plus troublant est lorsque cet avertissement opère sur un mode négatif, là où notre option — et rien en dernière analyse ne nous permet d'en décider à coup sûr — nous fait penser qu'il n'y a eu qu'espérance échouée, promesse de fantasme restée en souffrance. Le refoulement trouve ici sa limite devant une puissance pulsionnelle dissolvante dont le retentissement se réfléchit sur l'économie psychique qui se manifeste maintenant comme entrave à la pensée inductrice. Tout serait plus simple si nous n'avions pas à opter ainsi. Mais il ne dépend pas de nous de décider de la simplicité qui facilite notre tâche.

Il reste encore beaucoup à faire pour étudier les relations du concept freudien de liaison et ce que nous avons appelé la concaténation pour l'opposer à la linéarisation du langage. La mise en chaîne nous en a paru l'étape provisoire. Nous avons situé l'affect dans cette chaîne comme un tenant lieu de représentation, comme la chair du signifiant et le signifiant de la chair, en hommage à la pensée d'un Merleau-Ponty qui pressentit bien le caractère hasardeux d'une théorisation de l'inconscient à partir du langage. Pour aller plus avant, peut-être nous faudra-t-il revenir en arrière vers le modèle proposé par Freud dans l'Esquisse de l'investissement latéral en tant qu'il peut agir comme une inhibition du cours de la quantité (S.E., I, 323) par le frayage. La difficulté théorique de la notion de frayage tient à ce qu'en elle se conjoignent des effets de mise en relation par déflexion sur des éléments non primitivement visés par l'investissement, et de facilitation d'un passage énergétique, le résultat étant une inhibition de la quantité mouvante qui maintient celle-ci dans le médium indispensable, opération corrélative de la réduction des excitations venues du monde extérieur (S.E., I, 313). Ici se place la phrase clé de l'Esquisse : « La quantité en φ est exprimée par la complication en ψ » (S.E., I, 36).

C'est peut-être de ce point que nous pourrons comprendre le

pouvoir à la fois de structuration *et de* dissociation *de la représentation ; capture d'une énergie dans un réseau associatif, mais à la condition de remettre en circulation un reste de quantité mouvante destinée à se porter en d'autres réseaux associatifs sans épuiser le pouvoir d'une force qui n'est que partiellement bandée. L'image motrice sert les associations et resservira encore dans les connexions avec les traces mnésiques verbales. Et même lorsque la douleur est évitée, le champ du déplaisir, loin d'être dompté, acquiert une fonction communicative. Si au niveau du processus primaire représentation et affect sont des signifiants d'égale dignité, les processus secondaires exigent une telle atténuation de l'affect, qu'il y fait figure d'exclu. Mais c'est par la voie du retour de l'exclu que l'affect apparaîtra en demande de représentation, faisant échec au désinvestissement préalable de celle-ci, dans le but de prévenir le développement de l'intrusion affective. L'affect contredit à la fois le travail de dissociation de la représentation et la totalisation du fantasme d'omnipotence. Il constitue l'aiguillon, qu'il relève de la défense ou du désir, de la relance des opérations de structuration de l'appareil psychique dont le clivage est la forme majeure avec sa conséquence primordiale, l'identification projective en tant qu'elle est elle-même vouée au retour de l'exclu. Nulle part ceci n'est mieux montré que dans* Un enfant est battu. *La scène observée dans le réel ne produit qu'une excitation sans plus. Pour que l'on atteigne dans le fantasme, à l'affect, il faut passer par le détour d'un personnage indifférent battu par un adulte indifférencié. Lorsque apparaît la figuration explicite des protagonistes du drame œdipien, le père battant le sujet, alors nous voilà devant « un haut degré de jouissance », mais sa « mise en scène » est le plus souvent inconsciente. Alors le fantasme bascule et l' « excitation franchement sexuelle provoquant la satisfaction masturbatoire doit être payée de la représentation substitutive d'un suppléant du père et d'enfants connus du sujet ».*

La conception psychanalytique de l'affect pèche sans doute par un défaut, celui de s'étendre plus longuement sur les effets négatifs des affects que sur ses effets positifs. Cela tient sans doute au matériel sur lequel elle s'appuie, cause de cet infléchissement qui mobilise davantage notre attention sur les affects refusés par le Moi par rapport à ceux qui sont acceptés par lui selon l'heureuse distinction de Mallet. Il nous faudrait laisser parler l'affect. Hélas, l'affect ne se montre que lorsque les autres parties du discours ont épuisé leur possibilité de parole, d'où notre limitation à en parler, à pousser nos explorations dans cette sphère de la conation *qu'Arthur Valenstein a rappelée à nos mémoires. C'est chez W. Bion que j'ai trouvé les meilleures formulations sur l'intrication du* thinking *et du* feeling *dans le rapport qu'il noue entre la* préconception *et le* pressentiment, *conjonction d'autant plus intéressante que cet auteur met la connaissance à un même niveau organisateur pour la psyché que les catégories kleiniennes traditionnelles de l'amour et de la haine.*

Si la défense nous apparaît bien le plus souvent dirigée vers les affects, soit que leur qualité apparaisse comme inadmissible aux yeux du refoulement, soit que leur quantité menace l'organisation psychique, nous faisons l'expérience de la résistance dans le rapport à la connaissance. Ce qui frappe dans la résistance, est la façon dont celle-ci, parallèlement aux effets d'irradiation du signifiant, infiltre de proche en proche le reste du psychisme en dehors de l'aspect localisé du conflit. Elle n'est pas seulement résistance à dire mais aussi résistance dans le dire et par le dire, ainsi que le remarque J. L. Donnet. Car le paradoxe de la représentation est qu'au moment où se donnent pour la conscience abusée les signes d'une identité répétitive totale de la perception, à ce moment-là apparaît l'affect pur de la série « déjà vu », « déjà entendu », « déjà éprouvé », « déjà raconté ». Et de même, lorsque le réel répond sans défaut à la perception qui en était attendue que surgit le « quelqu'un manque » auquel C. David a consacré un des plus fins articles de la littérature psychanalytique des années récentes.

L'énigme de ces questions est la réanimation d'une pensée extraite de l'absence d'où elle tirait sa force agissante. Comme le dit J. L. Donnet : « L'existence postulée d'une trace fait s'interroger non seulement sur l'effacement de la trace, mais sur la trace de cet effacement »[1].

H – L'HALLUCINATION NÉGATIVE

Nous voilà en situation d'avoir à nous expliquer sur la place que nous avons faite à l'hallucination négative. Il y a lieu de marquer quelque surprise entre la rareté de l'occurrence du phénomène clinique et cette fonction que nous lui attribuons. Ici le décalage pratico-théorique est patent. Regardons plus près, cependant. Dans la dernière contribution à la théorie du rêve, Freud prend en considération non pas l'hallucination comme phénomène clinique, mais ce que nous pourrions appeler le fait hallucinatoire, commun à la réalisation du désir, au rêve et à

---

1. L'antinomie de la résistance, *L'inconscient*, 1967, n° 4, p. 69.

l'hallucination et il complète en note : « *J'ajoute, en complément, qu'un essai d'explication devrait s'attaquer d'abord non pas à l'hallucination positive, mais plutôt à l'hallucination négative* » (Métapsychologie, éd. franç., p. 142). *Nous ne saurions décider si l'ajout concerne le phénomène clinique de l'hallucination ou le fait hallucinatoire. Nous avons, cependant, choisi cette dernière hypothèse et nous sommes proposé d'en exploiter les avantages théoriques qui nous ont paru cadrer avec des notions fondamentales que Freud a esquissées sans leur donner leur plein développement : l'inexcitabilité des systèmes non investis, le principe d'inertie, l'abaissement des tensions au niveau zéro, etc. Nous nous sommes ainsi refusé à limiter l'hallucination négative à un mécanisme de défense tout au moins dans l'acception restreinte de l'expression.*

On trouve une mention explicite de l'hallucination négative par Breuer dans l'étude sur Anna O... (S.E., II, 27), *où celle-ci ignore ostensiblement la présence d'un consultant amené par le médecin quelques jours après la mort du père de la patiente. L'hallucination négative est toujours liée à ce que Breuer et Freud appelaient* absences (*absences hallucinatoires*, condition seconde). *Breuer note que* « *l'affect avait transformé la rêverie diurne habituelle de la malade en une* absence *hallucinatoire* » (S.E., II, 42)... « *Tout affect avait le même résultat qu'une* absence » (loc. cit., 43). *Le contexte breuerien ne doit pas nous détourner de ce qu'il signifie. Au reste, Freud conserve le terme d'absences qu'il reprend à cinq reprises dans la première des* Cinq leçons sur la psychanalyse *en 1910* (S.E., XI, 12-13). *C'est à partir de celles-ci que sont découverts les* « *fantasmes profondément nostalgiques* ». *Vaine question que de s'interroger pour savoir si l'absence est la conséquence ou la cause du fantasme. Notons, cependant, que l'hypnose était nécessaire pour les raccorder l'un à l'autre. On retrouvera l'absence dans les notes posthumes de Freud de 1938 (cf. celle du 3-8,* S.E., XXIII, 300*) comme phénomène de substitution* « *en attendant quelque chose qui ne venait point* » *(en français dans le texte).*

La fréquence de ces états corrélatifs de l'activité fantasmatique nous a fait penser que ceux-ci représentent en quelque sorte des processus de réinvestissement non pas de désinvestissements représentatifs mais d'une exclusion de processus d'investissements où l'hallucination négative opère. Nous avons précisé ailleurs (Le narcissisme primaire), *la fonction de l'hallucination négative dans le modèle historico-génétique, hypothétique et métaphorique qui nous sert de référence. Dans une optique structurale, nous comprenons l'hallucination négative non pas comme l'absence de représentation, mais comme la* représentation de l'absence de représentation, *qui se traduit cliniquement par un excédent d'affect, dont l'effet par rapport à son corrélat représentatif peut être comparé à l'effet de l'agressivité lorsque celle-ci est désintriquée d'avec la libido érotique.* Formulé théoriquement, ceci revient à dire que l'hallucination négative est le revers dont la réalisation hallucinatoire est l'avers. Son rôle s'étend, de ce fait, sur un domaine beaucoup plus étendu que le contexte étroit de la représentation inconsciente, son champ d'action pouvant se porter sur toutes les formes de représentativité.

Les psychanalystes ressentent un peu de méfiance à l'égard des concepts négatifs, non sans quelque raison, flairant quelque retour subreptice de la logique du conscient. Cette réticence pourrait s'atténuer si la reconnaissance de la fécondité du concept de négativité en psychanalyse marquait mieux sa spécificité. L'intérêt heuristique de la négativité en théorie psychanalytique est à situer dans un contexte où celle-ci s'infère du résultat d'une opération à couvrir. La négativité, dans une sémantique freudienne, n'est ni le processus par lequel est posé le contraire de l'affirmation, ni son antithèse, ni sa « néantisation » libératrice. Elle est ce qui s'apprécie comme cause absente rétroactivement déduite à partir d'un travail qui renvoie à une réalité à la fois recouverte et déplacée et où l'activité de pensée se donne toujours sous les auspices du concret. L'absence, fût-ce sous le paradigme de la cause absente, nous ne l'appréhendons que dans le triple domaine concret du mythe, de la passion, des sens, selon l'heureuse spécification de Bion. Mais pour penser la psychanalyse, le détour du recouvrement et du remplacement passe par le négatif.

« Je n'y avais jamais pensé » ; tout au long de l'œuvre de Freud cette proposition revient comme le sceau du made in l'inconscient. « Je n'avais jamais pensé que cela pût se penser sans que j'y pense. » « Il aurait suffi d'y penser », dirait-on. L'écho en serait plutôt : « Il ne suffisait pas de n'y jamais penser pour que cela ne se pensât point. » En fait, c'est au moment où s'énonce le « je n'y avais jamais pensé » que s'avoue qu'il eût mieux valu n'avoir jamais à y penser autrefois et maintenant, sous-entendu, à entreprendre cette psychanalyse. Cela peut donc se penser tout seul, et c'est en ce moment que surgit l'affect. Et Freud de constater en plus d'un endroit ce phénomène étrange de la disparition de l'image par le dire, comme si, dit-il, « un déblaiement » avait eu lieu. Mais il a fallu pour cela médiation de l'objet qu'est l'analyste, l'événement produit par l'association libre dans la conjoncture de la situation analytique, advenant *comme structure dans la relation de transfert. Cette production d'affect et ce déblaiement font penser à cette lumière venue des étoiles lointaines qui, lorsqu'elle nous parvient après son trajet dans l'espace, a pourtant cessé de briller dans un astre déjà mort, dont la situation psychanalytique produit la figure inversée.*

I – LE PROCÈS COMME MODÈLE, VIVANT ET VÉCU

Nous avons établi la conjonction de l'hallucination négative et de l'affect. Dans la théorie psychanalytique actuelle cette conception rejoint l'idée classique de l'apparition de l'affect avec le désinvestissement de la représentation. Nous avons voulu pousser plus loin ce point de théorie freudienne à la lumière des démarches théoriques modernes. L'affect nous a paru constituer le pivot d'un système au lieu et au temps de la rencontre des forces issues de l'objet et de l'événement. Nous avons proposé comme contribution à la théorie de l'objet deux traits, à savoir que celui-ci s'y donne dans l'alternative de l'occurrence et de l'intercurrence, du désir et de l'identification. Le résultat de ces effets combinés est que l'objet du désir peut faire advenir le désir comme objet, *problématique reliée à l'identification où le sujet a à se situer dans la différence entre l'objet du désir et le désir comme objet. Quant à l'événement dont nous avons tenté de préciser la fonction, son introduction nous a paru propre à lever la contradiction entre fantasme et souvenir, l'accent étant mis non sur le réel mais sur le rôle d'ébranlement qu'il offre à observer. Les effets de cette rencontre retentissent par la voie des relations médiatisées ainsi instaurées jusque sur la* conjoncture *et la* structure.

La conjoncture est la condition déterminante de la structure, la structure ce qui nécessite l'intervention de la conjoncture pour l'établissement de ses effets. L'appareil psychique est l'ensemble des rapports qui par la voie des fantasmes originaires nous rend témoins de ces effets de la structure. Celle-ci ne saurait être autre que l'organisation œdipienne comme relation à la double différence : entre les sexes et entre les générations.

L'articulation de cet ensemble théorique en un modèle a été empruntée à Lacan, celui-ci ayant souligné avec raison les fonctions du détour *et de la* médiation *comme moyen et comme obstacle ; sans faire nôtres, cependant, les termes qu'il propose d'unir dans son schéma qui, selon nous, reflètent une interprétation narcissisante de la pensée de Freud.*

G. Canguilhem dans une étude d'un grand intérêt classe les modèles en deux catégories, désignant ainsi « tantôt un groupe-

ment de correspondances analogiques entre un sujet naturel et un objet fabriqué (...) et tantôt un système de définitions sémantiques et syntactiques établies dans un langage mathématique concernant les rapports entre des éléments constitutifs d'un objet structuré et leurs équipements formels »[1]. *On voit immédiatement qu'en psychanalyse ni un modèle du premier type, qui a le plus souvent cours en biologie, ni un modèle du second type ne conviennent. Toute l'œuvre de Freud s'inscrit sans doute en faux contre l'option ainsi formulée entre des termes biomécaniques et logico-mathématiques. Si l'on cherche à ressaisir sous une forme plus générale encore le sens des oppositions que nous venons de signaler, nous y trouvons une contradiction traditionnelle dans l'histoire des idées, celle de la vie et du concept. C'est encore à une étude de G. Canguilhem que nous nous réfèrerons pour clarifier le problème. Celui-ci recouvre deux questions. La première considère la vie comme organisation universelle de la matière, principe des formes vivantes. La seconde, l'expérience du vivant singulier, l'homme. « Par vie, on peut entendre le participe présent ou le participe passé du verbe vivre, le vivant et le vécu »*[2]. *Cette simple proposition introductrice nous remet au cœur du débat que nous engageons. Nous y retrouvons l'opposition du langage et de l'affect, c'est-à-dire de la formalisation et du vécu — et leur mutuel affrontement. « Procédons-nous, dit Canguilhem, dans la connaissance de la vie de l'intelligence à la vie ou bien allons-nous de la vie à l'intelligence ? » Ici se retrouve encore l'opposition entre le point de vue structural et le point de vue génétique en psychanalyse. Impasse du conflit qui oppose ceux que l'on suspecte d'intellectualisme parce qu'ils affirment la primauté des structures qui commandent les principes des transformations évolutives et ceux suspectés d'empirisme par les précédents qui assignent à l'évolution, au développement, à la différenciation, le rôle primordial. Qu'on le veuille ou non, seul un travail réflexif supplémentaire, où les notions de structure et d'histoire recevront leur spécificité en psychanalyse, permettra de se dégager de ces oppositions sans issue.*

Ces réflexions de Canguilhem nous donnent l'occasion de nous rappeler encore une fois comment l'œuvre de Freud dérange les problématiques traditionnelles. Et nulle part ailleurs mieux que dans l'affect ceci ne devient plus sensible. Ce que nous avons

---

1. Modèles et analogies dans la découverte en biologie, dans *Etude d'histoire et de philosophie des sciences*, Vrin édit., 1968, p. 305-318.
2. Le concept et la vie, *loc. cit.*, p. 335.

appelé la situation paradoxale de l'affect dans la théorie freudienne nous le montre avec insistance. Que Freud ait sous le même terme, à une variation connotative près *(quantum d'affect et affect)*, renvoyé à la fois à une affectation énergétique *et à une expérience subjective est peut-être ce qu'il y a de plus difficile à penser. Mais ce qui doit retenir notre attention, c'est que Freud ait choisi cela, qu'il en ait assumé non seulement l'hypothèse mais la contradiction. Ainsi c'est en alliant la quantité mouvante, faute de pouvoir saisir le principe du mouvement, et les états subjectifs fondamentaux de plaisir-déplaisir, que le psychisme se donnera comme un travail de transformation des interrelations de l'un et de l'autre. Et c'est dans la mesure même où tout le contexte théorique du concept de représentation témoignerait surtout de ce que celles-ci sont des médiations fécondes par leurs effets mais impuissantes quant à leur capacité à retenir toute la force énergétique en elles, que la question de la psychanalyse pose moins de problèmes au niveau de la combinatoire des représentations, qu'à celui de ce que la fixation captatrice laisse de puissance en liberté, puissance qui ne peut s'employer qu'à une* relance *indéfinie des opérations transformantes. Une telle relance au fur et à mesure qu'elle s'éloigne par le travail de la pensée des sources d'où elle a pris naissance, voit répétitivement resurgir le produit de son exclusion. Mais ici la question peut d'énigmatique devenir dramatique lorsque la cause de la concaténation, la quantité mouvante, s'expatrie et se manifeste dans le discours comme ce qui refuse de se laisser lier par la mise en chaînes. Si l'affect tient lieu de représentation, en lui peuvent s'infiltrer tous les rapports de relation présents autour de lui, et l'éventail du procès s'élargit au lieu de se restreindre. Mais en revanche qu'à l'extrême, l'affect franchissant les filtres par lesquels cette compatibilité avec la représentation est assurée, y fasse saillie, en attirant à lui toute la violence du discours, alors la mise en perspective du sens délivre la force vive qui en distribue les plans et s'inverse en un relief où s'extravase l'énergie déliée, celle-ci surchargeant tout rapport de mise en relation au point de le rendre impossible, soit en l'écartelant, soit en le figeant par pétrification.*

Les questions de l'Esquisse, Freud ne les a jamais dépassées, il s'est efforcé, et c'est déjà beaucoup, de les apprivoiser, c'est-à-dire de pousser jusqu'à l'extrême cette oscillation entre des fonctions de décharge et des fonctions de transfert *sur des éléments concaténés* (S.E., I, 312). Certains nous reprocheront peut-être de trop lever ce coin de voile que Freud voulait tirer sur l'indécente nudité d'une pensée dont l'encre brûlait le papier sur *lequel elle était couchée, et même d'y trouver une fascination un peu concupiscente. Cela nous a donné assez de mal pour nous sentir absous de cette violation de tabou optique.*

Freud, dans le Moïse de Michel-Ange, se confie à nous lorsqu'il affirme que vaincre sa propre passion au nom d'une mission à laquelle il s'est voué, est l'exploit psychique le plus formidable dont un homme soit capable. Mais la figure qui lui a inspiré cette réflexion est celle d'un homme qui évite de justesse la chute des tables de la Loi. Dans la tradition légendaire, la passion est d'abord du côté de Dieu qui se manifeste sous les signes de la nuée et du tonnerre grondant. Entre ces marques de la fureur sacrée et la parole divine retentit le cri de la corne de bélier, ce Chofar qui a attiré l'attention de Rosolato après celle de Reik et dans laquelle celui-ci retrouve le pôle originel « de plainte, d'affliction et d'immense jubilation »[1] qui conduit à la Voix. Moïse communique oralement le contenu de la Loi avant que Yahvé ne l'ait déposée dans la pierre. Et c'est à sa descente du Sinaï après l'inscription de Dieu et devant l'adoration du veau d'or qu'il brise les Tables de colère. Ce sera, en fin de compte, sur deux autres tables de pierre, taillées par Moïse sur ordre de Yahvé, semblables aux premières, que les Dix Commandements seront fixés pour toujours.

De ce qui fut scellé sur les premières Tables, nous ne saurons jamais rien. Et pourtant c'est ce que nous nous efforçons de découvrir avec chaque patient dont nous entreprenons l'analyse. S'asseoir dans un fauteuil et écouter des patients, cela, au fond, n'est pas très difficile. Ce qui l'est davantage c'est d'aimer la vérité comme Freud l'aimait, c'est-à-dire comme on aime un objet sexuel.

1. La voix, dans *Essais sur le symbolique*, Gallimard édit., 1969, p. 296.

Annexe

A la suite de la présentation de mon rapport au Congrès de 1970, dans la discussion de celui-ci, un certain nombre de contributions sont venues enrichir la littérature psychanalytique sur l'affect. Je me dois ici de les signaler, d'en donner un court résumé[1] et d'y ajouter quelques remarques.

Jacques Mynard[2] a raccordé le problème de la maîtrise des affects à ce qu'il appelle l'*investissement d'emprise mentale*, mécanisme mental par lequel l'insight aide le sujet à acquérir une maîtrise de soi et devenir — en écho à l'expression employée par Freud — seigneur et maître de son corps, aussi bien que de son activité psychique. Il nous semble que ce que l'auteur décrit ici et qui déborde de beaucoup le problème de la maîtrise des affects, se rattache à la génitalisation de mécanismes reliés à la phase anale, fussent-ils remodelés par le Surmoi. En outre cet idéal de maîtrise qui évoque l'idéalisation du « caractère génital » me paraît peu conforme à l'observation qui montre la permanence de l'aspect conflictuel et la résurgence périodique des affects prétendument dépassés.

Denise Braunschweig et Michel Fain[3] ont insisté sur le rôle de l'économie de la représentation trompeuse de la censure susceptible de faire jaillir l'affect par surprise. Dans une interprétation originale et personnelle, développée depuis dans leur ouvrage *Eros et Antéros*, *ils attribuent à la censure, par opposition à la loi du père, une origine maternelle, organisatrice d'un système pare-excitations* — ou sur le mode de celui-ci. Sa fonction est le maintien de la quiétude. Or l'obtention de cette quiétude est établie au moyen d' « excitations calmantes » (bercement) peut-être sans valeur érotique. L'observation des mères d'enfants insomniaques montre que celles-ci n'avaient rien d'autre à offrir à leur enfant — et surtout pas un investissement érotique de celui-ci — que cette pure culture d'instinct de mort, en quête d'anéantissement affectif. Ainsi l'induction d'un narcissisme du sommeil pur, sans qu'il s'accompagne d'investissement érotique susceptible de favoriser — par la création de restes diurnes — le narcissisme du rêve, privilégie l'élément anti-affectif de la censure

---

1. Cf. *Revue française de Psychanalyse*, 1970, *34*, nos 5-6, p. 1171, 1207, ainsi que la réponse du rapporteur, p. 1209, 1291.
2. *De l'investissement d'emprise mentale sur les affects*, loc. cit., p. 1171.
3. *Loc. cit.*, p. 1175.

sans aucune contrepartie. Un phénomène analogue de l'extinction de l'affect s'observe dans les cas de spasme du sanglot, où le rôle de la mère est également dominant. Les auteurs attribuent cette extinction de l'affect par la pamoison à l'introjection érotisée de l'objet (maternel) qui vise à une telle action anéantissante. Une des conséquences de cette situation est l'insuffisante libidinisation du Moi. Le mérite du travail de Denise Braunschweig et Michel Fain est de nous rappeler qu'une théorie de l'affect ne peut négliger le rôle de l'environnement maternel. Il pose de nombreux problèmes sur les relations entre la décharge affective et l'organisation du corps propre (dans les structures psychosomatiques), sur la relation entre censure maternelle et loi paternelle — où la transgression maternelle s'effectuerait comme à rebours par une carence de libidinisation du corps de l'enfant — sur les rapports entre le narcissisme primaire et le masochisme primaire et la valeur récupératrice de ce dernier face à l'extinction affective.

Le travail de Jean Bergeret[1] sur les « inaffectifs » vise certaines structures caractérielles, elles aussi « anti-affectives ». L'inaffectivité du sujet induit chez l'auditeur, comme l'a noté Rycroft, une affectivité complémentaire d'autant plus chargée que la première semble carencée, parfois provocatrice d'un passage à l'acte. Cette modalité de maîtrise particulière de l'objet consiste à lui faire éprouver ce dont le sujet a cherché à se décharger[2]. Forme subtile de projection, puisqu'il s'agit de mettre *dans* l'objet ce qui est gênant pour soi, mais sans que cette manœuvre défensive implique les autres sens de la projection : par exemple le sentiment d'un vécu persécutoire venant de l'objet, dont il semble que le sujet se dégage totalement grâce à un Idéal du Moi mégalomaniaque.

J.-C. Sempé[3] a tenté d'élucider le caractère inconscient du sentiment de culpabilité. L'abstention du faire ne supprimera pas la culpabilité en raison de la toute-puissance du désir. La culpabilité est inconsciente parce qu'elle semble se dédouaner du fait de l'absence de réalisation de désir mais ne veut pas reconnaître la culpabilité née du seul désir. La projection dans la situation analytique parachève la dénégation dans le « c'est vous qui m'y faites penser » (autrement dit désirer). Le caractère inconscient de la culpabilité, même lorsque celle-ci est exhibée, tient à la double dénégation du désir et de la personne à qui il s'adresse. A ces remarques sur le sentiment de culpabilité inconscient Sempé ajoute des réflexions sur la connaissance par l'affect du déprimé et du paranoïaque, dans leur forme d'investissement négatif de la satisfaction pulsionnelle de nature mégalomaniaque. Tout ceci nous semble confirmer le rôle que nous avons attribué à la satisfaction négative dans le narcissisme

---

1. *Les « inaffectifs »*, loc. cit., p. 1183.
2. On peut rapprocher ces structures de ce que Joyce McDougall vient de décrire sous le nom d'« antianalysant », *Revue française de Psychanalyse*, 1972, *36*, 167.
3. *A propos du sentiment de culpabilité inconscient*, loc. cit., p. 1187.

C. David[1] centre sa contribution sur la notion de travail. Le travail implique l'idée de transformation. C'est bien le processus de transformation qu'on trouve à la source aussi bien de l'activité pulsionnelle que de la signification. Certains linguistes (Greimas) liant le sens à la transformation et les analystes liant la transformation au travail psychique, une théorie commune pourrait relier ces divers aspects. Au reste, l'affect *représente et signifie à sa manière* le fonds pulsionnel. Dans la première représentation psychique de la pulsion, l'affect prédomine. Emergeant du fonds sémantique, cette première représentation psychique de la pulsion est une « opération productrice du sens ». Avant même l'individualisation de l'affect, à un état où il n'existe qu'en germe, celui-ci accomplit un travail, est le produit d'un travail. On voit à quel point nos idées sont proches. C. David met surtout l'accent sur l'impossibilité d'éliminer la dimension qualitative de l'affect et sur l'insuffisance de la thèse freudienne qui souhaite ramener l'affect à la pure quantité, ou ne définit la qualité que par des critères bien pauvres. Cette spécificité qualitative de l'affect attire également notre attention sur la spécificité de l'élaboration dont il est l'objet, distincte de celle qui porte sur les représentations. Que C. David lui accorde la prééminence sur les représentations est clair. L'écoute affective peut seule, selon lui, nouer ce contact intime sans lequel l'analyse du matériel verbal reste une activité desséchée, se privant des sources de la compréhension intuitive et immédiate. Encore celle-ci est-elle un outil bien pauvre pour accéder aux raisons du cœur souvent inaccessibles. Il me semble qu'avant de condamner Freud sans rémission pour cette tentative d'exclusion de la qualité, qu'il a finalement abandonnée quand la théorie a été assez sûre pour cela, il faudrait essayer de comprendre ce qui a pu guider cette démarche, *au point de vue épistémologique.* Il est possible que cela fût indispensable pour que la psychanalyse soit, c'est-à-dire pour qu'elle se constitue en théorie cohérente, quitte à admettre plus tard ses contradictions. En tout cas aujourd'hui il n'est plus nécessaire de suivre Freud (ou de le contredire) sur ce point puisque lui-même ne s'en est pas tenu à ces premières formulations ni à cette relation du caractère nécessairement conscient de l'affect.

Michel de M'Uzan[2], s'intéressant à l'aspect essentiellement dynamique du problème, conçoit l'affect dans le cadre d'un *processus d'affectation.* L'affect est lié ici à une trajectoire qui vise un but. En ce sens pour lui l'affect est moins une catégorie générale que la partie d'un tout qui le déborde. L'affect, s'il dépend de ce dynamisme, est néanmoins ce qui fige le processus, l'arrête dans son mouvement. Il est à situer en fin de parcours. Le processus d'affectation concernerait tous les systèmes psychiques tandis que l'affect resterait lié à la conscience, au terme du processus. Les affects

---

1. *Affect, travail et signification,* loc. cit., p. 1131.
2. *Affect et processus d'affectation,* loc. cit., p. 1197.

inconscients, ou plus exactement le phénomène qu'on désigne par cette locution, constitueraient les stades originaires de ce qui va donner naissance à la trajectoire. Ainsi donc pour lui, il n'y aurait pas *stricto sensu* des affects du Ça à proprement parler et pas de décharge à ce niveau, mais seulement — pour se référer à Freud — quelque chose qui *tendrait* vers la décharge. L'affect ne s'exprime comme tel qu'après la décantation de ses formes premières qui passent de cette complexité originaire (les « conglomérats primitifs » idéo-affectifs) à son statut délimité et au Moi qui peut l'éprouver. La formation de l'affect proprement dit naîtrait de la reprise d'une libre circulation de l'énergie là où elle est, au niveau supérieur. En dehors de ces cas qui concernent l'affect au sens strict, le processus d'affectation peut se fractionner dans une série de liaisons, de regroupements de sensations, de représentations, d'effets moteurs qui liquident ce quantum restant ou bien encore se déverser dans une décharge par l'action, ou même demeure tout à fait silencieux lorsque cette décharge a lieu dans le somatique.

La dépersonnalisation apparaît comme une des manifestations de ce temps primordial du processus d'affectation qui précède et annonce l'émergence de l'affect proprement dit. Cette solution élégante, tout en admettant l'existence de phénomènes inconscients de nature affective, réserve à l'affect sa place dans le système perception conscience. Je ne crois pas qu'il y ait entre la conception de Michel de M'Uzan et la mienne de différence notable. Celle-ci est d'ordre surtout terminologique (à la notion près des décharges dont je postule l'existence au niveau du Ça lui-même). Ce qui nous sépare davantage est que la perspective que j'adopte est essentiellement structurale et synchronique tandis que son angle de vue est principalement historique et, si j'ose ainsi m'exprimer, « vertical ». C'est pourquoi le schéma du procès dans mon travail vise à l'appréhension d'une situation quasi ponctuelle et met en jeu un circuit oscillant, tandis que le schéma que l'on pourrait dégager de sa conception serait — si on s'essayait à le construire — axé sur une courbe ou une ligne partie des profondeurs pour aller vers la surface. Son orientation est plus dynamique, la mienne plus topographique pour ne pas dire topologique. De là découlent nos divergences, s'il y en a. Mais nous nous rencontrons, avec C. David, sur le terrain économique.

En dehors d'interprétations divergentes sur des points mineurs, tous les auteurs que je viens de citer se sont trouvés en assez large accord avec moi. R. Major[1] par contre, dans son travail conteste, sur le fond, à la fois l'analyse que je fais des textes freudiens et la position que j'adopte. Aussi sa thèse sera-t-elle plus longuement détaillée, ainsi que les objections qu'elle suscite de ma part. Selon Major, l'affect ne saurait être un signifiant, car il échappe à la symbolisation. Celui-ci fonde son argumentation en prenant appui sur un texte unique, qui ne fait du reste pas partie des œuvres psycholo-

---

1. *L'affect peut-il être un signifiant ?*, loc. cit., p. 1203.

giques de Freud et auquel celui-ci ne s'est jamais plus référé, à ma connaissance, après l'avoir écrit : *Sur l'aphasie* (1897). Major effectue un déplacement d'accent assez remarquable. Au lieu de situer la discussion entre les éléments constitutifs et les rejetons de la pulsion (représentation et affect), c'est au sein des éléments constitutifs du langage qu'il accorde sa place à l'affect. Autant dire que c'est là à nouveau donner toute la place au langage, faire de lui, plutôt que de la pulsion, le référent majeur. Si on le suit dans cette direction, il voit dans l'*image cénesthésique* l'inscription de l'affect, celle-ci faisant couple à l'intérieur de l'appareil du langage avec l'*image acoustique* (le signifiant). L'image cénesthésique est une « sensation interne liée au souvenir de la satisfaction, à la direction de l'appareil psychique du désagréable à l'agréable, telle qu'elle est imprimée par le désir » (Major). Les impressions cénesthésiques constitueraient des sortes d'engrammes offrant un début de frayage pour ces empreintes psychiques que sont les images acoustiques. La construction langagière personnelle de l'enfant serait en liaison avec ses fantasmes inconscients eux-mêmes élaborés sur le fond des états corporels. L'apprentissage de la langue serait constitué par le dégagement progressif de ce langage personnel vers le langage des adultes. Pour Major l'image cénesthésique serait à l'affect ce que la trace mnésique est à la représentation. Une objection importante de Major à la thèse de l'hétérogénéité du signifiant est que celle-ci dissout la notion de *vectorisation* qui oriente l'activité psychique de l'inconscient au conscient par le lien avec le préconscient qui unit représentation de chose et représentation de mot, dans l'image acoustique. On voit que Major n'admet pas du même coup le point de vue que nous avons exprimé des différentes sortes de statut dans l'inconscient et par conséquent des différentes manières de devenir conscient, comme l'indique pourtant sans ambiguïté le texte sur le Moi et le Ça que nous avons cité. Nous ne voyons pas de divergences quant à nous à souligner l'importance de la vectorisation, si on n'en fait pas un concept soumis à une telle linéarité. On peut le comprendre autrement — d'une façon moins simple — mettant en jeu une pluralité de circuits, de voies, dans une structure polygraphique mais devant aboutir au même résultat.

Le court-circuit, du préconscient par l'affect, interdirait qu'on le fasse participer à la symbolisation. Cependant la conception que Major se fait de l'affect est étroitement dépendante du cadre dans lequel il l'a placée (l'appareil du langage) en contradiction à peu près totale avec toutes les formulations de Freud. En effet en reliant l'affect à l'*image* cénesthésique, Major coupe l'enracinement de l'affect dans le corps — comme Freud et tous les auteurs après lui ne cessent de le soutenir. On s'attendrait au moins à voir l'affect contribuer à part égale avec la représentation dans la verbalisation. On pourrait alors penser que même au sein du langage on retrouverait l'affect comme une de ses deux composantes essentielles. Mais Major rompt en fait cette complémentarité. La vectorisation l'oblige à rejeter l'affect du côté de l'hypnose qu'il nous soupçonne de vouloir remettre en honneur. Les exigences de la vectorisation sont si puissantes — qui notons-le impliquent une hiérarchie fonctionnelle et intégrative aux résonances normatives — que l'affect se dissout dans une théorie moniste de la représentation puisque au dualisme représentation-affect il substitue deux modes de représentations : *image* acoustique - *image* cénesthésique, réduisant l'affect à sa dimension imaginaire. Dans cette optique (le terme est particulièrement approprié) la fonction de décharge de l'affect est occultée — et tout le point de vue économique qui s'y rattache — en faveur de l'extension de la fonction d'inscription.

Mais s'il faut tenir compte de la vectorisation de l'appareil psychique, il faut aussi tenir compte de la vectorisation de cet autre appareil (théorique) qu'est l'œuvre de Freud. Rappelons encore que l'appareil du langage après 1897 se voit remplacé par un appareil autrement plus complexe et dont le référent spécifique de la psychanalyse est la pulsion. Il me semble significatif que Major, comme tous ceux qui cherchent à faire prévaloir une interprétation linguistique de l'œuvre de Freud, se réfère presque exclusivement à la première topique. Or, mon travail s'attache à le montrer, Freud n'a cessé au cours de son œuvre d'accorder de moins en moins d'importance à la représentation, comme en témoignent les formulations relatives à l'inconscient et au Ça. J'ai cherché à proposer une solution qui admette la coexistence des divers systèmes de symbolisation (primaire et secondaire) dans le processus de concaténation. A cet égard, je ne vois pas de différence entre le fait de dire, comme je le fais, que l'affect tient lieu de représentation, ou comme le fait Major, qu'il en usurpe la place. Ce qui m'a paru important était d'envisager les cas où l'affect s'assujettit au procès de la chaîne lui conservant sa valeur significative et ceux où il brise la chaîne, cassant le procès.

La théorie de l'hégémonie du signifiant ou de la représentation — en lutte contre une pratique « hystérique » de la psychanalyse proche de l'hypnose et de la suggestion —, ne réussit qu'à lui substituer une pratique obsessionnelle. N'oublions pas que l'acceptation du refoulé sur la base des représentations seules illustre le cas où la dénégation est la plus inexpugnable. C'est pour sortir de cette impasse que nous avons proposé une théorie du discours vivant.

Bibliographie

Première section

BIBLIOGRAPHIE SÉLECTIVE SUR L'AFFECT
DANS LA THÉORIE, LA CLINIQUE
L'EXPÉRIENCE PSYCHANALYTIQUE
ET LES PROBLÈMES QUI S'Y RAPPORTENT

ABRAHAM (K.) (1907-1925), *Œuvres complètes*, trad. I. BARANDE, 2 vol., Payot édit., 1965, 298 p. ; 1966, 362 p.
BALINT (M.) (1956), Les trois niveaux de l'appareil psychique, trad. de l'anglais par V. SMIRNOFF, *La psychanalyse*, *6*, p. 283-312.
— (1960), La régression du patient en analyse, trad. de l'anglais par V. SMIRNOFF, *La psychanalyse*, *7*, p. 313-340.
BARANDE (I.) (1968), Le vu et l'entendu dans la cure, *Revue française de Psychanalyse*, *32*, p. 67.
BARANDE (R.) (1963), Essai métapsychologique sur le silence, *Revue française de Psychanalyse*, *27*, p. 53.
BEGOIN (J.) (1969), *Le fantasme chez Melanie Klein*, document ronéotypé de l'Institut de Psychanalyse, 19 p.
BENASSY (M.) (1965), La théorie du narcissisme de Federn, *Revue française de Psychanalyse*, *29*, p. 533-559.
— et DIATKINE (R.) (1964), Ontogenèse du fantasme, *Revue française de Psychanalyse*, *28*, p. 539.
BION (W.) (1950-1967), *Second thoughts*, Heinemann édit., 1967, 1 vol., 173 p.
— (1963), *Elements of psychoanalysis*, Heinemann, 1 vol., 110 p.
— (1969), *Learning from experience*, Heinemann, 1 vol., 110 p.
BLAU (A.) (1955), A unitary hypothesis of emotion, anxiety, emotions of displeasure and affective disorders, *Psychoanalytic Quarterly*, *24*, p. 75-103.
BORJE-LOFGREN (L.) (1964), Excitation. Anxiety. Affect, *Int. Journal of Psychoanalysis*, *45*, p. 280-285.
— (1968), Psychoanalytic theory of affects. Panel report. Meeting of the American Psychoanalytic Association (1967), *Journal of American Psychoanalytic Association*, *16*, p. 638-650.
BOUVET (M.) (1948-1960), *Œuvres psychanalytiques (1948-1960)*, vol. I : *La relation d'objet*, 435 p. ; vol. II : *Résistances et transfert*, 310 p., Payot édit., 1967-1968.

Brierley (M.) (1937), Affects theory and practice, *Int. J. of Psychoanalysis*, XVIII ; réédité dans *Trends in Psychoanalysis*, Hogarth Press, 1949, 1 vol.
Brunswick (R. M.) (1940), The precœdipal phase of the libido development, *Psychoanal. Quart.*, *9*, p. 293-319.
Chasseguet-Smirgel (J.) (1962), L'analité et les composantes anales du vécu corporel, *Canadian Psychiatric Assoc. Journal*, 7, p. 16.
— (1963), *Corps vécu et corps imaginaire dans les premiers travaux psychanalytiques*, *27*, p. 255.
David (C.) (1966), Réflexions métapsychologiques concernant l'état amoureux, *Revue française de Psychanalyse*, *30*, p. 115.
— (1966), *Représentation, affect, fantasmes*. Enseignement de l'Institut de Psychanalyse, document ronéotypé, 26 et 18 p.
— (1967 a), Investissement et contre-investissement, *Revue française de Psychanalyse*, *31*, p. 231.
— (1967 b), L'hétérogénéité de l'inconscient et les continuités psychiques, *L'inconscient*, *4*, p. 3-33.
— (1967 c), Etat amoureux et travail du deuil, *Interprétation*, I, p. 45-70.
— (1969), Quelqu'un manque, *Etudes freudiennes*, *1-2*, p. 39-54.
— (1972), La perversion affective, dans *La sexualité perverse*, Payot édit.
Engel (G.) (1962), Anxiety and depression withdrawal : the primary affects of unpleasure, *Intern. J. of Psychoanalysis*, *43*, p. 89-97.
Ey (Henri) (1960-1966), *L'inconscient*, VIe Colloque de Bonneval (1960), avec la collaboration de Diatkine (R.), Green (A.), Laplanche (J.), Lebovici (S.), Leclaire (S.), Perrier (F.), Stein (C.) et Lacan (J.) *et al.*, Desclée de Brouwer édit., 1966, 423 p.
Fain (M.) (1966), Régression et psychosomatique, *Revue française de Psychanalyse*, *30*, p. 451.
— (1969), Ebauche d'une recherche concernant l'existence d'activités mentales pouvant être considérées comme prototypiques du processus psychanalytique, *Revue française de Psychanalyse*, *33*, p. 929.
— et Marty (P.) (1964), Perspectives psychosomatiques sur la fonction des fantasmes, *Revue française de Psychanalyse*, *28*, p. 609-622.
Favez-Boutonier (J.) (1961), Ce qui n'est pas verbal dans la cure, *La psychanalyse*, *6*, p. 237-239.
Federn (P.) (1953), *Ego psychology and the psychoses*, N. Y., Basic Books.
Fenichel (O.) (1941), The Ego and the affects, *Psychoanalytic Review*, *28*, p. 47-60, reproduit dans : *Collected Papers*, t. II, Norton édit.
— (1953), *La théorie psychanalytique des névroses*, Presses Universitaires de France, 2 vol., 855 p.
Ferenczi (S.) (1924), *Thalassa*, trad. J. Dupont et S. Sanaure, présentation de N. Abraham, Petite Bibliothèque Payot, 1962, 186 p.

— (1932), Confusion de langues entre l'adulte et l'enfant, trad. de l'allemand par V. GRANOFF, *La psychanalyse*, *6*, p. 241-254.
FREUD (A.) (1936), *Le Moi et les mécanismes de défense*, trad. A. BERMAN, Presses Universitaires de France, 1949, 1 vol., 162 p.
FREUD (S.)[1] (1886-1939), *The complete psychological works of Sigmund Freud, Standard Edition*, London, Hogarth Press, 23 vol.
GEAHCHAN (D. J.) (1968), Deuil et nostalgie, *Revue française de Psychanalyse*, *32*, p. 39.
GILLIBERT (J.) (1968), La réminiscence et la cure, *Revue française de Psychanalyse*, *32*, p. 385-418.
— (1969 a), Le meurtre de l'imago et le processus d'individuation, *Revue française de Psychanalyse*, *33*, p. 375.
— (1969 b), La pensée du clivage chez Freud, *Etudes freudiennes*, *1-2*, p. 227-248.
GLOVER (E.) (1939), The psychoanalysis of affects, *International J. of Psychoanalysis*, XX, p. 299-307.
GRODDECK (G.) (1909-1953), *La maladie, l'art et le symbole*, trad. R. LEWINTER, Gallimard édit., 1969, 329 p.
GRUNBERGER (B.) (1957), Essai sur la situation analytique et le processus de guérison, *Revue française de Psychanalyse*, XXI, n° 3.
— (1968), Le suicide du mélancolique, *Revue française de Psychanalyse*, *32*, p. 574.
HARTMANN (H.) (1939-1959), *Essays on Ego psychology*, Hogarth Press & Institute of Psychoanalysis, 1964, 1 vol., 492 p.
ISAACS (S.) (1952), Nature et fonction du fantasme, trad. de l'anglais par V. SMIRNOFF et N. ZALTZMAN, *La psychanalyse*, *5*, p. 125-183.
JACOBSON (E.) (1964), *The self and the object world*, N. Y., Int. Univ. Press, 1 vol., 250 p.
—, The affects and their pleasure-unpleasure qualities in relation to the psychic discharge processes, in *Drives. Affects. Behavior* (1953), N. Y., Intern. Universities Press, p. 38-66.
JOFFE (W. G.) et SANDLER (I.) (1968), Comments on the psychoanalytic psychology of adaptation with special reference to the role of affects and the representational world, *International J. of Psychoanalysis*, *49*, p. 445.
JONES (E.) (1929), Fear, Guilt and Hate, *International J. of Psychoanalysis*, *10*, p. 383-397.
KAYWIN (L.) (1960), An epigenetic approach to the psychoanalytic theory of instincts and affects, *J. of the American Psychoanalytic Assoc.*, *8*, p. 613-658.
KHAN MASUD (M.) (1969), Les vicissitudes de l'être, du connaître et de l'éprouver dans la situation analytique, *Bull. Assoc. psychanal. de France*, *5*, p. 1-13.
KLAUBER (J.) (1968), On the dual use of historical and scientific method in psychoanalysis, *International J. of Psychoanalysis*, *49*, p. 80.

---

1. Cf. les références en bas de page et également les traductions françaises utilisées.

KLEIN (M.) (1921-1945), *Essais de psychanalyse*, trad. M. DERRIDA, introduction N. ABRAHAM et M. TOROK, Payot édit., 1967, 1 vol., 452 p.
— (1930), L'importance de la formation du symbole dans la formation du Moi, trad. par M. SPIRA, *La psychanalyse*, *2*, 1956, p. 269-288.
— (1932), *La psychanalyse des enfants*, trad. J.-B. BOULANGER, Presses Universitaires de France, 1959, 1 vol., 317 p.
—, HEIMANN (P.), ISAACS (S.), RIVIÈRE (J.) (1952), *Development in psychoanalysis*, Hogarth Press, 1 vol., 1952.
— (1957-1963), *Envie et gratitude et autres essais*, trad. V. SMIRNOFF, S. AGHION, M. DERRIDA, Gallimard édit., 1 vol., 230 p.
— et RIVIÈRE (J.) (1967), *Love, Hate and Reparation*, Hogarth Press, 1 vol., 119 p.
KRIS (E.) (1955), La remémoration des souvenirs d'enfance en psychanalyse, trad. J. KOENIG, dans *La psychiatrie de l'enfant*, 1958, vol. I, fasc. II, p. 335-375.
LAB (P.) et LEBOVICI (S.) (1969), Théorie psychanalytique du fantasme, dans *La théorie psychanalytique*, Presses Universitaires de France, 1 vol., p. 129-164.
LACAN (J.) (1936-1966), *Ecrits*, Seuil édit., 1966, 1 vol., 912 p.
LAGACHE (D.) (1957 *a*), Vues psychanalytiques sur les émotions, *Bulletin de Psychologie*, t. XI, 3, p. 140.
— (1957 *b*), Fascination de la conscience par le Moi, *La psychanalyse*, *3*, p. 33-46.
— (1961), La psychanalyse et la structure de la personnalité, *La psychanalyse*, *6*, p. 5-54.
— (1964), Fantaisie, réalité, vérité, *La psychanalyse*, *8*, p. 1-10.
— (1966), Le point de vue diachronique en métapsychologie, *Revue française de Psychanalyse*, *30*, p. 811.
LALANDE (A.) (1968), *Vocabulaire technique et critique de la philosophie*, Presses Universitaires de France, 1 323 p., 10e éd.
LANDAUER (K.) (1938), Affects, Passions and Temperament, *International J. of Psychoanalysis*, XIX, p. 388-415.
LAPLANCHE (J.) et PONTALIS (J.-B.) (1964), Fantasme originaire, fantasmes des origines, origine du fantasme, *Les temps modernes*, *215*, p. 1833-1868.
— (1967), *Vocabulaire de la psychanalyse*, Presses Universitaires de France, 1 vol., 520 p.
— (1969), Les principes du fonctionnement psychique, *Revue française de Psychanalyse*, *33*, p. 185-200.
LEBOVICI (S.) et DIATKINE (R.) (1954), Etude des fantasmes chez l'enfant, *Revue française de Psychanalyse*, *18*, p. 108-155.
— (1961), La relation objectale chez l'enfant, *La psychiatrie de l'enfant*, III, Presses Universitaires de France, fasc. 1.
LECLAIRE (S.) (1965), Le point de vue économique en psychanalyse, *L'évolution psychiatrique*, p. 189-219.
— (1968), *Psychanalyser*, Ed. Le Seuil, 1 vol., 189 p.
— (1969), Les mots du psychotique, dans *Problématique de la psy-*

chose, édit. par C. LAURIN et P. DOUCET, Excerpta Medica Foundation, p. 35-43.

LEWIN (B.) (1963), Reflections on affect, in *Drives. Affects. Behaviour*, édit. par R. LOEWENSTEIN, International Universities Press.

LICHTENSTEIN (H.) (1965), Towards a metapsychological definition of the concept of self, *International J. of Psychoanalysis*, *46*, p. 117.

LOEWENSTEIN (R.) (1963), Some considerations on free association, *J. of the American Psychoanalytic Association*, X, p. 451-473.

LUQUET (P.) (1957), A partir des facteurs de guérison non verbalisables de la cure analytique, *Revue française de Psychanalyse*, *21*, p. 182-209.

— (1969), Genèse du Moi, in *La théorie psychanalytique*, Presses Universitaires de France, 1 vol., p. 237-270.

LUQUET-PARAT (C. J.) (1962), Les identifications de l'analyste, *Revue française de Psychanalyse*, *26*, p. 289.

— (1967), L'organisation œdipienne du stade génital, *Revue française de Psychanalyse*, *31*, p. 743.

LYOTARD (J. F.) (1968), Le travail du rêve ne pense pas, *Revue d'esthétique*, p. 26-61.

McDOUGALL (J.) (1972), Scène primitive et scenario pervers, in *La sexualité perverse*, Payot.

— (1972), L'anti-analysant en analyse, *Revue française de Psychanalyse*, *36*, p. 167.

MAHLER (M. S.) (1969), Perturbances of symbiosis and individuation in the development of the psychotic ego, dans *Problématique de la psychanalyse*, édit. par C. LAURIN, et P. DOUCET, Excerpta Medica Foundation, p. 188-197.

MAJOR (R.) (1969), L'économie de la représentation, *Revue française de Psychanalyse*, *33*, p. 79.

MALE (P.) (1964), *Psychopathologie de l'adolescent*, Presses Universitaires de France, 1 vol., 257 p.

MALLET (J.) (1956), Contribution à l'étude des phobies, *Revue française de Psychanalyse*, *20*, I-II, p. 237-293.

— (1966), Une théorie de la paranoïa, *Revue française de Psychanalyse*, *30*, p. 63.

— (1969), Formation et devenir des affects, dans *La théorie psychanalytique*, Presses Universitaires de France, 1 vol., p. 167-169.

MARTY (P.) et FAIN (M.) (1955), Importance du rôle de la motricité dans la relation d'objet, *Revue française de Psychanalyse*, *19*, p. 205-284.

— et M'UZAN (M. de) (1963), La pensée opératoire, *Revue française de Psychanalyse*, *27*, p. 345.

MODDELL (A. H.) (1971), The origin of certain forms of pre-œdipal guilt and the implications for a psychoanalytic theory of affects, *Int. J. of Psychoanal.*, *52*, p. 337-342.

MOORE (B. E.), Some genetic and developmental considerations in regard to affects, voir BORJE-LOFGREN (1968).

M'UZAN (M. de) (1967 *a*), Contribution à la discussion sur l'investissement et le contre-investissement, *Revue française de Psychanalyse*, *31*, p. 238.

— (1967 b), Expérience de l'inconscient, *L'inconscient*, 4, p. 35-54.
— (1968), Transferts et névrose de transfert, *Revue française de Psychanalyse*, 32, p. 235.
NACHT (S.) et RACAMIER (P. C.), Les états dépressifs : étude psychanalytique, *Revue française de Psychanalyse*, 23, p. 567.
— et VIDERMAN (S.) (1961), Du monde préobjectal dans la relation transférentielle, *Revue française de Psychanalyse*, 23, p. 555.
NELSON (M. C.) (1967), On the therapeutic redirections of energy and affects, *International J. of Psychoanalysis*, 48, p. 1.
NEYRAUT (M.) (1967), De la nostalgie, *L'inconscient*, 1, p. 57-70.
— (1968), A propos de l'inhibition intellectuelle, *Revue française de Psychanalyse*, 32, p. 761.
NOVEY (S.) (1959), A clinical view of affect theory in psychoanalysis, *International J. of Psychoanalysis*, 40, p. 94-104.
— (1961), Further considerations on affect theory in psychoanalysis, *International J. of Psychoanalysis*, 42, p. 21-31.
PASCHE (F.) (1953-1968), L'angoisse et la théorie des instincts (1953) ; Autour de quelques propositions freudiennes contestées (1956) ; Régression, perversion, névrose (1956) ; Réactions pathologiques à la réalité (1958) ; Le symbole personnel (1960) ; De la dépression (1961) ; L'antinarcissisme (1964) ; Notes sur l'investissement (1965) ; Une énergie psychique non instinctuelle (1967) ; Quelques péripéties d'un retour à Freud (1968), dans *A partir de Freud*, Payot édit., 1 vol., 285 p.
PETO (A.) (1967), On affect control, *Psycho. study of the child*, 22.
PULVER (S. E.) (1971), Can affects be unconscious, *Int. J. of Psychoanal.*, 52, p. 347-355.
RACAMIER (P.-C.) (1966), Esquisse d'une clinique psychanalytique de la paranoïa, *Revue française de Psychanalyse*, 30, p. 145.
RANGELL (L.) (1953), A further attempt to resolve the problem of anxiety, *J. of Amer. Psychoanalytic Association*, 16, p. 371-404.
— (1967), Psychoanalysis, affects and the human core : on the relationships of psychoanalysis to behavioral sciences, *Psychoanal. Quarterly*, p. 36.
RANK (O.) (1924), *Le traumatisme de la naissance*, trad. S. JANKÉLÉVITCH, Petite Bibliothèque Payot, 1968.
RAPAPORT (D.) (1950), *Emotions and memory*, N. Y., Int. Universities Press.
— (1953), On the psychoanalytic theory of affects, *International J. of Psychoanalysis*, 34, p. 177-198.
— The structure of psychoanalytic theory, *Psychological Issues*, N. Y., International Universities Press, vol. II, n° 2, Mon. 6.
ROSENFELD (H.) (1947-1964), *Psychotic states*, Hogarth Press, 1965, 1 vol., 263 p.
— (1969), Contribution to the psychopathology of psychotic states : the importance of projective identification in the ego structure and the object relations of the psychotic patient, dans *Problématique de la psychose*, édit. par C. LAURIN et P. DOUCET, Excerpta Medica Foundation, p. 115-127.

Rosolato (G.) (1962), L'hystérie, structures cliniques, *L'évolution psychiatrique*, XXVII, p. 225.
— (1967), Etude des perversions sexuelles à partir du fétichisme, in *Le désir et la perversion*, Ed. Le Seuil, 1 vol., p. 140.
— (1969), Signification de l'Œdipe et des fixations prégénitales pour la compréhension de la psychose, dans *Problématique de la psychose*, édit. par C. Laurin et P. Doucet, Excerpta Medica Foundation, p. 153-167.
— (1959-1969), *Essais sur le symbolique*, Gallimard édit., 1969, 1 vol., p. 365.
Rouart (J.) (1967), Les notions d'investissement et de contre-investissement à travers l'évolution des idées freudiennes, *Revue française de Psychanalyse*, *31*, p. 193.
— (1968), Agir et processus psychanalytique, *Revue française de Psychanalyse*, *32*, p. 891.
Sandler (J.) et Nagera (H.) (1964), Aspects de la métapsychologie du fantasme, *Revue française de Psychanalyse*, *28*, p. 473.
Schafer (R.) (1962), The clinical analysis of affects, *J. of the Amer. Psych. Association*, *12*, p. 275.
Schmale (A. M.) (1964), A genetic view of affects with special reference to the genesis of helplessness and hopelessness, *Psychoanalytic study of the child*, XIX, p. 287.
Schmitz (B.) (1967), Les états limites : introduction pour une discussion, *Revue française de Psychanalyse*, *31*, p. 245.
Schur (M.) (1960), Phylogenesis and ontogenesis of affect and structure-formation and the phenomenon of repetition compulsion, *International J. of Psychoanalysis*, *41*, p. 275-287.
— (1967), *The Id and the regulatory principles of mental functioning*, Hogarth Press and the Institute of Psychoanalysis, 1 vol., 220 p.
— (1968), Comments on unconscious affects and the signal function, cf. Borje-Lofgren.
— (1969), Affects and cognition, *International J. of Psychoanalysis*, *50*, p. 647-654.
Seton (P. H.) (1965), Use of affect observed in a histrionic patient, *International J. of Psychoanalysis*, *46*, p. 226.
Spiegel (L.) (1966), Affects in relation to self and object, *Psychoanalytic study of the child*, *21*, p. 69-92.
Stein (C.) (1962), L'identification primaire, *Revue française de Psychanalyse*, *26*, p. 257.
— (1964), La situation analytique, *Revue française de Psychanalyse*, *28*, p. 235.
— (1966), Transfert et contre-transfert ou le masochisme dans l'économie de la situation analytique, *Revue française de Psychanalyse*, *20*, p. 177.
Stewart (W.) (1967), chap. 6 : « Affects », dans *Psychoanalysis : the first ten years 1888-1898*, Mac Millan Co., 1967, p. 154 sqq.
Tausk (V.) (1919), De la genèse de « l'appareil à influencer » au cours de la schizophrénie, trad. de l'allemand par J. Laplanche, A. Lehenmann et V. N. Smirnoff, *La psychanalyse*, *4*, 1958, p. 227-266.

Torok (M.) (1968), Maladie du deuil et fantasme du cadavre exquis, *Revue française de Psychanalyse*, *32*, p. 715.

Vallenstein (A.), *Affects, reviviscence des émotions et prise de conscience au cours du processus psychanalytique* (Communication au Congrès de Psychanalyse d'Edimbourg, 1961), *Revue française de psychanalyse*, *28*, p. 93.

Viderman (S.) (1967), Remarques sur la castration et la revendication phallique, *L'inconscient*, *3*, p. 59-90.

— (1968), Le rapport sujet-objet et la problématique du désir, *Revue française de Psychanalyse*, *32*, p. 735.

— (1968), Genèse du transfert et structure du champ analytique, *Revue française de Psychanalyse*, *32*, p. 1011.

— (1970), *La construction de l'espace analytique*, Denoël édit.

Weinshel (E.) (1968), Some psychoanalytic considerations on Moods, voir Borje-Lofgren (1968).

Widlocher (D.) (1964), Le principe de réalité, *La psychanalyse*, *8*, p. 165-192.

— (1969), Traits psychotiques et organisation du Moi, dans *Problématique de la psychose*, édit. par C. Laurin et P. Doucet, Excerpta Medica Foundation, p. 179-187.

Winnicott (D. W.) (1935-1963), *De la pédiatrie à la psychanalyse*, Payot, 1969, 1 vol., 372 p.

— (1957-1963), *The maturational processus and the facilitating environment*, London, Hogarth Press, 1965, 1 vol., 295 p.

Deuxième section

AUTOUR DE L'AFFECT
BIBLIOGRAPHIE COMPLÉMENTAIRE

Ajuriaguerra (J. de) et Hecaen (H.) (1952), *Méconnaissances et hallucinations corporelles*, Masson édit., 1952.

—, Diatkine (R.), Badaracco (J. Garcia) (1956), Psychanalyse et neurobiologie, *La psychanalyse d'aujourd'hui*, Presses Universitaires de France, vol. II, p. 437-498.

Alvim (F.) (1962), Trouble de l'identification et image corporelle, *Revue française de Psychanalyse*, *26*, p. 5.

Angelergues (R.) (1964), Le corps et ses images, *Evolution psychiatrique*, *2*.

Apfelbaum (B.) (1965), Ego psychology psychic energy and the hazards of quantitative explanation in psychoanalytic theory, *International J. of Psychoanalysis*, *46*, p. 168-183.

— (1966), On ego psychology : a critique of the structural approach to the psychoanalytic theory, *International J. of Psychoanalysis*, *47*, p. 451-475.

Arlow (J.) et Brenner (Ch.) (1964), *Psychoanalytical concepts and the structural theory*, N. Y., International Universities Press, 1 vol.

— (1969), The psychopathology of the psychoses a proposed revision, *International J. of Psychoanalysis*, *50*, p. 5.
AULAGNIER-SPAIRANI (1967), La perversion comme structure, *L'inconscient*, *2*, p. 11-42.
BALINT (M.) (1969), Trauma and object relationship, *International J. of Psychoanalysis*, *50*, p. 429.
BALLY (C.) (1932), *Linguistique générale et linguistique française*, Francke édit., 440 p.
BENASSY (M.) (1953), Théorie des instincts, *Revue française de Psychanalyse*, *17*, nos 1 et 2, p. 1-76.
— (1969), Le Moi et ses mécanismes de défense, in *La théorie psychanalytique*, Presses Universitaires de France, 1 vol., p. 285-348.
BENVENISTE (E.) (1966), *Problèmes de linguistique générale*, Gallimard édit., 1 vol., 357 p.
BERES (D.) (1965), Structure and function in psychoanalysis, *International J. of Psychoanalysis*, *46*, p. 53.
BIGRAS (J.) (1968), Esquisse d'une théorie de l'adolescence centrée sur le point de vue économique freudien, *L'inconscient*, *6*, p. 89-104.
BOONS (M. C.) (1968), Le meurtre du père chez Freud, *L'inconscient*, *5*, p. 101-130.
BOWLBY (J.) (1960), Grief and mourning in infancy and early childhood, *Psychoanalytic study of the child*, XI, N. Y., Intern. Univers. Press.
BYCHOWSKI (G.) (1956), The ego and the introjects, *Psychoanal. Quarterly*, *25*, p. 11-36.
— (1956), The release of internal images, *The Intern. J. of Psychoanalysis*, *37*, p. 331-338.
— (1967), The archaic object and alienation, *International J. of Psychoanalysis*, *48*, p. 384.
— (1958), The struggle against the introjects, *Inter. J. of Psychoanalysis*, *39*, p. 182-187.
CANGUILHEM (1968), *Etude d'histoire et de philosophie des sciences*, Vrin édit., 1 vol., 393 p.
CHOMSKY (N.) (1957), *Structures syntaxiques*, trad. M. BRANDEAU, Seuil édit., 1 vol.
— (1968), *Le langage et la pensée*, trad. L.-J. CALVET, Petite Bibliothèque Payot, 145 p.
DAVID (C.) (1967), De la valeur mutative des remaniements post-œdipiens, *Revue française de Psychanalyse*, *31*, p. 813.
DELEUZE (G.) (1969), *Logique du sens*, Ed. Minuit, 1 vol., 392 p.
DERRIDA (J.) (1967), *La voix et le phénomène*, Presses Universitaires de France, 1 vol., 117 p.
— (1967), *L'écriture et la différence*, Seuil édit., 1 vol., 439 p.
— (1967), *De la grammatologie*, Ed. Minuit, 1 vol., 447 p.
DIATKINE (R.) et FAVREAU (J. A.) (1956), Le caractère névrotique, *Revue française de Psychanalyse*, *20*, p. 151.
— (1966), Agressivité et fantasmes d'agression, *Revue française de Psychanalyse*, *30*, p. 15.

DONNET (J. L.) (1967), L'antinomie de la résistance, *L'inconscient*, *1*, p. 55-82.
— et PINEL (J.-P.) (1968), Le problème de l'identification chez Freud, *L'inconscient*, *7*, p. 5-22.
EISSLER (K. R.) (1969), Irreverent remarks about the present and futur of psychoanalysis, *International J. of Psychoanalysis*, *50*, p. 461-472.
FAIN (M.) et MARTY (P.) (1965), A propos du narcissisme et de sa genèse, *Revue française de Psychanalyse*, *29*, p. 561.
— (1966), Intervention au rapport de E. et J. Kestemberg, *Revue française de Psychanalyse*, *30*, p. 720.
— (1969), Réflexions sur la structure allergique, *Revue française de Psychanalyse*, *33*, p. 243.
FREUD (A.) (1965), Diagnostic skills and their growth in psychoanalysis, *Intern. J. of Psychoanalysis*, *46*, p. 31.
GILL (M. H.) et KLEIN (G. S.) (1964), The structuring of drive and reality, *Intern. J. of Psychoanalysis*, *45*, p. 483.
GIOVACCHINI (P.) (1967), The frozen introject, *Intern. J. of Psychoanalysis*, *49*, p. 61.
GLOVER (E.) (1945), The kleinian system of the child psychology, in *Psychoanalytic study of the child*, I, N. Y., Int. Univ. Press.
— (1947), Basic mental concepts, their clinical and theoretical value, *Psychoan. Quarter.*, *16*, p. 382-406.
— (1956), *The early development of the mind*, Londres, Imago Publ., 483 p.
GREENSON (R. R.) et WEXLER (M.), The non transference relationship in the psychoanalytic situation, *Intern. J. of Psychoanalysis*, *50*, p. 27.
GREENSON (R.) (1961), L'empathie et ses phases diverses, *Revue française de Psychanalyse*, *25*, p. 807.
— (1969), The origin and fate of new ideas in psychoanalysis, *Intern. J. of Psychoanalysis*, *50*, p. 503-516.
GREIMAS (A. J.) (1966), Structure et histoire, *Les temps modernes*, *22*, n° 246, p. 814-827.
— (1966), *Sémantique structurale*, Larousse édit., 262 p.
GUTTMAN (S. A.) (1965), Some aspects of scientific theories construction and psychoanalysis, *Intern. J. of Psychoanalysis*, *46*, p. 129.
HARTMANN (H.) et KRIS (E.) (1945), The genetic approach in psychoanalysis, *Psychoanalytic study of the child*, vol. I.
HARTMANN (H.), KRIS (E.), LŒWENSTEIN (R. M.) (1947), Comments on the formation of the psychic structure, *Psychoanalytic study of the child*, Int. Univ. Press, vol. II, p. 11-38.
HOLT (R. R.) (1965), Ego autonomy reevaluated, *Intern. J. of Psychoanalysis*, *46*, p. 151.
JAKOBSON (R.) (1949-1963), *Essais de linguistique générale*, trad. N. RUWET, Ed. Minuit, 1 vol., 260 p.
KERNBERG (O.) (1969), A contribution to the ego psychological critique of the kleinian school, *Int. J. of Psychoanal.*, *50*, p. 317.
KESTEMBERG (E.) et KESTEMBERG (J.) (1966), Contribution à la

perspective génétique en psychanalyse, *Revue française de Psychanalyse*, *30*, p. 580-713.
KHAN (M. M.) (1964), Ego distorsion, cumulative trauma and the role of reconstruction in the analytic situation, *Intern. J. of Psychoanalysis*, *45*, p. 272.
— (1969), The role of the collated internal object in perversion formation, *Intern. J. of Psychoanalysis*, *50*, p. 555-566.
LACAN (J.) (1968 a), La méprise du sujet supposé savoir, *Scilicet*, *1*, p. 31-41.
— (1968 b), De Rome 53 à Rome 67 : la psychanalyse. Raison d'un échec, *Scilicet*, *1*, p. 42-50.
— (1968 c), De la psychanalyse dans ses rapports avec la réalité, *Scilicet*, *1*, p. 51-59.
— (1968 d), Propositions du 9-10-1967 sur le psychanalyste de l'école, *Scilicet*, *1*, p. 14-30.
LAPLANCHE (J.) (1967), La défense et l'interdit, *La Nef*, *31*, p. 43-56.
— (1968), La position originaire du masochisme dans le champ de la pulsion sexuelle, *Bulletin de l'Association psychanalytique de France*, *4*, p. 35-53.
— (1970), *Vie et mort en psychanalyse*, Flammarion.
LEBOVICI (S.), DIATKINE (R.), AJURIAGUERRA (J. de) (1968), A propos de l'observation chez le jeune enfant, *La psychiatrie de l'enfant*, vol. I, fasc. 2, p. 437-474.
LITTLE (M.) (1961), Sur l'unité de base, *Revue française de Psychanalyse*, *25*, p. 749.
— (1966), Transference in borderline states, *Intern. J. of Psychoanalysis*, *47*, p. 476.
LŒWENSTEIN (R.) (1966), La psychologie psychanalytique de Hartmann, Kris, Lœwenstein, *Revue française de Psychanalyse*, *30*, p. 775.
— (1967), Defensive organisation and autonomous ego functions, *J. of Amer. Psychoanalysis Assoc.*, XV, p. 795-809.
LUQUET (P.) (1962), Les identifications précoces dans la structuration et la déstructuration du Moi, *Revue française de Psychanalyse*, *26*, p. 117-309.
LUSTMAN (S. L.) (1969), The use of the economic point of view in clinical psychoanalysis, *Intern. J. of Psychoanalysis*, *50*, p. 95.
LUZES (P.) (1969), Les troubles de la pensée en clinique psychanalytique, *Revue française de Psychanalyse*, *33*, p. 727.
MALE (P.) et FAVREAU (J. A.) (1959), Aspects actuels de la clinique et de la thérapeutique des troubles affectifs de l'enfant, *La psychiatrie de l'enfant*, II, fasc. 1, p. 148-196.
MARTINET (A.) (1965), *La linguistique synchronique*, Presses Universitaires de France, 1 vol., 248 p.
MARTY (P.) (1958), La relation objectale allergique, *Revue française de Psychanalyse*, *22*, p. 5-35.
—, M'UZAN (M. de), DAVID (C.) (1963), *L'investigation psychosomatique*, Presses Universitaires de France, 1 vol., 270 p.
MERLEAU-PONTY (M.) (1964), *Le visible et l'invisible*, Gallimard, 1 vol., 360 p.

MILLER (J. A.) (1966 a), La suture, *Cahiers pour l'analyse, 1,* p. 39-51.
— (1966 b), Table commentée des représentations graphiques des « Ecrits » de Lacan, *Cahiers pour l'analyse, 1,* p. 171.
— (1968), Action de la structure, *Cahiers pour l'analyse, 9,* p. 93-105.
MISES (R.) (1964), L'intégration du père dans les conflits précoces, *Revue française de Psychanalyse, 28,* p. 371.
— (1966), Introduction à la discussion des aspects cliniques de la régression dans les formes psychopathologiques de l'adulte, *Revue française de Psychanalyse, 30,* p. 431.
MONCHAUX (C. de) (1962), Thinking and negative hallucination, *Intern. J. of Psychoanalysis, 43,* p. 311.
MOSER (U.), ZEPPELIN (I. V.) et SCHNEIDER (W.) (1969), Computer simulation of a model of neurotic defence processes, *Intern. J. of Psychoanalysis, 50,* p. 53.
M'UZAN (M. de) (1968), Acting out « direct » et acting out « indirect », *Revue française de Psychanalyse, 32,* p. 995.
— et DAVID (C.) (1960), Préliminaires critiques à la recherche psychosomatique, *Revue française de Psychanalyse, 24,* p. 19.
MYERSON (P. G.) (1969), The hysteric's experience in psychoanalysis, *Intern. J. of Psychoanalysis, 50,* p. 373.
NACHT (S.) (1958), Causes et mécanismes des déformations névrotiques du Moi, *Revue française de Psychanalyse, 22,* p. 197-203.
— et RACAMIER (P.-C.) (1958) La théorie psychanalytique du délire, *Revue française de Psychanalyse, 22,* p. 417.
PASCHE (F.) et RENARD (M.) (1956), Réalité de l'objet et point de vue économique, *Revue française de Psychanalyse, 20,* p. 517-523.
POUILLON (J.) (1966), Présentation : un essai de définition, dans Problèmes de structuralisme, *Les temps modernes, 246,* p. 769-790.
RANGELL (L.) (1969), The intrapsychic process and its analysis — a recent line of thought and its current implication, *Intern. J. of Psychoanalysis, 50,* p. 65.
RENARD (M.) (1955), La conception freudienne de névrose narcissique, *Revue française de Psychanalyse, 19,* p. 415.
— (1969), Le narcissisme, dans *La théorie psychanalytique,* Presses Universitaires de France, 1 vol., p. 180-214.
RICŒUR (P.) (1965), *De l'interprétation,* Seuil édit., 1 vol., 534 p.
ROSEN (V. M.) (1969 a), Introduction to panel on language and psychoanalysis, *Intern. J. of Psychoanalysis, 50,* p. 113.
— (1969 b), Sign phenomena and their relationship to unconscious meaning, *Int. Journal of Psychoanalysis, 50,* p. 197.
SACHS (O.) (1967), Distinctions between fantasy and reality elements in memory and reconstruction, *Intern. J. of Psychoanalysis, 48,* p. 416.
SANDLER (J.) et JOFFE (W. G.) (1969), Towards a basic psychoanalytic model, *Intern. J. of Psychoanalysis, 50,* p. 79.
SARTRE (J.-P.) (1940), *L'imaginaire,* Gallimard, 1 vol., 247 p.
SAUGUET (H.) (1969), Introduction à une discussion sur le processus psychanalytique, *Revue française de Psychanalyse, 33,* p. 913.
SAUSSURE (F.) (1915), *Cours de linguistique générale,* Payot édit., 1 vol., 334 p.

SCHILDER (P.) (1950), *L'image du corps*, trad. F. GANTHERET, P. TRUF-FERT, Gallimard édit., 1968, 1 vol., 352 p.
SCOTT (W. C. M.) (1962), A reclassification of psychopathological states, *Intern. J. of Psychoanalysis*, *43*, p. 344.
— (1964), Mania and mourning, *Intern. J. of Psychoanalysis*, *45*, p. 373.
SEGAL (H.) (1964), *Introduction to the work of Melanie Klein*, Heinemann, 1 vol. 118 p.
SEMPÉ (J.-C.) (1966), Projection et paranoïa, *Revue française de Psychanalyse*, *30*, p. 69.
SHENTOUB (S. A.) (1963), Remarques sur la conception du Moi et ses références au concept de l'image corporelle, *Revue française de Psychanalyse*, p. 271.
SPITZ (R.) (1954), *La première année de l'enfant*, Presses Universitaires de France, 1958, 1 vol., 150 p.
— (1959), La cavité primitive, *Revue française de Psychanalyse*, *23*, p. 205-234.
— (1964), Quelques prototypes de défenses précoces du moi, *Revue française de Psychanalyse*, *28*, p. 185.
STEIN (C.) (1968), Le père mortel et le père immortel, *L'inconscient*, *5*, p. 59-100.
STERN (A. L.) (1967), L'enfant signifiant de l'Œdipe, *L'inconscient*, *3*, p. 131-156.
THIEL (J. H.) (1966), Psychoanalysis and nosology, *Intern. J. of Psychoanalysis*, *47*, p. 416.
ULLMANN (S.) (1952), *Précis de sémantique française*, Francke édit., 1 vol., 350 p.
VALABREGA (J. P.) (1969), La psychanalyse savante, *L'inconscient*, *8*, p. 7-26.
VENDRYES (J.) (1923), *Le langage*, Albin Michel édit., 444 p.
VIDERMAN (S.) (1961), De l'instinct de mort, *Revue française de Psychanalyse*, *25*, p. 89.
— (1968), Narcissisme et relations d'objet, *Revue française de Psychanalyse*, *32*, p. 97.
WINNICOTT (D. W.) (1965), A clinical study of the effect of a failure of the average expectable environment of a child's mental functioning, *Intern. J. of Psychoanalysis*, *46*, p. 81.
— (1966), Psychosomatic illness in its positive and negative aspects, *Intern. J. of Psychoanalysis*, *47*, p. 510.
WOLLHEIM (R.) (1969), The mind and the mind's image of itself, *Intern. J. of Psychoanalysis*, *50*, p. 209.
ZETZEL (E.) (1965), The theory of therapy in relation to a developmental model of the psychic apparatus, *Intern. J. of Psychoanalysis*, *46*, p. 39.

Troisième section

TRAVAUX PERSONNELS
EN RAPPORT AVEC LE PROBLÈME DE L'AFFECT

GREEN (A.), en collaboration avec SCHMITZ (B.) (1958), Le deuil maniaque (à propos d'un cas), in *Evolution psychiatrique*, 1, p. 105-121.

GREEN (A.) (1960), L'œuvre de Maurice Bouvet, in *Revue française de Psychanalyse*, *24*, p. 685-702.

— (1962 *a*), L'inconscient freudien et la psychanalyse française contemporaine, in *Les temps modernes*, *195*, p. 365-379.

— (1962 *b*), Note sur le corps imaginaire, *Revue française de Psychanalyse*, *26*, numéro spécial, p. 67-83.

— (1962 *c*), *Pour une nosographie psychanalytique freudienne.* Texte ronéotypé pour une introduction à la discussion sur la nosographie psychanalytique devant la Société psychanalytique de Paris (déc. 1962 - janvier-février 1963), 62 p.

— (1963 *a*), La psychanalyse devant l'opposition de l'histoire et de la structure, *Critique*, *194*, p. 649.

— (1963 *b*), Une variante de la position phallique narcissique considérée plus particulièrement sous l'angle du jeu et des fonctions de l'activité fantasmatique dans la création littéraire en regard de la sublimation et de l'idéal du Moi, *Revue française de Psychanalyse*, *27*, 1963, p. 117-184.

— (1964 *a*), Du comportement à la chair. Itinéraire de Merleau-Ponty, in *Critique*, *211*, p. 1017-1046.

— (1964 *b*), Névrose obsessionnelle et hystérie. Leurs relations chez Freud et depuis, in *Revue française de Psychanalyse*, *38*, n°s 5-6, p. 679-716.

— (1966 *a*), L'objet (*a*) de J. Lacan, sa logique et la théorie freudienne, *Cahiers pour l'analyse*, *3*, p. 15-37.

— (1960-1966 *b*), Les portes de l'inconscient, in *L'inconscient*, VIe Colloque de Bonneval, Desclée de Brouwer édit., p. 17-44.

— (1960-1966 *c*), L'inconscient et la psychopathologie, in *L'inconscient*, VIe Colloque de Bonneval, Desclée de Brouwer édit., p. 331-335.

— (1967 *a*), Métapsychologie de la névrose obsessionnelle, in *Revue française de Psychanalyse*, *31*, n° 4, p. 629-646.

— (1967 *b*), La diachronie dans le freudisme, *Critique*, *238*, p. 359.

— (1967 *c*), Le narcissisme primaire : structure ou état, in I. *L'inconscient*, *1*, p. 127-157 ; II. *L'inconscient*, *2*, p. 89-116.

— (1967 *d*), Les fondements différenciateurs des images parentales. L'hallucination négative de la mère et l'identification primordiale au père, in *Revue française de Psychanalyse*, *5-6*, p. 896-906. Résumé.

— (1962-1968 *a*), Sur la mère phallique. Exposé lu à la Société psycha-

nalytique de Paris (15 mai 1962), in *Revue française de Psychanalyse*, *32*, 1968, n° 1, p. 1-38.
— (1968 *b*), Intervention au rapport de O. Flournoy et J. Rouart sur l'*acting out* : l'*acting (in/out)* et le processus analytique, XXVIIIe Congrès des Psychanalystes de Langues romanes (Paris, 29, 30, 31 octobre et 1er novembre 1967), in *Revue française de Psychanalyse*, *32*, nos 5-6, p. 1071-1076. Résumé.
— (1969 *a*), *Un œil en trop. Le complexe d'Œdipe dans la tragédie*, Ed. Minuit, 1 vol., 283 p.
— (1969 *b*), Le narcissisme moral, *Revue française de Psychanalyse*, XXXIII, p. 341-374.
— (1969 *c*), Sexualité et idéologie chez Freud et Marx, *Etudes freudiennes*, *1-2*, p. 188-217.
— (1969 *d*), La nosographie psychanalytique des psychoses, dans *Problématique de la psychose*, édit. par C. LAURIN et P. DOUCET, Excerpta Medica Foundation, 1 vol.
— (1970), Répétition, différence, réplication, *Revue française de Psychanalyse*, *34*, p. 461-501.
— (1971), La projection : de l'identification projective au projet, *Revue française de Psychanalyse*, *35*, p. 939-960.
— (1972), De l' « Esquisse » à « L'interprétation des rêves », *Nouvelle Revue de Psychanalyse*, n° 5, p. 155-180.
— (1973), Cannibalisme : réalité ou fantasme agi, *Nouvelle Revue de Psychanalyse*, *6*, 27-52.

Table des matières

Avant-propos 5

Introduction 11

Première Partie

L'AFFECT A TRAVERS LES TEXTES PSYCHANALYTIQUES

Chapitre Premier. — L'affect dans l'œuvre de Freud 25

Evolution de la conception de l'affect 26

   I. *De la découverte de la psychanalyse à « L'interprétation des rêves »* 26
   II. *L'étape de la « Métapsychologie »* 54
   III. *Du « Moi et le Ça » à la fin de l'œuvre freudienne* 66

Evolution de la conception de l'angoisse (1893-1932) 84

   I. *Première période : autour de la névrose d'angoisse (1893-1895)* 85
   II. *Deuxième période : angoisse et libido refoulée (1909-1917)* 88
   III. *Troisième période : l'angoisse et l'appareil psychique (1926-1932)* 92

Conclusion 99

Chapitre II. — Vue d'ensemble de la littérature psychanalytique sur l'affect après Freud 103

   I. *Bibliographie analytique des principaux travaux anglo-saxons sur l'affect* 104
   II. *Les positions théoriques sur l'affect dans les travaux français* 132

Deuxième Partie

CLINIQUE PSYCHANALYTIQUE :
Structures et procès

Chapitre III. — L'affect dans les structures cliniques ... 145
   I. *L'affect dans les structures névrotiques* ... 146
   II. *L'affect dans les structures psychotiques* ... 157
   III. *Entre névrose et psychose* ... 173
   Conclusion ... 186

Chapitre IV. — L'affect, le procès psychanalytique et le complexe d'Œdipe ... 189
   I. *L'affect et les matériaux du travail analytique* ... 189
   II. *Typologies schématiques de discours* ... 195
   III. *L'Œdipe et l'ordonnancement du discours* ... 205

Troisième Partie

ÉTUDE THÉORIQUE
L'affect, le langage et le discours l'hallucination négative

Chapitre V. — L'affect et les deux topiques ... 217
   I. *La situation paradoxale de l'affect dans la théorie freudienne* ... 217
   II. *Première topique : l'affect et l'inconscient* ... 227
   III. *Deuxième topique : l'affect et le Ça* ... 250
   IV. *Deuxième topique : l'affect et le Surmoi* ... 264
   V. *Deuxième topique : l'affect et le Moi* ... 270

Chapitre VI. — Esquisse d'un modèle théorique : le procès ... 277
   I. *Affect, histoire, structure* ... 277
   II. *Un modèle théorique hypothétique : le procès. Lieu de l'affect* ... 290
   III. *L'économique et le symbolique : la force et le sens* ... 306

Postface ... 309
Annexe ... 341
Bibliographie ... 347

Imprimé en France
Imprimerie des Presses Universitaires de France
73, avenue Ronsard, 41100 Vendôme
Août 1992 — N° 35 568

Le fil rouge

1 / Psychanalyse

Le discours vivant, par A. Green. 2ᵉ éd.
Journal de mon analyse avec Freud, par S. Blanton
Le transfert, par M. Neyraut. 2ᵉ éd.
Le Soi. La psychanalyse des transferts narcissiques, par H. Kohut. 2ᵉ éd.
La violence de l'interprétation, par P. Aulagnier. 4ᵉ éd.
La nuit, le jour, par D. Braunschweig et M. Fain
Le Soi et le monde objectal, par E. Jacobson
Etats psychotiques, par H. Rosenfeld
Nature et évolution de la sexualité féminine, par M. J. Sherfey
La sexualité féminine controversée, par M. C. Barnett *et al.*
Karl Abraham, biographie inachevée et « La petite Hilda », par H. Abraham
Œdipe, par D. Van der Sterren
Le céleste et le sublunaire, par S. Viderman
Psychanalyse de l'art, par E. Kris
Années d'apprentissage sur le divan, par T. Moser
Le royaume intermédiaire, par M. Gressot
Le rêve et le Moi, par J. Guillaumin
Les destins du plaisir. Aliénation-Amour-Passion, par P. Aulagnier
Symbiose et ambiguïté, par J. Bleger
Dix ans de psychanalyse en Amérique, publié sous la dir. de H. P. Blum
Pratique de la méthode psychanalytique. *La dialectique freudienne 1*, par C. Le Guen
Théorie de la méthode psychanalytique. *La dialectique freudienne 2*, par C. Le Guen
Psyché. Etudes psychanalytiques sur la réalité psychique, par J. Guillaumin
La peur et l'ennui, par G. C. Zapparoli
« Gradiva » au pied de la lettre, par J. Bellemin-Noël
La rencontre analytique, ses difficultés, par J. Klauber

L'apprenti-historien et le maître-sorcier, par P. Aulagnier
Langage et insight, par R. Schafer
Le disséminaire, par S. Viderman
Le suicide de Victor Tausk, par K. R. Eissler
Le sens de la psychanalyse, par F. Pasche
Les troubles graves de la personnalité. Stratégies psychothérapiques, par O. F. Kernberg
Impasse et interprétation, par H. A. Rosenfeld
Analyse et guérison, par H. Kohut
Psychose et changement, par R. Diatkine, F. Quartier-Frings et A. Andreoli
Œdipe chasseur. Une mythologie du sujet en Nouvelle-Guinée, par B. Juillerat
L'ordinaire de la passion, par J. Cournut
De l'argent en psychanalyse et au-delà, par S. Viderman
Dostoïevski et Flaubert, par M.-T. Sutterman *(sous presse)*

Le fil rouge

2 / *Psychanalyse et psychiatrie de l'enfant*

La psychanalyse précoce, par R. Diatkine et J. Simon

La connaissance de l'enfant par la psychanalyse, par S. Lebovici et M. Soulé. *5ᵉ éd.*

La faim et le corps, par E. et J. Kestemberg et S. Decobert. *4ᵉ éd. revue*

Psychanalyse d'un enfant de deux ans, par J. Bolland et J. Sandler

L'enfant de six ans et son avenir, par C. Chiland. *6ᵉ éd.*

L'enfant et son corps, par L. Kreisler, M. Fain et M. Soulé. *4ᵉ éd. mise à jour*

Psychothérapie du premier âge, par P. Mâle, A. Doumic-Girard, F. Benhamou et M.-C. Schott

L'enfant déficient mental, par R. Misès. *2ᵉ éd.*

L'inconscient et la peinture, par M. Milner

La schizophrénie infantile, par J. L. Despert

Aux frontières de la psychose infantile, par J.-L. Lang

Attachement et perte, par J. Bowlby — Vol. 1 : **L'attachement** — Vol. 2 : **La séparation** — Vol. 3 : **La perte,** tristesse et dépression

L'enfant dans sa famille :
- Vol. 3 : **L'enfant à haut risque psychiatrique,** par E. J. Anthony, C. Chiland et C. Koupernik
- Vol. 4 : **L'enfant vulnérable,** par E. J. Anthony, C. Chiland et C. Koupernik
- Vol. 5 : **Parents et enfants dans un monde en changement,** par E. J. Anthony et C. Chiland
- Vol. 6 : **Prévention en psychiatrie de l'enfant en un temps de transition,** par E. J. Anthony et C. Chiland
- Vol. 7 : **Enfants dans la tourmente : parents de demain,** par E. J. Anthony et C. Chiland
- Vol. 8 : **Le développement en péril,** par E. J. Anthony et C. Chiland
- Vol. 9 : **Nouvelles approches de la santé mentale de la naissance à l'adolescence pour l'enfant et sa famille,** par C. Chiland et J. G. Young
- Vol. 10 : **Le refus de l'école. Un aperçu transculturel,** par C. Chiland et J. G. Young

De l'enfant à l'adulte. La psychanalyse au regard de l'être, par G. Amado

Les troubles de l'humeur chez l'enfant de moins de 13 ans, par M. Dugas et M.-C. Mouren

Psychiatrie de l'adolescent, publié sous la dir. de S. C. Feinstein, P. L. Giovacchini et A. A. Miller

La parole de l'enfant. Pour une éducation bilingue de l'enfant sourd, par D. Bouvet. *2e éd. revue et augmentée*

L'autisme infantile, par G. Berquez

Les transformations de la psychopathie, par G. Diatkine

Le drame de l'enfant doué, par A. Miller. *6e éd.*

Bébé agi - bébé actif, par M. Pinol-Douriez

Mort des enfants et structures familiales, par O. Bourguignon

Conceptions psychanalytiques de la psychose infantile, par M.-H. Ledoux. *2e éd. mise à jour*

Les psychoses infantiles et leurs perspectives thérapeutiques, par L. Vaneck

La psychiatrie de l'adolescence aujourd'hui. Quels adolescents soigner et comment ?, par F. Ladame et P. Jeammet

Approche psychanalytique des toxicomanes, par C. Ferbos, A. Magoudi

Entretiens familiaux et champ transitionnel, par M. Berger

Pratique des entretiens familiaux, par M. Berger

La naissance de l'identité sexuelle, par H. Roiphe et E. Galenson

Entre père et fils. La prostitution homosexuelle des garçons, par C. Gauthier-Hamon et R. Teboul

Psychanalyse des comportements violents, par C. Balier. *2e éd.*

L'imagination érotique telle qu'on l'observe, par R. J. Stoller

Le monde interpersonnel du nourrisson, par D. N. Stern

L'autisme, une réévaluation des concepts et du traitement, publié sous la dir. de M. Rutter et E. Schopler

Adolescence et rupture du développement. Une perspective psychanalytique, par M. et M. E. Laufer

Masculin ou féminin ?, par R. J. Stoller

Psychothérapies mère-nourrisson dans les familles à problèmes multiples, par S. Stoleru et M. Moralès-Huet

Insister-Exister. De l'être à la personne, par B. Golse

Les pathologies limites de l'enfance, par R. Misès

Projection, identification, identification projective, par J. Sandler

Adolescence et folie. Les déliaisons dangereuses, par R. Cahn

La psychiatrie à l'hôpital d'enfants, sous la dir. de J.-Y. Hayez

Le pubertaire, par P. Gutton

Les troubles des relations précoces, par A. J. Sameroff et R. M. Emde *(sous presse)*